평등하다는 헛소리에 대한 반격

이퀄리아

ATTACK OF THE 50 FT. WOMEN

평등하다는 헛소리에 대한 반격

이퀄리아

캐서린 메이어 지음 | 신동숙 옮김

와이즈베리
WISEBERRY

일러두기

- 저자는 2017년 3월에 이 책을 출간한 뒤, 2018년 1월에 서문과 본문 8장을 다소 수정했습니다. 이 책은 해당 수정사항을 반영하여 엮었습니다.

- 책, 잡지와 신문은 겹화살괄호《》, 영화, 음반과 방송 프로그램은 화살괄호〈〉로 표기합니다.

- 저자 주는 미주로, 역자 주는 각주로 처리했습니다.

자매들, 그중에서도 특히 나의 자매들에게.
그리고 세라 번스, 세라 스미스, 마이클 엘리엇,
에드 빅터를 추모하며.

우리 사회가 양성애적이라면,

즉 남자와 여자가 사회적 역할에서 차별 받지 않고,

법적으로나 경제적으로 완전히 평등하고,

자유, 책임, 자긍심이 완전히 동등하다면,

사회의 모습은 지금과 사뭇 달랐을 것이다.

그런 세상에서 어떤 문제가 생길지는

오직 신만이 알며,

우리는 무언가 문제가 있으리라는 사실만 안다.

하지만 그런 문제들의 핵심은

현재 우리가 직면해 있는

'여성, 약자, 이 땅의 착취'와 다를 가능성이 크다.

어슐러 르 귄
'성별은 필요한가?',
《밤의 언어: 판타지와 SF에 관한 에세이》, 1976

차례

서문 　거인의 어깨

　　몇 년 전, 으스스한 좀비로 분장한 스칼렛 요한슨이 런던의 빨간 이층 버스 대열을 점령했다. 그녀는 꾸며낸 욕망을 담은 멍한 얼굴, 작은 테리어 강아지를 삼키고도 남을 떡 벌린 입, 1층에 앉은 승객들을 질식시킬 듯이 위협적인 가슴을 드러낸 채, 버스 2층에 팔다리를 제멋대로 하고 누웠다.

　　메릴린 먼로의 전성기를 환기시키려는 의도로 제작된 돌체앤가바나(Dolce & Gabbana)의 이 광고는 성공을 거뒀다. 이 모습은 1958년 영화 〈50피트 우먼〉의 주인공 낸시를 상기시킨다. 낸시는 외계 생명체를 만난 뒤 거인으로 둔갑한다(사랑과 복수에 대한 엄청난 욕망을 품은 거인으로 묘사된다). 의사, 경찰, 남편 같은 가부장적인 존재들에게 억압 받지만, 그녀는 스스로 쇠사슬을 끊고, 걸친 침대 시트가 아니었으면 발가벗은 몸이 그대로 드러났을 차림으로 살인적인 광란에 나선다. 역대 최고로 기괴하고 흉물스러운 존재, 속박에서 풀려난 여성의 무시무시한 파괴력을 기대하시라!

　　좀비로 변신한 요한슨은 B급 영화의 유머를 의도치 않게 재현했지만, 그럼에도 불구하고 무섭고 기괴한 분위기를 제대로 살렸다. 요한슨은 역대 가장 많은 돈을 번 배우 10위 안에 드는, 할리우드의 다이아몬드 천장을 뚫은 유일한 여성이다. 그녀는 지적인 역할을 골라 맡았으며, 할리우드와 미디어 생태계의 배타주의에 한 차례 이상 맞섰다. 다만 그녀가 이날 연기한 좀비의 자아는 전 세계 곳곳에 우후죽순으로 늘어서 있는 옥외 광고판 속 여성의 세계에 속한다. 영화 속 50피트 우먼 낸시는 몸집이 거대해지면서 힘을 얻었다. 반면 오늘날의 50피트 우먼은 성적 특성이 극도로 과장되고 무력해진 채, 광고하는 브랜드와 상품에 더해 시대에 역행하는 이념을 홍보한다.

우리는 이런 이미지가 너무 익숙하기 때문에, 한발 뒤로 물러나 그 의미나 영향을 좀처럼 분석하지 못한다. 그런 이미지들은 광고판, 인쇄물, 방송은 물론 이제 온라인 세계로도 전이되어 도처에 만연해 있다. 그에 담긴 근본적인 메시지는 제2차 세계 대전 이후 순종적으로 길들인 여성들에게 돌봄노동을 떠맡기는 데 요긴하게 활용되었던 떠들썩한 주장과 다를 바가 없다. 아주 어린 시절부터 여자아이는 '호감이 가는가, 결혼 대상자로 적절한가, 온순한가'라는 기준에 따라 스스로를 평가하도록 배운다.

물론 위상이 높고 뛰어난 성과를 달성한, 예외의 사례도 있다. 하지만 이들은 크게 불리한 상황을 무릅쓰고 힘겹게 성취해낸 사람들이다. 전 세계적으로 여성은 남성보다 재산이 적고 급여를 적게 받으며, 주로 조건이 가장 안 좋고 체계가 제대로 갖춰지지 않은 일을 하고, 무급 가사노동과 가족을 보살피는 일 대부분을 떠안으며, 차별과 괴롭힘, 성폭력의 피해를 입기 쉽다.

모든 여성은 남성에 의해, 남성을 위해 만들어진 세상에서 살고 있다. 아주 최근까지도 차량 충돌 테스트용 인형을 제작할 때 남성의 신체적 조건만 반영했기 때문에, 여성 운전자는 사고가 났을 때 중상을 입을 위험에 더 많이 노출됐다. 어떤 제약회사들은 호르몬 주기를 고려하는 번거로움을 피하려고 수컷 동물만 대상으로 임상 실험을 실시해, 그 약이 여성에게는 전혀 도움이 안 되는 경우도 있었다. 직장에서 실내 온도를 설정할 때도 정장을 입은 남성의 물질대사를 기준으로 삼기 때문에, 여성 직원들은 추워서 몸을 덜덜 떨며 일한다.

　　여성은 다양한 측면에서 냉대를 받는다. 1918년 2월 대개혁안이 국왕의 재가를 받아 영국 여성들에게 처음으로 참정권이 허용되었다. 이는 30세 이상의 여성 중 부동산 소유권 등 추가 기준을 충족하는 40퍼센트에게만 해당하는 제한된 참정권이었다. 참정권 자격법은 같은 해 11월에 효력을 발휘했다. 이 말은 12월 총선에서 840만 유권자가 그들의 새로운 권리를 행사할 수 있을 뿐 아니라, 17개 선거구에 출마한 최초의 여성 후보들에게 표를 주고, 최초의 여성 하원의원인 콘스턴스 마키에비츠를 선출할 수 있었다는 의미였다. 그러나 이런 일대기적인 사건이 일어난 지 100주년을 맞아, 여성들은 그들이 이루어낸 진보를 경축하는 동시에 상실된 희망의 공허함도 함께 느꼈다. 2018년에 당선된 여성 하원의원 수가 사상 최초로 남성 하원의원 수를 2석 앞질렀다. 그렇더라도 그 국회가 열리는 이 나라에서는 여성으로 태어난 것이 여전히 평생의 불이익으로 작용한다. 유럽경제협력기구(OEEC)에 따르면 여성과 남성의 임금 격차가 영국 17.48퍼센트, 미국 17.91퍼센트, 호주 18퍼센트에 이른다. 그동안 남녀의 급여 차이를 여성 탓으로 돌려왔다. 사람들은 여성이 급여 인상 요청을 필요한 만큼 자주 하지도, 제대로 하지도 않는다고 분석했다. 하지만 최근의 관련 연구들은 임금 격차의 실제 원인이 직무 분리와 차별에 있다는 사실을 밝혀냈다.[1]

전통적으로 남성이 수행해온 일들은 여성의 일보다 임금이 높다. 버밍엄 시의회 소속으로 케어홈*에서 간병, 요리, 청소를 담당하는 여성들은 똑같이 시의회에 소속되어 있으며 남자들이 주로 맡는 쓰레기 수거 청소부나 거리 청소부들보다 급여가 낮았다. 여성이 생계를 책임지는 가정이 꽤 많고 부부가 함께 일하는 맞벌이 가정도 상당하지만, 남편이 가정을 대표하는 주 부양자로 여겨지는 사고 패러다임은 대중의 머릿속에 여전히 굳게 박혀 있다. 일부 고용주가 남성들에게 급여를 더 많이 주는 이유 중 하나는 남성들에게 돈이 더 필요하다는 생각 때문일 것이다. 미국에서 간호 업무에 종사하는 남성의 비율은 여성보다 9대 1 정도로 훨씬 적지만, 남성 간호사들은 여성 동료들보다 일 년에 평균 5,100달러 이상 더 번다.[2] 이런 소득 격차는 거의 모든 분야에서 나타난다.

여성은 대부분 가벼운 수준의 성차별적인 말을 매일 들으면서 산다. 다수의 여성은 남성들이 추파를 던지고 치근대면서, 관심 보이는 것을 영광으로 여겨야 한다는 말을 들은 적이 있다. 미국 여

---

* Care home: 신체장애인과 노인을 위해 설계된 주택.

성의 5분의 1 정도는 생애 동안 한 번 이상 강간 피해를 입으며, 절반 가까이 되는 여성은 강간 이외의 성폭력을 경험한다. 전 세계 여성 세 명 중 한 명은 성적인 공격을 당한다.[3] 그런데 이렇게 심각한 현상이 만연해 있음에도 불구하고 이에 대한 대응은 미온적거나 뒤죽박죽인 수준에 그친다.

미국에서 의식이 없는 여성을 성폭행한 한 대학교 운동선수에게 검찰이 6년을 구형했지만 판사는 투옥 기간이 너무 길면 가해자에게 '가혹한 피해'가 돌아갈 수 있다는 점을 참작해 징역 6개월을 선고했다. 그리고 그는 형량을 절반만 채운 뒤 풀려났다. 인도에서 한 여성이 집단 성폭행을 당해 목숨을 잃은 사건이 벌어졌는데, 강간범 중 한 명이 나중에 이런 진술을 했다. "몸가짐이 바른 여자아이라면 밤 9시에 돌아다니지 않을 것이다. 여자아이가 남자아이들보다 강간에 대한 책임이 훨씬 더 크다." 가정 폭력으로 여성이 40분에 한 명씩 살해당하는 것으로 집계되는 러시아에서는 입법자들이 가정 폭력을 줄일 방법을 찾고 있는데, 그 방법이란 '보통의' 폭력과 구타로 뼈가 부러지는 피해를 입은 형사사건을 구별하는 것이다. 나이지리아 북부에서 테러리스트들에게 납치당한 여학생 276명 중 대다수의 행방이 여전히 알려지지 않았다. 탈출에 성공한 일부 학생은 집단 강간과 노역에 시달렸다고 진술했는데, 이들은 마을로 돌아온 뒤 사회에서 외면당하는 신세가 됐다.

이집트 국회의원들은, 클리토리스의 일부나 전부를 절제하는 여성 할례를 시행하는 사람에게 5년에서 7년의 징역형을 선고하는 초안을 마침내 승인했다. 여성의 생식기를 손상시키는 이 시술에 '여성 할례'라는 이름을 붙인 건 그 잔혹성을 감추기 위해서다. 이집트에서는 어린 여자아이를 포함한 여성의 90퍼센트 이상이 이 시술을 받아왔다. 이와 관련해 한 하원의원은 이렇게 반박했다. "우리나라에는 성기능 저하로 고생하는 남성이 많다. 이집트가 성적 자극을 촉진하는 약물을 가장 많이 소비하는 나라로 꼽히는 이유는 그 때문이다. 여성 할례를 중단하면 더 강한 남성이 필요해질 텐데, 우리 중에는 그런 사람이 없다."⁴ 2015년 마지막 날, 대성당이 있는 독일 쾰른의 거리에서 최대 1천 명의 여성이 성폭력 피해를 입었다. 그런데 이 폭력 사건을 두고 여성 학대가 아니라 이민자에 대한 비난 쪽으로 여론이 쏠리면서, 성폭력이 백인 유럽 사회 고유의 문제가 아니라 외부에서 들어온 골칫거리라는 잘못된 해석이 더 강력한 힘을 얻었다.

　　2017년 10월에는 미국 영화예술과학아카데미(AMPAS)가 수십 명의 여성을 추행하고, 폭행하고, 강간한 혐의가 제기된 영화 제작자 하비 웨인스타인을 아카데미에서 내보내기로 결정했다. 사건의 전말이 조금씩 밝혀질수록 더 많은 여성이 나서서, 비단 웨인스타인뿐 아니라 영화 산업 전체가 그렇다고 알렸다. 그 뒤 다른 분야에서도 피해 여성들의 고백이 이어졌는데, 역시 정치계가 빠질 리 없었다. 영국 국제통상부 장관 마크 가니어는 여성 보좌관을 '설탕 젖꼭지'라고 불렀다는 사실을 인정하고 그 보좌관에게 성인용품을 사오라는 심부름을 시킨 사실을 부인하지 않았지만, "그런 건 절대 성폭력에 해당하지 않는다"며 발끈 화를 냈다. 영국 국방부 장관 마이클 팰런은 한 여성 기자의 무릎을 만진 것을 인정하고 장관직을 사임했다. 이어 다른 기자도 그가 자신을 잡으려 했다고 밝혔다. 보수당 의원 중에 성적인 의도로 상대를 만지거나 그보다 더 심한 행동을 했다는 혐의를 받고 있는 사람이 많고, 다른 당 출신 하원의원들도 마찬가지다. 노동당의 활동가 벡스 베일리는 상급자인 동료에게 강간당했다고 당 간부에게 털어놓았지만, 그 간부는 성폭행 사실을 보고하면 그녀에게 '피해'가 갈 것이라고 조언했다. 베일리는 "이는 모든 정당의 모든 계층에서 일어나는 문제"라고 말한다.

전 세계적으로 비슷한 이야기가 속속 드러나고 있다. EU(유럽연합) 의회 논쟁 중에 여러 명의 여성 참가자가 '미투(#MeToo)'라고 적은 종이를 들어 보였다. 그러자 곧바로 반발이 시작됐다. 높은 자리에 있는 남성들은 이런 행동을 '마녀사냥'이라고 항의했다. 그러나 트위터를 통해 홍수처럼 쏟아져나오는 미투 해시태그는 여성들이 이미 알고 있던 것, 즉 위협 받았거나 실제 겪었던 성폭력이 여성 삶의 일상이라는 것을 드러낸다. 영화예술과학아카데미가 "성적 약탈 행위와 직장 성희롱의 수치스러운 공모를 고의적으로 못 본 척하는 시대"의 종식을 선언했을 때, 여성들은 못 믿겠다는 듯이 고개를 흔들었다. 미국 대통령이 "여성은 특별하다. 내가 보기에 지금은 특별한 시기인 듯하다. 많은 일이 공개적으로 밝혀지고 있는데 나는 그런 것이 여성들을 위해 아주, 아주 좋은 일이라고 보며, 많은 일이 밝혀져서 기쁘다. 밝혀져서 아주 기분 좋다"고 말하는 것을 듣고,

기가 막혀서 턱이 가슴에 와 닿을 지경으로 입이 벌어졌다. 그의 말이 진심이 아니라는 것을 분명히 알기 때문이다.

2016년 11월, 미국 유권자들은 도널드 트럼프가 자신의 성추행 사실을 다른 사람에게 자랑하는 녹취를 듣고도 그를 대통령으로 뽑았다. 그는 "보지를 움켜쥘 수도 있고, 뭐든 다 할 수 있어"라고 말했다.[5] 그 녹취록이 공개되면서 여성 열 명이 그를 성추행으로 고소했는데, 대부분 근무 중에 일어난 일을 폭로했다. 트럼프는 그들이 거짓말을 하는 것이라고 주장했지만 그들 중 두 명은 더듬으며 치근댈 상대로 보기에 외모가 너무 형편없다고 말하는 것을 보면 그가 여성을 어떻게 생각하는지는 불 보듯 뻔하다.

트럼프가 대선 후보로 활동하면서 보여주었던 그 밖의 면모들 역시, 평등을 가치 있게 여기는 유권자들의 눈 밖에 날 만한 것이었다. 그는 자기 자신만 내세우는 듯 행동하면서도, 한편으로는 여성의 생식권을 철폐하겠다는 약속으로 기독교계 사회적 보수주의자들과 영합했다. 그는 무슬림이 나라에 들어오지 못하게 막고, 멕시코인의 불법 입국을 막기 위해 국경 주위에 담장을 세우겠다고 공약했다. 그는 자신의 지지자들이 인종 차별적인 폭력을 저지르더라도 규탄하지 않겠다고 말했다.[6] 그는 자신의 경쟁자에게 피해를 주기 위해 보란 듯이 러시아 첩보기관에 미국 정부 이메일 해킹을 요청하고, 기후 변화에 대처하기 위해 수년간 지속해왔던 국제협약이 모두 '장난질'이라면서 탈퇴하겠다고 선언한다.

그는 의심의 여지없이, 우리가 경험하고 역사책에서 읽었던

대통령 중 최악이다. 그처럼 위험하고, 일관성 없으며, 자만심으로
똘똘 뭉친 대통령은 없었다.

그럼에도 미국인 상당수에게는 그가 여성 경쟁자보다 더 나
아 보였던 모양이다. 53퍼센트 대 41퍼센트로, 남자들 다수가 힐러
리 클린턴보다 그를 지지했다. 58퍼센트 대 37퍼센트로, 백인 다수
가 그를 지지했다. 백인복음주의 신도들과 중생(born-again) 기독교
인 81퍼센트가 그를 지지했다. 42퍼센트 대 54퍼센트로, 여성 다수
가 그를 지지하지 않았다. 하지만 백인 여성 다수(53퍼센트)는 그를
지지했다.[7]

미국과 영국의 이중 국적을 가진 나는 고향인 위스콘신에 가
서 투표를 했다. 도널드 트럼프가 백악관에 입성할 수 있도록 도운
백인 여성에 속하지는 않지만, 모든 백인 미국 여성과 마찬가지로
나도 이런 결과의 원인을 제공했다. 이 책을 쓰기 위해 조사하는 과
정에서 나는 칠면조가 크리스마스에 찬성표를 던지게 만드는(즉 자
살행위인 줄 알면서도 동조하는) 메커니즘을 이해하게 됐다.

이 책에서는 그런 통찰을 함께 나누고, 한쪽으로 기울어진
현 상태는 대부분의 남성에게는 물론이고, 모든 사람에게 도움이
안 된다는 점을 아주 분명히 밝히려고 한다.

이 세상에는 여성과 협력하려고 애쓰는 괜찮은 남성이 아주
많다. 이 책을 읽을 정도로 페미니즘 이슈에 관심 있는 남성이라면
대부분 괜찮은 남성이라고 봐도 무리가 없다. 물론 이들이 어떻게

해야 여성들에게 가장 큰 도움이 될지 확신하기는 힘들겠지만 말이다. 그런 많은 남성은 여성과 남성 모두를 위해 사회가 변하길 바라지만, '여성의 문제'가 어떻게 남성인 자신들의 문제가 되는지 잘 이해하지 못할 때도 있다. 가부장적인 문화와 구조 속에서 힘겨워하는 남성의 모습을 알지만, 페미니즘 이슈와의 관련성을 찾기는 어렵다. 그 관련성의 사례를 몇 가지만 소개하자면, 가부장적인 구조 때문에 학창 시절부터 위계질서에 고통 받는 남자아이들을 말할 수 있다. 같은 이유로 남성들은 청년기에 자살률이 가장 높고, 살인을 하거나 살해당할 가능성도 높다. 술을 더 많이, 자주 마시는 남자들은 결국 감옥 신세를 진다. 아빠들은 자녀와 시간을 보내고 싶지만, 지금처럼 성별 임금 격차가 유지되면 일을 쉬고 아이들을 돌보겠다고 결심하기가 좀처럼 힘들며, 때때로 사회적 규범도 변화를 추구하지 못하고 단념하게 만드는 요인이 된다. 가부장적 사회 구조에서는 기업, 기관, 경제가 제 기량을 발휘하지 못한다.

우리가 기대했던 21세기는 이런 모습이 아니었다.

나같이 베이비붐 끝자락에 태어난 사람들은 인류 역사가 우리 생각대로 진보할 것이라고 믿으며 자랐다. 우리는 연속적인 발전이 계속 진행될 것을 기대하며, 큰 재앙이 물러나고 모든 것을 갖춘 시대에 태어난 것을 행운으로 여겼다. 인종 차별과 동성애 혐오는 교육으로 종식할 수 있는 것으로 밝혀졌으니, 곧 사라질 터였다. 전쟁이 여전히 진행 중이었지만, 먼 타국에서 일어나는 일이었다. 기아 역시 멀리 떨어진 대륙에 한정된 문제였으며, 발전한 기술이 곧 굶주려 죽는 사람들을 구할 방법은 물론이고 암, 노화, 죽음, 옷좀나방을 퇴치할 방법을 찾아낼 터였다. 여성의 권리와 관련해서는 우리보다 앞서 활동했던 여성 운동가들과 남성 협력자들이 큰 성과를 이미 많이 거뒀다. 백인 중산층을 중심으로 자유민주주의가 기세를 펴고 매끄럽게 발전했기 때문에, 성장의 한계나 취약성 같은 걸 생각할 이유가 없었다.

나는 이곳저곳을 순회하며 어린 시절을 보낸 뒤, 잉글랜드 북부에 있는 한 여자학교에 들어갔다. 그 학교는 급진파 여성 참정권 운동가였던 위대한 에멀라인 팽크허스트의 세 딸이 모두 동문이라는 사실을 자랑스럽게 여기는 곳이었다. 우리는 그녀의 업적이 성별 전쟁의 종식을 알렸다고 배웠다. 1918년에 유럽이 잠시 평화를 되찾았을 때 개정된 영국 선거법은 일부 영국 여성에게 참정권을 허용했다. 그로부터 10년 뒤 참정권은 모든 여성으로 확대되었다. 뉴질랜드는 1893년에 이미 여성에게 참정권을 개방했고, 미국은 1920년에 선례를 따랐다. 일곱 살 때 우리 가족은 미국에 살고 있었는데, 포드 대거넘 공장에서 일하던 한 용맹한 여성이 남성과 동일한 임금을 요구하며 싸워 승리하는 일도 있었다. 그리고 여성 해방 운동가들의 활동과 피임약 개발이 마무리 단계에 있었다. 나와 같은 시대를 살았던 동년배 친구들은, 모든 시민이 동등하게 마주 설 수 있는 완벽한 성평등 사회가 지평선 근처에서 희미하게 어른거리는 모습을 보았다.

나는 그 사회에 '이퀄리아(Equalia)'라는 이름을 붙였다. 그리고 마치 가족 나들이를 가면서 투정부리는 어린아이처럼, "도대체 언제 도착하는 거야?"라는 질문을 하며 내 삶의 너무 많은 시간을 흘려보냈다. 우리가 이미 목적지에 도달한 것이라고 생각하는 사람들은 항상 있었다. 그런 사람들은 페미니스트라는 용어를 탄압주의로 오해하기 때문에, 자기 스스로를 페미니스트로 일컫는 법이 거의 없다.

언론매체는 서구 여성이 이미 충분히 평등을 이루었다고 주장해줄 믿음직스러운 전문가 리스트를 보유하고 있다. 이들은 예컨대 이런 견해를 제시한다. 유럽에서 경제 규모가 가장 큰 나라와 두 번째로 큰 나라 모두를 여성 지도자가 이끌고 있는 데다, 대부분의 서구 국가는 동일 임금 원칙을 법제화했다. 법과 그 적용에 오류가 있을 리는 없으니, 여성이 스스로 낮은 직급을 선택하는 것이 분명하다. 성차별과 성추행은 불법이므로, 여성들은 당연히 온당한 대우를 받고 있을 것이다. 상황이 이보다 더 좋았던 적은 없다. 그러니 이제는 그만 징징거리고 차라리 사우디아라비아 문제를 걱정하라. 페미니즘은 이제 집으로 돌아가서, 다리를 들어 올리고 앉아 쉬면 된다. 이런 주장을 보면, 남에게 쉽게 이용당하는 소위 전문가들 중에는 자국 여성의 권리를 옹호하면서 동시에 사우디아라비아 여성의 권리도 옹호하는 것이 불가능하다고 생각하는 어리석은 사람이 있는 것이 분명하다.

방송인들은 여성이 여성에 맞서 헐뜯으며 흠집 내는 것을 특히 좋아한다. 반(反)페미니즘 여성들은 옷좀나방만큼이나 없애기 힘든 존재다. 전형적으로 백인 중산층인 이 여성들은 남녀 평등이 가능하다는 사실을 믿지 않거나, 남녀 불평등이 존재한다는 사실을 받아들이지 않는다. 보호막에 꽁꽁 싸여 있거나 사고가 너무 근시 안적이어서 보지 못하는 것이다. 이들은 '개인적인 것이 곧 정치적인 것이다'*라는 페미니즘 사상을 끌어들여 자기주장을 확고히 하려고 호시탐탐 노린다. 그리고 오래된 싸움에 여전히 매달려 있는, 자신들보다 어리고 불리한 조건에 있는 여성들에 대한 동족의식 없이, 위험하고 어지러운 영역으로 조심조심 나아간다. 이들은 자신이 감당할 수 없을 정도의 성차별주의나 차별적 행동을 겪은 적이 없다고 주장하면서 승승장구한다.

이들의 정직성이 때로 의심스럽긴 하지만, 사회가 발전해서 이들처럼 현실에 안주하는 사람들이 나올 수 있게 되었음을 반갑게 여겨야 한다. 이들의 항의는 지나치게 격렬하고, 그 태도에서 불안한 감정이 역력히 드러난다. 이들은 편협한 사고로 성급히 결론 짓는 성향이 굳어져, 자기가 느끼는 불편이 더 널리 나타나는 현상과 어떤 관계가 있는지 잘 생각해내지 못한다. 게다가 주위의 남성들 또한 이들의 견해를 뒷받침해준다.

이런 여성 중 한 명이 내게 말한다. "이미 이긴 전쟁이야. 이제는 뒷정리만 남았어. 키우는 개한테조차 발길질을 할 수 없는 세

---

* The personal is political: 1960~1970년대 페미니즘 제2의 물결이 내세웠던 대표적인 슬로건으로, 개인적인 경험과 사회 정치적 구조의 연결성을 강조한다.

상인데, 하물며 부인에게 손찌검하는 일이 생기겠어?" 그렇지만 분명한 건, 우리가 아직 이퀄리아에 도달하지 못했다는 사실이다. 더 많은 50피트 우먼이 등장하고 이퀄리아가 실현되려면 아직도 갈 길이 한참 멀다.

사는 곳이 어디든, 여성들은 여성을 배제하는 가부장제하에서 살아간다. 지구상에서 평등을 달성한 국가는 단 한 곳도 없다. 아이슬란드, 노르웨이, 핀란드, 스웨덴 북유럽 4개국은 여성이 살기에 가장 좋은 국가로 꼽힌다. 그러나 이 나라들에서조차 여자아이들은 2류 시민으로 삶을 시작하고, 사회적 최상등급 순위에서 늘 동떨어져 있고, 가난하거나 유색인종이거나 장애가 있다면 이 비정상적인 순위에서 더 아래로 강등된다.

성별이 이분법적 구분이 아니라 일련의 범위라는 인식이 확산되고 있지만, 이런 인식이 생겼다고 성별 갈등이 줄어든 건 아니며, 성별의 범위 내에서 다른 위치로 이동하거나 관료주의나 사회적 꼬리표에 이의를 제기하며 교차 지점에 머무는 사람들을 수용하는 분위기가 형성된 것도 아니다. 게다가 불리한 입장에 있는 집단이 무의식적으로 가부장적인 서열을 따르기도 한다. 실제로 게이인 남성 일부는 성 소수자들의 이니셜을 딴 LGBTQ(레즈비언, 게이, 바이섹슈얼, 트랜스젠더, 퀴어) 중에서 다른 이니셜에 해당하는 집단을 밀어내는 습성이 있다. 시민권 운동가들도 나름의 관례가 있다. 1964년 학생비폭력조정위원회(SNCC) 회장인 스토클리 카마이클은 여성 자원봉사자들에 대해 이렇게 언급했다. "학생비폭력조정위원회에서 여성들은 납작 엎드려 있다."[8] 비록 그가 나중에 농담이었다고 해명했지만, 이 말은 진보 운동에 참여한 여성들이 경험하는 상황과 잘 맞아떨어졌다. 한편 패트리스 쿨러스, 얼리샤 가자, 오팔 토메티라는 세 여성이 시작한 '흑인의 생명도 소중하다(the Black Lives Matter)' 운동은 인종 차별적인 동기를 품은 백인에게 살해되는 흑인이 얼마나 많고, 신고되지 않는 경우가 얼마나 많은지 조명한다. 특히 경찰이 흑인 남성을 살해하는 사례에 관심을 집중한다. 물론 이 문제도 엄청나게 중요하지만 상대적으로 흑인 여성 살해 사건은 관심을 덜 받고 있다. 여성 흑인들의 피해는 '#세이허네임(#SayHerName)'이라는 별도의 사회운동으로 추진되고 있다.

　　해결책 마련을 주도해야 할 엘리트들이 문제가 되는 경우도 있다. 정치계는 모든 측면에서 놀라울 정도로 다양성이 부족하며, 성 불균형도 극명히 나타난다. 현재 영국 의회 소속 남성 하원의원의 수는 지금까지 선출된 모든 여성 하원의원을 합한 것보다 많다. 구강성교에 관한 가시 돋친 말이 오가는 가운데, 미국은 45대 대통령으로 여성 지도자를 선출할 기회를 날렸다. 트럼프 지지자들은 '힐러리도 빨지만*, 모니카와는 다르다'라는 문구가 찍힌 티셔츠와 배지를 보란 듯이 착용하고 다녔다. 클린턴은 남편이 백악관 인턴 모니카 르윈스키와 치정에 빠졌던 사건으로 곤혹을 치르고 끝난 것

---

* 　sucks: '입으로 성기를 애무하다'라는 뜻과 '형편없다'는 뜻의 중의성을 의도적으로 사용한 것.

이 아니라, 르윈스키와 마찬가지로 여전히 비방에 시달리고 있다.
그런 와중에 언론은 "국회에 진출한 유색인종 여성의 수가 사상 최
대를 기록했다"면서, 여성이 이 소식을 기뻐해야 한다고 전했다. 그
런데 그 사상 최대 기록이라고 해야 캐서린 코테즈 매스토, 태미 더
크워스, 카멀라 해리스, 마지에 히로노 네 명뿐이다. 미국 하원과 상
원을 통틀어 여성 의원의 수는 총 104명으로 전체의 19.4퍼센트에
불과하다.

경영계도 마찬가지다. 영국과 미국 대기업 CEO 중에서 존
(John)이라는 이름을 가진 남자는 여자 CEO의 수를 모두 합한 것보
다 많다. 영국과 미국의 금융기관은 백인, 남성, 중산층의 비율이 압
도적이다. 사법부, 경찰, 언론 조직도 마찬가지다.

그 조직들의 공통점은 그것 말고 또 있다. 이들 대부분은 전
체적으로나 개인적으로 성평등을 지지한다. 진보적 합의가 여전히
효력을 갖지만, 다양한 방식으로 표출된 정치적·종교적 극단주의의
협동 공격을 받고 있다. 공격 세력의 목표는 그저 괴롭히는 것이 아
니라 권리와 보호라는 유산을 해체하는 것이다. 진보는 결코 직선
적으로 전개되는 것이 아니며, 때로 너무 쉽게 역전된다.

하지만 페미니즘이 지금껏 이뤄온 성과가 없었다면 우리는
잃을 것도 별로 없을 것이다. 서구에서 전개된 페미니즘 운동은 대
략 네 단계로 구분된다. 제1의 물결은 19세기 말과 20세기 초에 여
성의 참정권 문제를 중심으로 연합했다. 제2의 물결은 1960년대에

촉발되었으며, 여성들이 자기 존재와 성적 특징을 스스로 정의하고, 집 밖에서 남성들과 함께 활동할 수 있게 만들어줄 해방의 도구로 생식권을 주장했다. 이 운동들은 주로 기존 체계와 구조에서는 평등을 이루기 어렵다는 주장을 펼쳤다. 1990년대에 나타난 제3의 물결은 여성 계층의 구조적 불평등을 다루는 데 실패했다는 점을 반성하고 고심했으며, 다른 한편으로는 남성이 생각하는 여성성에 관한 관념에 여성들이 주도권을 잡고, 그런 관념을 여성의 권한으로 재구성하고자 했다. 1993년에 대릴 한나 주연으로 리메이크된 영화 〈50피트 우먼〉은 낸시의 신체적인 성장뿐 아니라 감정적인 성장을 함께 다룬 우화가 되어 해피엔딩으로 끝난다.

이제 우리는 네 번째 단계로 훌쩍 접어들었는데, 제4의 물결은 디지털 미디어가 확산된 덕분에, 물결보다는 급류에 가깝다. 흐름이 너무 빨라서 분석하기가 쉽지 않다. 그 흐름의 일부라고 주장하는 사람들이 너무 많아서 요지를 파악하기 쉽지 않다. 경영자들은 여성의 재능을 찾고 지속시키는 것이 성공의 필수 요건이라고 주장한다. 경제학자들은 노동력의 성별 균형 증진이 성장의 열쇠라고 일컫는다. 최근의 한 연구는 단순히 성별 격차를 좁히는 과정을 더 빠르게 진행시키는 것만으로도 2025년까지 세계 GDP를 8조 3천억 파운드(약 1경 1,200조 원) 신장시킬 수 있다고 추정했다.[9] 크레디트 스위스(Credit Suisse)에서 진행한 두 가지 대규모 연구에 따르면 의사결정을 하는 자리에 여성의 비율이 대단히 높은 회사가 수익을 더 많이 낸다.[10] 또 다수의 연구가 지구를 더 건강한 행성으로 만들려면 여성에게 더 큰 권한(그리고 지분)을 주어야 한다고 제안했다.

　트럼프는 기후 변화의 현실을 의심할지 모르지만, 시골에 사는 가난한 사람, 그중에서도 특히 여성이 가장 힘든 자리에 있다. 가족과 공동체를 위해 물, 음식, 에너지를 구하는 일을 주로 여성이 맡기 때문이다. 사하라 사막 이남의 25개 국가에서는 물을 길어오는 일의 71퍼센트를 성인 여성과 어린 여자아이들이 담당한다. 이 여성들이 날마다 물을 긷는 데 쓰는 시간을 합하면 총 1,600만 시간이지만, 같은 기준에서 남성의 경우는 600만 시간에 불과하다. 가뭄이 심해질수록 물을 구하러 가는 거리가 더 멀어지고, 그 일을 하는 여성이 해를 입을 위험도 더 커진다. 인도에서는 시골에 사는 여성의 75퍼센트가 농업에 종사하는데, 이들이 소유한 농경지는 전체 농경지의 9퍼센트밖에 안 된다. 맨체스터 대학교 개발경제와 환경학 교수인 비나 아가월은 경영의 의사결정 과정에 여성의 참여가 늘면 환경적 측면에서 더 나은 결과를 얻는다고 단정한다.[11]

　아가월은 여성이 남성보다 자연과 더 친숙하기 때문이라는 감상적인 의견은 배제한다. 대신 그녀를 비롯해 학계의 통설 대부분은 테스토스테론 주도의 문화를 바로잡는 역할을 여성이 한다고 본다. 앞서 언급한 크레디트 스위스의 두 연구는 여성이 이끄는 회사들이 리스크를 최소화한다는 사실을 발견했다. 2016년의 연구는 이렇게 밝힌다. "여성이 최고경영진의 다수를 차지하는 기업은 매출 성장이 뛰어나고, 현금 흐름 투자 수익률이 높으며, 차입 자본 이용률이 낮다."

다양한 진영의 정치인들이 여성을 극구 칭찬하고 여성을 위해 싸우겠다고 공언한다. 미국 하원의원인 앤 와그너는 미국 선거기간에 자기 당 후보가 여성 혐오주의에 물든 것을 보고 후보에서 물러나라고 요구할 정도로 적극적이었다. 와그너는 2016년 10월에 이런 진술을 했다. "하원에 몸담았던 짧은 기간 동안 우리 사회에서 가장 취약한 사람들을 위해 싸웠다. 나는 성매매와 성추행 희생자들을 위한 정책을 강력히 촉구하는 정치인으로서 희생자들과 나 자신에게 늘 진실할 것을 다짐하며, 약한 사람들을 이용하는 도널드 트럼프의 비도덕적인 발언을 규탄한다." 그러던 그녀가 대통령 선거를 일주일도 남겨두지 않았을 때 유권자들에게 트럼프를 지지하라고 권하고, 이후에는 '오바마케어'라는 이름으로 잘 알려진 '환자 보호 및 부담적정보험법'을 무효화하는 데 열정적인 지지를 보낸다. 남자 상원의원 13명이 이 법안을 바꾸려는 트럼프의 첫 번째 시도의 초안을 작성했다. 이 개정안에는 가족계획기금을 제한하고 낙태보험을 없애며, 건강보험을 제공하는 회사들이 '질환을 앓고 있거나 위험성'이 있는 여성들에게 돈을 더 부과하게 하는 내용이 담겼다. 그럴 수도 있다고 생각될지 모르지만, 그 질환에 임신, 제왕절개, 산후우울증, 가정폭력, 성폭력과 성폭행이 포함된다는 사실을 알면 생각이 달라질 것이다.

와그너는 어떻게 보면 운이 좋지 못했다. 성평등에 관한 정치 공약은 대개 얄팍하기 그지없지만, 대다수 정치인은 그런 공약을 지켰는지 공개적으로 확인받지 않는다. 모든 정치인을 위선자로 몰아가려는 게 아니다. 실제로 많은 정치인이 여성을 지지한다. 그저 그들은 상황이 여의치 않을 때 여성보다는 그 외의 것들을 더 지지할 뿐이다. 그리고 나 역시 일전에 그랬던 것처럼, 자기들 같은 정치인이 굳이 힘을 쓰지 않더라도 성평등이 이미 자리를 잡아가고 있다고 추측하는 실수를 했다.

트럼프의 당선이라는 불행 속에서 한 가닥 희망이 있다면, 그와 같은 근거 없는 믿음에 균열이 생겼다는 사실이다. 하지만 완전히 조각내지는 못했다. 클린턴의 패배는 여성주의 문화가 형성되고 있는 다른 모든 곳과 다르게 미국만 퇴보하는 듯한 인상을 풍겼다. 전 법무부 장관 퍼트리샤 스코틀랜드는 최근 영연방 사무국 최초 여성 사무총장이 되었으며, 에스토니아에서는 최초의 여성 대통령이 나왔다. 또 로마와 도쿄에서는 최초로 여성 시장이 선출되었다. 남성 주도의 정치 운동을 벌인 이후 영국이 EU 회원 자격을 파기했을 때, 영국인들의 관심은 이 난국을 짊어지고 돌파해나갈 여성에게 쏠렸다. 어떤 사람들은 굳건하게 나라를 이끌어나가는 앙겔라 메르켈과 독일을 부러운 시선으로 바라보았다. 스코틀랜드에 분리 독립을 하지 말아달라고 간청할 새로운 이유를 찾은 영국 유권자들도 상당수 있었다. 스코틀랜드 최초 자치정부 장관인 똑똑한 니컬라 스터전이 영국의 총리가 되었으면 좋겠다고 생각한 것이다. 영국의 여당인 보수당과 제1야당인 노동당은 각 정당 내 고위급 여성들에게 희망의 눈길을 보냈다. 이와 비슷한 선례가 있었기 때문이다. 1979년, 심지어 무덤 파는 사람까지 일손을 놓을 지경에 이른 산업 불안 속에서, 영국 경제는 통화 약세와 인플레이션으로 인한 하강 국면에 꽉 막혀 있는 듯했다. 그때 총선에서 승리한 마거릿 대처는 영국뿐 아니라 주요 산업 민주주의 국가 가운데 최초의 여성 총리가 되었다. 그로부터 몇 년 동안 대처의 경제정책으로 사회 전 영역과 공동체가 초토화됐지만, 다른 한쪽에서는 충격요법으로 작용했고, 더 중요하게는 한동안 자취를 감췄던 잠재력이 되살아났다.

대처는 남자들이 초래한 혼란을 수습하는 여성 지도자 역할의 본보기를 제시했다. 시대가 여성 영웅을 만든다. 언론은 메르켈에게 독일의 마거릿 대처라는 별명을 붙였다. 아니나 다를까 스터전은 스코틀랜드의 마거릿 대처로 불렸으며, 테레사 메이는 키튼힐 구두를 신은 마거릿 대처로, 혹은 그런 비유가 시들해지고부터는 영국의 메르켈로 불렸다. 저널리스트인 해들리 프리먼은 이렇게 말했다. "여성은 진귀한 존재여서, 유니콘*이나 영국 축구 팀의 업적과 마찬가지로 그들끼리의 프리즘을 통해서만 이해할 수 있다."[12]

이런 가시 돋친 말은 메이가 영국의 두 번째 총리로 다우닝가에 들어섰을 때 브렉시트 협상에서 권한을 키우기 위해 2017년 6월 조기총선을 요청했다가 오히려 의회 다수당인 보수당에 패함으로써 사실로 드러났다. 이로써 메이 정부는 좋지 않은 평판을 듣던 또 한 명의 여성인 알린 포스터가 이끄는 북아일랜드의 민주통일당(DUP)과의 연합에 의존한다. 북아일랜드의 복잡한 권력 공유 협약으로

---

* 최근 미국 실리콘밸리에서 큰 성공을 거둔 스타트업을 통칭하는 말.

포스터는 재생 에너지를 부양하기 위해 지나치게 관대한 장려책을 추진했다가 납세자들의 부담을 가중시켜 추문에 휘말렸었다. 메이와 포스터는 정치인으로서 약점이 많은데, 그들을 비판하는 사람들은 그들이 여성 정치인이라는 점을 공격한다. 저널리스트이자 방송기자인 자넷 스트리트 포터는 '테레사 메이의 무능은 정치계 여성들을 수십 년 뒤로 퇴보시켰다'라는 제목의 기사에서 그런 태도의 전형을 보였다.

여성들은 여성의 특징에 관한 (이 특징이 여성의 무능함이든 우수함이든 관계없이) 일방적인 추측에서 자유롭지 못한다. 2008년 인터뷰에서 IMF 총재 크리스틴 라가르드는 "만일 리먼브러더스가 리먼시스터스였다면, 오늘날의 경제위기는 분명 완연히 다른 양상을 보였을 것이다"라고 말하기도 했다.

경제가 불안정하거나 정치가 버벅거릴 때마다 단골손님처럼 등장하는 말이 있다. 바로 "남자들은 환경을 약탈하고, 여자들은 관리한다"와 "남자들은 전쟁을 일으키고 여자들은 중재한다"이다. 높고 영향력 있는 지위에 오르는 여성이 더 많아져야 한다. 더 많은 여성이 우뚝 솟아야 한다. 새로운 부류의 50피트 우먼이 나서야 할 때다!

반대자들과 사회정의를 주창하는 사람들뿐 아니라 대다수 정치인, 사회 지배층, 기업 주요 인물, 최종 결산에만 관심을 쏟는 경제 분석가들까지, 엄청나게 많은 사람이 이런 주장을 하고 있으니, 실질적인 진보를 확실히 이룰 수 있지 않겠는가? 어렵게 얻은 권리가 수포로 돌아가면서 실패에 대한 두려움이 생긴 국가들은 두 배로 노력하는 것 말고는 다른 방법이 없는 걸까? 이퀄리아로 가는 길을 막아선 장애물과 덫은 어디에 있을까? 방법을 아는 사람이 과연 있는 걸까? 그곳에 도달하려면 50피트 우먼이 있어야 할까?

2015년, 나는 그런 질문에 대단히 흥미롭고 예기치 못한 답을 얻을 수 있는 절차에 착수했다.

뜻하지 않게 정당을 창당한 것이다.

2010년 선거에서 보수-자유민주 연립정부가 등장할 때까지, 최다 득표자를 당선시키는 영국의 소선거구제는 다수표를 얻은 단일 정당에 확실한 승리를 안겼다. 5년 후 차기 선거 구도가 서서히 모습을 드러내면서, 연립정부를 이루었던 양당은 노동당에뿐만 아니라 서로 비방해 유권자들의 환심을 사려고 했다.

그 이유만으로도, 2015년 3월 2일 런던 사우스뱅크센터에서 열린 정치 토론은 유달리 흥미롭게 느껴졌다. 세계여성축제(Women of the World Festival)의 일환으로 열린 그 토론에 나도 참석했는데, 영국 보수당의 마고 제임스, 자유민주당의 조 스윈슨, 노동당의 스텔라 크리시가 자리해서 서로의 공통된 경험과 포부를 밝혔다. 그들은 다정하게 의견을 주고받고, 상대의 말을 경청하고, 서로의 견해에 고개를 끄덕이고, 박수를 보냈다.

설레고 기뻐해야 할 일이었지만, 기쁘기보다는 의기소침한 기분이 앞섰다. 66일 뒤에 치를 선거에서 우리는 이 활기찬 여성들이 아니라 그들이 속한 정당을 보고 선택해야 했기 때문이다.

2008년 리먼브러더스의 붕괴에 따른 적자를 메우기 위한 정책의 시대가 시작되었다. 그 같은 정책은 대개 극빈층을 가장 힘들게 괴롭히는데, 그 말은 여성들이 좋지 않은 영향을 더 많이 받게 되었다는 의미이기도 했다. 다른 대부분의 나라와 마찬가지로 영국에서도 위기를 극복하기 위해 운전대를 잡은 사람들은 바로 그 위기로 사람들을 몰고 온 남성 위주의 주류 계층이었다.

물론 분명한 차이점은 존재했다. 보수당, 자유민주당, 노동당은 감축 방안의 정도, 속도, 타깃에 대한 의견이 모두 달랐다. 그런데 이 논의에 성별에 따른 측면을 적용하려고 진지하게 노력한 정당은 한 곳도 없었다. 아이슬란드처럼 작은 나라의 사례만 살펴봐도 그 작은 고려가 어떤 차이를 불러오는지 확인할 수 있었을 텐데 말이다. 아이슬란드의 총리 요한나 시귀르다르도티르는 이미 국제적으로 주목을 받고 있었다. 그녀는 아이슬란드 최초 여성 총리였을 뿐 아니라 세계 지도자들 중 레즈비언임을 공개한 최초의 총리였다. 그런데 사람들에게 그보다 덜 알려졌지만 주목할 만한 사실은, 그녀가 이끄는 연립정부가 경제위기에 대응하는 과정에서 의식적으로 성별적 측면을 고려해나갔다는 점이다. 아이슬란드는 3대 은행이 도산하고, 통화가 붕괴되고, 주식시장이 곤두박질치고, 대출 금리가 치솟는 위기를 맞았다. 또 기업들이 파산하면서 일자리가 사라졌다. 주 예산 삭감은 피치 못한 결정이었지만, 연립정부는 삭감 계획을 세우면서 감당해야 할 몫을 작게 자르고 널리 분배해 고통을 최대한 줄이고자 했다.[13] 다른 나라들은 주 부문의 일자리를 없애고 자산 투자를 우선시하면서, 여성을 지원하고 여성의 고용을 창출하는 일자리를 희생해서 남성들의 고용 조건을 효과적으로 개선했다. 하지만 아이슬란드는 다른 방향으로 접근했다. 이들은 '간호사를 줄일 거라면 왜 병원을 짓겠는가?'라는 간단한 질문에서 시작한다.

"위기가 닥쳤을 때 대부분의 나라는 서비스를 비용으로 생각해 그 부분을 줄이려고 하지요." 아이슬란드 연립정부의 특별 보좌관인 하들라 귄나르스도티르가 말한다. "대신에 건설을 투자로 생각하고 자금을 건설에 쏟아붓습니다. 그래서 기본적으로 여성들의 일자리를 줄이고, 노인과 장애인, 아동, 병자들을 돌보는 서비스를 없애고, 그 서비스를 여성들의 무급 노동으로 대체하지요. 그리고 남성들이 실직하지 않고 계속 일할 수 있도록 남성들을 위한 일자리를 만듭니다."[14] 이런 과정은 공공 부문과 민간 부문의 협력을 통해 진행될 때가 많은데, 그렇게 되면 국가는 위험부담을 안지만 민간 기업들은 이득을 본다. 국가가 남성들의 일자리를 보전하는 데 집중하기 때문에 여성들의 실업률은 높아진다.

2015년 영국 총선에서는 여성이 거의 전멸할 위기에 이르렀으며, 더 넓은 관점에서 본 전망도 상당히 암울했다. 선거구 650개 중 356개에서는 이제껏 여성 국회의원이 선출된 적이 한 번도 없었다. 노동당은 그나마 여성을 국회로 진출시킨 성적이 다른 당보다 조금 나았지만, 지금까지 여성이 당대표를 맡은 경력이 있는 주요 정당은 보수당이 유일했으며, 그나마도 40여 년 전 일이었다.

노동당의 여성 후보들은 팔꿈치로 사람들을 밀쳐가면서 선거운동에서 앞줄로 나가려 애쓰기도 했다. 노동당 부대표인 해리엇 하먼은 이전 선거에서 여성 유권자 910만 명이 표를 행사하지 않았다는 사실을 밝힌 연구를 의뢰하면서 페미니즘 정치를 펼쳐, 적대적인 일부 언론에서 붙인 '하퍼슨'*이라는 별명이 오랫동안 따라다녔다. 그녀는 이렇게 말한다. "정치는 남성들과 똑같이 여성들의 삶에도 의미가 있고 중요합니다. 노동당은 우리가 놓친 수백만 명의 여성 유권자에게 이 사실을 알리려고 합니다."

그런데 결국 노동당은 그런 노력을 지속하지 못했다. 하먼은 성별을 핵심 쟁점으로 추진하자고 당내 남성 동료들을 설득하는 데 실패해, 독자적으로 운동을 벌였다. 사실 노동당에는 여성 평등을 위해 힘써온 자랑스러운 유산이 있다. 노동당에서는 최초의 여성 장관을 임명했고(1929년 마거릿 본필드), 동일 임금법을 앞장서서 추진했으며, 아동 관련 법률 조항을 만드는 초창기에 큰 역할을 했을 뿐만 아니라, 1997년에는 여성으로만 구성된 최종 후보 명단을 선출함으로써, 여성 하원의원의 수를 크게 증가시킨 사례도 있다. 토니 블레어가 거둔 최초의 압도적인 승리에서 선출된 하원의원 418명 중 101명이 여성이었다. 참고로 바로 전 의회에서는 모든 정당의 여성 하원의원을 합해도 60명에 불과했다.

---

*   그녀의 성 Har'man'을 Har'person'이라 부르며 페미니즘을 조롱한 것.

그러나 이런 성과 이면에는 한층 해결하기 힘든 요소가 있는데, 노동자의 권리를 찾기 위한 투쟁에서 남성들이 여성 노동자들을 투쟁 동지가 아니라 경쟁자로 여기는 문화와, 성 불평등은 모든 힘의 불평등을 해결해야만 가능하다고 보는 이념적인 기반으로 인해 여성들은 차례가 돌아올 때까지 줄을 서서 기다려야만 하는 현실이 바로 그것이다. 여성들이 후보에 포함된 지도자 선거 때마다 여성 후보의 득표율은 뒤로 처진다. 노동당의 앤절라 이글은 제러미 코빈을 축출하기 위해 노력했지만, 복잡한 정치 공학 속에 하원의원 오언 스미스가 통합 후보로 나서면서 궁지에 몰려 더는 나아가지 못했다. 앤절라 이글이 물러선 뒤, 스티븐 데이슬리 기자는 트위터에 이런 메시지를 올렸다. "설사 노동당 대표직 후보가 전원 여성이었더라도 기어코 남성이 대표로 뽑혔을 것이다."

하먼은 고든 브라운이 토니 블레어의 뒤를 이어 총리가 되었을 때 노동당 부대표로 선출되면서, 노동당 역사상 여성으로서 가장 높은 위치에 올랐다. 그녀 바로 전에 부대표로 있었던 사람은 존 프레스콧으로, 그는 영국의 부총리로도 활약했다. 하지만 하먼은 부총리가 되지 못했으며, 오히려 무시당했다. 하먼은 나중에 "런던에서 열린 G20 정상회의에 내가 참석했던 자리가 G20 각국 지도자의 부인을 위한 총리 관저 저녁 만찬이었다는 사실을 알았을 때 느꼈던 실망감이 얼마나 컸을지 한번 생각해보라"고, 털어놓았다.[15] 하먼은 2015년 선거를 앞두고 노동당 대표인 에드 밀리밴드를 보좌하는 부대표 역할을 하면서도 남성 보좌관, 자문위원, 정치인들에게 밀려 열외 취급을 받았다. 그해 2월 그녀의 반격이 조금씩 진행됐는데, 그녀는 어느 정도의 연기가 필요했다는 사실에 창피해서 얼굴을 붉혔다.

"핑크 버스다! 세상에, 핑크 버스가 왔어!" 나는 사우스뱅크센터에 있는 카페에 앉아서, 세계여성축제를 앞두고 모여 열띤 논쟁을 주고받는 여성들의 이야기를 듣고 있었다. 나도 그랬지만 그 자리에 앉은 다른 여성들도 유권자들이 가진 선택권이라는 게 기껏해야 달걀과 샐러드용 냉이를 넣어 많든 샌드위치처럼 맥 빠지고 시시한 것이라고 생각했다. 그리고 그들도 하먼의 핑크 버스가 여성 국회의원들을 태우고 선거구를 돌아다니는 것을 보고 당혹스러워했다. 그 모든 고귀한 의도에도 불구하고, 분홍색이라는 사실에 주목받지 않고 지나가기는 힘들었다. 부정적이기는 해도 여론을 불러일으키는 효과는 있었다. 정당 대변인들과 언론 담당자들은 무관심한 유권자들의 시선을 끌어모으기 위한 '커트 스루'라며 비난했다.

사우스뱅크센터에 앉아 있던 그 여성들은 허먼의 핑크 버스가 반드시 막아야 할 반응을 저울질하고 있었다. 그들은 아예 투표를 하지 말까 고민했다. "찍을 사람이 없어." 그들 중 한 명이 말했다.

우리가 앉아 있는 곳 아래에서 지하철 열차가 우르릉거렸다. 아니면 여성운동가 에멀라인 팽크허스트가 브롬프턴 묘지의 땅

---

* cut through: 미식축구에서 상대의 바깥 또는 안쪽으로, 갑자기 달리는 방향을 바꾸어서 빠져나가는 것.

속을 울리며 내는 소리였는지도 모른다. 팽크허스트는 참정권에는 변혁을 불러일으키는 막강한 힘이 있다며 참정권을 과대평가했다. 1913년에 그녀는 "논리적으로 생각할 수 있는 사람이라면, 사람들에게 투표할 권리가 있을 때, 제대로 행사된 표가 충분한 수에 이르고 그 표들이 합해지면 우리가 원하는 어떤 법이든 만들 수 있다는 것, 그리고 원하는 것을 이루지 못했을 경우에는 선출된 사람을 쫓아버리고 우리 요구를 더 주의 깊게 들어줄 다른 사람을 선택하면 된다는 사실을 명백히 알 것이다"라고 말했다. 하지만 선거권을 완전히 얻고 86년이 지났는데도 우리는 여전히 선거권을 완전히 행사하게 될 날을 기다리고 있다.

그것이 그날 토론에서 무시해 넘길 수 없는 함축적인 메시지였다. 제임스, 스윈슨, 크리시는 모두 하원에 입성하긴 했지만, 각자 가진 재능만큼은 성공하지 못했다. 스윈슨은 차관이었고, 크리시는 상대편 진영에서 그와 동등한 지위에 올랐으며, 제임스는 차관보다 두 단계 아래인 PPS(장관을 보좌하는 의원)였다.

영국 정계가 그들에게 최고위직을 맡길 만큼 그들의 가치를 높이 평가하지 않은 데는 언론도 한몫했다. 나는 그 이유를 잘 안다. 가장 최근에 10년간 시사 잡지 《타임》에 근무한 것을 비롯해 30년 동안 저널리스트로 일하면서, 언론사들도 정당들과 마찬가지로 성별 격차를 줄이려는 데 전혀 관심이 없다는 사실을 절실히 확인했다.

언론사는 남성이 주류를 이루는 문화이기 때문에, 피치 못하게 여성에 대한 왜곡되고 부당한 내용의 기사를 낸다. 여성 저널

리스트들이 회사 동료들이나 인터뷰 대상자들에게 당하는 성희롱
은, 마치 컴퓨터 앞에서 장시간 근무해 목이 뻣뻣해지는 증상처럼
일상적이며 피할 수 없는 산업 재해에 해당한다. 여성보다 남성 직
원들의 가치를 더 높이 평가하는 급여와 승진 체계가 공고하기 때문
에 의사결정 과정에 참여할 자격을 가진 여성의 수가 극히 적고, 다
루는 기사의 주제나 방식은 늘 남성적인 감각으로 유지된다. 차별
은 여성 기자들에게 할당하는 기사 수가 남성들보다 적고 여성들에
게는 '라이프스타일'로 분류되는 기사를 주로 맡기는 것처럼 은밀히
작용하기도 하고, 강한 적대감을 드러내고 조롱하는 방식으로 직접
표출되기도 한다. 스윈슨은 세계여성축제 토론에서 그 두 번째 예
(직접적인 적대감 표출)를 들었다. 의회 토론 중에 스윈슨은 남자아이
들도 인형을 가지고 놀고 싶어 할지 모른다는 의견을 말했을 뿐인
데, 《더 선(The Sun)》은 이 발언을 왜곡해 그녀가 남자아이들이 반드
시 바비 인형을 가지고 놀도록 규정하는 법안을 제의했다고 보도했
다.[16] 또한 새로운 매체가 등장하면 해결해야 할 새로운 문제가 생
기기 마련이다. 크리시는 단순히 여성이라는 이유만으로 강간과 살
해 협박을 하는 악성 트위터 트롤*의 타깃이 된 적이 있다.

　　이 세 여성은 정치하는 여성들의 문제를 대단히 설득력 있게
제시한다. 그리고 이들은 그 해법을 어느 정도 생각해두고 있다. 하

---

* 　troll: 인터넷 토론방이나 소셜미디어에 남을 비방하는 글이나 댓글을 다량으로 작성해
서 올리는 사람들.

지만 이들에게는 상황을 바꿀 힘이 거의 없고, 힘을 키울 가능성도 거의 없는 것이 분명했다. 그렇다는 사실을 알아서였을까, 사우스 뱅크센터 예술감독이자 이 행사 사회자였던 주디 켈리가 성평등의 진행 속도를 높일 좋은 방법이 있으면 발표해달라고 청중에게 요청했을 때, 나도 모르게 마이크를 손에 쥐었다.

나는 우선 주디가 2009년에 세계여성축제를 기획했을 때 창립 위원으로 발탁되면서 이 행사에 참여하게 되었다고 설명했다. 그리고 이 축제를 통해 조성되는 여성공동체의식과 보편성에 대해 이야기한 뒤, 소속 정당이 다른데도 불구하고 공동체정신을 증명한 세 명의 의원을 칭송했다.

그리고 이렇게 말했다. "저는 다른 많은 사람처럼, 이번 선거의 결과가 어떻게 되든 저희에게 실망을 안길 것임을 알고 있습니다. 만약에 여기 계신 세 분 각자가 소속 정당의 대표라면 저희가 정말 기쁜 마음으로 투표할 수 있을 것 같아요. 그러면 얼마나 신나겠어요."

청중은 찬성의 뜻으로 "와!" 하며 함성을 질렀다.

"세 분이 오늘 저녁 행사 내내 제기하신 문제들은 우리가 어떻게 진전을 이루어낼 것인가뿐 아니라, 그런 진전을 어떻게 지속할 것인가와도 관련이 있습니다. 그래서 저는 이 행사가 끝난 뒤 바로 자리를 옮겨 이 문제에 관심 있는 분들과 이야기를 나누거나 트위터로 의견을 주고받으면서, 여성평등당을 만드는 것이 그런 목표를 실현할 한 가지 방법이 될 수 있을지 여부를 논하려고 해요. 제가 생각하는 여성평등당은 그런 좋은 일을 하는 주류 정당의 여성들과도 함께하고, 그런 주류 정당에서 마땅히 해야 할 일을 하는 남성들과도 함께할 겁니다. 그리고 지금껏 다른 극소 정당들이 추진해왔던 방식을 따라 성평등을 추진해, 여성 평등이라는 안건에서는 우리가 주류 정당들의 선봉이자 중심이 될 거예요. 그러다가 적당한 시기에 이르면 우리는 기쁜 마음으로 당을 해체하고, 주류 정당들이 마땅히 해야 할 일을 알아서 해나가도록 놔두는 거지요. 이런 제 제안에 관한 의견을 듣고 싶어요. 이 행사가 끝나면 바에 가서 기다릴게요."

"캐서린 의원님께서 계산하시나요?" 크리시가 물었다.

　내가 계획 없이 뒤죽박죽 제기한 이 의견은 크게 두 부분으로 나누어 요약할 수 있다. 기존 정당들에서 제대로 작동하지 않는 부분이 있어, 변화를 꾀할 여지가 생겼다. 주류 정당들은 핵심적인 정체성을 잃었기 때문에, 선거에서 승리하는 데 도움이 될 것들은 뭐든 따르려는 의향이 있다. 그래서 그런 것을 만들면 그들이 참여할 것이다.

　녹색당의 성장은 다른 정당들에 새싹을 보호할 덮개를 제공했다. 영국독립당이 상당한 지지를 얻자, 다른 정당들은 이들의 반이민정책에 맞서기를 포기하고 스스로 독립당과 같은 입장을 취하기 시작했다. EU 국민투표 결과가 나올 때까지는 이런 모방 증후군의 결과를 완전히 파악하기 힘들겠지만, 독립당이 영국을 변화시키기 위해 굳이 정부를 장악할 필요가 없었다는 사실은 이미 분명하다. 부쩍 성장한 독립당과 비슷한 다른 당의 부상으로 여성들에게 가해지는 위협이 갈수록 선명해지고 있다. 몇 군데만 예를 들면 영국독립당, 티파티(Tea Party) 공화당원, 프랑스 국민전선은 모두 성평등을 포함한 중요한 가치들에 반발하는 세력이다. 독립당 대표인 나이절 패러지는 2010년 트위터에, "유럽 의회는 어리석게도 산휴수당 증가에 찬성했다. 한 잔 걸치러 가야겠다"라는 메시지를 올리기도 했다. 여성평등당이 이 반대 의견을 주장하기 위해 이들의 정치 각본을 훔칠 수는 없을까? 여성평등당이 기존 정당들의 모방 충동을 자극하고, 억압받는 여성의 이익을 마침내 정치 안건의 최우선으로 밀어붙일 수는 없을까?

내 입에서 말이 떨어진 순간부터 사람들은 이 아이디어에 열광했다. 그리고 놀랍게도 그들은 내가 무언가 현실적인 대안을 제시하는 것이라고 받아들였다. 행사가 끝나고 바로 자리를 옮겨 이야기를 나눈 사람도 꽤 있었지만, 소셜미디어를 통한 지속적인 논의에 참여한 사람이 더 많았다. 나는 텅 빈 공간과 텅 빈 냉장고가 기다리고 있는 집으로 돌아가서 잠자리에 들기 전에, 잘 챙겨 먹는 것을 아주 중요하게 생각하는 뮤지션인 내 남편을 잘 아는 친구들에게 즐거움을 주기 위해 페이스북에 메시지를 올렸다. "앤디가 여행을 떠난 지 24시간밖에 안 됐는데, 나는 벌써부터 샌드위치로 저녁을 때웠다." 그런 뒤 이런 글을 덧붙였다. "함께할 사람? 당파와 무관하며, 남녀 모두 환영."

"나도 같이 할게!" 메시지를 올리자마자 곧바로 스텔라 더피가 답글을 달았다. "나도!" 로이터통신 기자인 소피 워커가 합세했다. 그때까지만 해도 그녀는 자신이 얼마나 깊이 관여하게 될지 전혀 예상하지 못했을 터이다. 그다음 날 아침 답글 목록이 대단히 길게 올라와 있었는데, 모두 비슷한 대답이었다.

나는 샌디에게 전화를 걸었다. 그녀 역시 세계여성축제 창립위원이었으며, 2주 전 위원회 저녁 모임 때 여성축제에서 생성되는 에너지를 어떻게 정치계에 쏟을 수 있을지 함께 고민했다. 그날 구체적인 방법까지는 논의하지 않았기 때문에, 나는 '여성과 정치' 토론 행사에서 내가 즉흥적으로 제안했던 의견에 샌디도 흥미를 가질지 모른다고 생각했다. 그런데 그녀의 반응은 사뭇 달랐다.

"그런데 그건 내가 했던 생각이야." 그녀는 매년 세계여성축제 피날레로 '폭소 제한(Mirth Control)'이라고 불리는 쇼를 준비해서 공연한다. 그리고 2015년에는 여성평등당이라는 가상의 당 소속 장관들이 등장하는 무대를 꾸밀 계획이었다. 샌디는 이 계획을 전하려고 나에게 전화를 하려던 참이었다고 한다. 그리고 이렇게 덧붙였다. "자기야, 외무부 장관 해볼 생각 없어?"

내각 경험도 전혀 없고 상스러운 농담이나 주고받는 사람이 영국을 대표하는 장관이 된다고 상상하니 웃음이 나왔다. 보리스 존슨 같은 사람도 있지 않느냐고 생각할지 모르지만, 그때는 테레사 메이가 보리스 존슨을 외무부 장관에 임명하기 전이었다. 어찌 되었든 샌디와 나는 더 많은 여성 장관이 나오기를 염원했다.

　세계여성축제의 멋진 피날레가 있고 며칠 뒤, 우리는 가볍게 맥주를 마시면서 우리와 다른 많은 이의 삶에 혼란을 초래할 결정을 했다. 실제로, 여성평등당을 창당하기로 한 것이다. 우리는 당을 이끌기에 적합한 인물이 되지 못한다는 결론에 곧바로 이르렀다. 샌디와 나는 모두 외국에서 출생하고 성장했기 때문이다. 부모가 우리를 이끌고 대서양을 건너갔다 건너왔기 때문에, 새로운 학교와 낯선 사회집단에 몇 번이나 던져졌다. 샌디는 사람을 웃기는 뛰어난 재주가 둘째가라면 서러울 정도다. 그런데 사실 그녀가 던지는 농담과 익살은 모두 부끄러움 많이 타는 성격을 감추기 위한 수단이다. 그녀는 1994년에 《선데이 타임스》와의 인터뷰에서 동성애자임을 밝혔다. 사실 그녀는 구체적인 개인사를 공개적으로 알릴 생각이 전혀 없었다. 하지만 감춰진 '비밀'을 공개하라는 타블로이드 신문들의 협박과, 레즈비언과 게이의 권리와 동등한 결혼을 위한 사회운동에 동참해야겠다는 생각 때문에 그 사실을 밝혔다. 이후 그녀는 살해 위협을 받아 어린아이를 데리고 은신하는 처지에 놓이기까지 했다. 그러면서 그녀는 더는 혼란스러운 일이 벌어지지 않기를 간절히 바랐다. 샌디는 종종 내게 하소연하듯이, "도대체 언제쯤 집으로 돌아갈 수 있을까?"라고 물었다. 농담으로 하는 말이었지만 샌디의 농담에는 항상 진심이 배어 있었다.

　그뿐 아니라 샌디와 나 모두, 우리가 지향하는 보편적이고 포괄적인 사회운동을 주도하기에는 너무 대도시 편향적이고, 대중매체 분야에 쏠려 있었다. 유력한 정당이 되려면 가능한 한 몸집을 키우고 최대한 다양한 세력을 포섭해야 했다. 그 말은 성평등을 위한 투쟁은 좌익만의 일이라는 생각에서 벗어나야 한다는 뜻이었으며, 공통 기반을 찾아내고 확대하는 데 헌신하는 협력적인 정치를 해야 한다는 뜻이기도 했다. 그러려면 처음부터 다양성을 확립하기 위해 깊은 노력을 기울여야 했다. 그런 다양성에는 광범위한 정치적 배경과 학문 분야가 포함되어야 했다.

샌디는 정치활동을 하려면 자신이 현재 진행하는 BBC 라디오 시사풍자 프로그램 〈뉴스 퀴즈(The News Quiz)〉에서 하차해야 한다는 사실도 깨달았다. 팬들도 그녀가 떠나는 것을 쉽게 받아들이지 못했다. 프로그램 하차 소식이 알려진 뒤, 분개한 BBC 라디오4 청취자들이 불만을 터뜨리면서, 내게 쏟아지는 인터넷 악성 댓글과 비난도 대폭 증가했다.

페이스북 메시지나 입에서 입으로 소식이 전해졌을 뿐인데도 창당을 위한 모임에 참여하는 사람의 수가 수백 명에 이르렀다. 그런 모임 중 하나였던 2015년 3월 28일 총회에서 당명을 확정했다. '평등당'으로 하자고 주장하는 사람들도 있었지만 그렇게 되면 우리가 전하려는 메시지가 희석되고, 노동당의 이미지를 재사용하는 셈이 될 수도 있었다. 또 '성평등당'이라는 이름을 선호하는 사람들도 있었는데, 남성들이나 이분법적인 성별 분류가 불가능한 유권자들을 납득시키는 데 도움이 되지 않겠느냐는 생각이었지만, 성평등당이라는 이름은 희극풍 학생 소설을 연상시킬 우려가 있었다. 샌디는 이에 관한 논의에서 참을성을 발휘하지 못하고 끝내 버럭 화를 냈다. "사람들이 왜 이름이 여성평등당이냐고 물으면 나는 늘 '명확히 해두는 게 좋다고 생각해서다. 우리는 다들 바쁜 사람이어서, 우리가 추구하는 쟁점을 감출 생각이 없다'라고 말합니다." 실제로 '여성평등당'이라는 이름은 직설적이고, 명확하고, 또 머리글자가 WE(Women's Equality)이므로 우스갯소리나 농담에도 적절히 쓰일 수 있어 여러 가지로 만족스러웠다. 우리가 앞으로 배워나갈 정치에는 이와 같은 타협과 절충이 필요할 터였다.

첫 총회에 초빙된 연설가 중에는 소피 워커도 있었다. 그 회의에서 공식 출범한 운영위원회는 추후 소피를 여성평등당의 첫 대표로 추대했다. 4월 18일에 열린 두 번째 총회에서는 밥 먹는 자리에서 이야기를 나누며 냅킨에 적어두었던 여섯 가지 핵심 목표를 승인했다. 그 여섯 가지는 동등한 대의권, 동일 임금, 모든 아이에게 기회를 제공하는 교육 체계, 육아 책임 분담, 대중매체에서의 동등한 대우, 여성 폭력 종식이다. 6월에 런던 콘웨이 홀에서 열린 첫 모금행사는 티켓을 판매하기 시작한 지 몇 시간 만에 매진됐다. 2015년 7월에는 여성평등당을 공식 정당으로 등록했으며, 10월에는 전문가, 사회운동 조직, 그리고 이미 회원과 운동가가 수만 명에 이를 정도로 성장한 민중 지원 조직(GSO)과의 긴밀한 협력을 통해 받은 자문을 종합해 최초의 실질적인 정책 문서를 펴냈다. 여성평등당은 그해 말까지 50만 파운드(약 7억 원) 넘는 금액을 모금했다. 2016년 5월에는 창당 이후 처음 맞는 런던 시장, 런던 의회, 웨일스 의회, 스코틀랜드 의회 선거에서 35만 표 이상을 획득했다.

그러고 나서 한 달쯤 뒤, 나는 어떤 정치인의 생일 파티에 갔다가 보리스 존슨의 아버지이자 전 유럽 의회 의원인 스탠리를 만났다. 그가 방 저쪽에서 나를 불렀다. "캐서린, 끔찍한 소식을 들었어!" 방 안이 조용해지면서, 사람들이 고개를 두리번거렸다. "네가 페미니스트가 되었다면서!" 그날 저녁 늦은 시간에는 어떤 노동당 동료와 이야기를 나누었는데, 그는 우리가 자기네 당을 분열시켰다면서 나를 질책했다. 노동당이 외부의 도움 없이 터를 잘 닦아놓았는데 우리가 들어와서 표를 잠식했다는 것이었다. 또 그날 같은 자리에서 만난 노동낭과 보수당의 저명한 인사들은 지난 선거에서 우리 당에 표를 줬다고 고백하기도 했다. 영국 정치계는 더 이상 우리를 아랫사람 대하듯 행동하거나 멸시하지 않았지만, 어떤 모습으로 받아들여지는지는 아직 가닥을 잡지 못했다.

여성평등당은 임시변통으로 만들어 체계가 유동적일 수밖에 없는, 보잘것없는 스타트업으로 시작했지만, 창당 이듬해에는 필요한 자격을 모두 갖추었으며, 70군데 넘는 지부를 두고 있고, 더 많은 곳이 당원들 주도로 새로 만들어지고 있다. 맨체스터에서 열린 첫 합동회의에는 대표자 1,600명이 참여했는데, 그 자리에서는 일곱 번째 핵심 목표인 평등한 건강을 포함한 새로운 정책들을 채택하고, 지부 활동가들에게 의사결정 주체로서의 자격을 부여하면서 그 세부 조직들의 실질적이고 진정한 다양성을 보장하는 당내 민주적 절차를 승인했다. 그리고 그 한 해 동안 상당히 영향력 있는 다양한 캠페인을 벌였는데, 성폭행, 성추행, 여성에 대한 언어 폭력 관련 뉴스를 정리해 발표한 위카운트(#WECount) 운동도 그중 하나였다. 타비타 모턴은 여성평등당 최초의 선거에서 리버풀의 도시 지역 시장으로 출마했다. 그 지역은 영국에서 가정 폭력이 가장 심한데도 불구하고 여성 폭력에 맞설 전략이 전혀 마련되어 있지 않았다는 데 자극을 받았기 때문이다. 선거가 끝난 뒤 당선자인 노동당 스티브 로서럼은 모턴이 선거운동에서 핵심적으로 내세웠던 전략을 자신이 시행할 수 있게 해달라고 부탁했다.

다른 정당들과도 구체적인 작업을 함께하기 시작했다. 자유민주당은 보복을 목적으로 상대방의 동의 없이 인터넷에 유포하는 리벤지 포르노(revenge porn)를 방지하기 위한 법안의 초안을 만들면서 우리에게 도움을 요청했다. 또 여러 정당과 정치인들이 정치적 동맹이나 공동 후보를 낼 가능성을 타진하는 등 한층 긴밀한 협력을 위한 대화를 제안해왔다.

우리는 2020년으로 예정된 총선 전에 이런 아이디어를 시험해볼 생각이 없었다. 우리의 목표는 기한 내에 활동자금을 마련하고, 2017년 5월 지방의회 선거와 리버풀 지역에 새로 마련된 시장 선거에 참여해 경험을 얻고 우리 당을 알리는 것이었다. 그런데 메이 총리가 조기총선을 요청했다.

우리는 사회 복지를 유감스러운 지출이 아닌 경제의 잠재적인 동력으로 이해하고 국가가 전액 부담하는 보편적인 보육정책을 제안하면서, 잉글랜드에 다섯 명, 스코틀랜드와 웨일스에 각각 한 명씩 후보를 내보냈다. 우리의 기본 정책 문서에 있는 내용들은 다른 당의 공약이 되기도 했다. 요크셔 선거구에서는 진보 동맹을 통해 녹색당의 지원을 받은 소피 워커가 후보로 나섰다. 여성평등당-녹색당 연합은 현재 자리를 지키고 있는 저명한 반페미니스트인 보수당의 필립 데이비스와 맞붙었다. 우리는 노동당이 우리 연합에 합세하기를 희망했지만(노동당은 연속적인 패배 이후 희망을 거의 버린 상태였다), 그들은 독자적으로 뛰면서 데이비스보다 우리 연합을 더 많이 공격했다. 그들의 이런 행보는 노동당이 페미니즘의 주인이라는 믿음과 영국 전역의 선협정 기회를 거부하는 과열된 당파적 문화를 드러냈다.

최다 득표자가 당선되는 제도는 전 세계적으로 여성과 소수자에게 불리하다는 사실이 드러났는데도, 노동당은 보수당과 마찬가지로 계속해서 최다득표당선제도를 지지하고 있다. 노동당과 보수당 모두 선거를 둘 간의 경쟁으로 내세우려 한다. 우리 당 후보들은 좌익과 우익 양쪽에서 '여자들은 옆으로 비켜라'라는 똑같은 메시지를 들었다. 선거운동이 끝날 무렵에는 우리 당 선거사무실로 폭력적인 전화가 수백 통 걸려오고, 런던의 혼지와 우드그린 선거구에 출마한 우리 당 후보 님코 알리는 살해 협박도 받았다. 이슬람에 대한 증오를 담아 대문자로 휘갈겨 쓴 그 편지에는 '조 콕스'라는 사인이 적혀 있었다. 조는 노동당 하원의원으로 활동하던 첫해에 여성들에게 상당한 영향을 끼치며 지지를 얻던 중 2016년 6월에 잔인하게 살해당했다. 나와 님코 모두 그 일을 잘 알고 있었다. 님코를 막아서려는 위협은 이번이 처음이 아니었다. 소말리아 난민인 님코는 여성 할례를 겪고 살아나서 '이브의 딸들(Daughters of Eve)'이라는 비영리조직을 공동 설립하고 여성 할례 반대 운동에 몸담아왔다. 협박 편지를 받은 다음 날 나는 님코와 함께 유세를 하러 나갔다. 여성평등당 유세복을 입고 서 있는 그녀는 눈에 너무 잘 띄었다. 나는 그녀가 최대한 많은 사람을 만나고 유세하려 노력하는 것을 지켜봤다. 그녀와 다른 모든 후보는 당선되지 못했지만, 그들 모두는 승리자나 다름없다.

이 책은 당의 역사를 설명하려고 쓴 것이 아니다. 우리 당은 아직 발달 초기 단계에 있지만 어느 순간 사라져버릴 수도 있다. 이제 막 박차를 가하고 있는 우리 당의 생존을 위협하는 시험들은 정치계 곳곳에 도사리면서, 좀비로 변신한 요한슨의 가슴처럼 아래층에 있는 사람들이 감히 이동하지 못하도록 억누르고 있다. 이 시험들은 영국이 EU와 연결되었던 끈을 푸는 바람에 속박에서 풀려난 사악한 영향력과 얽히면서, 유례없이 빠른 속도로 변형되고 있다. 사람들은 국민투표가 보수당 내부의 갈등을 중재할 것으로 기대했지만, 전혀 그렇지 못했다. 노동당의 분열은 그보다 훨씬 깊었다. 상황이 어그러지자, 중도주의자들은 더 기다릴 수가 없었다. 파벌 싸움이 벌어지자 일부 사람들은 여성평등당을 도피처로 삼았지만, 그들 중 몇몇은 우리의 이미지를 바꾸려는 꿈을 품었다. 소설가 저넷 윈터슨은 《가디언》에 실은 글에서 이렇게 말했다. "나는 여성평등당이 평등당으로 이름을 바꾸었으면 한다. 이는 중요한 의미와 영향력이 있는 이름이다. 나라면 노동당이나 신노동당 같은 당명은 더 이상 아무런 의미도 없으니 고려 대상으로 삼지 않을 것이다. 지난 선거를 겪고도 여전히 증거가 더 필요하다면, 바로 얼마 전에 브렉시트가 그 증거를 드러냈다."[17]

　　사실 우리도 이름을 변경하는 문제를 고려해본 적이 있지만, 우리 당 사람들 대부분은 우리 이름에서 '여성'이란 표현을 빼는 데 반대한다. 그렇게 되면 다른 모든 정당과 다를 바 없이 여성의 이익은 뒷전으로 밀려날 터이다. 영국에서 마침내 또 한 명의 여성 총리가 탄생하면서, 성평등 문제는 이제 해결됐다고 생각될 우려가 있다. 여전히 예전과 동일한 사람들이 모든 주요 정당의 메커니즘과 밀실을 쥐고 있는데도 불구하고 말이다. 그리고 브렉시트 역시 여성들에게 위험 요인으로 작용한다. 유럽이 기반을 두고 보증해온 보호 정책과 권리에 대한 의문이 제기되고 있다. 우리의 비전은 그 어느 때보다 시의적절했다. 그래서 그런 비전을 다른 이들에게 알릴 때마다 새로운 지지자들과 당원들을 얻었다. 우리가 해결해야 했던 첫 번째 문제이자 지금도 여전한 문제는 변변찮은 자원으로 그 메시지를 어떻게 전파할 것인가이다. 그리고 두 번째는 지속적인 운영에 필요한 자금 마련 방법이었다.

　　그러니 여성평등당에 관한 연구서를 쓰기에는 아직 시기상조겠지만, 이 책에서는 창당 과정에서 발견하고 깨달은 점을 나누고자 한다. 저널리스트들은 세상을 잘 아는 것 같은 환상에 사로잡힐 때가 많다. 나는 일하면서 여섯 대륙을 오가고, 교전 지역과 유명 휴양지, 극장과 수술실, 궁전과 감옥을 두루 방문하고, 독재자와 민주운동가를 모두 인터뷰해봤다. 저널리스트의 근무 환경은 록음악을 하는 뮤지션과 결혼해서 얻는 경험과 꽤 비슷한 구석이 있다. 모든 구역에 접근할 수 있는 특권을 누린다는 점에서 말이다. 큰 행사의 맨 앞줄에 앉고, 백스테이지를 서성댈 수 있는 자유를 누리고, 접근 금지선 너머에도 가볼 수 있다. 이런 경험은 상황을 더 잘 이해하는 데 도움이 되지만, 그렇다고 나를 밴드 멤버로 만들어주지는 못한다. 나는 저널리스트로서 정치를 이해한다고 생각해왔다. 언론인과 정치인 양쪽 다 경험하고 보니, 내가 이해했던 것이 얼마나 불완전했는지 이제야 알겠다.

하지만 내가 이 글을 쓴 진정한 목적은 단순히 가까운 과거와 지금의 상황을 돌아보면서 교훈을 찾으려는 것이 아니다. 완전한 성평등 사회 '이퀄리아'에 대해 생각해보기 위해서다. 어떻게 해야 이 약속의 땅에 도달할 수 있으며, 그곳에 가면 무엇을 찾을 수 있는지와 관련하여, 오늘날 세상은 우리에게 무엇을 제시하고 있는가?

나를 비롯한 많은 이에게 페미니즘을 일깨워준 책 《여성, 거세당하다(The Female Eunuch)》에서 저메인 그리어는 "미래에 대한 상세한 설명은 이상주의적이며, 더 심각하게는 정적이기까지 하다"라고 말했다. 그리어리즘(Greerism)도 물론 그렇지만, 그들이 신봉하는 저자 그리어의 주장에도 옳고 그름이 공존한다.

미래를 자세하게 설명하려 할수록 예측은 크게 엇나갈 가능성이 높다. 예를 들어 지진을 겪기 전에 그 영향을 충분히 구체적으로 상상하는 것은 불가능에 가깝다. 그런 지진이 자연발생적이든, 인간이 만든 것이든, 아니면 계획된 어떤 일의 결과로 나타난 것이든 상관없이 말이다. 기술은 미래 예측가들이 전혀 예견하지 못했던 방식으로 우리의 삶을 뒤흔들고 있다(다만 공상과학 작가들은 전체적인 모습을 상당히 비슷하게 예측하기도 했다). 예를 들어 만약 앞으로 직장이나 직업이 사라진다면, 직장에서의 성 문제에 대해 어떻게 이야기할 수 있겠는가?

그에 대한 해법은 그런 논의를 아예 회피하기보다는 인간의 지식과 상상의 한계를 인정하고, 지식과 상상을 최대한 확장하려고 노력하는 것이 될 터이다. 정치는 전적으로 미래를 만드는 일에 관련된 활동이다. 하지만 정치운동은 '오래도록 행복하게 살기' 증후군에 너무 쉽게 굴복하고 만다. 성평등을 주장하는 사람들은 예외 없이 노골적으로 양성의 동등한 통합과 그런 평등이 실현되는 순간에만 관심을 쏟고, 그 너머에 있는 것에는 관심이 없다. 통합을 경축하는 종잇조각을 날리고 나면, 그 기억은 점점 희미해진다.

런던 선거를 앞두고 여성평등당 선거운동을 위해 방문 유세를 하는 과정에서도 그 문제가 드러났는데, 때로는 말 그대로의(드러내는) 상황을 경험하기도 했다. 서더크 타워 근처에 사는 어떤 사람은 내가 현관문을 두드리자 경계하는 태도로 답했다.

"누구세요?"

"선거(election) 관련해서 잠시 드릴 말씀이 있어서요."

"전기(electricity)요?"

전기를 끊으러 온 것 아닌가 싶어 깜짝 놀라는 기색이 역력하더니, 남자가 문을 활짝 열어젖혔는데 그는 벌거벗은 차림이었다.

선거운동을 하면서 남성의 태도에 세대별 차이가 존재한다는 사실도 알게 됐다. 여성평등당 선거운동원이 유세를 하러 집에 찾아가면 50대 남성들은 보통 "잠깐만요, 집사람을 부를게요"라고 답했다. 하지만 젊은 남성들은 직접 이야기를 들었다. 이들에게는 이 당이 여자만을 위한 것이 아니며, 남자들에게도 득이 되는 정책을 내세울 것이라는 설명을 애써 강조할 필요가 없었다.

이런 반응이나 우리가 마주했던 사람들의 열의는 상당히 고무적이었다. 여성평등당이 생겼다는 말을 듣고 춤을 췄다고 이야기하는 사람들도 있었다. 하지만 그 사람들은 개인적으로나 정당 차원에서 모두 고민하고 있던 까다로운 질문들을 던졌다. 성평등이 다른 종류의 평등을 이룩하는 데도 도움이 될까? 우리는 지금 사회가 개선되기를(즉 기존 구조를 유지하면서 성평등을 이루는 것을) 바라는가, 아니면 더 급진적인 변화를 꿈꾸는가? 이런 작은 시도로 얼마나 많은 변화를 이룰 수 있을까? 금지법이나 강제 규정이 필요할 수도 있는 건 어떤 상황일까? 50피트 우먼이라는 신(新)인종은 더 공평한 시스템을 만들어낼까, 아니면 새로운 엘리트를 만들어낼까?

사람들이 이퀄리아를 올더스 헉슬리의 《멋진 신세계》와 같이 이른바 공동의 선을 위해 개인의 승화를 요구하는 혼란스러운 디스토피아로 상상한다면, 그런 세계를 회피하려는 것도 이해가 간다. 또 과거의 부조리를 그대로 모셔둔 채 서열만 바뀌는 것으로 느낀다면, 이퀄리아를 건설하려는 열의가 부족한 것도 당연하다.

이퀄리아에 찾아가서 구성원들의 관계가 정말로 동등한지 살피고, 텔레비전과 뉴스에서 어떤 내용을 다루는지, 사람들이 성관계를 어떻게 갖는지, 또 성을 사고파는 사람들이 혹시 있는지, 공기는 더 깨끗해졌는지 알아보고, 갈등의 그림자가 퇴각했다는 사실을 확인할 수 있으면 얼마나 좋을까. 또 이퀄리아에서는 누가 설거지를 하고 누가 저임금 노동에 종사하는지, 그리고 그런 일의 가치는 충분히 존중받는지 확인할 수 있으면 얼마나 좋을까. 모든 이에게 자기가 원하는 만큼 넓은 공간을 차지할 수 있도록 허용하는 사회는 위대한 인물들을 낳을까, 아니면 역경이 없어지면서 창의성이 줄어들거나 독창성이 사라질까? 성별에 따른 역할 구분에서 자유로운 사회에서는 성별이 어떤 의미가 있을지 상상하기 쉽지 않다. 그런 상황에서 이런 근본적인 질문에 대해, 단순히 여성평등당 사람들에게뿐 아니라 성별 불균형의 영향하에 있는 전 세계 모든 이에게, 우리는 어떻게 답해야 할까?

이 책을 쓰는 목적은 이런 근본적인 질문에 답하는 것이 아니라, 답하는 과정을 시작하려는 데 있다. 한 번의 탐색으로 완벽한 답을 얻어내기에는 한계가 있을 것이다. 확실한 정보가 부족해서일 수도 있지만, 나 자신의 경험이 제한적이기 때문이기도 하다. 나는 개인적인 배경과 성장 환경, 유전자와 주변 영향의 융합, 운(또는 특권), 그리고 반세기 동안 이 행성을 떠돌면서 다른 사람들 일에 기웃거린 경험의 결과물이다. 이 책을 쓰기 위해서 나는 시간과 자원이 허락하는 한 최대한 멀리 나가서, 가능한 다양한 범위의 사람들을 인터뷰하고, 읽고 또 읽고, 생각하고 또 생각했다. 나는 내가 얼마나 몰랐는지 알아내기 위해 배워야 했다. 내가 묘사한 이퀄리아와 내가 발견한 길은 나를 만든 문화 속에 존재한다. 세계 다른 지역에서는 그 결과와 경로가 다른 모습일 수도 있다.

탐사 과정에서 변화를 증진시키거나 지체시키는 요인을 확인하기 위해, 이퀄리아에 가장 근접한 아이슬란드, 그리고 성평등에서 거의 진전을 보지 못한 국가들과 대륙을 방문했다. 앙겔라 메르켈은 샌디와 마찬가지로 작은 몸집으로 큰 영향력을 행사하는 여성이다. 메르켈이 이끄는 독일은 여성들에게 더 살기 좋은 나라가 되었다(집단 성폭행 사건이 발생했던 쾰른의 여성들에게까지 말이다). 메르켈이야말로 우리에게 필요한 50피트 우먼일까? 그녀는 여성이기 때문에 지도하는 방식이 다른 걸까? 테레사 메이(May)가 영국 총리 관저로 들어오면서 다우닝가는 매달이 5월(May)이다. 이런 결과는 상황이 급변하면서 나타난 것일까, 아니면 유리절벽(glass cliff) 현상일까? 참고로 유리절벽이란 엑서터 대학교 연구원들이 처음 밝힌 개념으로, 위기를 맞이해 지도력을 성공적으로 발휘할 승산이 가장 적을 때 여성이 지도자 자리에 오를 기회가 가장 많이 생기는 현상을 의미한다. 그런가 하면 힐러리 클린턴의 운명과 트럼프의 추종자들, 유럽에서 부상하는 그와 유사한 포퓰리즘은 어떻게 설명할 수 있을까? 이런 현상들은 여성과 소수자들, 성평등과 관련해서 이미 합의한 사안들에 새로운 문제가 제기되고 있다는 신호다. 프랑스에서는 여성인 마린 르 펜이 이런 운동을 주도하고 있다. 그녀는 민주적인 세계에서 비할 데 없이 강력한 집행력을 행사할 수 있는 대통령 자리를 목표로 하고 있다. 하지만 트럼프가 대통령으로 임무를 시작한 첫날에, 미국에서 350만 명의 시위자가 거리로 쏟아져 나오고, 20여 개국에서 퇴보하는 세계 질서에 맞서기로 결심한 수백만 명이 항의 시위를 벌이는 등 사상 최대의 여성 주도 행진이 진행되기도 했다.

이어지는 본문에서는 과학과 기술, 그리고 권력과 인구의 세계적인 이동에 따라 예측되는 사회 변화를 조사할 것이다. 중국은 남아를 선호하는 유교 문화 속에 한 자녀 정책을 시행하면서 성비가 더욱 불균형해졌고, 결국 불만스러운 독신으로 살아가는 남자들이 생겨나면서 성장의 위기를 맞았다. 인도도 남자가 여자보다 4,300만 명 더 많다. 반대로 르완다는 집단 학살로 수많은 남자가 희생되면서 여자가 상대적으로 더 많아 정치에 참여하는 여성 의원의 비율이 아이슬란드보다 높아, 이제는 세계 최고에 이르렀다. 그렇다고 르완다가 성평등의 본보기가 될 수 있을까?

한편 언론의 힘과 잠재력에 대해서도 생각해볼 것이다. 할리우드와 페이스북의 세계를 들여다보고, 특권을 누리는 이들이 사는 요새와 탄압받는 이들이 거주하는 빈민가를 둘러본다. 전문가, 지도자, 공인으로서의 삶을 살면서 가장 개인적인 가치를 추구하는 사람들과도 이야기를 나눌 것이다. 페미니즘의 슬로건에도 있듯이, 개인적인 것이 곧 정치적인 것이다. 그런 이유로 나는 이 여정을 가장 개인적인 공간인 집에서부터 시작하려고 한다.

그럼, 우리 집 부엌으로 함께 가보자.

1장 정치계에 비집고 들어서다

억압받는 이들은 그 열등한 지위를 어떻게든 별충하려고 자신의 우수성을 내세운다. 여성들의 경우에는 기본적으로 '여자는 다르다'는 신념을 고수하는데, 이를테면 이런 식이다. '우리는 감성 지능이 높고, 성장을 도모하며, 대치하기보다는 협력하고, 여러 가지 일을 동시에 해낸다. 처리해야 할 일이 있다면, 능력 있는 여성 인재에게 한번 맡겨보시라.'

여성평등당 초기의 활동을 돌아보면 그런 설명이 딱 들어맞는 듯하다. 새롭게 꾸려진 운영위원회의 잇따른 모임에서는 열정과 아이디어가 샘솟았고, 와인과 먹을거리도 넘쳐났다.

샌디는 주로 청어 요리를 해왔다. 식초에 절인 청어, 스위트 머스터드와 딜 소스를 곁들인 청어, 사워크림을 얹은 청어뿐만 아니라 포크 없이 손으로 집어 먹을 수 있게 적당히 자른 호밀흑빵에 큼직한 청어를 올려놓은 요리도 있었다. 다른 사람들은 즉석 케이크를 구워서 내왔고, 나는 와인을 준비했다.

회의 때마다 처리할 업무 목록이 줄줄이 쌓여갔지만, 나서서 챙기고 확인하는 사람 없이도 척척 진행됐다. 물론 한 번에 여러 가지를 신경 써야 하는 부담은 있었다. 시간이 가장 많이 들었던 건 여성평등당의 활동 소식을 들은 사람들이 보내는 엄청난 양의 이메일에 일일이 답장하는 일이었다. 자원봉사자들이 밤을 지새운 날은 하루이틀이 아니었지만, 이런 감동적인 메시지를 접하면 봉사자들이 느끼는 피로감도 한결 가벼워졌다.

'무언가를 다시 믿을 수 있게 해주셔서 고맙습니다.'

'마침내 정치에서 들뜨고 흥분할 거리가 생겼네요!'

'지난 14년 동안 투표장에는 얼씬도 안 했는데, 이번에는 의욕이 생깁니다.'

'저는 지금 열여섯 살인데, 페미니즘에 아주 관심이 많아요. 저도 더 큰 무대에서 여성의 평등을 위해 싸우고 싶어요.'

'이런 정당이 생겨서 정말 기뻐요. 평생 기다려왔어요'

'힘내세요! 여성평등당이야말로 우리에게 꼭 필요한 정당이에요. 저도 동참하겠습니다. 할 일이 많을 텐데, 함께 나눠요.'

일을 여러 사람과 함께 나누려면 조직이 필요하다. 우리는 아무것도 없는 상태에서 조직을 만들었으며, 시시각각 변하는 요구와 우선적으로 처리해야 할 사안을 신속히 해결하기 위해 분주히 움직이고, 언론과 소셜미디어, 지원활동, 자금모금, 재정, 그리고 관료정치제도가 정한 절차를 처리하고 정책을 수립할 소위원회를 조직했다.

영국은 다른 나라와 비교하면 불필요한 요식이 훨씬 많은 편이다. 2015년 7월에 수니바 슐츠플로리라는 노르웨이 여성 정치가를 만났는데, 그녀가 4개월 전에 당을 공동 창당했다는 소식을 전해 들었다. 그녀는 스웨덴의 페미니즘 운동에서 큰 감명을 받고 친구 몇 명과 노르웨이 분파인 '베르겐−호르달란 여성운동'이라는 당을 조직했으며, 이미 첫 선거인 9월 지방 정부 선거를 준비하고 있다고 했다. 노르웨이에서는 자신들의 존재를 사람들에게 알리기만 하면 공식적인 정당으로 인정받는다. 선거기탁금을 마련할 필요도 없으며, 그저 정해진 인원의 발기인에게 서명을 받기만 하면 된다. 게다가 노르웨이의 비례투표제도는 몇천 표만 얻어도 지방의회 의석을 차지할 수 있기 때문에 신당의 진입 장벽이 그리 높지 않다.

비슷한 입장에서 출발한 노르웨이 동료는 한창 선거운동에 매진하고 있는데, 우리는 고작 선거운동에 나설 권리를 얻기 위해서, 시킨다면 재주를 넘는 시늉까지 해야 할 형편이었다. 이는 놀이공원의 돌고래쇼만큼이나 문제가 많고 시대착오적인 관행이었다. 영국의 정치계는 정해진 목적과 활동을 위해 결성되는 통상적인 클럽들과는 겉보기도 다르고 분위기도 다르다. 우선 자기네 클럽에 소속된 기존 회원들과 다른 부류 사람들을 배척하려는 목적으로 여러 규정을 두었다. 예를 들면, 신당은 선거관리위원회에 등록하기 전에는 당원을 모집하거나 선거에 후보를 내보내지 못하도록 되어 있다. 그런데 선거관리위원회에 등록하려면 당의 규약과 규칙을 문서화하고 당의 주요 직책에 간부들을 임명해야 했다. 또 정당은 정치 조직이면서 동시에 법인이기 때문에, 법인을 설립하고, 거래 계좌를 만들어줄 은행을 찾아야 했다. 사업 계획이나 확실한 수입원이 없는 신생 기업인 셈이니, 이들이 계좌를 트겠다고 찾아오면 은행 담당자들이 곤란한 표정을 짓거나 먼 곳을 쳐다보며 한숨짓는 일이 다반사였다.

그들이 곤란해하는 데는 그럴 만한 이유가 있다. 정치계에서는 반드시 돈이 많아야만 정치를 할 수 있도록 여러 장치를 마련해두고 있다. 예를 들어, 런던 시장 선거에 후보를 내보내려면 후보 1인당 1만 파운드(약 1,500만 원)의 기탁금을 내야 한다. 추가로 유권자들에게 배포할 홍보물을 제작하는 데도 1만 파운드는 족히 든다. 그러고 보면 런던 시청으로 가는 길은 금으로 포장되어 있다고 했던 휘팅턴의 옛말이 하나도 틀리지 않다.

선거운동에도 돈이 눈물 나게 많이 드는데, 그중에서도 특히 최다 득표자가 승리하는 다수득표원칙을 따르는 웨스트민스터 같은 지역에서는 전국적으로 획득한 총 득표수가 개별 선거구에서 나온 득표수에 크게 영향을 끼치지 못한다. 실제로 2015년 5월 총선에서 영국독립당(UKIP)은 전체 유권자 8분의 1에 해당하는 390만 표 가까이 획득했지만, 고작 1석을 획득하는 데 그쳤다. 반면 스코틀랜드국민당(SNP)은 150만 표로 56석을 얻었다. 신당이 기존 정당에 도전장을 내밀려면 인지도를 높이고 홍보하는 것뿐 아니라 거리 유세와 방문 유세에도 힘써야 한다. 그런데 거리 곳곳을 돌며 유권자를 찾아다니려면 자원봉사자나 보수를 받고 일하는 전문가의 힘을 빌려야 하며, 보조적으로 활용하는 기술 장비에도 돈이 많이 든다.

돈의 위력이 작용하는 측면은 그것 말고 또 있다. 정치인들

중 정장을 차려입은 돈 많은 남자들이 압도적으로 많은 것은 선거에 출마하는 데 돈이 많이 들고 위험부담이 큰 이유도 있다. 대부분은 개별 소득이 있거나 휴직을 신청할 수 있는 직장 근로자들이며, 아이들이나 노인들을 직접 돌보는 경우는 드물다. 반면에 여성들은 그런 경제적인 뒷받침이 없고, 가정에서 부양 의무를 지고 있는 경우가 많기 때문에 선거에 출마하기가 훨씬 어렵다. 그래서 여성평등당은 기탁금은 물론 양육비 등 고정비용을 지원해 여성들이 선거에 후보로 나갈 수 있도록 지원할 계획이었다.

우리는 한시라도 빨리 당원을 모집해서 안정된 수입원을 갖추고, 목표한 활동의 일부나마 이행할 수 있기를 간절히 바랐다. 후원금을 모집할 자격 조건을 갖추기 위해서라도 자금을 조달해야 하는 상황이었다. 선거관리위원회는 정당이 정치후원금을 모집할 때 500파운드(약 75만 원) 넘는 정치후원금은 허용된 후원자들에게서만 받을 수 있도록 규정하고 있다. 여기서 허용된 후원자란 영국에 본사를 둔 기업이나 영국 선거인명부에 등록된 개인을 말한다. 이런 규정을 둔 이유는 외국인이나 탈세를 목적으로 국외로 이주한 사람들이 영국 정치에 영향력을 행사하지 못하게 하려는 의도(이를테면 세금을 안 내는 사람에게는 대의권을 허용하지 않겠다는 의도)지만, 실효는 전혀 없다. 아무리 세금을 최소화하려고 갖은 술수를 쓰는 기업이라도 영국에 자회사가 있기만 하면, 어떤 글로벌 기업이든 후원금을 낼 자격이 있다. 그리고 재산을 역외로 빼돌릴 정도로 돈이 많은 사람이라면 필시 후원금을 낼 경로도 어렵지 않게 찾을 터이다.

그렇지만 여성평등당 같은 경우에는, 가령 영국에 거주하는 영국인이지만 선거인 등록을 하지 않은 사람이 소액을 여러 차례 기부해서 기부금 총액이 약 500파운드 넘을 경우 벌금을 물어야 할 위험이 있었다. 그런 일이 생기지 않게 대비하려면 후원하겠다는 사람이 나타날 때마다 그 사람이 선거인명부에 등록했는지 여부를 확인할 수밖에 없는데, 그 선거인명부는 중앙집중식으로 관리되어 손쉽게 열람할 수 있는 목록이 아니라 각 지역마다 별도로 관리하는 여러 목록으로 나뉘어 있었다. 그 일을 처리하기 위해 로스쿨을 갓 졸업하고 운영위원회에 입회해서 당 최연소 위원으로 활동하던 시안 맥기가 투입됐다. 그러면서 시안 맥기는 여성평등당 최초의 유급 직원이 되었다. 맥기는 일을 시작하자마자 잠재적인 위험성이 있는 거래 하나를 포착했다. 당에서는 창립 초기에 당원을 모집하면서 한 달에 2파운드씩 내거나 1천 파운드 이상을 일시불로 내고 평생회원 자격을 얻는 제도를 한시적으로 운영했다. 그런데 당의 공동대표인 샌디가 온라인으로 평생회원에 가입했음에도 선거관리위원회의 선거인명부에서 이름을 찾을 수 없었던 것이다. 실은 일전에 스토커가 샌디의 집에 침입하는 사건이 발생하면서 샌디의 개인정보를 모두 비공개로 해두었기 때문이지만, 시안은 그 사실을 알 턱이 없었다. 그래서 시안은 당의 설립자인 샌디가 당원 자격을 갖췄는지 묻기 위해 애써 샌디에게 전화를 걸어야 했다.

공식적인 정당 자격을 갖추기 위해 넘어야 할 최종 장애물은 투표용지에 사용할 당의 로고와 슬로건에 대해 선거관리위원회의 승인을 받는 절차였다. 재능 있는 디자이너인 사라 번스와 저넷 클레먼트가 로고 제작에 참여하겠다고 나섰다. 두 사람은 운영위원회에 합류하기 전에 만난 적이 없지만, 만나자마자 뜻을 모아 일을 순조롭게 진행해나갔다. 당을 상징하는 기호로는 협동정신과 정당의 목표를 기려 여성평등당의 이니셜인 'WE'에 있는 'E'로 등호(=)를 만들었으며, 색깔은 다른 당에서 사용하지 않는 색으로 골랐다. 20세기 초 여성 참정권 운동가들을 대표하는 색이었던 초록색, 흰색, 보라색이었다. 그다음에는 당의 구호를 정했다. 제시된 여러 의견 중 3월 공개회의에서 내가 사용했던 '평등이 모두를 위한 더 나은 길이기 때문에'가 최종선택되었다.

　　이 책에서는 그 명제가 과연 사실인지, 다시 말해 정말로 평등이 모든 이를 위한 더 나은 길인지 확인해보려고 한다. 어떻게 보면 유일한 쟁점은 남자들과 관련된 문제로, 남자들이 우월적인 지위를 양도했을 때 정말로 잃는 것보다 얻는 것이 더 많은지 확인하는 문제인 듯하다. 나머지 사람들로서는 득이 될 것이 자명해 보이니 말이다.

　　불평등이 갈수록 심화되고, 그 영향도 날로 심각해지고 있다. 잘사는 나라와 못사는 나라의 격차, 부자와 가난한 사람의 격차가 갈수록 벌어진다. 실제로 세계 인구의 1퍼센트가 그 나머지 사람들이 가진 재산을 합한 것보다 더 많은 재산을 소유하고 있다. 그런데 그 1퍼센트에 해당하는 사람들조차, 외부의 협박으로부터 안전

을 지키기 위해 외부와 차단된 안전한 장소만 찾아다녀야 하는 삶
이 그리 행복해 보이지 않는다. 부유한 나라에서도 가난한 사람들
은 힘겹게 살아간다. 영국인 중 5분의 1 가까이가 빈곤선에 못 미치
는 삶을 살고 있으며, 미국인의 15퍼센트 이상에 해당하는 빈곤층도
그와 마찬가지다. 사회적 계층의 유동성이 급감하고, 사회 불안은
깊어지고 있다. 물리적 충돌은 국경 너머로 퍼져나가 멀리 떨어진
도시 중심부까지 무차별적인 공격의 표적이 된다. 이러한 분쟁으로
수많은 사람이 난민이 되는데, 현재 추산으로 6,530만 명 정도, 즉
전 세계 난민의 86퍼센트는 개발도상국에 정착한다. 간혹 유럽에
발을 들여놓는 난민들도 있지만, 그런 사람들은 자신들에 대한 양
분된 시선을 감내해야 한다. 양극단에 해당하는 포퓰리즘 선동가들
과 극단주의자들 모두가 자유주의에 반대한다는 공동의 목표를 찾
으면서, 인류의 보편적인 공존공영의 꿈이 사라지고 있다. 물론 최
대 구조적 불평등인 가부장제를 성공적으로 해체하면 다른 종류의
구조적 불평등도 허물어질 것이다. 성적으로 더 평등한 세상은 다
른 측면에서도 더 평등할 것임이 분명하다.

　　하지만 여성평등당이 첫발을 내딛는 시점부터, 우리가 당연
하게 여겼던 그런 가설이 흔들리기 시작했다. 운영위원회의 첫 모
임은 런던 중심가에 있는 내 아파트에서, 부엌에 있는 식탁에 둘러
앉아 진행되었다. 내가 쓰던 그 확장형 식탁은, '과학이 발견하고,
산업이 응용하고, 인간이 적용해 쓴다'는 좌우명하에 '진보의 세기
국제 박람회'가 열린 때이자 과부가 된 우리 증조할머니가 시카고

교외에 있는 집 거실에서 골동품 매매업을 시작한 1933년 무렵부터 우리 집안 대대로 전해 내려온 것이다. 그 식탁에는 한 여성 사업가의 스토리뿐 아니라 풍요의 기록도 담겨 있었다. 난민이 아닌 이민자의 신분으로 미국에 이주한, 중산층이었던 우리 가족이 이런 식탁을 집 안에 들일 정도로 큰 집에 살았다는 증거이기도 했다.

첫 운영위원회의에 참석한 사람은 모두 열 명이었다. 자리한 여성들이(그리고 우리와 함께 자리한 남성들도) 모두 좋은 환경에서 태어나고 자란 건 아니며, 문제가 전혀 없는 삶을 살아온 사람은 아무도 없었다. 우리 중에는 장애, 육체적·정신적 건강 문제, 인종 차별, 동성애 혐오, 노인 차별, 학대를 겪으며 싸워온 사람도 있었다. 그렇지만 모두 정치활동에 참여하는 호사를 누렸다. 운영위원회에 입회하기 위해서는 두 가지 자격을 갖춰야 했는데, 당의 계획에 관심과 열정이 있고, 당이 활동을 개시할 수 있도록 헌신하겠다는 의지가 있는 사람이어야 했다. 많은 여성은 저임금 일자리나 무임금 가사노동에 매여, 저임금 일자리나 무임금 가사노동 문제를 해결하는 데 쓸 시간이 없다. 우리는 위원회에 참여하면서 지도층으로 분류되었지만, 집단을 대표하는 당을 만들려면 밑바탕에서부터 대표하는 당을 만들어야 했다. 그 일의 규모와 복잡성을 제대로 파악하려면 더 오랜 시간이 걸릴 터였다.

위원회 멤버가 늘어나고 모임에 준비되는 음식 종류가 많아지면서, 모임 장소로 다른 곳을 물색해야 했다. 굳이 따지자면 내 식탁이 너무 작기 때문만은 아니었다. 배우이자 사회운동가인 맨디 콜런이 전동 휠체어를 타고 다녔는데, 아파트 현관으로 들어서는 복도가 너무 좁아서 휠체어가 지나갈 수 없었기 때문이다. 다른 회원들이 자기 집을 모임 장소로 제공하겠다고 나섰지만, 그 장소들 모두 신체 건강한 입주민들로서는 전혀 눈치채지 못했던 구조적인 장애 요인이 하나씩 있었다. 한 회원이 사는 아파트는 엘리베이터가 너무 작았고 장애가 있는 어떤 회원의 집은 입구에 계단이 있어서 맨디의 휠체어가 다닐 수 없었다. 불평등에도 정도의 차이가 있듯이 장애에도 정도의 차이가 존재한다. 그리고 장애물은 대개 길이 막혀서 지나갈 수 없는 상황에 놓인 사람들 눈에만 보이는 법이다.

　　맨디는 유창한 연설가로, 사람들 앞에서 연설할 때면 열정적으로, 재밌고 유쾌하게 이야기를 펼쳐나갔다. 그녀는 첫 번째 공식 모임과 콘웨이홀에서 열린 두 번째 모임에서 연사로 나섰다. 콘웨이홀은 1929년 이후 윤리회(Ethical Society)와 자유활동주의의 본거지로 활용되어왔다. 그곳 CEO인 짐 월시는 갓 창당한 여성평등당을 지원하고자 강당을 저렴한 가격에 빌려주고 사용료도 후불로 낼 수 있게 배려해주었다. 하지만 콘웨이홀은 문화재 지정 건축물인데다 수입이 불안정해서 시설에 큰 투자를 하지 못했다. 휠체어를 탄 관객들이 객석에 출입하는 데는 문제가 없었지만 무대에 오르는 경사로가 없어서 휠체어를 타고 무대에 올라갈 수 없었다. 그래서 우리는 그 행사에 무대를 사용하지 않기로 결정하고, 발언자가 무대 연단 위가 아닌 아래쪽에 자리하도록 했다. 때로는, 평등이란 모든 사람의 상황에 맞는 높이를 찾는 문제가 되기도 한다. 물론 대부분의 경우에는 그것보다 훨씬 복잡하지만 말이다.

처음에는 당을 키우기 위해서 각자의 주소록에 있는 사람들에게 연락을 취했지만, 런던에 근거지를 두면 런던에만 편향될 위험이 있었다. 우리의 뜻이 잉글랜드의 다른 지역이나 스코틀랜드, 웨일스, 북아일랜드까지 퍼져나가는 걸 지켜보고, 변화를 꾀하는 통일된 신념 안에서 각 상황과 문맥에 맞는 우선순위를 규정하는 과정은 가슴 설레는 경험이었다. 위원회 멤버 중 엔터테인먼트, 미디어, 정치 분야에서 활동하는 사람이 많긴 했지만, 전체적으로 다양한 직업과 경험을 가진 사람들로 구성됐다. 내가 알고 지내는 사람들이나 친구들은 저마다 모습, 성격, 분위기가 다르다. 그래서 만일 누가 그들에 대해 묻는다면 나는 당연히 그들을 다양한 사람들이라고 지칭할 것이다.

그런데 다양성이라는 말은 사실 오해의 소지가 다분하다. 미디어업계 고위 관계자인 친구의 사례를 보면 쉽게 이해할 수 있다. 그 친구는 능력이 대단히 뛰어난데, 그가 인적 사항을 기재하는 서류에서 인종적·민족적 배경을 조사하는 문항에 체크 표시를 해야 한다는 점은(다시 말해 그가 백인이 아닌 소수자 집단이라는 점은) 조직 문화에 분란을 불러일으키지 않으면서도 겉으로 회사를 좋아 보이게 만드는 효과가 있다. 그는 혼혈 가계 출신이고 실업 교육을 병행하는 고등학교를 나왔지만, 기득권층의 일원답게 말하고 행동한다. 그는 겉으로 드러나는 차이를 최소화해서 모든 사람에게 편하게 다가가는 법을 터득했다. 심지어 나한테까지 말이다. 그는 "정치적으로 크게 성공한 한 흑인 친구도 그런 말을 한 적이 있는데, 솔직히 우리 같은 사람들은 남들에게 위협을 주는 행동을 삼간다"고 내게 털어놓았다. 그런 이야기를 통해 그는 기업이든 정당이든 어떤 조직이 다양성의 장점을 살리려면 차이에 따른 불편을 감수하고 그것을 가치 있게 여겨야 한다는 걸 지적하려 했던 것이다. 주위 사람들이 자신의 의견에 동조해주면 기분이 좋다. 하지만 보다 생산적인 결과는 동료들이 이의를 제기했을 때 나오는 경우가 많다.

다양성은 항상 눈에 들어오는 것도 아니며, 내 친구가 지적했듯 그저 다양성이 눈에 띄는 것만으로는 불충분하지만, 그렇더라도 겉으로 드러나는 다양성은 여전히 중요한 사안이다. 희극배우 그루초 막스가 할리우드의 한 클럽에 이런 전보를 보낸 일화는 지금까지 널리 회자된다. "저의 탈퇴 의사를 수락해주시기 바랍니다. 저는 저를 회원으로 받아주는 클럽에는 들어가고 싶지 않습니다." 하지만 대부분의 사람은 본능적으로 그루초 막스와 거리가 멀어서, 자기를 받아줄 것 같은 클럽에만 가입하고 싶어 한다.

여성들이 정치에서 소외되는 이유는 단순히 시간과 돈이 부족하기 때문만이 아니다. 많은 여성이 단조로운 톤으로 듣기 싫은 소리를 지껄이는 자신의 모습을 상상할 수 없어서 정치에는 진저리를 낸다. 우리 정당이 여성의 동등한 정치 참여를 핵심 목표로 추구하고, 공공기관과 민영기업의 문이 단순히 더 많은 여성이 아니라 보다 다양한 여성에게 개방되게 하려면, 기존 체계의 결함을 답습하지 않도록 주의할 필요가 있었다. 이 정당은 친구들이나 친구의 친구들, 혹은 생각이 비슷해서 함께 어울리기 편한 사람들을 위한 당이 아니었다. 우리는 눈에 보이는 다양성과 보이지 않는 다양성을 모두 포함하고, 최대한 광범위한 참여를 모색하며, 그 모든 관점을 포용하는 조직이 되어나가야 했다.

눈으로 확인하기 힘든 다양성 중에는 정치적인 믿음의 다양성도 있다. 우리는 정치적인 신조가 서로 다른 사람들을 참여시키고 다른 정당 회원들에게도 우리 당에 가입할 수 있는 문을 개방해서, 양성 평등을 추구하는 정당들의 공통된 기반을 찾고, 그들과 힘을 합하거나 그들보다 훨씬 많은 표를 얻어서 그들이 우리의 정책을 뒤따르게 만들고자 했다.

여성운동 내에서 혹은 다른 운동들과의 관계를 분열시키는 쟁점에 적절히 대응하지 못할 경우 열린 조직이 되는 것만으로는 충분하지 않을 터였고, 게다가 그런 관용적인 조직이 되는 것조차 쉬운 일이 아니었다. 미국 학자이자 민권운동가인 킴벌레 윌리엄스 크렌쇼는 1992년에 이런 글을 남겼다.[1] "페미니즘이 인종 차별을 반대한다고 명확히 밝히지 않고, 인종 차별 반대 운동이 가부장제를 반대한다는 뜻을 확실히 표명하지 않는다면, 인종 차별과 성차별을 다루는 정치운동은 결국 서로 적대적인 관계가 되고, 양쪽 모두 실패할 것이다." 그녀는 인종, 성, 계층, 종교, 나이 등의 불리한 조건이 서로 교차하고 심화되는 상황을 묘사하는 '교차성(Intersectionality)'이라는 용어를 만들었으며, 조건이 불리한 집단들끼리 협력해서 상호 이득이 되는 쪽으로 지원하는 체계를 제안하기도 했다. 이는 긍정적인 측면이나 부정적인 측면에서 모두, 대단히 사실적이고 예언적인 견해였다. 실례로 2016년 미국 대통령 선거에서는 여성 유권자들의 표심이 명확히 갈렸는데, 가장 극명했던 건 인종적 측면이었다. 흑인 여성의 94퍼센트는 힐러리 클린턴을 찍었지만, 백인 여성의 53퍼센트는 도널드 트럼프에게 표를 던졌다. 흑인 여성들은 트럼프가 대통령이 되면 자신들에게 어떤 위험이 닥칠지 직감했지만, 상당수 백인 여성들은 뿌리 깊은 오해와 편견에 굴복하고 말았다. 그들(우리)은 백인 남자들이 실권과 부를 쥐고 있으며, 그런 이익을 함께 나눌 최선의 방법은 그들과 동맹을 맺는 것이라고 여태껏 듣고 배워왔다. 또 평등은 케이크 같은 것이어서 상대방이 한 조각을 가져가면 내 몫이 그만큼 줄어든다는 거짓말에 세뇌됐으며, 여성의 지도력에 의문을 품는 잘못된 신조에 동화됐다. 그건 인종 차별적 견해에 물드는 과정과도 비슷하다.

그러니 페미니즘이 분열되는 것도 놀랄 일은 아니며, 여성 모두에게 더 나은 세상, 그러면서 실제로는 남녀 모두에게 더 좋은 세상을 만드는 것이 진정한 이익이라는 사실을 백인 여성들이 한시라도 빨리 깨달아야 한다. 킴벌레 크렌쇼는 우리가 어떻게 해야 하는지 생각해볼 근본적인 토대를 제시했다. 여성 혐오와 인종 차별에 맞서는 가장 힘 있는 조직들은 공통적인 부분에 치중하는 접근 방식을 취하지만, 유색인 여성들은 자신들에게 발언할 기회를 주는 게 아니라 대신 나서서 목소리를 높이는 백인 페미니스트들을 보면 포용하지 못하고 주춤하게 된다.

트럼프가 백악관에 입성할 수 있도록 백인 여성들이 일조하기 한참 전에, 부유한 여성들이 어설픈 판단으로 정치를 후원하고 가난한 여성들의 긴급한 쟁점을 이해하는 척 우쭐대는 현상에 대한 분노가 극에 달해, 페미니즘 한구석에서는 '백인 중산층 페미니스트'라는 말이 강력한 모욕으로 받아들여진 적도 있다. 1983년에 소설가 앨리스 워커는 백인 페미니즘의 대안으로, 유색인 페미니즘을 뜻하는 '우머니스트(womanist)'라는 말을 만들었다. 그리고 30여 년이 흐른 뒤, 블로거인 러네 마틴은 흑인인 자신이 왜 '페미니즘'이라는 용어를 거부하는지 설명하는 소론에서, "아무리 일부 영역에 공통성이 존재하더라도, 자기들의 목표를 실현하기 위해 우리를 억압할 수도 있는 사람들을 지칭하는 명칭을 우리가 어떻게 사용할 수 있겠는가?"라고 묻는다.[2] 분열을 통한 수 늘리기와 결속을 통해서만 성공할 수 있는 운동에서 벗어나려면, 공통성에 치중하는 방법으로는 부족하다.

샌디와 나도 의심의 여지없이 백인이고, 중산층이며, 페미니스트였기 때문에, 물론 비난의 표적이 됐다. 하지만 그런 비판 덕분에 우리는 그 근본이 되는 쟁점을 깊이 파고들 수 있었다. 남성들이 여성들이 처한 상황에 대한 본능적인 이해가 부족한 것과 마찬가지로, 대체로 편안한 삶을 살았던 여성들은 여러 측면에서 억압받는 것이 어떤 느낌인지 곧바로 이해하기 힘들 수도 있다. 우리가 사회운동가로 활동하면서, 어떻게 해야 상황이 더 어렵고 불리한 사람들의 권리를 침범하지 않을 수 있을까? 우리가 당을 설립할 자격이 있을까? 아니면 반대로 해석해 당을 설립하는 행위는 자격조건과 관계없다고 볼 수도 있을까?

그 질문의 답은(최소한 가능성 있는 답이 될 수 있는 것은), 자격조건은 정당이 무엇을 하고 무엇을 성취하느냐에 달려 있다는 사실이다. 그리고 백인 중산층 페미니즘을 비판한다고 모든 백인 중산층 페미니스트들이 일손을 놓는 것은 적절한 대응이 되지 못한다. 그런 대응 자세는 백인 중산층 반(反)페미니스트들이 더 심각한 여성혐오 사례가 도처에 있다는 이유를 핑계로 가정에서 성평등을 강화해야 할 명백하고 시급한 증거를 못 본 척하는 것과 비슷한 오류에 빠지게 한다. 님코 알리는 여성 할례 관습 관련 교육과 인식 개선 활동을 펼치는 비영리재단 '이브의 딸들'의 공동 설립자이며, 여성평등당 운영위원회 초창기 멤버 중 한 사람이다. 그녀는 우리 당에 합류했다는 이유로 몇몇 사람에게 비난을 받기도 했다. 그런 비판에 대해 그녀는 미국에서 흑인, 아시아계, 소수 민족 출신 인구가 12퍼센트 이하라는 사실을 들면서, "물론 선두에 나서는 백인 여성들이 있겠지만, 그들은 그 사실을 논의하기 위해 자신들의 특권과 발언 기회를 사용하는 것이다"라고 지적한다.[3] 여성들 중 도움이 비교적 덜 필요한 사람도 있다는 걸 인정한다고 해서 모든 여성에게 도움이 필요하다는 사실을 부정하는 건 아니다. 문제는 어떻게 도울 것인가이다.

나는 2016년 5월에 킴벌레 윌리엄스 크렌쇼에게 직접 그 질문을 던졌다. 그녀가 런던 경제대학교에서 강연하기로 되어 있어

휴가를 겸해 영국에 들렀을 때다. 그녀는 엄청나게 많은 일과 책임을 맡고 있는데, 우선 UCLA 법학과 교수이고, 최근 만들어진 의회의 흑인 여성 이익단체에서 활동하며, AAPF(the African American Policy Forum)를 공동 설립했다. 또한 경찰들에게 살해당했지만 '흑인의 생명도 소중하다(the Black Lives Matter)' 사회운동에서 다루지 않은 흑인 여성들에 대한 관심을 모으기 위해 그녀와 AAPF가 한 해 전에 다른 조직들과 함께 시작한 캠페인 '세이허네임(#SayHerName)'에 이르기까지 광범위한 활동을 펼치고 있다. 크렌쇼가 런던에 도착한 지 이틀째 되던 날, 나는 코번트 가든에서 여행객들이 잘 찾지 않는 분위기 좋은 술집으로 그녀를 안내했다.

그녀는 내 질문을 듣고 껄껄 웃더니 바로 한숨을 쉬었다. "막중한 임무를 앞두고 있네요." 그녀가 말했다. "다방면으로 신경 쓸 일이 아주 많을 텐데, 그게 바로 정치 연합체가 할 일이지요. 쉽지 않을 거예요." 그녀는 방법적 측면에서 실용적인 조언을 많이 해주었다. 그리고 큰 격려를 건넸지만, 당부의 말도 잊지 않았다. "나는 무작정 앞으로만 달리는 특권층 여성들에 대한 불신이 있어요. '전적으로 옳은 말씀이에요'라고 이야기하면서도 그뿐이지요. 더 깊이 파고들어야 해요. 그리고 마음에 잘 와닿지 않을 때는 상대에게 질문을 던져야만, 싸워가면서라도 문제를 해결해나갈 수 있어요. 그렇게 해서 소외당한다고 느끼거나 소외당하는 사람들 간에 어느 정도 합의점을 찾아가도록 해야 해요. '우리는 어떤 결과를 보기 원하는가? 우리는 어떤 측면에서 의견을 모으려고 하는가? 우리가 추진할 안건은 어떤 기준에 따라 결정되는가?' 이런 질문을 제기하면서 말이에요."[4]

그야말로 전적으로 옳은 말이었기 때문에, "전적으로 옳은 말씀이에요"라고 대답하지 않으려 애쓰면서 입을 꾹 다물어야 했다. 우리 집 부엌 식탁에 둘러앉아 유력한 조직을 만들기란 애초에 불가능한 일이었을 터이다. 밖으로 나가서 더 많은 부류의 사람들과 접촉하고, 무엇보다 다양한 의견을 충실히 고려하는 민주적 분위기를 내적으로 확립하면서도 일의 추진 속도를 늦추거나 창당 정신을 망각하지 않을 방법을 찾아야 했다.

상당한 진전을 이루었지만 갈 길이 아직 멀었다. 다양성을 요구하는 것과 실현하는 것은 완전히 다른 문제다. 이는 너무 당연한 사실이지만, 다양성 정책을 이른바 다양성의 증거로 내세우는 조직들이 많기 때문에 짚고 넘어갈 필요가 있다. 다양성을 실현하는 과정에는 상당한 시간이 걸릴 수도 있으며 도중에 예기치 못한 여러 어려움에 직면하기도 하는데, 나는 개인적인 경험을 통해 그런 어려움들을 더 깊이 이해하게 됐다.

정치활동을 시작한 초창기에, 더 정확히 말하면 당을 만들자고 제안하고 나서 이틀쯤 지났을 때, 나는 동료 기자이자 친구인 한나 애지브 풀에게 전화를 걸어, 당의 지도자가 되어달라고 설득했다. 순진할 정도로 단순한 생각에서 나온 행동이었다. '내가 유권자라면 그녀가 후보로 나왔을 때 지지할까?' 자문해보니, 길게 생각할 것도 없이 아주 강력하게 '그렇다'는 답이 나왔다. 그녀라면 성별, 계층, 인종에 관계없이 모든 사람에게 고루 지지를 받을 것 같았다. 그녀는 아프리카 북동부 에리트레아에서 태어나 맨체스터에 있는 백인 가정에 입양되어 자랐기 때문에, 여성으로서의 보편적 경험과 다른 여러 요인의 영향을 받았거나 변화를 겪었던 경험, 즉 교차성의 세부적인 내용을 논할 입장에 있었다.

내 제의를 들은 한나는 고맙다고 말하면서 신중히 고려해보겠다고 했다. 그리고 며칠 뒤 미안하다는 말과 함께 거절 의사를 밝혔다. 벌려놓은 일이 너무 많아서 지금은 벅차다는 것이 이유였다. 나는 시끄러운 공항에서 전화기를 귀에 딱 붙인 채 그녀의 말을 제대로 들으려고 애쓰면서, 털어놓지 않은 속내가 있으리라 짐작했지만 모르는 척 넘겼다. 그러다가 최근에야 그때 거절하면서 내게 더 혹독한 말을 건네려 했느냐고 물어볼 용기를 냈다. 그녀는 그때 이유로 제시했던 건 물론 진실이었지만, 사실 잠재적인 위험이 그보다 더 결정적인 요인이었다고 털어놓았다. 흑인 여성들은 항상 더 큰 위험에 노출되어 있다. 그녀가 반여성주의자들과 인터넷에 악성 댓글을 다는 이들의 반감을 사면 인종 차별이 더 심해질 우려가 있으며, 한편으로는 일부 흑인 사회운동가들이 그녀를 변절자로 낙인찍는 상황이 벌어질 가능성도 있었다.

결과를 전혀 예측할 수 없는 시도여서, 한나가 아무리 나와 샌디를 신뢰하더라도 여성평등당의 앞날이 어떻게 펼쳐질지 확신할 수 없었다. 그녀는 《가디언》에서 일한 경험으로, 조직들이 좋은 결과를 위해 좋은 의도로 나서더라도 때로는 실수를 범한다는 걸 잘 알고 있었다. 게다가 당을 만드는 데 시간을 투자할 경우 그녀 개인적으로는 경제적 타격을 입을 수도 있었는데, 나는 그 부분을 미처 고려하지 못했다. 그녀는 이런 이야기를 마치면서, 그렇더라도 그런 제의를 꺼낸 시점이 지금이었다면 수락했을 가능성이 높을 거라고 다정하게 덧붙였다.

극복해야 할 장벽은 그것 말고도 있었다. 우리 활동에 참여한 사람들 중에는 각자 소속 당이 협력 정치에 대한 이해도가 높지 않은 편이어서 자신이 여성평등당을 돕고 있다는 사실을 대외적으로 밝히지 않은 채 활동하는 사람들도 있었다. 그런 와중에도 우리 집 식탁에는 날마다 뛰어난 인재들이 새로 찾아들었는데, 그를 통해 우리는 모임의 문턱을 낮추면 정치가 어떻게 달라지는지 깨달았다. 여성평등당이 2016년 5월 선거에 내보낸 후보자 모두 정치에 처음으로 발을 들여놓은 사람들이었으며, 다들 재능이 무척 뛰어나고 남달랐다. 운영위원회에는 아이디어와 에너지가 넘쳐흘렀다.

그중에서도 소피 워커는 확실히 돋보이는 인물이었다. 나는 여성평등당 최초의 공식 모임에 그녀를 초빙해서 공동 양육에 관한 연설을 부탁했다. 그녀는 타고난 달변가가 아니고서는 불가능한 능숙한 언변으로 좌중을 사로잡았다. 2015년 4월에 열린 운영위원회에서는 소피가 여성평등당 대표로 선출되었으며, 만장일치로 결정된 이 결과에 참가자 모두 열광했다. 8월에 그녀가 우리 당의 업무에 전념하기 위해 직장인 로이터 통신을 그만둔 날에는 소피와 샌디

그리고 나, 이렇게 세 사람이 《가디언》의 킹스크로스 지사를 찾아가 인터뷰를 하고 일렬로 서서 사진을 찍었다.

마치 촌극 〈클래스 스케치(Class Sketch)〉를 재연하는 듯했다. 데이비드 프로스트의 진행으로 1966년부터 BBC에서 방송됐던 TV 프로그램 〈더 프로스트 리포트(The Frost Report)〉를 통해 처음 알려진 이 유명한 촌극에는 세 명의 희극배우가 등장한다. 키가 장대처럼 크고 여윈 존 클리즈는 그보다 키가 작고 다부진 체격의 로니 바커를 내려다보면서, "저는 이 사람을 낮춰봅니다. 제가 상류층이기 때문이지요"라고 말한다. 그다음에는 바커가 클리즈를 돌아보면서 "저는 이 사람을 올려다봅니다. 이 사람이 상류층이기 때문이지요. 하지만…"이라고 말하고서 몸을 반대로 돌려서 키가 150센티미터 남짓한 로니 코빗을 쳐다본다. "저는 이 사람을 내려다봅니다. 이 사람이 하류층이기 때문이지요. 저는 중류층입니다"라고 말한다. 이번에는 코빗이 무표정한 얼굴로 "저도 제가 어떤 위치인지 잘 압니다"라고 말한다.

180센티미터 넘는 키에 깡마른 체격인 소피는 클리즈, 나는 바커, 샌디는 코빗 같았다. 셋이 나란히 서 있으면 꽤 우스운 그림이 그려졌다. 우리 당을 비판하는 사람들은 우리를 비웃기도 했다. 그들은 여성평등당을 희화화하면서, 모두를 중류층으로 묘사했다. 심지어 "샌디 톡스빅의 여성평등당은 실패할 수밖에 없는, 중류층 여성들의 운동이다"라는 헤드라인의 기사가 실리기도 했다.

바로 그 헤드라인은 우리 세 명을 찍은 사진과 함께 게재된 폴라 코코자 기자의 《가디언》 특집 기사를 정확히 요약한 것이었다.

인터뷰와 사진 촬영을 하러 신문사에 가던 날 아침에 우리는 부엌에 모여 오전 내내 회의를 했다. 회의에서는 그날 밤에 열릴 모금 행사의 계획을 세우고, 맨 처음부터 당에 참여한 사람들에 국한하지 않고 더 넓은 대상으로 확장하자는 스텔라 더피의 제안에 관해 논의했다. 스텔라 더피는 당 역사상 최초로 페이스북을 통해 당에 입당한 사람으로, 운영위원회 초창기 멤버였다. 그녀는 지부를 확장하기 위해 두 팔을 걷어붙이고, 이메일에 일일이 응답하고 당 후원에 관심 있는 사람들이 실제로 참여하도록 이끄는 데 그 누구보다 뛰어난 수완을 발휘했으며, 여성평등당에 헌신하는 것 이외에도 작가로서 글을 쓰고, 지역 공동체의 예술과학 프로젝트인 펀 팰러스(Fun Palaces)를 추진하는 등, 동시에 여러 가지 일을 해내느라 밤을 새우는 날이 많았다.

《가디언》지와 인터뷰가 있던 날 오전에는 그 밖에도 급속히 성장 중인 지부, 평당원 조직, 활동가, 전문가들에게서 입수한 정보를 활용할 방법을 모색했으며, 할 일을 적은 목록도 검토했다. 그 목록에는 가을로 예정된 당 정책 개시 날짜와 세부사항을 확정하고, 영화 〈서프러제트(Suffragette)〉 제작자와 배급사들과의 잠재적인 파트너십을 비롯해 회원을 모집하고 자금 모금 행사 계획을 세우는 내용이 포함됐다. 또 직원을 고용하고 사무실을 운영하려면 자금이 필요했기 때문에, 상품을 제작해 판매하는 방안도 논의했다.

이메일은 갈수록 양이 늘고 내용도 한층 다양해졌다. 도움을 주고 싶다는 제의나 반가움을 표현하는 이메일 외에도, 언론사의 요청, 중복되는 분야에 있는 조직들의 문의, 그리고 우리에 관해 자세히 알아보려는 다른 당 소속 정치인들의 연락이 끝없이 이어졌다. 이렇게 우리에게 연락해오는 사람들이나 조직들 중에는 우리 당의 규모나 자원을 잘못 넘겨짚은 경우가 많았다. 연락 담당자들은 우리가 연락을 받고 24시간 내에 답신을 하지 않으면 항의했고, 어떤 단체는 우리에게 기부를 요청하기까지 했다.

우리는 분명 이전보다 한결 더 조직의 체계를 갖추었다. 다만 소위원회가 여전히 자원봉사자들에게 크게 의존하는 상황은 당으로서나 지친 자원봉사자들 입장에서나 모두 지속해나가기 힘들어 보였다. 그렇더라도 이제는 첫 정식 직원인 시안 이외에 맹렬하고 철저한 성격의 회계 담당자 서맨사 다 솔러가 함께했고, 비밀 병기인 폴리 매켄지도 있었다. 자유민주당원 폴리 매켄지는 최근 선거가 열릴 때까지 런던 다우닝가 10번지(영국 총리 관저)에서 연립정부 정책부위원장으로 있었으며, 우리 당에서는 자문위원으로 활동했다. 마케팅과 홍보는 앤드리아 하틀리와 그녀의 회사 스케이팅 판다(Skating Panda)가 맡았다. 그녀는 3월에 있었던 공식 모임 이후, 우리 활동에 큰 관심이 있지만 시간을 내기 힘들겠다며 내게 사과의 말을 건넸었다. 그런데 며칠 뒤 이메일을 보내, 시간이 없더라도 어떻게든 돕겠다는 말을 전했다.

소피는 우리의 가장 소중한 자산이었다. 그녀는 사람을 감화시키는 능력이 있는 타고난 리더였다. 그녀가 이야기하면 사람들이 경청했고, 사람들은 그녀의 이야기를 듣고 싶어 했다. 소피는 회의를 이끄는 능력도 출중했는데, 흔히 과소평가되는 그런 점이야말로 발전하는 조직에 꼭 필요한 능력이다. 또 그녀는 이미 사회운동을 해본 경험도 있었다. 딸 그레이스가 아스퍼거 증후군*이 있었지만 여자아이들에게는 아스페르거 증후군이 나타나지 않는다고 알려진 탓에 수년간 진단이 내려지지 않은 상황을 겪은 뒤 처치 개선을 촉구하는 캠페인을 벌인 적이 있다. 소피는 자신의 뜻을 강력히 주장하는 영향력 있는 활동가가 되었으며, 자폐 자선단체 기금모금을 위해 마라톤을 하기도 했다. 그녀의 블로그 이름이자 나중에 출간된 책 제목이기도 한 '압박 속에서의 품위(Grace Under Pressure)'에는 공공기관 및 학교와 힘겹게 씨름했던 일, 그녀와 딸이 겪은 어려움에 대한 기록이 남아 있다. 그녀는 우울증을 피하는 데 달리기가 큰 도움이 됐다고 한다. 남편과 이혼하고 꽤 오랜 세월 혼자 일하며 아이를 키운 그녀는 재혼하면서 아들 둘과 딸 하나를 새로 맞아들였다. 여성평등당 첫 회의에서 그녀는 양육을 엄마 책임으로 돌리는 사회 분위기와 체계 속에서 일과 가정의 균형을 잡느라 고생했던 경험을 사람들과 나누었다.

　　노동자 계층에서 대학에 진학하는 사람이 거의 없던 시절에 그녀의 부모는 어려운 형편임에도 대학을 나왔다. 소피는 스코틀랜드의 글래스고에 있는 공립학교에 다녔으며 졸업 후 레딩에 있는 대

---

*　　Asperger syndrome: 자폐증과 비슷한 발달장애.

학에 진학했다. 그리고 로이터 통신에서 임시직을 맡았던 것이 계기가 되어 나중에 정규직으로 채용되었는데, 그녀는 자신을 정규직으로 채용한 상관이, 자기는 항상 "뒷문으로 들어오는 사람들에게 관심을 갖는다"라고 했던 말을 아직도 기억하고 있다.

우리 기사를 썼던 폴라 코코자는 소피에게서 '뒷문으로 들어온' 사람 같은 분위기를 느끼지 못한 듯했다. 그 기자가 느낀 인상에 그녀의 기대치도 어느 정도 영향이 있었다면, 우리에게도 일부 책임은 있다. '백인이며, 중년이고, 중산층인' 우리 세 사람이, '하얀 봉투에 든, 중년에 어울리는 고리타분한, 중산층의 먹거리'를 들고 나타났으니 말이다.

코코자의 눈에 프레 타 망제* 샌드위치를 건네는 샌디는 전형적인 '어머니'상으로 보였고, 그나마 내가 '세 사람 중에서 가장 정치가처럼 보이는' 사람이었다고 한다. 그런데 그건 칭찬의 말이 아니었을뿐더러, 칭찬을 늘어놓는 건 애초에 《가디언》의 관심사와 거리가 멀다.

우리가 기사를 읽으면서 움찔했던 건 그게 전부가 아니었다. 그 기사에는 우리가 바꾸고 싶어 했던 이야기가 오히려 부풀려 있었다. 코코자 기자는 이렇게 서술했다. "톡스빅, 메이어, 워커의 이야기를 듣다보니, 자신들의 생각이 현실 안주로 바뀔 가능성에 대해서는 귀를 닫고 있을지 모른다는 실마리가 보였다. 그들은 특

---

*   Pret A Manger: 빠른 시간에 양질의 식사를 제공하는 신개념 패스트푸드점.

권이 묻어나는 언어를 사용하면서도 인식하지 못하는 듯했다… 이 모두가 잘못된 유형의 차이점을 암시한다. 즉 메이어, 톡스빅, 워커의 삶의 경험은 그들이 다가서려는 사람들과 상당히 동떨어져 있을지도 모른다."[5]

이 기사가 신문에 실린 날에는 당 입회 신청서가 물밀듯 쏟아져 들어왔다. 그런 걸 보면 화제가 되지 못하는 것보다야 어떤 식으로든 화제가 되는 쪽이 훨씬 나은 것이 분명하다.

코코자 기자와 우리 당 사람들을 포함한 많은 사람이, 큰 특권을 누려온 우리 세 사람이 과연 정치를 제대로 해나갈 수 있을지 우려했다. 또 한편으로는 여성평등당이 금방 와해될 것으로 예측하는 사람들도 있었다. 온라인 매체인 《스파이크드(Spiked)》에 실린 한 기사에는 '여성평등당: 정치를 하기에는 너무 착한 숙녀들의 정당'이라는 헤드라인이 달렸고, 《텔레그래프》는 "여성평등당에는 나이 절 패러지의 강력한 일침이 필요하다"라고 조언했다. 또 《가디언》에 실린 두 번째 기사는 "여성평등당에는 문제가 하나 있는데, 아무도 여성평등당을 싫어하지 않는다는 점이다"라고 꼬집기도 했다.

우리 중 그런 비난에 분개하는 사람도 있었을지 모르지만 ("감히 우리를 착하다고 놀리다니!"라면서) 점잖은 여성의 이미지를 굳힐 위험이 있는 그런 비난을 참아 넘겼다. 우리 당 사람들 중 트위터로 코코자의 기사를 비판하는 내용을 올린 사람도 꽤 있었지만, 곧 그 행동을 반성했다. 기자들을 정중히 대하는 것이 당 내부의 의지였기 때문이다. 당 지도부에 기자 출신이 많아서 그렇게 결정한 것만은 아니다. 우리에게는 남다른 정치를 하고, 남성이 대부분인 정치계 터줏대감들과 구별되는 스타일과 감성을 개발하자는 결심이 있었다. 그런 차이는 작은 부분에서 나타났는데, 예를 들어 샌디는 지금까지 정당 정치에서는 쓰이지 않던 'MC'라는 직함을 사용했다. MC의 원래 의미대로 행사 사회자가 될 작정이냐고 내가 장난스럽게 묻자, 샌디는 "그건 상황에 따라 다르다"고 받아넘겼다.

우리는 정부와 의회 관련 날림 기사를 쏟아내는 이들과 매체 경영자들을 결속시켰다 분열시켰다 하는 전투적인 문화에 맞서겠다는 의지가 아주 강했다. 의회에서 활동하는 정치가들이 으레 겪는 것처럼 나도 정부 보좌관들의 모욕적인 전화나 문자 메시지를 내 업무의 일부로 받아들였다. 정당들 중에는 사람을 고용해서 접근하지 못하도록 고함을 치거나 위협을 가해 자신들이 원하는 바를 지켜내는 경우도 꽤 있었다. 코코자의 기사를 읽었을 때, 나는 그와 관련한 옛 기억이 슬며시 떠올라 웃음을 참을 수가 없었다.

나는 2008년에 처음으로 시사주간지 《타임》의 커버스토리를 맡아서 데이비드 캐머런 전 총리에 관한 장문의 특집 기사를 쓴 적이 있다. 그날 밤 나는 완성된 기사가 인쇄 단계에 들어간 것을 확인하고 술을 한잔 하러 퍼브로 갔다. 그 특집 기사에는 보수당 대표인 데이비드 캐머런이 총리가 될 것은 따놓은 당상인 듯 보이지만, 그가 여론조사에서 상승세를 보이고 최근 보궐선거에서 승리했다고 해서 빛나는 과거를 자랑하는 화려한 토리 후보가 뒤쫓을 힘을 완전히 상실했다는 뜻은 아니라는 내용이 담겼다. 나는 캐머런과 같은 시기에 대학에 다니면서 옥스퍼드 대학교 벌링던 클럽 멤버로 함께 활동했던 사람을 만났는데, 그는 부유했던 캐머런과 그와 비슷한 특권을 누리던 동료 클럽 회원들이 밖에서 밤새도록 흥청망청 놀던 때를 두고 '되새김질한 브라이즈헤드*'로 묘사했다. 나는 그 기사에서 "특히 그 당시처럼 살기 힘든 시절이었다면, 샴페인의 추억과 사회적 박탈을 나란히 놓고 보기에는 어쩐지 불편한 구석이 있다. 풍요에 젖어 살던 사람이 과연 굶주리거나 소외당하는 기분이 어떤 것인지 뼛속 깊이 이해할 수 있을까?"라고 썼다. "캐머런은 짜증스러운 심기를 고스란히 드러낸 채 그런 질문을 묵살한다. 그러면서 이렇게 말한다. "나는 직접 경험해보지 않고서는 관심을 갖기 힘들다는 삶의 결정론적인 견해를 받아들이지 않는다. 남의 경험을 일일이 체험해볼 수는 없는 노릇 아닌가."[6]

나는 사무실을 나서기 전에, 표지 이미지 사본을 일요신문 《뉴스 오브 더 월드(News of the World)》 편집장 출신으로 당시 캐머런 선거 캠프에서 연락 책임자로 있던 앤디 쿨슨에게 이메일로 보냈다. 《타임》 영국판은 커버스토리 헤드라인으로 격언 같은 느낌을 주는 '미소 뒤에는'이라는 문구를 넣기로 했다. 하지만 영국 이외 지역의 판형에는 표지를 장식한 인물을 알아보지 못하는 독자들이 있을

---

*   Brideshead Regurgitated: 에블린 워의 소설 《다시 찾은 브라이즈헤드(Brideshead Rivisited)》와 운을 맞춰 비유적으로 꼬집은 표현.

지 모른다는 점에서 더 직접적으로, '데이비드 캐머런: 상류층 인사'라는 표현을 골랐다. 쿨슨은 그런 언어유희가 전혀 마음에 들지 않았던지 내게 전화를 걸어 장시간 역정을 내고 질책했다. 폭스앤앵커(Fox and Anchor) 퍼브 문밖에 서서, 휴대폰에서 흘러나오는 깡통 찌그러지는 듯한 그의 목소리를 듣고 있던 기억이 난다. 그는 이렇게 말했다. "유권자들은 이제 계층 같은 건 따지지 않는단 말이오!"

　　여성평등당에서는 언론사를 대할 때 정중하면서도 확고한 태도를 취하기로 결의했다. 우리가 추구하는 핵심 목표 중 하나는 언론을 동등하게 대하고 동등하게 대우받는 것인데, 뒤에 더 자세히 다루겠지만, 이는 여성들과 민주주의 입장에서 볼 때 상당히 중요하고 긴요한 문제다.

　　특히 정치적인 보도가 여성들을 왜곡하는 방식에 관한 문제는 사소하지만 중요한 부분이다. 방송사들은 대화 형식으로 진행하는 사색적인 인터뷰보다는 적대적인 논쟁을 선호한다. 그런 경향은 정치 전반적으로도 그렇지만 여성들에게는 특히 더 이롭지 않다. 어째서 정치인들은 질문 세례를 견뎌내는 능력을 평가받아야 하며, 인터뷰 진행자가(공격적인 인터뷰 진행자들은 대부분 남자다) 자신이 원하는 답을 얻어내려고 똑같은 질문을 몇 번씩 되풀이하더라도 참아야 하는가? 우리가 선호하는 리더는 말이 빠른 사람인가, 아니면 생각이 깊은 사람인가? 그런 형식의 저널리즘은 남성 우위, 남성적 사회화를 반영하며, 여성들은 아무리 토론 실력이 뛰어나더라도 늘 불리한 입장에 선다. 연구에 따르면 청중은 남자와 여자가 토론에 참가했을 때 상당히 다르게 반응한다. 사람들은 남자 토론 참가자들에 대해서는 존중하는 마음을 품지만 여자 토론 참가자들에게는 적대감을 느낀다.[7]

힐러리 클린턴은 청중 앞에서 버니 샌더스나 도널드 트럼프보다 더 부드럽게 말했지만, 대선 운동을 하는 내내 고함을 지른다는 핀잔을 들었다. 클린턴은 국무장관으로 재임할 때 지지율이 대단히 높았다. 그런데 대통령 선거에 출마한다는 의사를 밝히자마자 인기가 뚝 떨어졌다.[8]

그런 반응은 남성 유권자들에 국한된 것이 아니었다. 결정을 미루는 사람부터 지지하는 사람까지 정도의 차이는 있었지만, 여성들도 동일한 사회적 메시지의 영향을 받았다. 그런데 그 정도는 시작에 불과해, 여성들이 내면화된 가부장적인 설정에서 벗어나고 여성됨의 의미를 밝히기 위해 애쓰면 쓸수록, 시냅스가 더 활발히 작용하기 시작한다. 본래의 생물학적인 성(性)이 끝나고 만들어진 성이 시작되는 지점은 과연 어디인가? 무엇이 여성의 본질적인 특징인가?

정치에서는 '착하다'고 불리는 것이 모욕이라는 것을 알지만, 그럼에도 그런 상황에서 우리 같은 대다수 페미니스트는 우리가 착하고 좋은 사람이라는 걸 주장하기 위해 논쟁의 장을 찾는다. 그리고 그것이 바로 이 새로운 '50피트 우먼'들이 발휘할 수 있는 막강한 힘이라고 본다. 성의 균형이 이루어진 사회에서는 남자들이 긴장을 풀고, 한결 온화하고 여성적인 문화에서 각자의 선하고 좋은 모습을 발견할 수 있기 때문에, 우리는 우리가 꿈꾸는 이퀄리아가 좋은 곳이 될 것이라고 믿는다.

운영위원회가 처음 꾸려졌을 때 구성원들 간의 의견을 쉽게 모을 수 있었던 데는 이런 견해가 밑바탕이 되었던 것 같다. 그런데 얼마 뒤부터 의견 다툼이 생겼다. 우리는 조직의 미래 모습을 놓고 격전을 벌였으며, 나중에는 회의 테이블에 모인 사람들 모두 힘들어하는 표정이 역력했다. 믿음을 수호하기 위해 목소리를 높이는 과정에서, 의도치 않게 우리를 하나로 묶어주었던 무언의 공동 신념이 흔들렸던 것이다. 물론 의견 불일치가 더 나은 결정을 낳는 계기도 되지만, 이런 부분을 놓고 보면 남자와 여자가 결국 크게 다르지 않은지도 모르겠다.

우리가 여성으로서 정말 논의의 장에 특별한 무언가를 불러온 것일까? 다음 장에서는 그 논의의 장이 부엌의 식탁이 아니라 정부 내각회의 테이블이 된다면 어떤 일이 벌어질지 생각해볼 것이다.

2장 여성에게 투표하다

2008년, 런던에 사는 젊은 노동당 활동가인 한나 피커는 버락 오바마의 대통령 선거운동을 지원하기 위해 미국 노스캐롤라이나주 롤리로 향했다. 그녀는 명목 대표성(descriptive representation)을 지지하는 사람이었다. 즉 유권자들의 요구가 법에 적절히 반영되려면 유권자들의 의견을 대신할 국회의원을 선출하는 것만으로는 불충분하며, 유권자들의 출생 지역, 직업, 인종, 성별 등의 특성이나 관점을 공유하는 사람이 대표자들 중 최소한 일부라도 있어야 한다고 생각했다. 대선에 앞서 진행된 민주당 예비선거에서 사람들은 그런 측면에서 곤경을 겪었다. 흑인 대통령과 여성 대통령 중 미국에 더 시급히 필요한 지도자는 어느 쪽일까? 양쪽 모두 실현되어야 할 적정 시한이 이미 한참 지난 것처럼 느껴졌으며, 그에 관한 논쟁은 어느새 증오심으로 바뀌어갔다.

그와 관련해 글로리아 스타이넘은 힐러리 클린턴을 지지하는 글에서 "미국인의 삶에서 가장 큰 제한력을 행사하는 건 아마도 성(性)일 것이다"라고 썼다.[1] 1960년대 이후 페미니즘의 제2의 물결을 주도한 대표적인 지도자 중 한 사람으로 꼽히는 그녀의 이런 의견은, 마치 '누가 누구보다 더 큰 압박을 당하는지' 가리는 듯한 제살 뜯기 경쟁을 촉발했다. 이 발언이 항간을 들썩인 지 거의 한 달 가까이 지났을 무렵, 킴벌레 크렌쇼는 《버자이너 모놀로그(The Vagina Monologues)》의 저자인 이브 엔슬러와 공동으로 거짓 양극성을 지적하는 글을 써서 응수했다. "우리는 페미니즘이 이처럼 '이것이냐 아니면 저것이냐' 양자택일의 명제보다는 더 광범위한 범위에서 표현될 수 있다고 믿는다… 우리 중에는 페미니즘이 폭력, 전쟁, 인종 차별, 경제적 불평등에 맞서기 위한 투쟁과 동떨어진 것이 아니라고 생각하는 사람이 많다."[2]

한나는 여성 차별이 인종 차별보다 압도적으로 중요한 문제라거나, 누가 됐든 여성이 선출되면 필연적으로 여성들을 도울 것이라고는 믿지 않았다. 그녀는 명목 대표성이 유권자들의 복잡하고 다양한 속성을 더 면밀히 반영하기 때문에 민주주의를 발전시킨다고 보았다. 그러나 그녀는 이미 영국의 좌익 정치계에 몸담으면서, 지독한 대기 행렬 체제로 인해 성별 문제가 맨 앞줄에 절대 다다르지 못하는 상황을 목격한 바 있다. 또 여성 정치인이 드물기 때문에 여성들에게 더 높은 기준을 들이대고, 더 혹독하게 평가하는 경우도 보아왔다. 그녀는 힐러리 클린턴을 열정적으로 지지하는 건 아니지만, 클린턴에게 쏟아지는 그런 독설적인 비난은 정당하지 못하다고 생각했다. 결국 한나는 크렌쇼와 엔슬러가 했던 말처럼 '권력의 구태를 철폐하기 위해 노력할' 가능성이 있는 정치인을 지지하고 싶다는 바람에서 오바마를 돕기로 결정했다. 가부장제는 그런 패러다임의 핵심에 놓인 문제였다.

한나가 미국으로 떠날 무렵 오바마는 경선에서 클린턴을 누르고, 부통령 후보 러닝메이트로 조 바이든과 손잡았다. 오바마와 바이든 후보 진영은, 의외의 인물이었던 세라 페일린을 러닝메이트로 선택한 공화당 후보 존 매케인과의 여론조사 대결에서 앞서나갔다. 오바마 측의 초기 선거운동은 대단히 순조롭게 진행되는 듯했다. 한나는 갈아입을 옷 한 벌과 주소를 적은 종이 한 장만 달랑 들고 노스캐롤라이나에 도착했다. 그리고 24시간이 채 되지 않아, 그녀는 오바마 지지자들의 지역 연맹이 빌린 집에 하숙하면서, 모금 행사에서 바비큐로 배를 채우고, 오바마 티셔츠, 모자, 스티커, 전단, 일정표를 담은 상자를 건네받았다. 그녀는 롤리에 있는 지부에서 일하기로 되어 있었지만, 선거운동을 함께하는 동료들은 그녀에게 유세활동부터 해보라고 했다.

"그 사람들은 저 같은 젊은 영국 여자가 미국인 가정을 찾아다니는 것 자체가 아주 우습다고 생각해, 방문 유세 활동에 저를 내보낸 거였어요." 한나가 말했다. "사람들은 제가 도대체 거기서 뭘하는 건지 이해하지 못했어요. 왜 남의 나라 대통령 선거 유세장을 찾아왔는지 의아하게 여겼지요. 선거운동을 하러 다른 주를 찾는 사람은 아주 드물고, 외국에서 온 사람은 더더군다나 찾아보기 힘든 상황이었으니 말이에요." 노스캐롤라이나에서 남의 집 현관문을 두드리는 과정에서는 이제껏 유럽에 살면서 경험하지 못했던 위험을 느끼기도 했다. 그녀는 총을 소지한 공화당원들이 험상궂은 표정을 지으면서 기르는 개를 풀어놓은 일을 겪은 뒤로는, 한층 경계하는 태도로 이 일을 대했다.

그렇게 조심했지만, 화가 나서 얼굴이 시뻘게진 남자가 한쪽 팔에 권총을 끼고 현관 밖으로 나왔을 때는 본능적으로 뒤로 흠칫 물러설 수밖에 없었다. 한나는 그러면서도 준비해두었던 말을 전했다. "저, 방해가 되었다면 죄송합니다. 이번 선거에서 오바마 후보를 찍으실 건가요?"

"뭐라고?" 그가 말했다.

"선생님, 이번 선거에 투표하실 거지요?" 한나는 말을 살짝 바꿔서, 조심스럽게 입을 열고 들릴 듯 말 듯 기어들어가는 목소리로 질문했다.

"당신 오바마 쪽 사람이야?"

"네." 한나는 겁을 먹고 몸을 웅크렸다. 당시 그녀는 오바마 선거 캠프 문구가 찍힌 점퍼를 입고 야구모자를 쓰고 있었다.

한나는 이번에 그가 뭐라고 말하면 그 틈에 얼른 뛰쳐나가야겠다고 생각하고, 현관에서 대문까지 전속력으로 달려가면 얼마나 걸릴지 머릿속으로 계산하기 시작했다.

"나랑 우리 애들은 이제껏 공화당을 찍어줬었지. 근데 이번에는 세라 페일린이 후보로 나섰잖아. '여편네가 부통령이 되는 꼴을 봐도 괜찮겠어?'라고 내가 물었더니, 애들이 '그건 말도 안 되지요'라고 하더라고. 그래서 이번에는 다들 오바마를 찍기로 했어."

"아, 그렇군요." 한나는 안도감과 동시에 섬뜩한 기분이 들었다. "여기 배지 하나 드릴게요, 달아주세요. 감사합니다."

그의 이런 태도는 당시의 사회적 분위기와 맥을 같이한다.

두 차례에 걸친 오바마 대통령 집권기 내내 강렬하게 불붙었던 인종차별주의가 그가 맨 처음 대통령 선거에 출마했을 때는 그 본색을 때로 감추기도 했다. 1873년에서 1957년 사이 인종 분리를 강요하는 소위 짐 크로 법(Jim Crow law)을 시행했던 노스캐롤라이나주에서조차 말이다. 오바마가 비밀 이슬람교도일지도 모른다거나 미국 출생증명서가 없다는 등의 인종 차별적 음모론이 떠돌았지만, 집에 찾아온 낯선 사람 앞에서는 다들 인종 문제에 관한 직접적인 언급을 피했다. 그러나 정치를 하는 여성들에 대한 적대감은 전혀 숨기려들지 않았다. 이에 대해 한나는 "성에 관한 문제는 망설일 필요 없이, 그저 반(反)여성주의를 택하면 그만이기 때문"이라고 말한다.

그녀는 선거가 끝날 때까지 롤리에 머물렀으며, 민주당 선거운동본부가 있던 장례식장에서 개표 상황을 지켜보았다. 그곳을 운동본부로 빌린 건 그 일대에서 임대료가 가장 싸기 때문이었다고 한다. 선거가 있던 날 밤, 그녀는 스카치위스키를 마시며 거나하게 취해서 방부처리실 바닥에 곤드라졌다. 그 순간은 하늘을 나는 것 같은 최고의 기분이었다고 한다. 영국으로 돌아온 뒤 그녀는 그 느낌을 되살리고, 더 나아가 여성들이 정치에 참여할 기회를 넓히고 싶어, 케네디 장학금*을 받고 하버드 대학교에서 '여성 평등을 추구하는 당의 실현 가능성'이라는 주제로 1년간 연구했다.

---

*   영국인 대학원생들에게 미국 하버드 대학교나 MIT에서 공부할 기회를 제공하고 학비 전액을 지원하는 장학기금으로, 통상적으로 한 해에 10명 이하를 선발한다.

이후 런던으로 돌아와 노동당이 선거에서 더 많은 여성 당선자를 낼 수 있도록 힘을 보탰으며, 그 뒤에는 정부 국무조정실에서 일했다. 런던에 돌아온 지 5년이 되었을 무렵 그녀는 친구들과 세계여성축제가 열리는 사우스뱅크센터를 찾았다. 관심 있는 전시나 발표는 입장권 판매가 모두 끝나 표를 구할 수 없었기 때문에, 친구들과 와인을 잔뜩 마시면서 이런 진지한 이야기를 나누었다. "세계여성축제는 훌륭한 행사지만 이제는 정치적인 영역으로 나아가야 한다고 봐. 어떻게 하면 그런 목표를 이룰 수 있을까? 우리가 나서는 게 좋을까?" 그로부터 한두 주 뒤 누군가가 여성평등당의 창당 소식을 전했다. 한나는 그때를 회상하면서 웃었다. "그 소식을 듣고 얼마나 짜증 나고 속상했는지 몰라요."

한나는 함께 일하는 한 동료의 조언을 받아들여 신당에 이메일을 보내 돕겠다는 뜻을 전했다. 그렇게 해서 우리 당 자원봉사자가 되어 전략계획서를 작성했으며, 2015년 10월에는 당 수석이 되었다. "제가 평생 꿈꾸던 일이에요. 그 나머지는 역사가 되었으니 굳이 말할 필요도 없지요." 그녀는 잠시 멈추었다가 이렇게 말을 이었다. "아니, 그게 아닐지도 모르겠어요. 역사로 남을 일이 아직도 한참 남았으니까요."[3]

이번 장에서는 정치를 하는 여성들에게 쏟아지는 수많은 질문과 역사에 관해 다룬다. 미국은 얼마 전 미국 최초 여성 대통령으로 진지하게 거론되던 후보를 퇴짜 놓았다. 클린턴은 50피트 우먼의 돌격을 지시할 만반의 태세를 갖춘 지도자 같아 보였지만, 역사는 잘 알려진 전례를 되풀이했다. 여성들은 성큼성큼 잘 걸어 나가는 듯하다가도 결국 물러나고 만다. 이런 상황을 통해서 우리는 단지 성평등을 확대하기 위해서뿐 아니라 여성의 권리와 보호책을 지키기 위해서도 싸워야 한다는, 가장 시급하고 확실한 교훈을 얻을 수 있다.

클린턴의 패배 요인을 더 꼼꼼히 뜯어볼 필요가 있다. 클린턴은 사회 기득권층처럼 보였고, 어떻게 보면 실제 그렇기도 하다. 스스로의 힘으로 얻은 자격이나 권리는 결코 아니었지만, 그래도 어쨌든 백악관을 차지했던 경험이 있다. 클린턴이 걸어온 길을 보면 연계를 통해 얻은 특권의 한계와 신랄함이 잘 드러난다. 그녀는 국회 상원의원과 국무장관으로 정치계에서 활동하며, 때로는 응당한 지적과 비판을 듣기도 했지만 정치적인 능력도 인정받았다. 그럼에도 불구하고 그 자리에 오를 수 있었던 건 모두 남편 덕분이라는 비난에서 결코 벗어나지 못했다. 실수와 성과 모두 그녀의 몫이었음에도 불구하고 사람들은 이룬 성과의 공로는 인정하지 않고 오로지 실수에 대한 책임만 물었다. 정부의 일에 사기업의 이메일 서버를 사용한 것은 물론 큰 잘못이지만, 그건 도널드 트럼프 대통령을 둘러싼 엄청난 스캔들과 쏟아지는 의혹에는 비교조차 안 된다.

민주당 경선과 대통령 선거운동 기간 동안 처음에는 버니 샌더스, 그다음에는 거물 세력가의 전형인 트럼프라는 이 두 백인 남성이 반정부 성향을 드러내는 가운데, 클린턴은 안전한 선택, 가능성 있는 선택, 현 정부를 계승하는 후보로서의 역할에 충실했다. 이는 단순히 클린턴 진영의 전략적인 실수라기보다는, 미국인들과 그녀 자신에 대한 해석에 심각한 오류가 있었음을 나타낸다. 유권자들이 바란 건 계승이 아니라 변화였으므로, 변화를 구체적으로 표현했어야 한다. 그와 별개로, 이 책에서 이미 자세히 제기하고 살펴보았던 이유들로, 여성 신분인 그녀는 이 경쟁에서 단 하나뿐인(제3당 후보자들을 제외하고 따졌을 때) 실질적인 아웃사이더였다.

　　클린턴이 패한 데는 그녀가 여성이라는 점이 얼마나 불리하게 작용하는지 주위 사람들이 인식하지 못한 것이 최소한 부분적으로나마 원인으로 작용했다. 그리고 많은 백인 여성 유권자가 그들이 누리는 특권이 자신들에게 동일한 방식으로 심각한 제한을 가한다는 점을 인식하지 못한 탓도 있었다. 트럼프 대통령의 집권이라는 결과는 여성들에게 좋지 않은 소식이었다. 그는 텔레비전으로 방송된 첫 대담 시간을 할애해 대법원에 낙태를 반대하는 판사를 임명하겠다는 공약을 재차 확인했다. 힐러리 클린턴이 승리했다면 트럼프가 대통령이 되는 것을 막았다는 사실 이외에 여성들에게 과연 이익이 되었을지 어떨지 알 수 없다.

　　그러나 알 수는 없더라도 클린턴이 더 나아가 정치를 하는 여성들이 어떤 영향을 끼치는지 유추할 수는 있다. 여성평등당은 여성들이 성공하고 그런 발전을 계속 이어가려면, 전반적인 여성 참여율이 높아져야 한다는 주장을 편다. 또 그런 변화로 정치와 정치 체제의 결과가 개선되기 때문에 여성들에게뿐만 아니라 모두에게 이득이 된다고 본다. 그런 주장을 뒷받침할 근거는 무엇일까? 만약 여성들에게 정부의 수장이 되고 의회 좌석의 절반을 차지할 기회가 생긴다면, 여성들이 그저 다르기만 한 것이 아니라 더 나은 방향으로 일을 처리해나가지 않을까? 크렌쇼와 엔슬러가 스타이넘의 글을 반박하면서 강조한 것과 같이, 이 질문에 대한 답은 관계된 여성들에 따라 다를까? 아니면 명목 대표성을 옹호하는 한나의 견해처럼 이 또한 숫자 놀음일까?

　다음 장에서는 이런 논쟁의 근본이 되는 큰 문제, 즉 여성이란 무엇이고 여성이 어떻게 행동하는가가 생물학적으로 내재되어 있는지 여부를 논할 것이다. 우선 일부 유명 인사들과 성 균형이 맞는 드문 법규들을 살펴보고, 여성들이 이미 미래를 그려가고 있는지에 관해 평가할 것이다.

　현실을 직시하는 과정부터 시작해보자. 테레사 메이가 데이비드 캐머런에 이어 영국 총리가 되었을 때 잡지 《머니(Money)》는 과도하게 들뜬 반응을 내놓았다. "브렉시트 이후 영국의 불확실성 속에서도 이 한 가지 사실만은 분명해졌다. 바로 영국은 마거릿 대처가 1990년에 총리직에서 물러난 이후 처음으로 여성 리더를 맞이하게 됐다는 점이다"라고 인터넷 사이트에 실린 한 기사가 공언했다. "여성 지도자가 국가를 이끄는 모습은 어디서든 흔히 볼 수 있게 된 듯하다. 단, 미국은 제외하고 말이다."[4]

　실제로 테레사 메이의 당선으로 세계 여성 지도자(선거에서 당선된 정부 수반이나 국가원수, 그리고 그 두 가지 역할을 겸하는 경우)의 총원이 한 명 늘었는데, 전 세계 여성 지도자들은 높은 위상에도 불구하고 소형 버스 한 대에 모두 탈 수 있을 정도로 그 수가 적다. 메이가 당선된 이후 지금까지 몇 명 더 줄어, 라이베리아의 엘렌 존슨설리프, 칠레의 미첼 바첼레트, 폴란드의 베아타 시드워가 지도자 자리에서 내려왔다. 현재 여성 리더가 이끄는 나라는, 2017년 9월에 네 번째 임기를 확보했지만 정부를 구성하는 데 어려움을 겪고 있는 앙겔라 메르켈을 포함해, 세계에서 민주주의를 전적으로나 부분적으로 도입한 144개국 중 겨우 15명에 불과하다. 아이슬란드의 조기 총선에서는 명확한 결과를 내는 데 실패했지만, 그래도 미니버스에 탑승할 국가 지도자를 새로 얻었다. 좌파녹색운동 대표 카트린 야콥스도티르가 우파 정당과 예측하지 못했던 연합을 맺었기 때문이다. 이 결과에 환호한 아이슬란드 페미니스트는 거의 없었다. 의회의 여성 의원 비율이 줄어드는 중에 그런 우파 정당과 남성들은 기대 이상의 성적을 내고 있다.

　　미니버스의 기존 승객들 중 권력 기반이 약한 여성 지도자가 여러 명 있다. 그들은 내부적인 반발 및 분노한 유권자들과 직면해야 하고, 검토 없이 무조건 승인만 하는 역할이나 관직에 있는 다른 남성들에게 의존한다. 그런 구분을 무시하고, 우리가 여성 지도자의 수를 늘린다고 하더라도 스코틀랜드 자치 정부의 수반인 니컬라 스터전을 포함한 여성 리더는, 스코틀랜드에서 머리카락이 선천적으로 붉은 사람들의 비율보다도 작다. 게다가 스코틀랜드 사람들 중에는 머리카락이 선천적으로 붉은색인 사람이 흔하다고 알려져 있지만, 실제로는 결코 흔하지 않다. 머리카락이 붉은색인 사람은 전체 인구의 약 13퍼센트에 불과하다. 머리카락이 붉은색인 사람과 여성 지도자는 눈에 띄기 때문에, 그런 이들의 수가 훨씬 많다고 추측하는 것이다. 전 세계 53개 민주국가가 선거를 통해 대통령이나 총리를 선출하는데, 그중에서 9개 국가를 뺀 나머지는 모두 그 두 역할을 남성이 맡고 있다. 그 말은 여성 리더의 비율은 여전히 고작 전 세계의 7.61퍼센트(스코틀랜드의 니컬라 스터전을 계산에 포함하면 8.1퍼센트)에 불과하다는 뜻이다.

　여성 지도자가 드문 탓에, 여성 대통령이나 총리를 평등의 기준으로 활용한 성 지수에는 모두 왜곡이 존재한다. 예를 들어 세계경제포럼에서 발표하는 《세계 성 격차 보고서》를 한번 살펴보자. 이 연례 보고서는 '경제활동 참여와 기회, 교육수준, 건강과 생존, 정치적 권한'이라는 네 가지 항목에서 집계한 수치를 합산해, 국가별 성별 격차를 가늠한다. 그중에서도 특히 건강과 생존 항목은 '출생 성비'와 '건강 기대수명'이라는 두 가지 통계만 분석해서 얻은 결과로, 그런 순위의 위험성을 더 널리 드러낸다. 이 통계 수치가 여성과 남성의 건강에 질병이 끼치는 영향이 어떻게 다른지에 관해서는 유용한 정보를 제공하지만, 여성에 대한 폭력의 영향이나 정도를 가늠하는 데는 거의 효용이 없다. 네 가지 항목 중 마지막인 '정치적 권한'은 의회나 정부의 성비뿐 아니라, 지난 50년간 대통령이나 총리 집무실에 근무해온 여성의 비율도 계산에 포함한다. 2016년 분석에서 아일랜드가 정치적 권한 항목에서 북유럽 국가들과 르완다

에도 뒤진 6위를 기록하면서 아일랜드 여성들의 의구심을 불러일으
킨 데도 그런 이유가 작용했을 터이다.[5]

　　1990년에 메리 로빈슨이 아일랜드의 첫 여성 대통령이 되었
을 때, 그녀는 "요람을 흔들지 않고 대신 시스템을 흔들어준" 여성
유권자들에게 경의를 표했다. 7년 뒤에는 메리 매컬리스가 아일랜
드의 두 번째 여성 대통령으로 선출되어 2011년까지 대통령직을 수
행했다. 이 두 여성 모두 지도자로서 성평등을 확대하기 위해 노력
했지만, 아일랜드에서는 대통령의 집행권이 대단히 제한적이기 때
문에 이들 여성 대통령은 매컬리스의 표현을 빌리자면 '도덕적 혹은
목회(牧會)적' 영향력을 행사했다. 그렇더라도 아일랜드에는 일종의
파장이 일었는데, 그건 단순히 두 여성 대통령 때문만이 아니었다.
아일랜드의 경제 기적이 결국 버블이었음이 밝혀지기 전에, 저금리
의 파도는 케케묵은 정치 사회적 풍토 일부를 휩쓸고 여성들에게 더
큰 야망을 불러일으키면서, 아일랜드로의 디아스포라를 유도했다.

　　하지만 이런 대대적인 변화가 있었더라도 아일랜드의 부활
절 봉기와 가톨릭주의의 뒤얽힌 유산에서 완전히 벗어나기에는 역
부족이었다. 혁명은 흔히 일정한 패턴을 따른다. 프랑스 혁명이나
아랍의 봄은 그 과정에 힘을 보탠 여성들에게 희망을 던졌지만, 여
성 해방을 위한 계획들은 즉시 백지화됐다. 아일랜드의 혁명에서
는 남성들과 동등하게 싸운 여성들을 포용하는 듯했으나, 그 역시
여성들을 배신했다. 1916년 부활절 주말 직후 월요일에, 반군 지도
자 패트릭 피어스는 더블린의 우체국 계단에서 독립선언을 하면서,

'종교적·시민적 자유, 모든 시민의 평등한 권리와 기회'를 약속하고, 그런 권리에 여성의 참정권이 포함된다는 사실을 분명히 했다. 하지만 이런 이상은 영국군이 시위를 진압하고 패트릭을 처형하면서 고작 6일 만에 빛이 바랬다. 나머지 독립운동 지도자들은 오로지 영국의 지배에서 벗어나는 데만 몰두했으며, 그들의 활동을 도운 사도들에 대한 실질적인 보상으로 교황과 로마 교회에 신앙 수호자로서의 특별한 자격을 부여한다는 내용을 1937년 헌법에 포함시켰다. 그 결과 아일랜드에서는 1995년까지 이혼이 허용되지 않았으며, 임산부의 생명에 위험이 있는 경우를 제외하고는 지금도 여전히 낙태를 법으로 금하고 있다. 2017년 9월에 새로운 총리인 리오 버라드커가 국민투표를 공표하면서, 올해 유권자들은 이 쟁점을 다시 생각해볼 기회를 얻을 것이다.

버라드커는 공화당에서 가장 어리고, 동성애자임을 공개한 최초의 남자 총리이다. 최초의 유색인(아버지는 인도 태생이며, 그와 마찬가지로 의사였다)으로, 멀리서 볼 때나 그가 일을 진행하는 방식이 아일랜드의 새로운 모습을 대변하는 듯하다. 버라드커는 더 젊을 때 의사로 일하면서 아일랜드의 낙태 금지의 잔혹성을 알렸고, 지금은 견해가 온건해져서 현재의 법이 '너무 제한적'이라고 생각하는 정도라고 스스로 밝히지만, 그럼에도 불구하고 그는 여전히 여성의 생식권을 완전히 보장하는 데는 반대하려고 한다. 그는 이렇게 말했다. "나는 나 자신을 낙태 합법화에 반대하는 입장으로 본다. 태아도 권리가 있는 생명으로 보기 때문이다… 나는 당사자의 요구에 따른 낙태는 찬성하지 않는다."

버라드커나 아일랜드의 여성 대통령들이 대변하는 가치는 변화가 아니라 변화의 욕망이다. 지도자가 여성이라는 사실은 여성들의 위상이 높아지고 있음을 드러내는 증거로 볼 수 없으며, 그저 여성 지도자 수를 통계에 넣는 성별 관련 순위가 틀릴 수도 있음을 뜻할 뿐이다. 그렇더라도 주의 깊게 접근하고, 여성들의 발전을 자축하는 쪽으로의 해석을 자제한다면, 그런 통계 순위는 여전히 유용한 지침이 될 수 있다.

북유럽 국가들은 여성들의 교육수준이나 직업 참여도 면에서 항상 수위를 기록하며, 그럴 자격이 충분하다. 그 국가들에서 여성이 고위 관리자나 임원에 오르는 비율은, 세계 다른 지역의 유난히 저조한 비율과 비교하면 실로 괄목할 만한 수준이다. 덴마크와 핀란드처럼 여성이 최고지도자가 된 사례가 한 번만 있는 나라도 있지만, 아이슬란드처럼 여러 차례에 걸쳐 다수의 여성 대통령과 총리를 배출한 나라도 있다. 노르웨이의 현 총리인 에르나 솔베르그는 노르웨이 역사상 두 번째 여성 총리다.

예상치 않은 결과를 보이는 국가로 스웨덴이 있다. 스웨덴은 누가 보더라도 평등주의적이고 자유주의적인 북유럽 사회 같지만, 아직까지 여성이 총리에 당선된 적이 한 번도 없다. 그 이유로 사회적 안정성도 어느 정도 작용했을 것이다. 사회적 안정성은 대부분의 정부가 추구하는 목표이며, 스웨덴의 경우에는 1990년대 초에 휩쓸었던 금융 위기에서 벗어난 뒤 안정성이 국가를 대표하는 특징으로 자리매김했다. 안정된 사회에서 자리 잡고 그 일원으로 살아가는 건 분명 기분 좋은 일이지만, 안정성은 때로 발전을 지체시키는 결과를 초래하기도 한다. 정당들이 기대에 부합하는 수준의 활동을 지속할 때는 대개 기존 지도자들과 지도 방식이 유지된다. 근본적인 변화를 고려하거나 변화를 추진하는 건 상황이 순조롭게 흘러가지 않기 때문이다. 이 규칙은 국가적인 수준에서도 적용된다. 개발도상국들은 민주주의 역사가 오래된 나라들보다 여성들이 진입할 여지가 더 많으며, 실제로 그런 국가들의 상당 비율은 현재 여성 대통령이나 총리가 지도자로 있거나 최근에 심오한 정치 사회적 격변을 겪었다.

위기가 닥치면 여성들이 높은 지위에 오르기도 한다. 브렉시트는 테레사 메이에게 힘을 실어주었다. 미첼 바첼레트는 군부 독재자 아우구스토 피노체트의 기억이 생생히 남아 있던 시대에 칠레의 첫 여성 대통령이 되었다. 한국 최초의 여성 대통령 박근혜는 연이어 터지는 비리, 갈수록 낮아지는 성장률, 고조되는 한반도의 긴장 속에서 대통령에 당선됐다. 하지만 한 여성 측근이 대통령과의 관계를 악용해 개인적으로 착복한 사건이 밝혀졌다. 박 대통령은 자신의 '부주의' 탓이라고 설명했지만, 2016년 12월 국회에서 탄핵안이 가결되고 이후 헌법재판소의 최종 판결이 나면서 대통령직에서 물러났다. 박 대통령을 비판하는 이들 중 일부는 이 사건을 여성이 지도자로 부적합하다는 증거라고 주장하면서, 한국 여성 정치인들의 앞날에 어두운 그림자를 드리웠다.

여성이 최고지도자가 되었을 때 직면하는 어려움은 상당하다. 격변의 시기에 권력을 얻은 사람들은 순탄한 경제순환이나 전임자들의 성실한 업무수행 같은 뒷받침이 없는 상황에서 정쟁을 벌이는 정당들을 통제해야 하기 때문에 더욱 취약한 상황에 놓인다. 이런 상황이 앞서 언급했던 유리 절벽 증후군의 일종이다.

2010년에 줄리아 길라드는 호주 최초이자 유일한 여성 총리가 되었다. 그녀는 노동당 동료인 케빈 러드가 미국의 서브프라임 모기지 사태와 뒤이은 금융 위기로 촉발된 세계경제 불황으로 국가적인 어려움을 겪고 원내 정당의 지지를 잃으면서, 그의 뒤를 이어 총리 임무를 맡는다. 아이슬란드에서는 요한나 시귀르다르도티르가 이미 같은 사태로 폐허가 된 나라를 뒷수습했다. 길라드나 요한나 모두 감사 인사를 들을 만큼 오래 버티지 못했다. 길라드는 노동당과 호주를 위해 자신이 더 강한 힘을 낼 수 있다고 주장했던 러드에게 밀려났다. 러드는 총리가 되고 얼마 안 돼 치른 총선에서 패배하면서 자유당 토니 애벗에게 자리를 빼앗겼다. 참고로, 예전에 길라드는 토니에 대해 이런 말을 한 것으로 잘 알려져 있다. "만일 토니가 현대 호주에서 여성 혐오가 어떻게 나타나는지 알고 싶다면, 하원의 행동을 돌아볼 것이 아니라 그저 거울을 들여다보면 된다."

실제로 여성 지도자가 1년도 버티지 못한 사례가 11개 국가에서 있었다. 오스트리아, 에콰도르, 마다가스카르의 여성 지도자는 국가수반의 최단 임기 기록을 깼다. 캐나다는 현재 자칭 페미니스트인 쥐스탱 트뤼도 총리가 정권을 이끌고 있지만, 캐나다 역사상 유일한 여성 총리였던 킴 캠벨은 총선에서 패배하면서 총리직에 오른 지 고작 넉 달 만에 자리를 내주었다. 그녀는 진지한 표정으로 이런 농담을 던졌다. "휴, 타던 차를 아직 처분하지 않은 게 다행이네요."

앞서 국가를 이끄는 여성 지도자를 모두 합해도 소형 버스 한 대에 탈 수 있다고 설명했는데, 2016년에 브라질의 첫 여성 대통령이 축출되면서 버스 탑승객이 한 명 줄었다. 지우마 호세프는 전임 대통령 덕분에 맹렬히 성장하던 경제가 주춤하기 시작하고, 활황인 중국 수요와 급등하는 유가에만 의존하던 시절에 정권을 잡았다. 재무 부정 의혹과 국영 석유 회사인 페트로브라스(Petrobras) 관련 뇌물 스캔들이 그녀의 탄핵 사유였다. 이런 일로 탄핵을 추진한 건 일부에서도 제기했듯이, 부패에 대응하는 민주정치의 적절한 수순이 아니었다. 탄핵에는 그런 요인 외에도 중국의 성장률 둔화와 유가 하락이 어느 정도 영향을 끼쳤으며, 본질적인 여성혐오주의도 한몫했다. 지우마의 반대 세력은 그녀의 얼굴을 다른 여성의 신체 사진에 합성한 스티커를 만들어서 그녀의 축출을 종용했는데, 합성한 그 사진은 양 무릎을 구부린 채 옆으로 벌리고 두 발을 붙인 자세를 취하고 있는데, 사타구니가 있어야 할 자리에 구멍이 있는 형상이었다. 이들은 그 스티커를 자동차 주유구에 붙여, 차에 주유하는 사람들이 지우마에게 삽입하는 착각을 불러일으키게 만들었다.

지우마가 실각한 뒤, 그녀를 공격했던 이들은 '대통령님, 안

녕히 가세요!'라고 적힌 팻말을 흔들기도 했다. 브라질로서는 희생이 분명했다. 지우마가 자기 주머니를 채웠다는 의혹은 기소장에 절대 포함되지 않았으며, 검찰이 그녀에게 제기한 혐의는 페트로브라스에 뇌물을 주는 것을 보고도 못 본 척했으며 재정적자를 은폐했다는 사실뿐이었다. 이번 수사를 담당한 검찰은 그녀의 축출을 주동한 정치인 중 일부가 상당한 뇌물을 수령했다는 혐의를 제기하기도 했다.

　　브라질의 국회의원은 90퍼센트가 남성이며, 이들 중 절반가량은 부정부패 혐의로 기소된 적이 있다.[6] 지우마의 자리를 대신한 사람은 백인이며 남성인 미셰우 테메르로, 그 역시 재정 준칙을 어긴 혐의와 선거자금을 남용한 혐의로 각각 기소된 전력이 있다. 미셰우 테메르 대통령은 내각을 전원 백인으로 구성했다. 브라질이 얼마나 다양한 인종으로 구성되었는지 고려할 때 이 조치는 상당히 놀라운 결정이다. 브라질은 백인과 혼혈 인종이 다수이며, 이들이 바로 빈곤층의 가장 큰 비율을 차지한다. 테메르 내각에서 돋보이는 점은 그것 말고 또 있다. 바로 1979년 이후 구성된 정부 내각에서 여성이 단 한 명도 포함되지 않은 최초의 내각이라는 점이다. 이에 대해 테메르의 수석 보좌관은, "여성 각료를 물색했으나, 굳이 이 자리에서 밝힐 필요 없는 몇 가지 이유로, 불가능하다는 결론에 이르렀다"라고 말했다.[7] 그리고 새 정부는 곧바로 재산, 인종, 성별 격차의 중첩된 문제를 좁히기 위해 그동안 추진되었던 계획을 철회하는 절차를 밟았다.

물론 여성 국가지도자 중 잘 버텨내는 사람도 있다. 자리에서 오래 버틴다고 무조건 좋은 건 아니겠지만 말이다. 리비아의 엘렌 존슨설리프는 2005년 대통령 선거에서 승리해 아프리카 최초 여성 국가지도자가 되었다. 25만 명 이상의 목숨을 앗아가고 국민의 3분의 1 가까이를 난민으로 만든 참혹한 내전이 끝난 지 2년 만의 일이었다. 이후 계속 나라를 이끌어오던 그녀는 2017년 10월로 예정된 대선에 출마하지 않겠다고 선언했다. "국민들이 받아들이지 않을 것이며, 나이 때문에라도 힘들다. 그러니 논의의 여지가 추호도 없다."

이 말이 진심이라면, 그녀는 민주주의적 통치의 유효기간이 끝난 지 한참 지났는데도 권력을 내려놓지 않는 아프리카의 수많은 남성 지도자와 확실히 구별된다. 국제 사회는 이미 그녀에게 찬사를 보냈다. 존슨설리프는 2011년에 같은 라이베리아 사람이며 국가 갈등 해소에 크게 기여한 리마 보위, 그리고 예멘의 인권운동가 타우왁쿨 카르만과 노벨평화상을 공동 수상했다. 그런데 1년 뒤 리마 보위는 빈곤을 퇴치하려는 존슨설리프의 시도를 맹비난하고, 대통령의 아들 중 세 명이 라이베리아의 국영 석유기업, 국가보안국, 중앙은행의 고위직을 차지한 증거를 들어 친족 등용을 비판하면서, 라이베리아 평화와 화해위원회 대표에서 물러났다.[8]

그렇게 보면 결국 존슨설리프도 유럽이나 북아메리카의 부유한 민주국가들이 기대했던 아프리카 지도자의 모범이 되지는 못할지 모르지만, 적어도 그녀의 과오 중 일부는 유럽과 아메리카 나라들의 착취를 당했던 아프리카 대륙의 역사에 뿌리를 두고 있다. 라이베리아는 해방된 노예들, 자유인으로 태어난 미국 흑인들, 아프리카계 카리브해인 망명자들이 세운 나라로, 아프리카에서 공식적으로 식민지가 된 적이 없는 유일한 국가다(참고로 에티오피아는 1936년에 짧은 기간 이탈리아에 합병된 역사가 있다). 그러나 서구 제국주의의 손아귀에서 벗어나지는 못했다. 타이어와 고무를 생산하는 미국 기업 파이어스톤(Firestone)은 1926년에 라이베리아의 땅 100만 에이커(약 4,050제곱킬로미터)를, 1에이커당 1년에 6센트씩 내고 99년 동안 임대하기로 계약하면서 그 땅에서 금이나 다이아몬드, 그 밖의 광물이 발견되면 모두 파이어스톤이 소유한다는 조항을 끼워넣었으며, 라이베리아에 돈을 빌려주고 가혹할 정도로 높은 이자를 물리기도 했다.

아프리카 대륙에서 민주주의 역사가 가장 오래된 보츠와나도 1966년이 되어서야 첫 선거를 시작했다. 남수단공화국은 아프리카에서 가장 최근에 형성된 국가로 2011년 7월에 수단으로부터 분리 독립했는데, 그곳에도 식민지화(백인의 가부장적 통치)와 독립을 위한 투쟁의 흔적이 여전히 남아 있다. 부족의 영토나 소유권, 지역의 역사, 실질적인 측면을 전혀 고려하지 않은 채 국경선을 정하는 바람에 갈등이 악화되고, 그런 갈등으로 세력을 키운 과격파가 부족이나 정치노선 내, 혹은 친족들 간 권력을 키우도록 조장했다. 권력에는 경제적 부가 따르기 마련이다. 저명한 기자이자 변호사, 여성운동 옹호자이며, 2014년 나이지리아 하원의원 경선에 나섰던 에이샤 오소리는 이렇게 말한다. "정치는 가장 엄청난 부를 쌓는 경로다. 그리고 당연히 아주 경쟁이 심하며, 남자들이 주로 자리를 차지하려고 든다. 남성들은 정치를 자기들만의 영역으로 유지하기를 바라기 때문에, 거기서는 여성들도 남자들처럼 무자비하고 단호해져야 한다."[9]

존슨설리프가 통치하던 나라와 그녀가 통치하는 방식에 영향을 주었던 후기 제국주의의 혼란은 마무리되었다. 하지만 그 사례를 통해 앞서 오소리가 지적했던 부분이자, 여성 참여 확대를 열망하는 사람들이 대충 얼버무리고 지나가는 현실인, '여성 지도자들에게 남성 지도자들에게서 나타나는 결함이 아예 없는 건 아니다'라는 사실을 확인할 수 있다.

또 다른 노벨 평화상 수상자인 아웅 산 수 치의 사례를 보면 그런 교훈이 더 명확히 확인된다. 쿠데타로 정권을 장악한 군사정권은 그녀를 15년간 가택연금시켰는데, 그들이 그녀가 최고지도자 자리에 오르지 못하도록 규정한 헌법 초안을 만들었기 때문에, 그녀는 미얀마의 대통령이 될 수 없었다. 그래서 수 치는, 국가 고문과 외무장관직을 겸임하면서 대통령이라는 직함 없이 나라를 이끄는 최고 지도자가 되었다. 하지만 그녀는 자신의 영향력을 활용해 미얀마의 무슬림 소수 민족인 로힝야족의 권리를 인정하거나 독립운동의 싹을 자르기 위해 무력으로 인권을 유린하는 미얀마군을 통제하지 못하면서, 평화적 저항의 아이콘으로서 빛이 꺼져가고 있다. 50피트 우먼이 실망을 안길 때는 사람들의 기대가 워낙 크기 때문에 실망감도 그만큼 크다.

여성 정치인에 관한 이야기가 나올 때마다 빠지지 않고 언급되는 이름이 있다. 바로 마거릿 대처. 사람들은 20세기 가장 성공한 정치인 중 한 사람인 그녀를 열렬히 좋아하거나 반대로 혐오하며, 나처럼 중간 입장인 사람들은 눈에 띄게 적다. 그녀는 총선에서 세 번 연달아 승리하고, 선거 패배를 염려해 그녀를 대표직에서 밀어낸 당을 떠난 뒤, 한 차례 더 승리했다. 그녀는 영국과 빈사 상태의 영국 경제에 활력을 불어넣고, 지금까지 계속되는 사람들의 들끓는 분노라는 대가를 치르면서 전통 산업과 모든 영국인에게 세금을 징수하는, 역사상 가장 힘든 위치에 선다. 그녀는 미하일 고르바초프가 기존의 소련 지도자들과 다르다는 점을 간파하고, 냉전의 종식을 앞당겼다. 그녀는 "나는 고르바초프가 마음에 든다. 그와 함께라면 협력해서 일을 추진할 수 있을 것 같다"라고 말했는데, 결국 그대로 실행됐다.

그녀는 여성의 잠재력을 한껏 드러냈다. 그럼에도 그녀에 대한 기억은 여성 리더들이 항상 여성의 관심사를 중요시하는 건 아니라는 사실을 증명하는 예로 가장 자주 언급된다. 그녀는 11년간 머물던 총리 집무실을 떠나며, "나는 여성들에게 빚진 것이 없다"라는 말로, 여성 해방은 그녀와 직접적인 연관이 없음을 명확히 했다. 그녀는 BBC와의 인터뷰에서 영국이 '보육원 사회'가 되는 걸 원치 않는다고 말하면서, 기혼 여성들이 일에 복귀할 수 있도록 정부가 도와야 한다는 의견에 반대했다. 내각을 구성할 때는 매번 여성 장관을 단 한 명씩만 기용했다. 영 남작은 2년간 랭커스터 장관*으로 있었는데, 당시 그녀는 정계 남성들의 동요와 여성의 출세를 바라보는 매체의 시각이 묻어나는 '낡은 깡통 속바지'란 조소 섞인 별명으로 불렸다.

그녀의 상관인 대처 총리에게도 그보다는 다소 공손하지만, 마찬가지로 여성의 권력에 대한 비슷한 불안감을 드러내는 별명이 붙었다. '철의 여인'이라는 별명은 으스대는 상류층 남성들 틈바구니에서 싸워 이겨내고, 그런 남성들이 가득한 회의 테이블을 이끌어온 그녀의 강철같이 집요한 끈기를 적절히 살린 표현이다. 대처가 총리가 되어 처음으로 다우닝가에 입성했던 때보다 2년 앞선 1977년에 로사베스 모스 캔터가 발표한 논문은 대처의 리더십 유형과 관련된 단서를 제시한다. 현재 하버드 대학교 경영대학원 교수로 있는 캔터는, 어떤 조직의 소수 집단 사람들은 자신들의 차이점을 불편하게 받아들여 집단에 동조하려고 노력한다는 점을 발견했다. 즉 그들은 다수 집단의 일원처럼 행동하거나, 다수 집단이 소수 집단에 바라는 행동을 수용하고 맞춘다. 그런 행동 왜곡은 한동안 지속되며, 소수 집단이 어느 정도 비중을 차지해야만 중단된다.[10]

---

*   Chancellor of the Duchy Lancaster: 영국의 내각에는 일반 장관들 외에도 재무장관, 추밀원 원장, 랭커스터 장관, 국새 상서 등 전통적인 직책을 맡은 장관들도 포함된다. 랭커스터 장관은 현대에는 특별히 규정된 담당 업무 없이 총리의 전반적인 일을 돕고 경우에 따라 특별한 임무를 담당하기도 한다. 참고로 랭커스터 장관은 직역해서 '랭커스터 공작령 대법관'으로도 번역된다.

'어느 정도 비중'이란 것이 구체적으로는 전체의 30퍼센트 이상이라고 밝힌 후속 연구들이 나오기도 했지만, 보다 최근에 나온 연구들은 소수 집단의 구성원 수와 행동 습성을 가늠하는 문제가 생각보다 훨씬 복잡하다고 지적한다.

그렇더라도 한 가지 확실한 건, 소수 여성 집단은 남성들처럼 행동해서(혹은 대처의 사례에서처럼 남자들을 이겨서) 집단과 조화를 이루려고 애쓰는 경우가 흔하다는 사실이다. 힐러리 클린턴의 인터뷰와 연설문을 컴퓨터로 분석한 결과, 언어학자들이 규정한 매개변수로 측정했을 때 대통령 영부인에서 선거 정치의 고위 인사로 위상이 바뀌면서 사용한 언어가 한층 남성적으로 바뀌었음이 밝혀졌다.[11] 그런데 이런 변화는 그녀에게 도움이 되기보다는 방해가 되었을 가능성도 있다. 감정 표출은 보통 여성적인 특성으로 간주되며, 여성들이 감정을 드러내면 능력을 의심받고 비판을 산다. 그런데 여성들은 남성적이라고 평가되는 행동을 할 경우에도 비판을 받는다. 예전 외부에 유출되었던 이메일 중 전 국무장관 콜린 파월이 쓴 것을 보면, 처음에는 클린턴을 '내가 존경하는 친구'로 묘사하다가, 뒤로 갈수록 '많은 업적', '끝없는 야망'처럼 이른바 결함으로 해석되는 대목이 줄줄이 이어진다. 예일 대학교 연구원들은 여성 후보와 남성 후보에게 유권자들이 각각 어떻게 다르게 반응하는지 조사했는데, 이 연구는 "권력과 권력 추구는 사회적으로 남성성으로, 공동체의 조화는 여성성의 핵심으로 자리 잡은 상황에서, 의도적으로 권력을 추구하는 여성들은 여성 행동의 사회적 규범에 부합하지 않으며 공동의 가치에 반(反)한다고 받아들이기" 때문에 유권자들은 그런 여성들에게 '도덕적인 분노'를 느낀다고 밝혔다.[12] 이런 상황은 정치계의 대다수 여성을 궁지로 몰아넣는다. 언론인 앤 프리드먼은 클린턴이 직면한 고역을 이렇게 설명했다. "클린턴이 성공하려면 인기를 얻어야 한다. 그런데 인기를 얻으려면, 성공의 수위를 조절해야 한다."

대처에게, 인격을 발휘해서 그런 부분을 대수롭지 않게 생각해 넘기거나 아니면 이상적인 여성의 자질로 규정된 문화적 가치에 맞추는 척하는 방법은 절대 진지한 고려 대상이 되지 못했다. 언론 앞에서 어색하게 가정생활에 대해 설명하는 그야말로 가식적인 인터뷰를 하도록 그녀의 고문들이 부추기는 경우도 간혹 있었다. 그녀는 자신이 여성이라는 사실을 잊고 사는 편이 마음 편했지만, 주위 남성들로서는 그러기가 쉽지 않았던 듯하다. 프랑스 대통령 프랑수아 미테랑은 "대처 수상은 칼리굴라의 눈과 메릴린 먼로의 입을 닮았다"는 섬뜩한 말을 하기도 했다. 그의 전임자인 자크 시라크는 정상회담에서 대처와 대립했던 상황을 두고 이렇게 투덜댔다. "저 아줌마는 대체 내게 뭘 더 원하는 거야? 아무런 노력도 없이 가져가겠다는 거야?"

경력 많은 보수당 국회의원이자 전 장관인 켄 클라크는 또 다른 장관인 맬컴 리프카인드와의 텔레비전 인터뷰를 앞두고, 자기가 마이크를 착용하고 있다는 사실을 잊어버린 채 테레사 메이와의 회담에서 느꼈던 감정을 슬쩍 드러냈다. 방송에서 이런 의견을 언급할 의도는 물론 전혀 없었다. "테레사는 더럽게 힘든 여자야." 꼬리를 물고 이어지던 클라크의 생각이 어떤 결론에 이르렀는지는 그의 이런 말에서 확실히 드러난다. "하지만 자네와 나는 마거릿 대처 밑에서도 일해봤지 않나." 이렇게 영국의 첫 여성 총리는 두 번째 여성 총리, 그리고 다른 모든 여성 지도자에게, 지속적인 비교의 기준이 된다.

그런 비교는 물론 깊은 생각 없이 내뱉은 말이지만, 여성 지도자 모두가 대처를 닮은 점이 한 가지 있기는 하다. 바로 과시하는 경향이 덜하다는 점이다. 여성 지도자들은 언론의 주목에 대응하는 것보다는 권력을 행사하는 데 더 실력이 뛰어난 듯하다. 앙겔라 메르켈이 니콜라 사르코지나 실비오 베를루스코니와 비교했을 때, 테레사 메이와 한때 경쟁자였던 보리스 존슨, 힐러리 클린턴과 빌 클린턴이나 도널드 트럼프를 비교했을 때 어떻게 다른지 한번 생각해 보라. 대처는 언론의 주목을 받는 것이 좋아서 언론 앞에 나선 적이 전혀 없었다.

대처와 다른 두 명의 리더 사이에는 짚고 넘어갈 만한 공통점이 하나 더 있다. 바로 전공이 과학 분야라는 사실이다. 대처는 정치에 입문하면서 새로운 길을 구축했다. 당시에는 사회 엘리트들이 자식에게 리더십을 심어주거나, 아니면 노동조합이 정치적인 자질을 키울 대체 기반을 제공했다. 그 밖에 가족관계가 정치에 입문하는 기회가 되기도 했다. 세계 최초의 수상이었던 시리마보 반다라나이케가 권력을 얻고, 세계에서 최장기간 복무한 여성 국가 지도자인 인도의 인디라 간디가 총리 자리에 오를 수 있었던 것도 가문의 배경이 있었기 때문이다. 미얀마의 아웅 산 수 치, 방글라데시의 셰이크 하시나, 그리고 그녀의 전임자 칼레다 지아, 파키스탄의 베나지르 부토, 인도네시아의 메가와티 수카르노푸트리, 아르헨티나의 이사벨 마르티네스 데 페론과 크리스티나 페르난데스 데 키르치네르, 필리핀의 코라손 아키노, 한국의 박근혜는 모두 정치 지도자를 배출한 집안 출신이다. 하지만 대처는 그런 유리한 조건을 갖추지 못했다. 그녀는 화학을 공부하고, 전공을 살려 식품 제조사 라이언스(Lyons)에서 근무했다(전해지는 바에 따르면 그곳에서 일하면서 소프트 아이스크림 발명에 참여했다고 한다).

앙겔라 메르켈은 물리화학 연구원으로 일하면서 동독에서 안정된 직장에 다녔다. 테레사 메이 역시 과학 전공이다. 이런 공통점에 주목할 만한 이유는 이 세 사람이 의회보다는 대개 실험실과 관련성이 더 깊은 '증거에 기초한 의사결정'을 내린다는 평가를 받기 때문이다. 그렇다고 하더라도 대처와 메르켈은 냉철한 계산보다는 이상과 감정에 기초한 크고 대범한 프로젝트를 추진했던 인물들로 기억될 것이다. 대처리즘의 핵심에는 대립하는 이데올로기가 그저 잘못된 정도가 아니라 해롭다고 명확히 규정하는 직관적이고 본능적인 도덕적 확신이 있다. 메르켈이 유럽 난민 위기를 풀어내는 데 신중하게 합의를 이끌어내려고 했다가 유럽의 관여를 강력히 촉구하는 쪽으로 방향을 선회한 데는 개인적인 경험의 영향도 작용했다. 그녀 역시 철조망 건너편에 있었던 경험이 있기 때문이다.

독일은 2005년 선거 직후 교착 상태에 빠졌다. 메르켈이 이끄는 중도 우파인 기독교민주연합(CDU)이나 게르하르트 슈뢰더가 이끄는 좌파 성향의 사회민주당 모두 정책 추진에 필요한 다수 의석을 확보하지 못했다. 메르켈은 총리 관저를 차지한 최초의 여성이었을 뿐 아니라 철의 장막을 넘고 일어선 통일 독일을 이끈 첫 지도자였다. 《타임》지 커버스토리를 완성하느라 밤늦은 시간에 다들 분주히 움직이던 와중에, 국제부 편집자 마이클 엘리엇은 결정된 헤드라인을 편집실로 넘기려던 찰나, 이 헤드라인에 이중의 뜻이 담겨 있다는 걸 깨달았다. 헤드라인의 문구는 '흔치 않은 인물'이었다.

메르켈 같은 인물은 지금도 여전히 흔치 않거나 거의 없으며, 그녀의 동료나 동포들 중 그녀 같은 사람이 많지 않다고 추정해도 큰 무리 없이 받아들여질 것이다. 2016년에 네 차례 연속으로 열린 주의회 선거에서는 기독교민주연합이 극우파인 독일을 위한 대안당(AfD)에 꽤 많은 표를 빼앗겼다. 독일을 위한 대안당은 버둥거리는 유로존 국가들을 독일이 구제해야 한다는 책임에 반대하는 운동에서 시작되었으며, 2015년 9월 4일 메르켈이 헝가리에서 발이 묶인 시리아 난민들에게 국경을 열고 환대하기로 결정하자, 새로운 목표를 세웠다. 당시 메르켈은 "우리는 할 수 있습니다"라고 말했고,[13] 처음에는 대부분의 독일 사람이 그 말에 동의했다. 하지만 100만 명 넘는 난민과 이민자가 독일로 몰려들면서, 그런 국민적 합의는 사라졌다.

그러던 중 2015년 말 쾰른에서 벌어진 집단 성폭행 사건으로 독일의 난민환대정책이 시험대에 놓였다. 이 폭력 사건의 진상에 대해서는 여전히 명확히 알려진 바가 없다. 얼마나 계획적으로 이루어진 일이었으며, 가해자 대다수가 처음에 알려진 것처럼 정말로 외국인인지 여부는 아직까지도 밝혀지지 않았다. 당국은 수사를 계속하고 있지만 책임자 대다수를 가려내기는 힘들다는 사실을 인정했다. 만에 하나 가해자들이 밝혀지더라도, 독일의 낡은 법 조항은 성폭력이 벌어졌을 때 가해자에게 물리적으로 저항했다는 증거를 여성 피해자가 제시하도록 짐 지우기 때문에, 처벌하기가 쉽지 않을 것이다. 2016년까지 성폭력에 대한 독일의 법은 구식이어서 공격자에게 물리적으로 저항했다는 사실을 여성이 증명해야 했다. 이런 법은 마침내 개정되고 강화되었으며, 더듬는 행동을 성범죄로 분류하는 조항이 새로 삽입됐다.

그렇더라도 메르켈에게 불리한 쪽으로 이야기의 맥락이 전개되면서 그녀의 꿈과 가능성이 꼼짝없이 좌절될 지경이었다. 독일 최초의 여성 총리가 독일 여성에게 도움이 되기는커녕 여성들을 위험에 노출시키면서 나라를 망쳐놓았다는 핀잔이 오갔다.

그 이야기들은 거의 대부분 사실과 달랐지만, 메르켈이 범한 중요한 판단 오류가 한 가지 있기는 했다. 난민 위기가 닥치기 전까지, 메르켈은 힘을 너무 아낀다는 비난을 자주 들었다. 유로존 위기에 너무 더디게 대응하고, 그리스 같은 가난한 국가들을 희생시켜가면서 자국의 이익만 지나치게 챙긴다는 비판이었다. 메르켈은 자기가 그런 방식을 추구한 이유로 이색적인 구실을 댔다. 자신은 큰 계획보다는 '다수의 세부적인 조치'를 통해 통치하는 방식을 선호한다는 설명이었다.[14] 이런 성향은 경찰국가인 동독에서 자라면서 주목을 끌지 않고 원하는 바를 성취하는 법을 터득한 어린 시절의 유산과도 상통하는 면이 있다. 또 실용적인 측면도 작용했다. 독일 선거제도는 어느 한쪽이 절대다수를 차지하는 것이 아니라 연립정부를 구성하도록 유도하고, 다양한 견제와 균형의 수단을 두고 있다. 독일의 역사는 무제한적인 권력이 얼마나 위험해질 수 있는지 경고한다. 그렇더라도 메르켈은 유럽의 가장 강력한 지도자이자 정치적 자산을 갖춘 유일한 지도자로서 난민 문제에 정면으로 맞섰다. 그리고 마침내 그런 능력을 발휘하면서, 유럽의 다른 지도자들에게 공동의 책임감을 심어주고자 했다. 그녀는 이번 기회가 '세계화의 역사적인 시험대'가 될 것으로 생각했다.

하지만 실제 행동에 나선 건 메르켈 혼자뿐이었다. 유럽의 결속력을 과대평가한 탓이었다. 2016년 9월 주의회 선거에서 당이 저조한 성적을 기록한 뒤 열린 기자회견에서 메르켈이 자기 과실을 인정했다는 순전히 잘못된 보도가 나갔지만, 사실은 자신의 신념을 강력히 재진술한 것이었다. 다만 자신이 "우리가 해낼 것이다"라는 표현을 쓴 것에 대해서는 후회했다. 듣는 이들에게 동기를 불어넣으려고 했던 그 말이 결국 많은 이의 분노를 샀기 때문이다.

그렇더라도 메르켈은 인도주의적 의무를 이행했으며, 단점에도 불구하고 조금씩 결실을 보이는 계획을 계속 추진해나갔다. 그녀의 통합적인 전략은 이민자들이 독일어 수업을 듣고 조기에 취업 허가를 받게 해서 인구 고령화로 공동화되는 110만 개의 일자리를 채우는 것이었다. 이 정책이 성공을 보이고 입국 이민자 수가 줄어들었지만, 그녀를 향한 비판의 목소리는 가라앉지 않았다. 특히 기독교민주연합, 그리고 이와 노선을 같이하는 바이에른의 기독교사회연합(CSU) 내부에서 비판이 거셌다. 그들은 메르켈을 진정으로 포용한 적이 전혀 없었다. 2017년 총선 이후, 기독교민주연합과 기독교사회연합 내 새로운 우익 리더인 알렉산더 미치히가 메르켈의 사임을 요청했다. 그는 "새로운 힘이 꼭 필요하다"고 주장했다. 메르켈이 두 곳의 군소 정당과 연합하려고 시도하다 실패하자, 그녀는 다시 비난을 샀다. 그 두 정당 중 한 곳은 자신들이 먼저 뒤로 빠진 것임에도 불구하고 말이다. 독일 조간신문 《디벨트(Die Welt)》지는 "메르켈에게는 힘이나 권위가 없다"라고 보도했다. 하지만 메르켈의 국제적인 인기는 여전하다. 백악관에서 트럼프 대통령을 처음 만났을 때 메르켈이 악수를 건네는 트럼프의 손을 냉담하게 대하는 것을 본 전 세계 여성이 싱그레 웃었다. 전 노동당 고문이자 스탠드업 코미디언인 아이샤 하자리카는 BBC에서 메르켈을 칭찬하면서 많은 이의 생각을 대변했다. "김정은, 도널드 트럼프, 블라디미르 푸틴같이 정신이 이상한 리더가 많은(이들은 정신 나간 남자 어른 아기들이다) 세상에 앙겔라 메르켈이 있어서 아주 기뻐요. 메르켈은 전 세계 지도자들 중 현재 몇 안 되는 도덕적인 지도자예요."

하자리카가, 메르켈이 최고지도자임을 기쁘게 생각하고 그녀가 생존할 방법을 찾기를 바라는 유일한 좌익 여성은 단연코 아니다. 하지만 세계 많은 곳에서, 여성 유권자들은 남성들보다 좌익 정당을 뽑을 가능성이 크다. 이런 패턴은 미국을 포함한 세계 많은 곳에서 반복적으로 나타나는데, 실제로 트럼프를 찍었던 백인 여성 다수파가 트럼프를 지지했던 백인 남성 다수파만큼 많지는 않았다. 그 이유가 무엇인지는 짐작할 수 있다. 보수주의는 본질적으로 현재 상황을 유지하는 방향으로 쏠리는데, 일부 여성 유권자 집단은 그것이 본인들에게 득이 되지 않는다는 사실을 안다. 특히 여성을 고용하고 여성 지원 서비스를 제공하는 국가 부문의 일자리를 줄여서 정부의 역할을 축소하고, 많은 여성을 더 낮은 계층의 한직으로 내모는 경제 체제 내의 큰 소득 격차를 용인하는 것을 우파 사람들이 선호하기 때문이다.

　　메르켈은 당의 정책 노선을 사회민주당 지지자들과 여성들에게 호소하면서 맞섰다. 지난 선거에서 여성 유권자의 44퍼센트가 메르켈의 당을 지지했으며, 24퍼센트는 사회민주당을 지지했다. 2017년에는 지지율을 상당 부분 잃었지만 선의도 드러냈다. 그녀 스스로 여성으로서, 여성이 무엇을 할 수 있는지 보여주었기 때문이다. 특히 독일은 국가의 권력과 사회를 주도하던 서독 지역에서 비교적 최근까지 여성의 활동 범위로 '아이, 부엌, 교회(Kinder, Küche, Kirche)'만을 상상할 수 있었기 때문에 더더욱 그랬다. 1958년까지 서독의 남편들은 부인이 집안일을 게을리할 경우, 부인이 일하는 직장에 연락해서 부인을 해고해달라고 요청할 수 있었다. 이런 태도는 메르켈이 물려받은 교육 시스템에도 여전히 반영되어, 서독의 학교 대다수는 학생이 집에서 차려준 점심을 먹을 수 있도록 정오에 수업을 끝냈다. 메르켈이 기독교민주연합 대표로 첫 선거를 치렀을 때, 경쟁자들과 동료들이 한목소리로 "과연 할 수 있을까?"라고 물었다. 독일 최초의 여성 국방장관인 우르줄라 폰데어라이엔은 "이제는 아무도 부정적인 질문을 던지지 않는다"라고 말한다.

　　그렇다고 메르켈이 성평등에 기여한 측면이 완벽하다는 뜻은 아니다. 많은 여성 지도자가 그렇듯 그녀도 본능적으로 성 정치학(gender politics)을 회피하고자 했다. 그녀는 헬무트 콜 정부에서 여성 청년부 장관으로 첫 관직을 시작한 것을 불편하게 생각한다. 여성주의적인 충동에서라기보다는 부쩍 낮아진 출생률 감소 문제를 해결하고자, 메르켈은 육아휴직을 최대 14개월까지 쓸 수 있게 하고 그 기간 동안 월급의 최대 65퍼센트를 지급하며, 만 1세 이상 아동의 보육을 책임지고, 어린이집을 전일제로 확대하는 등 직장 여성들을 지원하는 다양한 정책을 도입했다.[15] 다만 독일 대기업 임원 여성을 늘리도록 의무 비율을 지정할 때는 마지못한 태도로, "독일 연방공화국이 65년 이상 역사를 거쳐오면서, 주가 총액 기준 상위 30대 기업에서 여성 임원을 자발적으로 확충하는 분위기가 확립되지 못했다니, 참 애석한 노릇이다"라고 말했다. "허울 좋은 공약만 있어온 걸 보면, 이런 식으로는 안 되는 것이 분명했다."

　　독일 사회는 중대한 변화를 목격했다. 여성 노동 참여율은 메르켈이 총리가 되기 전 10년 동안 2퍼센트 늘었으나, 메르켈 정부가 출범한 이후 10년 동안 8퍼센트 늘었다. 물론 정부의 정책 외에도 여러 요소가 작용했을 터이므로, 이런 결과를 직접적으로 연관 짓는 건 무리가 있다. 그럼에도 불구하고 독일 최초 여성 지도자 통치하에서 독일 여성들의 지위가 높아졌음을 부인할 수는 없다.

테레사 메이가 승리하자 영국 보수당에서는 환호성이 터져 나왔다. 그녀는 보수당 출신으로는 두 번째 여성 총리였다. 반면 노동당은 여성이 정당 대표가 된 적이 없었다. 메이와 메르켈, 그리고 다른 두 명의 현 여성 총리인 노르웨이의 에르나 솔베르그와 폴란드의 베아타 시드워(그리고 전임자인 에바 코파츠)는 모두 우익 인사들이다. 크로아티아 대통령인 콜린다 그라바르키타로비치는 대통령이 되기 전에 보수당인 크로아티아 민주연합 소속이었다. 그렇다고 우익 정당이 여성들이 발돋움하기에 더 좋은 환경이라는 의미가 아니라, 좌익 정당이 여성 정치인들을 제대로 뒷받침하지 못한다고 보아야 한다.

그런데 이런 현상이 나타난 이유로 좌익 정당들이 역사적으로 성평등을 옹호해왔기 때문이라는 역설적인 설명이 가능하다. 즉 자신들의 장점에 대한 확신이 지나쳐서 부족한 점을 자각하지 못하는 것이다. 이들에게 부족한 점은 크게 두 가지로 나눌 수 있다. 하나는 우선권의 문제다. 구조적 불평등을 해결하려는 열망이 있었던 좌익 정당들은 2008년 미국 민주당 경선을 망쳐놓은 것과 유사한 종류의 무익한 이분법(소수 민족이냐 여성이냐, 계층이냐 성별이냐, 연금 수령자냐 혜택을 못 받는 젊은이냐)에 사로잡힌다. 그래서 모든 불리한 조건이 여성 문제와 교차하는데도 불구하고, 반사적으로 여성 문제는 우선순위에서 가장 낮은 쪽으로 밀려나고 만다. 극좌파 운동가들은 체제의 부분적인 수정이 아니라 체제 전복을 목표로 했으며, 그 경우에도 여성 문제는 끝이 안 보이는 기다림에 발이 묶였다. 그들은 행동적인 부분에서도 판단의 오류를 범했다. 국제사면위원회가 2015년 볼리비아에 관해 작성한 보고서에 따르면, 볼리비아의 사회주의 정부는 사법기본권부 내에 여성의 발전을 담당하는 성 문제 사무소와 탈(脫)가부장주의 부서를 설립하고, 기회 균등 조정 관직을 신설했다. 그러나 새로 생긴 이런 기관들 중 어느 곳에도 실효성을 갖추기 위해 필요한 자원이 할당되지 않았다. 예를 들어 기회 균등 업무에는 고작 부서 예산의 5.3퍼센트가 제공되는 데 그쳤다.[16] 마치 《거울 나라의 앨리스》에서 하얀 여왕이 앨리스에게 "규칙은, 내일과 어제는 잼이 있지만, 결코 오늘은 없다는 것이지"라고 말한 것과 비슷한 경우다.

　　두 번째 부족한 점이자 여성의 발전을 장려하는 데 지속적으로 실패하는 원인은 바로 여성에 대한 적대감이다. 이런 감정은 우익 정당과 조직에서 아직까지도 위세를 떨친다. 2016년 12월, 보수주의 진영이 다른 후보자를 내는 데 실패하면서, 영국 보수당 의원 필립 데이비스가 여러 당이 참여하는 의회 내 '여성과 평등위원회' 의장에 당선됐다. 그는 의장이 되자마자 위원회 명칭에서 '여성'이라는 단어부터 빼버렸다. 그리고 며칠 뒤 여성 폭력 근절을 위한 국제 협약인 '이스탄불 협약'을 비준하는 자리에서, 의사 진행을 방해해 비준을 막으려고 시도했다가 실패했다. 그해 초반에는 연설에서 이런 말을 해 의도치 않게 케이크류의 판매 신장에 일시적으로 기여하기도 했다. "오늘날 같은 열성 페미니스트들의 시대에, 우리는 여성들이 케이크를 가지고 있으면서 동시에 먹기도 하는 것을 바라지 않는다."* 그러자 여성들은 케이크를 베어 먹는 사진을 찍어 인터넷 여기저기에 게재하는 행동으로 응수했다.[17]

　　좌파에서는 자기들 중에 사고가 그렇게 삐뚤어진 사람은 없다고 믿고 싶어 한다. 그러나 실제로는 여성 혐오가 마디풀처럼 자라나서 동등성과 존중의 근본을 흔들고, 주기적으로 불쑥 터져나와 활개치고 해를 끼친다. 노동당 당수인 제러미 코빈의 지도력에 이의를 제기했던 한 여성 국회의원에게 쏟아진 온라인에서의 욕설과 비난은, 비슷한 상황의 남성들에게 통상적으로 쏠리는 비난에 비해 그 정도나 내용이 비교가 안 될 정도로 심했다. 물론 그 여성 의원에게 쏟아진 욕설이 모조리 좌파 대항 세력의 입에서 나온 것은 아니지만, 그런 인신공격을 근절하기 위해 진지하게 노력하는 문화였다면 그런 일이 쉽게 벌어지지는 않았을 것이다.

　　남의 감정을 상하게 하는 사람들이 노동당에만 있는 건 결코 아니다. 미국 민주당 대통령 경선 후보로 출마한 버니 샌더스 선거 운동본부에서는 힐러리 클린턴에게 치명적인 공격을 가했다. 공격

---

* 　'케이크를 가지고 있으면서 동시에 먹기도 할 수는 없다(You can't have your cake and eat it)'는 영어 관용 표현은 '좋은 점을 둘 다 취할 수 없다'는 의미로 사용된다.

을 주도한 사람은 샌더스 후보가 아니라 '버니의 형제들'이라는 별칭으로 불리던 추종자 집단이었다. 또 영국의 극좌파 정당인 노동자혁명당과 사회주의노동자당 모두 당원들 내 성폭력을 통제하는 데 실패했다. 노동자혁명당은 대표인 게리 힐리가 여성 당원에게 성폭력을 범한 사실이 드러나면서 해체됐으며, 사회주의노동자당에서는 조직 내 고위 인사가 성폭행 혐의에 연루되었는데, 이때 당에서는 고소인에게 "술에 취했던 건 아닌가?", "싫다는 의사를 확실히 전달했던가?" 등의 질문을 제기하며 심문하는 캥거루 재판*을 열었다.[18]

　　노동당에서 축출된 이후 존중당을 만들었던 전 국회의원 조지 갤러웨이는, 줄리언 어산지가 제기한 스웨덴에서 한 여성을 성폭행했다는 혐의에 대해 일축했다. 갤러웨이는 "위키리크스 설립자는 비도덕적이고 혐오스러운 개인적인 성적 행동을 범한 죄가 있으며, 그런 부분에서 그를 규탄한다"고 말했다. "하지만 그런 건 성적인 예의가 형편없는" 행동에 불과하며, "성기를 삽입하기 전에 항상 상대의 의사를 물어봐야 하는 건 아니다"라고 덧붙였다.[19] 2016년에 그는 런던 시장에 출마했다. 여성평등당도 그 선거에 후보를 내보냈다. 런던 전역의 지역 선거에 후보자들이 나섰으며, 더불어 당 대표인 소피가 시장 후보로 출마했다. 여성평등당은 34만 3,547표를 얻어 득표율 5.2퍼센트를 기록하면서, 첫 선거로는 대단한 성과를

---

* 　현존하는 법률의 원칙이나 인권을 무시한 채 행하는 사적(私的)인 재판.

거두었다. 참고로 1974년 10월 녹색당이 첫 선거에 후보를 냈을 때
는 고작 0.01퍼센트를 얻는 데 그쳤다. 우리 열성적인 페미니스트들
의 케이크 위에 얹힌 체리는(즉 우리가 얻은 값지고 귀한 성과는) 소피가
갤러웨이보다 훨씬 많은 표를 얻었다는 사실이다. 갤러웨이는 정치
경력이 길고, 한때 TV 리얼리티 쇼 〈셀러브리티 빅 브러더(Celebrity
Big Brother)〉에 출연했던 유명 인사로, 상당히 유리한 고지에서 출발
했다. 그는 이란 국영 매체인 프레스 TV와 러시아 자본의 RT 네트
워크의 프로그램에까지 출연한 적이 있다. 반면 소피는 선거가 있
기 10개월 전에, 여성평등당 첫 대표로 정치에 입문한 것이 전부였
다. 그런데도 갤러웨이보다 약 10만 표 더 얻었다.

우리가 갤러웨이의 패배를 반기기는 했지만, 그렇다고 영국
좌파의 붕괴에 환호할 이유는 없었다. 민주주의 국가에서는 정부의
책임 있는 국정 운영을 유도하려면 강력한 반대 세력이 필요하다.
현재 테레사 메이가 직면한 가장 큰 도전은 니컬라 스터전이 이끄는
스코틀랜드 독립주의자들과 보수당 안팎의 우익 포퓰리스트들 문
제다. 이런 문제에 직면해 있는 데다가 적수가 될 만한 좌익 세력도
없기 때문에, 메이는 우익 쪽으로 조금 더 쏠릴 가능성이 크다.
전통적인 좌익을 분석해서 세운 어떤 계획을 위한 것이라면
혹시 모를까, 한쪽으로 쏠리는 이런 국면은 여성들에게 바람직하지
않은 징조다. 시작할 때부터 샌디와 나는 여성평등당을 당파를 초
월한 당으로 만들 생각이었다. 우리가 그렇게 결정한 것은 좌파가

행동과 말을 일치시키는 데 연달아 실패했기 때문만이 아니다. 영국 유권자의 4분의 3은 자신을 중도나 중도우파로 규정하는데, 변화를 이루려면 그 표의 상당 부분을 우리 쪽으로 끌어와야 했기 때문이다. 그래야 우리가 지향하는 이퀄리아에 이르고, 어제나 내일이 아닌 오늘 잼을 얻을 수 있을 테니* 말이다.

　　그 좋은 출발점으로, 여성들에 대한 일반적인 생각, 즉 여성들은 실용주의적이며 정당의 경계를 넘어 서로 협동한다는 사람들의 믿음이 사실인지부터 확인해보면 좋을 듯하다. 우선 학계에서는 그런 사람들의 견해를 뒷받침하는 결과들을 내놓았다. 한 연구는 1973년에서 2008년 사이 미국 하원에 상정된 법안이 처리된 과정을 분석해, 소수당의 여성들이 남성 동료들보다 법안을 존속시키는 데 더 좋은 성적을 냈다고 밝혔다.[20] 여성들이 소속과 노선이 다른 의원들의 동의를 이끌어내는 데 더 능숙했기 때문이다. 여담으로 미국 상원에서도 여성의 힘이 고스란히 드러난 사례가 있다. 2016년 1월, 워싱턴 DC에 폭설이 내렸을 때의 일이다. 기상 악화에도 불구하고 여성들은 자기 소임을 다해 회의에 참석했지만, 눈보라를 헤치고 나온 사람들 중 남성은 단 한 명도 없었다. 당시 공화당 상원 리사 머카우스키가 이렇게 말했다고 전해진다. "오늘 아침 회의를 시작하면서, 회의실을 둘러보니 위원장도 여성이고, 여기 앉은 국회의원 모

---

* 앞서 언급했던 《거울 나라의 앨리스》의 표현을 비유적으로 활용한 것.

두가 여성이군요. 플로어 매니저들*도 모두 여성이고, 수행원들도
모두 여성이네요. 이 모두가 여성의 강인함을 보여주는 듯합니다."

나도 개인적으로 정치부 기사를 쓰면서, 여성들은 당을 중
심으로 똘똘 뭉치는 경향이 덜하다는 사실을 인식하게 됐다. 서로
다른 정당 소속인 여성 의원들은 추구하는 목표가 일치할 경우 연합
을 맺을 뿐 아니라, 상호 유대감을 형성하고, 비난을 받거나 원하는
계획이 수정되는 일이 없도록 처신하는 요령을 서로 알려준다.

여성들도 각기 다 다르지만, 모든 이가 공유하는 축적된 경
험이 늘 존재한다. 물론 여성들 중에 보다 나은 조건에서 혜택을 누
리는 사람들은 인종, 나이, 성별, 성 정체성, 장애, 가난 등의 불리
한 조건들이 이중 삼중으로 중첩된 가혹한 현실이 어떤지 진정으로
이해하기 힘들 수도 있다. 불리한 조건들이 교차하는 지점이 존재
하며, 여성이 다른 여성을 억압할 수도 있음을 설명하는 주인중심
제**란 용어가 있다. 이런 주인중심제에서 여성들이 차지하는 위치
는 각자 다를지 모른다. 하지만 모든 여성은 가부장제의 폐해를 감
수해야 하는 입장에 놓여 있다. 우익 여성들은 아마도 가부장제와
주인중심제를 인식하지 못하고, 가부장적인 구조를 근절하기보다
는 개혁해야 한다고 믿을 가능성이 크다. 그렇더라도 그들은 앙겔

---

*   floor manager: 담당 법안을 심의하는 간사에 해당함.

**   Kyriarchy: 여성 신학자 엘리자베스 쉬슬러 피오렌자가 2001년 책에서 제시한 용어로,
많은 이가 타인을 억압하거나 타인에게 억압당하는 위치에 놓이는 '지배와 억압'의 체계를 뜻
한다.

라 메르켈이 보여준 것과 같은 개혁을 야기하는 데 큰 효력을 발휘할 수 있다. 더욱이 경제 시장이 여성의 가치를 갈수록 크게 인식하는 상황에서, 우익이 추구하는 방향은 갈수록 여성의 발전을 지원하는 쪽으로 맞춰지고 있다. 뒤에 기업 경영에 관해 다루는 장에서는 그 이유가 무엇인지, 그리고 그런 인식이 있는데도 어째서 여성과 남성의 고위 임원 진출 비율이나 직급별 급여 측면에서 동등해지지 않는지 설명할 것이다.

성평등과 관련해 그동안 테레사 메이가 해온 일은 장단점이 뒤섞인 정도에 그친다. 첫 번째 유익한 결실로는 2005년에 보수 진영에서 여성 대표자를 늘리기 위해 힘쓰는 '위민투윈(Women2Win)'이라는 조직을 공동 설립한 일을 꼽을 수 있다. 내무부 장관이었던 그녀는 가정 폭력을 억제할 방안을 모색했으며, 특히 상대를 강압하고 통제하는 행위로 문제가 발생할 경우 경찰이 나서서 공권력을 발휘할 것을 촉구했다. 하지만 그녀가 얄스우드(Yarl's Wood) 문제를 처리한 방식은 형편없었다. 얄스우드는 이민국 심리를 앞둔 여성과 아동들을 수용하는 구치 시설로, 민간 기업인 서코(Serco)가 맡아서 관리하고 있다. 그런데 테레사는 서코의 직원들이 수감자들에게 성폭력과 학대를 가했다는 혐의가 불거졌는데도 서코의 시설 운영 계약 연장을 승인했다.[21]

테레사 메이가 총리가 된 뒤, 보수 진영은 우익 쪽으로 조금 더 쏠렸다. 그런 입지는 이미 기울어가는 영국독립당(UKIP)에 빼앗겼던 표를 되찾아오는 데 도움이 됐을 것이다. 민주통일당과 소위 '신뢰와 공급'의 관계를 만들면서, 테레사는 낙태와 성 소수자들 (LGBT)의 권리에 반대한 역사가 있는 당과 방향을 맞추었다.

퇴행적인 사회 보수주의자들은 그저 진보를 막으려고만 하는 게 아니라, 시계를 거꾸로 돌리는 미래를 염원한다. 그래서 안전, 확실성, 동질성의 시대, 그리고 큰일을 책임지는 강한 리더에 대한 믿음으로 회귀한다.

그런 세상은 물론 존재한 적이 없다. 그런데 그 사실이 그들을 더 강하고 더 위험하게 몰아붙이도록 만들었다. 그들이 추구하는 건 '효과가 전혀 없는 법칙'에 따라 운영되는 '존재한 적 없는 세계' 다. 극우파에서는 부족한 자원을 놓고 벌이는 경쟁, 세계화에 따른 민주주의 결핍, 종교적 극단주의, '문화적 관행'으로 치장한 여성 혐오가 진정한 문제라면서, 외국인 혐오주의와 쇄국정책을 펴나가야 한다고 제안한다. 이런 제안을 따를 경우 모든 것을 악화시키고 말 것이다. 사람들은 흔히 사회 변화로 설 자리를 잃어가는 자연계의 질서에 향수를 느낀다. 그런데 그런 소위 자연계의 질서는 여성들에게 이롭게 작용하는 법이 없다. 베아타 시드워가 이끄는 폴란드의 법과 정의당은 시험관 시술에 대한 정부의 자금 지원을 삭감하고, 피임 방법을 활용하기 까다롭게 만들며, 심지어 성폭행을 당하더라도 낙태를 하지 못하도록 낙태를 전면 금지하는 방안을 추진했다가 대중의 항의로 철회했다. 극우파 중에는 피임의 수단을 찾기가 힘들거나 낙태를 할 방법이 없어지면 젊은 커플들이 결혼을 더 많이 할 것이라고 상상하는 사람도 있다. 또 어떤 사람들은 동성연애에 완강하게 반대하면 동성연애가 사라질 것이라고 믿는 듯하다.

극우주의자들은 또 페미니즘을 갈등의 해결이나 대응책으로 보기보다는 남성과 여성 간 관계 악화의 원인으로 보는 잘못된 판단을 예사로 한다. 그렇기는 하지만 여성이 극우 정당의 대표가 되는 사례가 갈수록 늘고 있다. 프라우케 페트리는 메르켈과 마찬가지로 동독의 화학자 출신이다. 2017년 선거 이후 급격히 성장하는 독일을 위한 대안당(AfD) 대표인 그녀는 오스트리아에서 독일로 불법으로 국경을 넘으려는 사람이 있으면 독일 국경수비대가 발포해야 한다고 주장한다. 덴마크 국민당 공동 설립자이자 전 대표인 피아 케어스고르는 현재 덴마크 의회의 의장으로, 다문화주의 비판가로 명성이 높다. 시브 옌센은 에르나 솔베르그의 보수당과 연립정부를 구성해서, 노르웨이 진보당이 처음으로 정권을 잡는 데 기여했다. 옌센은 재무장관이 된 이후 반이슬람 정서를 드러내는 표현을 완곡히 조절했지만, 시리아 난민 관련 문제에서는 난민 수용을 늘리려는 연립정부의 합의에 반대 의사를 제기하며 맞섰다.

이른바 극우파 당에서 여성들의 지위가 높아지는 것은, 그런 집단들은 까다롭고 제어하기 힘든 특성이 있기 때문이다. 앞서 언급했듯 위기가 닥치면 변화의 여지가 생긴다. 그런데 그뿐 아니라 극우파에서 여성을 진두에 내세울 경우 자신들의 활동에 더 우호적이고 현대적인 분위기를 풍긴다는 사실을 알게 되었기 때문이기도 하다. 그들이 그런 점을 깨닫게 된 건 잘 알려진 롤 모델을 통해서다. 2011년에 마린 르 펜은 프랑스의 국민전선을 창당했던 아버지장마리의 뒤를 이어 당 대표가 되었다. 4년 뒤 그녀의 아버지는 홀로코스트를 '역사의 한 순간'에 불과하다는 식으로 하찮게 치부했다가 당에서 축출되었다. 마린 르 펜이 대표에 취임한 이후, 국민전선은 이제껏 당을 꺼려하던 유권자층에 다가서면서, 세력을 확장했다. 그녀의 지휘하에 한층 매끄럽고 능숙하며 친숙해진 분위기로 단장한 국민전선은 인종주의를, 이슬람교도의 이민이 테러리즘의 위협을 증대시킨다는 점과 연관 있는 것처럼 승화시켰다. 그녀는 세계화를 맹렬히 비난하고, 브렉시트에 열렬히 찬성했다. 그녀는 프랑스 대통령 선거 출마를 발표하면서 "민족국가의 시대가 돌아왔다"고 선언했다. 2015년 말에 있었던 지방 선거에서 국민전선은 1차에서 28퍼센트의 득표율을 기록하며 1위에 오른다. 마린 르 펜과 그녀의 조카인 마리옹 마레샬 르 펜 모두 각각 선거에서 40퍼센트 이상의 표를 얻었다. 마린 르 펜이 엘리제궁을 놓고 벌이는 경주에서 완주할 것임을(즉 대선 최종 투표에 오를 것임을) 의심하는 사람은 아무도 없었다.

르 펜은 여성 지도자라고 더 온정적인 정치를 할 것으로 기대해서는 안 된다는 경고를 뒷받침하는 사례다. 그러나 다른 한편으로 정치 클럽의 문을 활짝 열어 여성을 더 많이 받아들여야 한다는 강력한 논증이기도 하다. 전통적인 정치가 약화된 건 그렇게 클럽 형태로 운영되었기 때문이다. 주요 정당들이 유권자들과 보다 긴밀한 관계를 유지하려면, 유권자들이 진정으로 관심을 두는 문제에 더 열심히 응했어야 한다. 하지만 그들은 그렇게 하기보다는 노동자들(드물게는 여성 노동자들)을 대변하고 진실을 알린다는 명목하에 민중 선동 정치를 행했다.

한편 르 펜의 정치를 바라보는 견해가 서로 다르더라도, 그녀가 재능 있는 정치인임은 모두 인정할 것이다. 이렇게 한번 생각해보자. 이 장에서 언급했던 여성 지도자들을, 여성 공인이 갖추어야 할 자질을 완벽히 갖추는 데 실패한 50피트 우먼으로, 즉 약점이 있는 우상으로 받아들이지 말고, 대신 그들의 재능에 초점을 맞추어 생각해보라. 정치는 여자보다는 남자가 해야 제격이라고 생각하는 것이 아닌 이상, 남자가 압도적으로 많은 의회들은 모두 잠재력을 제대로 발휘하지 못하고 있는 것이다. 그리고 그 말은 대부분의 의회가 좋은 기회를 놓치고 있다는 뜻이 된다. 실제로 세계에서 정치에 진출한 남녀 비율이 비슷한 국가들은 18개국밖에 안 된다. 쿠바, 에콰도르, 핀란드, 멕시코, 모잠비크, 나미비아, 니카라과, 노르웨이, 세네갈, 세이셸, 남아프리카공화국, 스페인, 스웨덴은 여성 국회의원 비율이 40퍼센트 남짓이다. 그리고 볼리비아와 르완다는 여성 국회의원이 남성보다 약간 더 많다.

이렇게 되면 형식주의를 면하는 데 필요한 임계점으로 알려진 30퍼센트를 무사히 넘긴다. 그러면 정치 문화가 여성화되는 정도에까지 이르지 않으면서도, 여성 의원들이 남성의 행동을 모방하거나 남성의 기대치에 맞춰야 한다는 압박을 덜 느낀다. 특히 북유럽을 중심으로 한 최소 몇 개 국가에서 그런 현상이 나타나고 있다.

핀란드, 아이슬란드, 노르웨이는 성평등을 확립하기 위해서 진보적 입법 과정을 개척했다. 스웨덴은 비록 아직까지 여성이 국가의 최고지도자로 선출된 적은 없지만, 여성 시민들을 억제하고 방해하는 체제에 대한 깊은 이해를 바탕으로 법을 만들기 때문에, 세계에서 여성들을 가장 위하는 나라 중 하나로 꼽힌다. 스웨덴 외무부 장관인 마르고트 발스트룀은 페미니스트 외교정책을 시범적으로 도입하기도 했다. 그녀가 사우디아라비아에서 여성들을 대하는 태도를 비난하자 일각에서는 순진해빠진 생각이라며 비판했고, 사우디아라비아 정부는 스웨덴과의 무기 계약 취소로 응수했다. 이에 대해 그녀는, "나는 페미니스트 외교정책이 이상적이라고는 생각하지 않지만, 현재 활용할 수 있는 방법 중에서는 그나마 가장 현명한 정책이다. 모든 평화 조약에 여성이 관여하면 성공할 가능성이 높아진다"라고 답했다.

마찬가지로 그 국가들이 꾀하는 모든 변화 과정도 여성이 관여하면 성공 가능성이 높아진다. 여성들이 아파르트헤이트 정책 반대 운동을 이끌었지만, 1912년에 정치운동 조직인 아프리카민족회의가 결성되었을 때 여성이 완전히 배제되었다. 그러다가 1943년 마침내 여성도 조직에 참여할 기회를 얻고, 뒤이어 아파르트헤이트 철폐 운동에서 중추적 역할을 한다. 1990년 아프리카민족회의 지도부는 새로 부상하는 남아프리카공화국에서 성평등을 위해 노력하겠다고 약속했다. 선언문은 이렇게 밝힌다. "다른 사회들이 겪었던 경험으로, 여성 해방은 민주주의나 민족 해방 혹은 사회주의를 위한 투쟁의 부산물이 아니라는 점이 밝혀졌다. 여성 해방은 모름지기 조직 내부, 대대적인 민주주의 운동, 사회 전반에서 다루어져야 한다."[22] 1994년 헌법은 성별 또는 결혼이나 임신 여부에 따른 차별을 불법으로 규정함으로써 그런 서약을 이행했다. 그런데 대통령인 제이컵 주마가 스캔들에 휩싸이면서 넬슨 만델라가 수감됐던 로벤섬 교도소에서 징역을 살았던 일은 아프리카민족회의가 자신들의 이상에서 얼마나 멀어졌는지 짐작하게 한다.

2006년 강간 혐의에 대해 무죄를 인정받은 주마는, 강간과 성추행 옹호자로 나섰다. 그는 재판에서, "정상적인 상황이라면, 치마를 입은 여성은 두 다리를 가지런히 붙여 앉을 것이다. 하지만 고소인은 다리를 꼬고 앉아서 치마가 위로 훌쩍 올라가는데도 전혀 신경 쓰지 않았다"라고 말했다. 또 한 번은 여성 기자들을 이렇게 질책하기도 했다. "남자들이 순수한 마음으로 칭찬하면 당신들은 그걸 추행이라고 말한다. 그러다간 좋은 남자를 만나 결혼하기는 다 틀렸다."[23]

남아프리카공화국 장관직의 43퍼센트, 의원직의 46퍼센트를 여성이 차지하고 있다. 여성 국회의원들은 2014년 선거에서 세력이 약해져 최고 44퍼센트까지 이르던 비율이 41퍼센트로 줄었지만, 그래도 여전히 충분히 높은 비율이기 때문에 영향력을 발휘할 수 있을지 모른다. 명목 대표성이 소기의 효과가 있다는 증거가 조금씩 나오고 있지만(실제로 정부 지출에서 교육과 여성에 쓰이는 몫이 더 커졌다) 발전이 지체되거나 중단된 분야가 많다. 여성 의원의 증가는 큰 이익이 될 수도 있는 조건이지만, 성의 평등이 이루어지지 않은 문화 속에서 운영되어 그에 따른 제약을 받고 있다.

고려할 부분은 그 외에도 있다. 세계 최초로 입법기관에서 여성이 다수를 차지한 르완다는 세계경제포럼이 2016년에 집계한 세계 성평등지수에서 5위를 기록했지만, 우리가 꿈꾸는 이퀄리아와는 여전히 거리가 멀다. 물론 르완다에서는 그간 영아 사망률이 감소하고, 임산부의 보건 환경이 크게 개선되고, 정규 교육을 받는 여아 수가 남아 수와 동등해졌으며, 여성 국회의원이 1994년 집단 학살 사건 이후 곤경을 겪는 아이들과 부족들을 남성 의원들보다 더 잘 챙긴다고 유니세프의 칭찬을 듣기도 했다.[24]

하지만 그건 모두 상황적 배경에 따른 결과다. 정치에 진출한 여성들이 그렇게 많은 이유 중에는 그간 너무 많은 남성이 목숨을 잃었기 때문이기도 하다. 내전 이후 살아남은 사람의 70퍼센트가 여성이었다. 그랬는데도 르완다의 과도기 정부 의회에는 여성 의원 비율이 고작 25.7퍼센트에 그쳤다.

투치족이 이끄는 르완다애국전선은 르완다 내전에서 승리를 거둔 뒤, 집단 학살의 주요 책임을 후투족 정부에 돌리고 정부를 해체시켰다(참고로 르완다애국전선도 학살을 행했다는 증거가 있다). 이 조직의 지도자인 폴 카가메는 2000년 대통령에 취임했으며, 2003년 대통령을 뽑는 첫 정식 선거에서 승리해 2010년까지 집권했다. 두 번째 집권기 5년 차에 접어들었을 때 그는 헌법 개정을 주관해 대통령 재임 금지 조항을 삭제했다. 그리고 시간이 흐른 뒤, 출마 포기를 선언했던 엘렌 존슨설리프와 달리, 2017년 선거에 출마해 3선 연임에 성공한다.

그는 전제 정치를 행했다. 선거 과정에서 정치적 반대 세력이 나오지 못하게 막았고, 민주주의에 꼭 필요한 언론의 자유를 제한했다.[25] 카가메가 자국에 평화를 불러들였을지는 모르지만, 르완다는 주변국인 콩고민주공화국에 갈등을 조장해 집단 강간과 신체 절단을 포함한 성폭력이 전쟁 무기가 되도록 만들면서 유엔의 비난을 받았다. 르완다의 파벌 싸움에서 집단 학살이 벌어지는 와중에 성인 여성과 여자아이들을 폭행한 것과 마찬가지 상황이었다. 한편 2014년 이후 콩고에 주둔해온 유엔 평화유지군은 피해자들을 보호하기 위한 조치를 거의 하지 않았을 뿐만 아니라 그들도 집단 강간에 참여했다는 혐의를 받으면서, 이들 역시 악행에 가담했음이 밝혀졌다.[26] 그러므로 여성의 정치 참여와 관련한 르완다의 업적은 이런 증거를 참고해서 평가해야 한다.

여성의 정치 참여는 다른 진보 분야들과 동맹하지 않는 한, 적대적이지 않은 유순한 정부를 만들거나 여성들을 위한 좋은 결과를 보장할 수단이 되지 못한다. 여성평등당이 정치계에 진출하는 여성 수를 늘리겠다는 단순한 목표가 아니라 핵심적인 여섯 가지 목표를 두고 출발한 것은 바로 그런 이유 때문이다. 하지만 남녀의 동등한 정치 참여는 만병통치약이 되지는 못하더라도 이 장에서 살펴본 것처럼, 대단히 중요하다. 게다가 남녀 대표자가 공평하게 참여하지 못할 경우 어떤 피해가 초래되는지 쉽게 확인할 수 있다. 여성을 하찮게 여기는 나라들은 번영하지 못하며, 여성 고위 공무원이 없는 정부는 국가 통치 업무를 훌륭히 해내지 못한다. 이 책에서는 가부장주의가 여성들에게뿐 아니라 남성들에게도 나쁘다는 사실을 입증하는 정부와 국가들의 사례를 살펴볼 것이다.

　　그렇다면 이 장에서 다룰 마지막 질문은, '남녀의 동등한 참여를 어떻게 이룰 것인가?'가 될 것이다. 사실 그 답은 간단하다. 입법기관의 성비 균형을 이루었거나 그에 가까워진 13개 국가는 의무적으로 성별 할당제를 도입했거나 정치계의 주요 정당들이 자발적으로 그런 결과를 이끌어낸 것이다.

　　여성평등당은 영국 의회에 여성 대표자 수를 늘릴 간단한 방법을 제안한다. 차기 두 차례 선거 주기에서 모든 당이 은퇴하는 의원들 자리를 대신할 후보 자리의 66퍼센트를 확보하고, 그 후보자들의 66퍼센트를 여성으로 채운다. 2016년에 '여성과 평등위원회'에 우리가 제시한 방안에는 그 밖의 분야에서 다양성을 이룰 여러 할당제가 포함되어 있다.

　　갈등을 해결하려는 노력으로 할당제를 쓰는 데 주춤할 사람은 아무도 없다. 이라크에서 북아일랜드, 르완다까지, 상처 입은 국가들은 서로 대적했던 집단들이 균형을 이룰 수 있도록 할당제를 도입했다.

　　비판가들은 할당제를 도입하면 평범한 수준 이상을 도모하기 힘들다고 항상 이의를 제기한다. 그런 주장은 전 세계에서 큰 할당제, 즉 재능이 뛰어난 여자보다 능력이 부족한 남자들을 밀어주는 체계가 존재한다는 점을 간과하고 있다. 소피 워커는 "비(非)법제화된 할당제란, 남자들이 수 세기 동안 불공평하게 제도적인 이점을 누려온 체계를 말한다. 수백만 여성, 노동자, 흑인과 소수 민족들에게는 기회가 차단되어 있었으며, 그런 상황은 우리 모두에게 상처를 준다"라고 말한다.[27] 명목 대표성은 더 나은 정부를 만들고, 유권자들이 더 적극적으로 관여하도록 만드는 방법이다. 그러면 성평등을 이룰 뿐 아니라 성의 다양성을 포용할 수 있다.

3장 모든 여성

시몬 윌슨은 애써 바른 매니큐어를 지우지 않겠다는, 일생일대의 결정을 했다. 짙은 붉은색 손톱은 런던 에로티카(Erotica) 쇼에서도 부러지지 않고 용케 버텼다. 특히 티걸(T-Girl) 바에서 3일 동안 맥주통을 갈고 계산대에서 일한 것을 감안하면 큰 성공이었다. 바에서 함께 일했던 여자 바텐더들은 브리트니 스피어스의 신인 시절 같은 차림이었지만, 종아리까지 내려오는 점잖은 스커트에 코트 슈즈*, 단발머리, 깔끔한 손톱을 한 그녀는 페이스북 최고운영책임자인 셰릴 샌드버그 쪽에 가까운 분위기를 풍겼다. 그녀는 쉽게 지워질 것에 대비해 젤 매니큐어를 선택했다. 젤은 일반 매니큐어보다 오래가지만 지우기가 힘들다. 그래서 미용실에서는, 주말을 보내고 나서 그녀가 상무이사로 있는 수도 부속품 제조사 바버 윌슨스 앤 컴퍼니(Barber Wilsons & Co)에 다시 출근하기 전에 매니큐어를 지우고 싶어 할 것으로 짐작하고, 가정용 매니큐어 제거 도구를 그녀에게 주었다.

바버 윌슨스에서 그녀의 비서로 있는 수 헤니슨은 그다음 주 토요일에 블레츨리 파크에서 열리는 에니그마 볼(Enigma Ball)이 있을

---

* 발등이 많이 덮이지 않는, 단순한 디자인의 여성용 정장 구두.

때까지 손톱을 그대로 두면 어떻겠느냐고 제안했다. 연례행사인 그 파티의 복장 규정은 '스타일리시하게, 도를 넘는 차림은 자유'였다. 윌슨은 파란색 야회복에 크고 화려한 액세서리를 걸칠 생각이었다. "저는 런던 에로티카에서 3일간 아주 좋은 시간을 보내고, 일요일에 얼굴 가득 함박웃음을 지은 채 차를 몰고 달렸지요. 그리고 비서인 수 헤니슨에게 전화를 걸어, '헤니슨 말이 맞아요. 나, 이번에 바른 젤 매니큐어 지우지 않을래요'라고 말했더니 비서는, '그렇다면 집에서 업무를 보시면 되지 않을까요'라고 말했어요."

잘했으면 그 계획이 성공했을 수도 있지만, 애석하게도 윌슨은 실무 담당 관리자였다. 화요일에 생산 현장에서 기술적인 문제가 발생해 달려와야만 했다. 그래서 그녀는 평범한 남자 양복을 입고 빨간 매니큐어를 바른 채 직장에 왔다. 회사에 도착해서 그녀는 2층에 있는 사무실로 서둘러 들어갔다. 비서인 헤니슨은 반짝거리는 붉은 손톱을 경탄하듯 바라보며 이렇게 물었다. "어떻게 하실 거예요?"

"이런, 젠장, 더는 안 되겠어." 윌슨이 말했다.

그리고 바로 아래층으로 내려가자 회사의 고위 관계자 몇 명이 있었다. 그래서 그 사람들에게 이렇게 말했다. "눈치채셨을지 모르지만, 제가 오늘 손톱에 매니큐어를 칠하고 왔습니다. 이제야 말씀드리지만, 저는 회사 밖에선 여자로 살아가고 있습니다. 공들여 가꾼 손톱을, 고작 여기 있는 남자들 눈을 의식해서 지우고 싶지는 않습니다. 그리고 오늘 제가 여기 나온 건, 남은 평생 동안 이 직장에서 계속 일하고 싶기 때문입니다."

2011년에 있었던 이날의 일은, 바로 전해에 두 번째 결혼이 파경을 맞고, 건설 사업이 침체되면서 가족 기업인 그의 회사가 위기를 겪은 뒤에 일어났다. 이 무렵 윌슨은 괴로운 마음에 휩싸여, 다리 위에서 뛰어내리고 싶은 충동을 애써 참으며 심리 상담을 받았고, 주치의는 노팅엄 성 정체성 불만족 클리닉에 가보라고 권했다. 남자로 살던 시절의 사이먼(Simon) 윌슨은 여자 옷을 입는 데서 쾌감을 느꼈다. 하지만 여성 자아인 시몬(Simone) 윌슨은 그렇지 않았다. 그녀는 이렇게 설명한다. "여자로 치장하는 경험을 더 많이 할수록, 더 편하게 느껴졌어요. 잘못된 것이라는 생각이 들지 않았으니 더는 자극적인 기분을 느끼지 않았지요." 사이먼에서 시몬으로 바뀌는 과정에서 윌슨은 생에 처음으로 옳은 일이라는 기분을 느꼈다.

바버 윌슨스에서 만드는 수도꼭지는 값이 싸지는 않았지만 상당히 견고했다. 윌슨은 인생을 살다보면 그와 비슷한 대립적 균형을 계속 경험하게 된다는 걸 이해했다. 그녀의 아버지는 죽을 때까지 그녀를 방관자 취급했다. 아버지가 남긴 빚과 전략적인 실책으로 회사가 경기 침체를 무사히 넘길 만큼 안정적인 형편이 되지 못했기 때문에, 그녀는 사장직에 오른 뒤 정리해고, 재무구조 개편, 사옥 이전 같은 어려운 결단을 내렸다. 그리고 회사를 잉글랜드 중부에 있는 한 기업에 매각했으며, 65세가 될 때까지 이사회 임원으로 있을 생각이다. 그녀는 그 이후에는 "무한한 기회가 펼쳐질 것"이라고 말한다.

그녀는 단순히 생존을 위해서가 아니라 번영을 목표로 삶에 순응하고 있지만, 계약의 본질을 무시할 수는 없다. 무언가를 받으면 무언가를 돌려줘야 한다. 개인적인 변화로 내면의 평화와 행복해질 기회를 손에 넣었지만, 바깥세상에서의 사회적 지위에는 손상을 입었다.

고객들과 몇 번 대화를 나누는 것만으로 그런 사실을 금세 깨달았다. "갑자기 여자 이름을 쓰게 되니, 그 순간부터 회사 제품에 대한 지식이 부족한 사람이 되어버렸습니다"라고 윌슨은 말한다. "변화 이후 곧바로 접한 건 이런 상황이었지요. 저희 직원이 '그럼 상무이사님인 시몬 윌슨 님께 전화를 연결해드리겠습니다'라고 말하면 고객들은 이런 식으로 물었습니다. '아니, 저는 남자분하고 얘기했으면 좋겠는데, 남자 책임자는 없습니까?'"

윌슨은 여성이라고 얕보고 무시하는 상황에 놓이고, 여성 혐오를 경험하고, 남자들에게 원치 않는 관심을 받기도 할 정도로 완벽히 여성이었다. 예를 들어 최근에 여성인 한 친구를 만나 둘이 퍼브에서 저녁을 먹을 때 어떤 남자가 술을 사겠다며 말을 붙여왔는데, 이들이 거절하자 그가 욕설을 해댔다.

그녀는 성전환 수술을 받았다. 온천이나 대중목욕탕에 마음 놓고 다닐 수 없었던 것이 가장 큰 이유였다. "남들 앞에서 발가벗어야 하는 상황을 원치 않았어요. 제 성기가 아주 잠깐이라도 남들 눈에 노출된다면 물론 제 마음이 아주 불편하겠지만 그걸 목격한 여성들도 저 못지않게 기분이 아주 나쁠 거예요. 그래서 저는 온천이나 목욕탕 같은 곳에는 다니지 못했어요. 하지만 수술을 받고는 거리낄 게 없어졌어요. 완전해졌지요. 저는 이제, 두 말할 필요도 없이, 완전히 여자예요."

법적인 문제도 모두 처리되고, 마지막 단계만 남았다. 그녀는 이렇게 말한다. "운전면허증에 여성으로 등록되고, 여권에도 여성으로 등록됐어요. 아직 처리되지 않은 게 하나 있는데, 성별 인증서예요. 이미 서류 준비는 끝났고 접수만 하면 돼요. 이 절차가 완료되면 출생증명서에 '여자'로 나오게 되지요. '남자'였던 존재는 이제 땅속에 묻혔어요."[1]

그럼에도 불구하고 윌슨을 완벽한 여자로 받아들이지 않는 사람들도 여전히 있으며, 그런 상황은 앞으로도 바뀌지 않을 것이다. 이제는 외모만 놓고 보면 그녀가 겪어온 길을(즉 성전환자라는 사실을) 눈치채기 힘들다. 하지만 목소리에서는 미묘한 차이가 느껴진다. 아무리 예전보다 부드러워졌다지만 여전히 저음이라서, 의식이 편협한 사람들에게선 잘못된 동성애 혐오 의식을 불러일으키고, 여성운동을 하는 일부 집단과의 언쟁을 촉발한다.

성의 문제는 대개 사회 문화적 요인에 의해 형성되며, 그런 요인들은 바뀔 수 있다는 생각이 페미니스트적 사고의 출발점이다. 우리는 모든 여성을 억압과 지배에서뿐 아니라 제한적인 사회적 조건에서 해방시키는 것이 가능하다고 믿고 싶다. 이때 여성이라는 환원주의적인 개념에서 일단 벗어나면 과연 우리가 무엇을 할 수 있으며, 무엇이 될 것인가 하는 문제는 아직 해결되지 않은 중요한 질문이다. 생물학적 성은 얼마나 중요하게 작용하는 걸까? 남녀의 차이 중 생물학적으로 결정되는 부분은 어느 정도일까? 빨간 매니큐어를 바른 윌슨의 손톱은 윌슨을 그런 불편한 논쟁의 한복판으로 이끌었다. 남자로 태어난 사람은 여자가 되는 건 고사하고 여자로서의 삶이 어떤지조차 절대 이해할 수 없다고 믿는 사람들에게는, 윌슨과 같은 사람의 존재 자체가 화를 자극한다.

여성평등당이 트위터 계정을 만들자마자 메시지가 들어오기 시작했다. "여성평등당은 트랜스젠더 여성도 받아들이나요?" 그 질문에 우리는 "그렇다"고 답하고, 우리 당은 남성들을 포함해 누구에게나 열려 있다는 점을 더불어 알렸다. 그러나 이런 답변은 우리를 비난하는 일부 비판 세력을 진정시키는 데 전혀 효과가 없었다.

이 책 후반부에서는 그들이 제기한 중대하고 실질적인 이슈인 '남성의 성폭력적 성향'에 대해 다룰 것이다. 여성으로 성전환한 사람이 여성을 성폭행하는 사건도 물론 발생하지만, 남성들이 트랜스젠더 여성을 포함한 모든 여성에게 범하는 성폭행에 비하면 훨씬 적다. 트랜스젠더 여성이면서 유색인종인 사람들이 특히 범죄에 취약하다.[2] 2015년 텔레비전 드라마 〈오렌지 이스 더 뉴 블랙(Orange is the New Black)〉의 주연 배우인 레버른 콕스는, 그해 상반기 동안 미국에서 증오에 의한 범죄로 살해된 17번째 트랜스젠더 여성(유색인 트랜스젠더로는 15번째) 타마라 도밍게스가 목숨을 잃은 사건 이후 '비상사태'를 선언했다. 그녀는 "트랜스젠더 공동체 구성원들은 지금 모두 비틀거리고 있다"라고 말했다.

　　이번 장에서는 분노가 실린 트위터 메시지의 주요 관심사인 성(sex)과 성별(gender)에 관해 다룬다. 트위터 계정으로 들어오는 그런 메시지는 여성평등당이 2015년 9월 시몬 윌슨에게 모금 행사 연설을 부탁하고, 그다음 달에 우리 당 첫 정책 문서를 발행한 뒤로 양이 더 늘어났다. 우리가 발행한 정책 문서에는 이런 진술이 담겼다. "여성평등당은 여성과 남성이라는 두 단어로 모든 국민의 성별에 따른 경험을 반영하기는 힘들다는 사실을 인식하며, 모든 이에게 성과 성별을 규정하거나 성의 분할을 거부할 권리가 있다고 본다."

　　여성평등당은 성평등을 위한 대통합 운동을 결성하는 방식으로 변화를 이끌고자 한다. 여러 종류의 차별이 복합되는 교차성을 찾고 분석하는 과정에서, 우리는 평등이라는 개념이 분열을 초래할 수도 있음을 직시하게 됐다. 성별의 개념을 논하면서 논란을 피하기는 힘들다. 우리가 정책 문서를 발행한 바로 그달에 호주 출신 저명한 페미니스트인 저메인 그리어는 BBC와의 인터뷰에서 이런 말을 했다. "음경을 떼어내고 치마를 입었다고 무조건 여자가 되는 건 아니다. 내가 귀가 길어지고* 피부에 검버섯이 생겼는데 그 위에 갈색 코트를 걸친다고 우라질 놈의 코커스패니얼**로 바뀔 리는 없다."3

이에 카디프 대학교 학생들은 그리어를 '트랜스젠더 혐오자'라고 비난하며, 카디프 대학교에서 예정되었던 강연을 취소하라는 탄원 운동을 벌였다. 그녀의 저서 중 가장 유명한《여성, 거세당하다(The Female Eunuch)》라는 책의 제목에서 느껴지는 것처럼, 여성과 남성은 수술이나 사회적으로 거세되었을 때 완벽하게 실현된 형태가 있고, 그보다 못한 형태가 있다고 본다. 그리어는 책에서 이렇게 말한다. "복장 도착자로 사는 게 지긋지긋하다. 나는 여장한 남자가 되기를 거부한다. 난 거세된 사람이 아니라 여자다."

페미니즘 '제1의 물결'로 불리는 1세대 페미니스트들은 기본적인 인권을 보장받기 위해 싸우면서, 여성도 남성들만큼 뛰어나다는 사실을 내세웠다. 제2의 물결인 2세대에 해당하는 페미니스트들은 여성을 남성과 별개의 존재로 규정하고, 여성적 측면에서의 성교 능력을 주장했다. 그리어도 이 2세대에 해당한다. 그녀의 눈에는 트랜스젠더 여성들이 그녀가 오래전부터 거부해왔던 '강요된 여성성'을 흉내 내는 것처럼 보였다. 즉 그들을 여성 공동체의 일원이라기보다는 남성적 특권에 둘러싸인 채, 남성이 생각하는 이상적인 여성의 관념을 핸드백에 넣고 다니는 호화스러운 여행객으로 받아들였던 것이다. 그리어는《여성, 거세당하다》를 출판하고 45년이 지난 뒤 BBC와의 인터뷰에서 이런 진술로 마무리한다. "어떤 사람들은 중성으로 태어나기 때문에 성별을 결정하는 데 도움을 받을 필요가 있다. 하지만 성별 재배정은 그와 또 다른 문제다. 음경을 잘라버리는 남성은 사실 자기 자신에게 엄청난 폭력을 가하는 것이다."

중성과 트랜스젠더가 서로 구별된다는 그리어의 주장을 반박할 사람은 아무도 없다. 생물학적 성은 성염색체의 조합으로 결정된다. 절대다수의 사람들은 여성은 XX 염색체, 남성은 XY 염색체를 가지고 있으며, 그 외의 경우에는 복잡한 메커니즘이 작용한다. 에스트로겐과 안드로겐 같은 생식샘 스테로이드(성 스테로이드)가 지시를 내려 신체가 여성에 맞게 발달할지 남성에 맞게 발달할지 결정한다. 표현형(表現型) 성은 체내와 체외의 생식기와 가슴과 수염 같은 제2차 성징으로 결정되는데, 그런 표현형 성은 꼭 그런 건 아니지만 대부분 성염색체와 일치한다. 그래서 중성적인 상태는 상당히 드물게 나타나며, 그 양상은 아주 다양하다. 그런 중성적인 상태에서는 성을 결정하는 특이한 조합이 저마다 존재한다. 예를 들어 남성 염색체인 XY 염색체, 남성적 발달을 촉발하는 SRY 유전자, 여성적 특성 발달을 억제할 수 있는 SOX-9 단백질이 있는 사람이라도, 테스토스테론을 감지하는 수용기에 변이가 일어날 경우 여성으로 발현될 수 있다. 대부분의 트랜스젠더는 염색체로 따졌을 때 남성 혹은 여성에서 출발하고, 한쪽 성별에서 다른 성별로 바뀐 다음에도 염색체 단계에서는 변화 없이 그대로 유지된다.

윌슨은 그리어가 펼치는 주장의 다른 전제도 일부 수용한다. 예컨대 윌슨은 예전 삶에서 누렸던 특권을 계속 유지하고 있다. 남성으로 살았던 시절에는 그가 산업기술직에 충분한 자격을 갖추었는지 의문을 제기하는 사람이 아무도 없었다. 그렇더라도 그녀는 여전히 적대감과 마주하며, 자기 결정의 타당성을 입증해야 하는 일상적인 부담은 수술로 인한 그 어떤 상처보다 지속적인 고통을 준다. 그녀는 그리어를 직접 만나 따져 묻고 결판을 내고 싶었다. "저는 여성적인 뇌를 가지고 태어났어요." 그녀가 말했다. "그게 저를 여자로 만들지는 않지만, 제게 여성적 성향을 부여하지요. 그래서 그리어가 '그래도 내 눈에는 여전히 사내놈 같아 보인다'라는 태도로 트랜스젠더 사회에 큰 논쟁을 불러일으켰던 부분은, XY 염색체라는 것이 존재하기 때문에 생물학적인 측면에서는 사실입니다. 하지만 저는 이렇게 묻고 싶어요. '좋아요, 제가 여자가 아니라는 사실을 인정합니다. 그런데 당신은 제게 여성적인 특성이 있다는 사실을 인정하시나요?' 저는 여자의 모습을 하고, 여성적인 특성을 가지고 있습니다. 저는 사고방식이나 행동 대부분이 여성적입니다."

마크 트웨인 소설의 주인공인 허클베리 핀은 여장을 했다가 잘못된 행동 한 가지 때문에 발각되고 만다. 앉은 채 공을 잡아야 하는 상황에서, 여자아이라면 다리를 넓게 벌리고 치마를 그물처럼 이용했을 텐데 그는 양 무릎을 꼭 붙이고 있었다. 이런 시험이 가능했던 이유는 허클베리 핀이 사는 사회에서는 여자아이들은 항상 치마를 입고 남자아이들은 바지를 입었기 때문이다.

바지를 입는 것이 더는 남성성의 특징이 되지 않는 변화된 세상의 눈으로 보면, 허클베리 핀이 취한 행동은 선천적 성의 차이의 증거라기보다는 습득된 행동임을 금세 알 수 있다. 그런데 남녀의 성별 연구에서 이처럼 명확하게 확인할 수 있는 부분은 드물다.

실제로 다양한 학문 분야의 학자들이 문화적으로 알려진 성과 생물학적 원칙을 구분하기 위해 애쓰고 있다. 문화적인 성의 견해로 인해 통찰력이 흐려져 애를 먹는 건 아니다. 성과 성별에 관한 연구 대부분은 알려진 세계(더 구체적으로는 연구하는 학자들에게 알려진 세계)를 설명하려는 욕구에서 출발한다. 여기서 말하는 세계는 물론 남성들의 세계다. 남성이 기술한 인류 역사는 가부장적이며 거의 모든 시기에 걸쳐 남성을 위주로 하고, 그렇기 때문에 여성의 역할을 과소평가해서 다루었다.

그런 체계 내에서는 어떤 신조가 주도권을 잡았다가, 과학적 발견이나 사회적 변화로 새로운 견해가 나타나면 자리를 내준다. 아리스토텔레스는 여성을 '남성의 기형'으로 묘사했다. 계몽주의 이전 시대 상당 기간 동안 남자와 여자의 해부 구조가 근본적으로 동일한 성을 표현한다고 보아, 남성의 성기가 여성에서는 뒤바뀌어 내면화한 것으로 여겼다. 분명하게 구별되는 두 가지 성이 존재한다는 생각이 왜, 그리고 어떻게 그런 큰 힘을 얻어 전면에 부상했는지는 의견이 분분하다. 역사학자인 토마스 라쿼는, 17세기 후반에 접어들어 기존의 확실성과 사회구조에 대한 의문이 일면서, 성 역할을 설명하기 위해 사람들이 생리학을 연구하기 시작했다고 주장한다.[4] 한편 라쿼의 주장에 반대하는 이들은, 바로 뒤이은 세기에 과학이 급격히 발전하면서 생리학 분야를 더 깊이 이해하게 된 것이 변화 이유라고 설명한다.

그런 발전은 여전히 빠른 속도를 유지해나가지만, 확실한 답을 제시하기보다는 새롭고 깊은 의혹을 계속해서 던진다. 여성의 뇌 연구에서는 식별할 수 있는 차이가 밝혀지기도 했다. 참고로 그 연구에서 규명한 뇌는 시몬 윌슨이 언급했던(태어날 때부터 여성의 두뇌였다고 말한) 것 같은 정신적인 두뇌가 아니라 생리학적인 두뇌다. 남자의 두뇌는 여자보다 평균적으로 10퍼센트 크다. 그리고 두려움을 비롯한 감정 처리와 관계된 영역인 편도체 역시 남자가 더 크다. 전두엽 아랫면에 있는 곧은이랑(gyrus rectus)은 여자의 두뇌에서 더 크다. 잡지 《사이언티픽 아메리칸(Scientific American)》 2012년 호는 "지난 10여 년 동안 연구원들은 여성과 남성의 두뇌에서 구조적, 화학적, 기능적 차이를 놀라울 정도로 많이 찾아냈다"고 밝혔다.[5] 그런데 그로부터 3년 뒤, 텔아비브 대학 행동신경과학자인 다프나 조엘 박사가 이끄는 연구 팀은 1,400명의 뇌를 조사한 결과를 토대로 그 주장에 반박했다. 연구원들을 "인간과 인간의 뇌는 독특한 특성이 조합된 '모자이크' 구성이어서, 어떤 특성은 남성에 비해 여성에게서 더 흔하고, 또 어떤 건 여성보다 남성에게서 더 흔하게 나타난다"라고 설명하면서 이렇게 결론짓는다. "이번 연구에서는, 뇌의 구조나 행동적 측면에서 겉으로 나타나는 성 차이의 원인이 무엇인지에 관계없이, 인간의 뇌를 남성의 뇌와 여성의 뇌라는 두 가지 부류로 명확히 나누기가 불가능하다는 사실이 밝혀졌다."[6]

이 연구에서 발견한 사실은 남성의 뇌와 여성의 뇌를 명확히 나누는 기준선 대신, 그 둘 사이에 연속적이고 중첩되는 영역이 존재한다는 점이다. 그뿐 아니라 뇌는 놀라울 정도로 가소성이 좋아,

경험에 따라 바뀐다. 그래서 남성의 일반적인 특징을 가지고 출발한 뇌가 갈수록 여성적인 특징을 더 많이 습득할 수도 있다.

죽은 사람의 뇌는 해부하고 살아 있는 사람의 뇌는 고도의 기술을 활용해서 스캔할 수 있지만, 실제로 사람의 머리에서 어떤 일이 일어나는지 파악하기란 보통 어려운 일이 아니다. 인간은 문화적 오염 없는 실험 대상이 될 수가 없다. 부모들 중에 자기 아이가 갓난아기였을 때부터 뚜렷하게 남성적이거나 여성적인 특징을 보였다며 경탄과 놀라움을 표현하는 경우가 종종 있다. 예컨대 파란색이나 분홍색은 피하고 성 중립적인 환경을 만들었음에도, 아들은 어릴 때부터 천생 남자였으며, 딸이 말한 첫 단어가 '공주'였다는 등의 이야기를 할 것이다. 그들 입장에서는 이런 사례가 마치 성의 본성적인 차이를 드러내는 확증처럼 느껴질 수도 있다. 하지만 그런 사람들은 아기가 태어나는 순간부터 우락부락한 남자와 공주의 관념에 노출되며, 파란색과 분홍색으로 나누는 문화가 병원 입원실, 어린이집, 어른들의 사고를 통해 슬며시 주입된다는 사실을 입증한 연구 결과들이 이미 존재한다는 사실을 모르고 있다. 관련 연구들은 어른들이 여자 아기나 여자 아기처럼 옷 입힌 남자 아기들을, 남자 아기라고 생각되는 아기보다 더 많이 안아주고 다정하게 말을 붙인다는 사실을 밝혔다. 심지어 아이 엄마들조차 남아가 여아보다 관심과 애정을 덜 찾고, 혼자서 더 잘할 수 있다고 생각한다.[7]

사회화의 영향을 배제한 결과를 얻기 위해, 태어난 지 얼마 안 된 원숭이들의 성별에 따른 행동을 관찰한 실험이 두 가지 있다.

이 실험에서는 우리 안의 원숭이들에게 성별의 특성이 가미된 장난감을 주고 어떤 선택을 하는지 지켜보았다. 두 실험 모두 수컷 원숭이들은 인형을 가지고 노는 엄마 놀이에 암컷들보다 관심을 덜 보였다(한 실험은 사람 모양 인형을, 다른 실험은 동물 인형을 사용했다). 이런 결과가 여성에게 양육의 본능이 내재되어 있다는 증거처럼 보이기도 한다. 그러나 코델리아 파인은 저서《젠더, 만들어진 성(Delusions of Gender)》에서 그와 다르게 해석해, 그 원숭이 집단이 인간만큼 빠르고 효과적으로 성 역할을 대물림할 수도 있다고 설명한다.

생물학적으로 볼 때 여성은 어수룩한 배우자 역할을, 남성은 힘 쓰는 일을 하도록 만들어졌다는 주장을 고수하는 사람들은 그런 모호성이 존재하더라도 개의치 않는다. 이들은 페미니즘에 더할 나위 없이 강력하게 맞선다. 그런데 일부 페미니스트들은 여성 고유의 특성을 주장하는 과정에서 의도치 않게 이들과 같은 우물물을 길어다 쓰기도 한다.

그 우물은 겉으로 보기에 무궁무진해 보인다. 케임브리지 대학교의 저명한 정신과 전문의 사이먼 배런코언은, 그의 사촌인 사차 배런 코언이 영화 〈브루노(Brüno)〉에 주연으로 출연하면서 대두된 성별에 관한 논의에서, 자폐를 '남성 뇌의 극단'의 발현으로 설명하면서 최대한 신중하고 함축적인 표현을 구사했다. 그는 2003년에 출간한 책《그 남자의 뇌, 그 여자의 뇌(The Essential Difference)》에서 "여성의 뇌는 주로 공감 능력이, 남성의 뇌는 체계를 이해하고 만드는 능력이 내재되어 있다"라고 밝힌 바 있다. 그런 이론이 자폐가 있는 여성을 진단하는 데 방해가 되었을 수도 있으며, 실제로 진단이 제대로 내려지지 못한 사례가 많다고 지적한 연구들이 있었다. 이후 배런코언은 남녀의 차이를 밝히는 것에서 호르몬의 역할을 밝히는 데 집중하는 쪽으로 연구 방향을 전환했다. 2003년에 출간한 그 책에서, 그는 여성과 남성을 규정한 자신의 설명에 강한 반감을 느낄 독자들의 마음을 달래기 위해 한 가지 여지를 남겨두긴 했다. 자신이 말한 건 평범한 남자와 여자지, 모든 남자와 여자가 아니라는 점이다. 그는 이렇게 덧붙인다. "그래서 남자가 남을 보살피는 직종에 지원해서 면접을 보든가, 아니면 여자가 기술직에 지원해서 면접을 볼 때, 면접관은 지원자가 해당 직종에 적합한 기술이 있는지 여부를 지원자의 성별만으로 넘겨짚어서는 안 된다는 점을 재차 강조한다."

면접에서 지원자와 면접관 모두에게 의식적 혹은 무의식적 편견이 얼마나 많이 작용하는지 생각하면, 그의 이런 진술은 속 빈 강정에 불과하다. 면접관들은 스스로 배우고 경험한 바에 기초해서 형성된 잣대로 지원자들을 평가한다. 그들 앞에 앉은 지원자들도 유사한 기준에 따라 스스로 선택하는 단계를 거치기 때문에, 남자들은 초보자들이 주로 하는 보육 관련 일을 피하고, 여자들은 예전에 코더로 불리던 컴퓨터 프로그램 짜는 직무를 기피했을 가능성이 크다. 아무리 그렇더라도 본질적인 남녀 차이에 관한 견해는 지원자들에게 여전히 부담을 안긴다. 그런데 그런 견해는 아무리 과학자들에 의해 대두되었더라도 과학적 근거가 명확하지 않을 수 있다.

과학적 복잡성이 통속 과학으로 바뀌는 과정에서 방향을 잃은 것도 일부 원인이 되겠지만, 주요 원인은 과학이 진화하고 한참 지난 뒤에까지 문화적 밈*의 효력이 유지되는 메커니즘 때문이다. 오늘날 대부분의 정신과 전문의들은 지그문트 프로이트를 생각할 때, 긴 의자에 누워서 신경증에 관해 연구함으로써 많은 결론을(특히 여성과 관련한 문제) 얻은 사람으로 본다. 프로이트는 "도대체 교육자들은 얼마나 현명했기에 과학적 지식도 거의 없이 아름다운 성을 그렇게 들볶아댔을까?"라며 분개하기도 했다.[8] 그는 '심리학의 어두운 대륙'이라는 표현을 써가면서 자신이 여성에 대한 이해가 부족하다는 사실을 인정했지만, 그럼에도 여성 집단에 관한 많은 이론을 제안했다.

그는 19세기 후반에서 20세기 초반 사이의 오스트리아 사회가 어째서 여성을 그렇게 홀대했으며 그들에게 거의 권리를 주지 않았는지에 관해서는 전혀 궁금해하지 않았다. 대신에 여성에게 결함이 있다고 추측하고 그것을 설명할 근거를 찾다가, 우연히 해부학상의 차이를 발견했다. 그는 "형태학상의 구별은 육체적 발달의 차이로 나타나게 되어 있으므로, 성의 평등한 권리를 요구하는 페미니스트들의 주장은 실효성이 크지 않다"라는 의견을 내놓았다. 그리고 나폴레옹의 명언을 살짝 바꾸어, "해부학적 구조가 운명이다"라고 말했다. 그의 설명에 따르면 여자아이의 음핵은 맨 처음엔 음경과 마찬가지 역할을 한다. 그러나 그 아이가 남자아이와 스스로

---

* meme: 모방 등의 방법을 통해 다음 세대로 전달되는 비유전적 문화 요소.

를 비교하는 순간, 자신에게서 '완전히 떨어져나간' 부분을 인식하고, 뭔가가 잘못된 것으로 느끼며 열등함의 근거로 받아들인다. 그러면서 한동안 더 성장하면 자기에게도 남자아이처럼 큰 부속기관이 생길 것이라고 스스로를 위안한다. 여자아이는 음경이 없는 것이 성적 특징임을 이해하지 못하고, 더 어렸을 때 자기에게도 남자아이들처럼 큰 기관이 있었는데 거세되었다고 추측하는 것이다.[9]

프로이트가 생각하는 여성은 거세당한 사람이 아니라 거세당한 사람보다도 못하며, 지독한 질투와 그에 따른 불안정한 성적 충동에 사로잡힌 존재다. 여자들이 남근을 동경한다는 이론은 한참 전에 퇴색되었지만, 퇴색되기 전에 이미 심리학적 담론을 촉발하고 더 넓은 사상에 침투됐다. 그래서 남녀평등을 부르짖는 여성들에게는 남자가 되고 싶어서 그런 것이라는 비난이 여전히 따라다닌다. 사람들이 페미니스트들에게 던지는 비난 대다수는, '털북숭이!*추한 것!'처럼 소위 남성적 특징을 이용한 욕이고, '씹 같은 년! 털북숭이, 추한 씹 같으니라고!'같이 해부학적 차이를 상기시키는 것도 있다. 내가 트위터로 받았던 이런 메시지가 좋은 예가 될 듯하다. '너 같이 구린내 나는 히피는 아랫도리를 싹 다 밀어버려야 돼!'

과학은 선천적으로 내재된 성의 차이에 관한 연구를 단념하지는 않았지만, 그런 연구 이외에 문화적인 편견과 관련된 부분을 더 능숙하게 조사하고 받아들이게 됐다. 예를 들어 연구원들은 자폐

---

*   hairy: '막돼먹은, 역겨운'이라는 의미의 속어 표현.

증이 여자들보다 남자들에게서 더 많이 나타난다는 사실에 주목해, 그것이 남자에게 자폐가 나타날 성향이 더 크다는 뜻인지, 아니면 여자들이 사회화를 바탕으로 자폐 성향을 숨기는 데 더 뛰어난 건 아닌지 의문을 갖기도 했다. 그래서인지 여자들은 우울이나 불안 증세를 겪을 가능성이 남자들보다 두 배 높다. 그 이유가 될 가능성 있는 외부적인 근거를 이 책에서 얼마든지 찾아볼 수 있을 것이다.

사람은 무언가를 더 많이 알수록, 자기가 잘 모른다는 사실을 더 잘 알게 된다. 로빈 러벌배지는 런던의 저명한 프랜시스 크릭 연구소(Francis Crick Institute)의 줄기세포 생물학과 발생 유전학 부문 부서장이자 그룹 리더다. 그의 이력서는 수많은 수상과 표창 경력으로 빛난다. 그는 연구 활동 중에서도 특히 세포 수준이나 그 이하 수준에서 성이 결정되는 메커니즘을 조사하는 데 평생 몰두했으며, 동료 과학자인 피터 굿펠로와의 공동 연구에서 Y 염색체 상의 SRY 유전자와 SOX라고 불리는 유전자군을 발견했다(그 유전자의 이름은, 그가 일하는 연구소에 있는 어떤 연구원이 특이한 양말을 신는 습성이 있는 것을 보고 영감을 얻어 만들었다). 포유류의 배아에 있는 생식샘은 잠재적으로 고환이나 난소로 발달한다. SRY 유전자는 SOX-9라는 다른 유전자가 함께 존재할 경우 고환의 발달을 촉진한다고 알려져 있다. 인간의 경우 이 과정은 대개 태아가 처음 생성된 뒤 6주 동안 나타나지만, 대부분의 상황이 그렇듯 이 경우에도 불확실성이 존재한다.

러벌배지와 대화를 나누면서 인류가 성과 성별의 특성을 밝히는 데 얼마나 놀라운 발전을 거두었는지, 그런 발전에도 불구하고 아직까지 확실한 답을 얻지 못한 이유가 무엇인지 들을 수 있었다. 그는 호르몬이 남성이나 여성의 한쪽 성별과 연관된 행동의 원인이 된다는 사실을 인정하면서도, 그런 영향은 다른 요소가 복합적으로 함께 작용한 결과임을 강조했다. 그리고 "자궁에 있는 태아가 특정 시기에 안드로겐에 노출되면 성 역할, 성 정체성, 성 선호도 면에 영향을 받을 가능성이 큽니다"라고 말하면서 이런 예를 하나 든다. 선천성 부신과다형성은 유전적 돌연변이 발생에 따른 질환으로, XX-유전자의 부신이 태아에 테스토스테론을 과다분비해 남녀의 형질이 혼합된 중성 상태를 초래한다. 이 경우 아기들은 보통 남성화된 생식기를 가지고 태어난다. 그는 이렇게 설명한다. "이런 상황은 안드로겐 수치가 성 역할을 남성화하는 데 어느 정도 원인으로 작용한다는 증거입니다. 이 질환이 있는 아이들은 어릴 때 보통 사내 같은 행동을 많이 하지요. 하지만 사회적 조건도 물론 중요하게 작용합니다. 아기가 남성화된 생식기를 가지고 태어났을 경우 적어도 한동안은 어른들이 그 아이를 남자아이로 생각하고 대했을 가능성이 충분히 있지요."[10]

성별과 호르몬 간의 일반적인 추측이 완전히 빗나갈 때도 있다. 예를 들어 수사슴의 뿔이 얼마나 높이 솟았는가는 남성 호르몬이 아니라 여성 호르몬인 에스트로겐 수치를 나타내는 지표다. 테스토스테론과 폭력적인 행동의 관련성은 인간 이외의 포유류에서 나왔으며, 그중 가장 기이한 예는 서로 잡아먹고 먹히는 하이에나의 세계에서 발견된다. 이들의 세계에서는 공격성이 생존을 좌우하기 때문에 특이한 진화 양상이 나타난다. 러벌배지는 이런 양상을 '어처구니없는 체계'라고 묘사했다. 하이에나는 수컷과 암컷 모두 음경을 가졌으며(상상이 가겠지만 짝짓기가 대단히 어렵다), 산도가 좁기 때문에 암컷의 몸 밖으로 맨 처음 나오는 새끼는 항상 목이 졸려서 죽게 되어 있다. 그런데 참고로 테스토스테론 수치가 높다고 반드시 더 공격적인 것은 아니며, 모든 공격성이 테스토스테론으로 촉발되는 것도 아니다.

유전자는 그보다 더 미묘한 자극을 촉발하기도 한다. 러벌배지는 이렇게 설명한다. "X 염색체 불활성화 혹은 유전자량 보정이라고 불리는 과정이 있습니다. 이는 남성과 여성에서 X 염색체의 유전자량을 어느 정도 동등하게 만드는 역할을 하지요. 남성은 X 염색체가 하나이고 여자는 두 개인데, 이 두 개의 X 염색체 중 한 개와 그 안에 담긴 유전자 대부분은 불활성화된 상태입니다. 즉 여성은 실질적으로 활성화된 성염색체가 한 개이고, 남성도 한 개만 활성 상태라는 뜻이지요. 그런데 X 염색체의 유전자 중에서 상당수가 이런 비활성화 과정에서 벗어나기도 하는데, 그런 현상은 동물보다 특히 인간에게서 두드러지게 나타납니다."

이런 유전자들이 어떻게 우리 성격을 형성하고, 행동을 지시하고, 주어진 모습 그대로를 편히 받아들이거나 잘못된 육체에 갇힌 것 같은 기분이 들게 만들까? 러벌배지는 "그 배경이 되는 과학적 원리를 파악하기는 대단히 어렵습니다. 특히 인간의 경우는 정치적인 문제가 걸려 있기 때문에 더더욱 그럴 수밖에요"라며 얼굴을 찌푸렸다. "잘 아실지 모르지만, 동성애자나 트랜스젠더가 되는 건 선택의 문제라고 생각하는 사람이 일부 있습니다. 하지만 절대 그렇지 않습니다. 그리고 중성적인 성향을 가진 사람들 중에는 자신들에게 왜 그런 성향이 있는지 궁금하게 여기는 사람들도 물론 있습니다. 하지만 과학계에서 그와 연관된 유전자가 있는지 밝혀낼 경우 문제가 되는 유전자를 '치료'해야 할 부담을 각자 안아야 한다는 데 부담을 느끼고 연구에 참여하기를 꺼리는 사람들도 있습니다. 연구자금을 구하기도 어렵고, 실험에 참여할 자원자를 구하기도 힘드니, 실험을 실제로 진행할 수 없는 상황입니다. 그저 관찰하거나 중립적인 방식으로 관찰하려고 노력할 뿐인데, 그것도 갈수록 힘들어지고 있지요."

이 모든 강력한 장애 요인에도 불구하고 과학적 연구는 계속해서 확대되고, 이 분야에 관한 이해도 그만큼 깊어지고 있다. 한 가지만큼은 분명히 밝혀졌다고 러벌배지는 설명한다. 바로 여성과 남성으로 나누는 과거의 이원론적 사고가 잘못되었다는 점이다. 그는 이렇게 말한다. "우리는 모두 스펙트럼 상에 존재합니다. 사람들 대부분은 신체 구조 또는 생리학, 그리고 나서는 행동, 성 정체성, 성 선호도, 성 역할이라는 네 가지 스펙트럼 중 한 지점에 위치하지요. 그 네 가지 사이에는 어느 정도 연관성이 있지만, 각 영역이 독립적으로 기능하기도 합니다."

캣/밀로 베자크가 브런치를 즐기기에 좋은 장소로 추천한 곳은 로스앤젤레스 시내에서 새롭게 인기를 끄는 아트 디스트릭스(Arts District)에 있는 레스토랑이었다. 캘리포니아의 온화한 날씨를 즐기기 위해 우리는 야외 좌석에 앉았다. 그런데 테이블이 놓여 있는 곳은 길가가 아니라, 그 일대의 불편한 현실이 눈에 들어오지 않도록 담장을 둘러 만든 정원 안이었다. 그 도시는 바로 전해에 노숙자들이 11퍼센트나 증가했고, 그 레스토랑에서 걸어서 닿을 거리에 빈민촌이 있었다. 식당 직원들은 하나같이 영화배우처럼 외모가 근사했다. 한 직원이 길거리에 텐트를 치고 사는 사람 5천 명은(아니면 적어도 몇 명은) 먹이고도 남을 만한 초대형 그릇에 담긴 아보카도를 넣은 계란 요리, 이국적인 과일, 그래놀라와 차를 가져왔다.

우리는 이야기에 열중하느라 음식이나 환경에는 별로 관심을 두지 못했다. 깊은 대화를 나누지 못한 지 벌써 몇 년 되었기 때문에, 쌓아둔 이야기보따리가 줄어들 기미를 보이지 않았다. 페이스북 덕분에 연락을 계속 하고 지냈던 것 같은 착각이 들었지만, 가만히 따져보면 멀리서 캣/밀로의 패션 취향을 감상할 기회를 누린 게 전부였다. 머리카락이 한때는 암록색이었다가 얼마 뒤에는 흰색 머리카락에 앞머리를 이마에 착 붙인 스타일로 바뀌고, 피어싱을 했으며, 남성스러움과 여성스러움, 평상복과 야회복, 여름과 겨울처럼 통상적인 정반대 스타일이 뒤섞여 있었다. 페미니즘이 개성 없는 획일적인 미래를 초래할 것이라고 우려하는 사람은 캣/밀로를 만나보면 자신의 추측이 틀렸음을 즉시 깨달을 것이다. 이날 나를 만난 캣/밀로는 반바지에 자켓을 입고, 청록색 매니큐어가 군데군데 떨어져나간 손톱에 화장기가 전혀 없는 얼굴이었다. 그 전날 밤 가족 모임에 짙은 보라색 립스틱을 바르고 나갔다가 쌍둥이 동생인 코너에게 이런 말을 들었다고 한다. "입술에 뭘 한 거야? 아주 근사한걸."

캣/밀로는 트랜스젠더다. 그녀는 트랜스젠더 대신 '트랜스 키드'라는 패기 넘치는 표현을 쓴다. 여성과 남성의 이원적인 분류를 따르지 않는 사람들 대다수는 3인칭 대명사로 'she'나 'he'가 아니라 'they'를 선호하는데, 그녀 역시 그렇게 표현한다. 고대 이집트인들은 남녀 모두를 'hm'으로 지칭했다. 단, 그 상형문자는 그 외에 성을 상실한 사람, 즉 거세당한 사람이라는 의미로도 쓰였지만 말이다. 많은 현대 언어는 성별을 반영한 대명사보다는 성별이 반영되지 않은 대체 표현을 사용하는 방향으로 향해 가고 있다. 스웨덴은 성 중립적인 대명사 'hen'을 도입했는데, 1960년대에 처음 만들어진 이 표현은 2012년경 이후 공식적으로 사용되고 있다.

영어에도 그에 상응하는 표현이 있었지만(예를 들면 'ou'와 'a' 처럼) 그런 단어들은 점차 이런 융통성을 잃고, 비인칭 표현인 'it'만 남았다. 과거의 성 중립적인 단어를 복구하거나 그런 단어를 새로이 만들려는 시도는 그동안 성을 재정립하는 데 참여해온 집단을 중심으로만 진행되는 듯했지만, 최근에 보다 많은 움직임이 나타나고 있다. 영국 기숙학교연합이 2016년에 발표한 개정 지침은 아이들이 어떤 대명사로 불리기를 원하는지 선택할 수 있게 하고, 선택 항목으로 'zie'와 'they'를 제시했다.[11] 'they'는 캣/밀로가 선택해서 쓰는 대명사로, 'they'가 쓰인 문장이 뭔가 이상하게 느껴진 적이 있다면 그 용법으로 사용된 경우를 들어본 적이 있다는 증거다. 여성에게 쓰는 경칭인 'Miss'와 'Mrs'가 'Ms'로 바뀐 때와 마찬가지로, 인칭대명사를 'they'로 쓴다고 해서 근본적인 차별성이 실질적으로 해결되는 건 아니다. 여성들에게 세 가지 존칭 중 하나를 고르게 하는 한, 단 한 가지로 통일해서 쓰는 'Mr'보다 훨씬 많은 정보를 주기 때문이다. 추가적인 대안으로 비이원적(非二元的)인 경칭인 'Mx'도 있다. 이 단어는 2015년에 옥스퍼드 영어사전에 정식으로 등재됐지만, 아직도 이 경칭을 쓰는 사람에 대한 암시적 의미를 지니고 있다. 즉 이 표현을 쓰는 사람은 대개 비이원적인 사고를 하거나, 비이원적 세계를 인식하고 있는 것이다.

이 경칭을 쓰는 사람 중 다수는 캣/밀로와 마찬가지로 제4의 물결 페미니스트들이다. 4세대에 해당하는 제4의 물결 페미니스트들은 우리가 성별에 대해 생각하는 방식을 해체해 성차별을 없애는 데 목표를 둔다. 그 출발점으로 적합한 분야는 당연히 언어다. 이들은 최근까지도 중요하게 받아들여지지 않았던 일상 대화에 쓰이는 용어들을 논의의 대상으로 삼았다. 태어날 때부터 정해진 성별을 편하게 받아들이는 사람들은 '시스젠더(cisgender)'라고 불린다. 참고로 시스(cis)는 '이쪽의'라는 뜻의 라틴어 접두어이며, 그 반대는 '저쪽의'라는 뜻의 접두어 '트랜스(trans)'다. '레즈비언과 게이'에서 출발해 더 확장되어 '바이섹슈얼과 트랜스젠더'까지 포함한 LGBT라는 이니셜은 계속해서 길어지고 있는데, LGBTQI에서 최근에 한 글자가 더 붙어 LGBTQIA가 됐다. 여기서 Q는 이분법적인 성의 구분에서 벗어났다는 뜻의 퀴어(queer) 또는 질문하다(questioning)를 뜻한다. I는 중성(intersex)을, A는 무성(無性)의(asexual 혹은 agender), 비낭만적인(aromantic), 에이스(ace), 혹은 《뉴욕 타임스》에서 20년 전에 휴대폰이 앞으로는 통화 기능 이외에 문자 메시지에도 쓰일 것이라고 예측했던 기사와 같이 중대하게 다루었던 기사에서 언급한 대로 '맹우(ally), 대의를 함께 추구하는 벗'을 뜻할 수도 있다.[12]

열여섯 살 때 캣/밀로는 LGBTQIA 중 어떤 글자가 자기에게 해당하는지 생각하기 시작했다고 한다. 그녀는 어릴 때 자기 방은 분홍색으로, 쌍둥이 남동생 코너의 방은 파란색으로 꾸며져 있었던 것을 기억한다. 쌍둥이 동생과 사이가 워낙 가까웠던 터라 그녀는 이런 생각을 해본 적도 있다. '우리가 서로를 망쳐놓은 건 아닐까… 그래서 나는 어릴 때부터 선머슴같이 굴고, 동생은 얌전한 남자아이가 됐는지도 몰라. 동생은 내 인형을 가지고 놀았고, 나는 오빠 존하고 군사 인형 장난감놀이를 하곤 했으니.' 사람들이 흔히 말하는 성과 성별의 정의는 동급생들에게는 아무 문제 없이 적용되는 듯했지만, 캣/밀로나 그녀와 가깝게 지내는 고등학교 친구들에게는 맞아떨어지지 않았다.

"그래서 친구들하고 남성과 여성이라는 이분법적인 성별의 구분에 대한 의견을 차츰 나누게 되었어요." 캣/밀로가 말했다. "남자아이들은 트럭에 관심이 많고, 나무에 올라가서 놀거나, 싸우거나, 차를 고치는 걸 좋아하고 파란색을 선호하고, 여자아이들은 손톱을 가꾸고 매니큐어 바르는 걸 좋아한다고들 말하잖아요. 그런데 그런 분류는 여러 가지 특성을 그저 제멋대로 나눈 것 아닌가 하는 생각이 들었어요. 자동차를 좋아하면 나무 타기도 좋아하고 파란색도 좋아한다는 사실은 누가 정한 건가요? 그건 말도 안 되는 논리예요. 그래서 저는 성 정체성을 재정립하기 시작했어요. '성별은 개수작이야. 난 성별 같은 것 필요 없어'라고 생각하면서요." 캣/밀로가 성별이라는 개념이 전체적인 하나의 연속체라는 사실을 이해하게 된 건 그보다 뒤의 일이었다. 그래서 그녀는 이렇게 생각했다고 한다. "남자와 여자를 규정하는 분류가 이렇게 터무니없는데 왜 우리 사회는 여러 특징을 이 두 가지로 분류하고 우리가 그 둘 중 하나의 부류에 해당해야 한다고 말하는 걸까?"

그녀는 맨 처음에는 자신이 무성(無性)이라고 결론지었다. 그러다가 나중에는 한발 나아가 정체성을 젠더퀴어*로 수정했다. "젠더퀴어와 관련해서 중요한 점은 모든 사람이 각자만의 정의가 있어야 하고, 한 사람 한 사람이 내린 정의가 모두 공평하게 받아들여져야 한다는 거예요. 어떤 주체를 단 하나의 정의로 규정하려면 배제되는 사람들도 나오는데, 그건 젠더퀴어의 핵심과 거리가 멀어요. 저는 누군가가 스스로를 퀴어로 규정했다면 그 사람의 말을 그대로 인정하고 받아들이는 것이 아주 중요하다고 생각해요."

---

* genderqueer: 기존의 이분법적인 성별 구분을 벗어난 종류의 성 정체성.

캣/밀로 같은 대학 연령 세대는 자신들의 견해에 이의를 제기하는 걸 용납하지 않으려는 특성이 있는데, 그런 특성에 캣/밀로가 말했던 용인과 수용의 원칙을 함께 추구하기는 쉽지 않다. 젊은 세대는 저메인 그리어 같은 사람과 논쟁하기보다는 그들에게 발언 기회를 아예 주지 않으려고 할 때도 있다. 또 이 세대는 레즈비언들이 겪는 이들 특유의 문제에도 관심이 없다. 레즈비언들은 흔히 남성 주도적인 게이 권리 운동 내에서 자신들을 주장하는 데 여전히 어려움을 겪고, 다른 한편으로는 퀴어 문화에 밀려 레즈비언의 정체성을 잃을 수도 있다는 두려움을 느낀다.

비판가들은 중산층의 젊은 페미니스트들이 특권을 누리고 있다고 지적한다. 그들은 젊음의 확신에 차 있고, 그리어를 포함한 다른 많은 이의 도움이 없었다면 불가능했을 입지 조건에 올라 있다. 제5의 물결 페미니스트들은 표를 위해 싸웠다. 캣/밀로를 비롯한 젊은 세대 페미니스트들은, 각자 결정한 가치를 수호하기 위해 버니와 힐러리 중 한 명을 선택해야 했다(캣/밀로를 포함해서 이들 대부분은 버니를 지지했다). 과거 제2의 물결 페미니스트들은 입법권과 생식권*을 주장했다. 캣/밀로 세대의 페미니스트들은 이런 권리들의 장점을 내세우며 아동 문제를 토론해나갔다. 다만 이런 활동으로 사방에서 보수 정치인들의 공격을 받았으며, 미국 대선 이후 유례 없는 큰 위협에 직면한 상태다. 제3의 물결 페미니스트들은 정체성,

---

* 임신, 출산, 피임 등 생식기능과 관련된 사항에서 여성 스스로 선택할 수 있는 권리.

포괄성*, 다양성 측면에서 큰 진보를 이루어냈다. 캣/밀로와 동료들은 이 모든 노력의 수혜자이다.

그런데 다른 한편으로 이들은 선구자들이 상상하지 못했던 어려움에 직면해 있다. 이 책 뒤에서는, 유해한 사진과 동영상이 만연한 디지털 남용 시대에도 언론의 자유가 과연 성스러운 영역을 유지할 수 있을 것인가 하는 문제를 함께 논의할 것이다. 온통 불협화음만 들린다면, 발언권을 제한하자는 주장에 우리도 동의하고 싶어질지 모른다.

선택 역시 쉽지 않은 문제여서 혼란스럽고, 어떻게 보면 환상에 불과하다. 성의 유동성을 용인하는 분위기와 한층 다양해진 성 정체성을 탐색할 기회가 확대되면서, 모든 사람이 자신을 발견하는 모습 그대로 편안하게 받아들일 가능성이 생겼지만, 그런 가능성은 대부분의 성 정체성이 지위나 기회 면에서 비슷하게 불만족스러운 결과를 초래할 경우에만 큰 의미가 있다. 아트 디스트릭트에서 최근 큰 인기를 끄는 슈퍼마켓이며 근거리 지역의 유기농 식자재를 파는 마켓과 간이식당이 함께 있는 어번 래디시(Urban Radish)에 가보면, 유기농 그래놀라 제품만 해도 몇 가지나 된다. 어떤 제품은 유독 바삭하고 식감이 좋지만, 그래놀라가 귀리를 주재료로 만든 음식이라는 사실은 변함이 없다.

여성, 트랜스젠더 여성, 트랜스젠더 남성, 이분법적 성별 구

---

* inclusivity: 성, 인종, 장애 등에 따라 특정인을 배제하지 않고 포용하는 것.

분을 따르지 않는 사람들은 포괄적인 조건으로나 특정한 측면에서 볼 때 시스젠더* 남성들보다 불리하다. 그럼에도 왜 겉으로 볼 때 그런 것처럼 느껴지지 않는지, 예를 들어 어번 래디시 계산대에는 왜 부유한 여자 고객이 구매한 상품을 계산하고 봉지에 담아주는 남자 직원이 있는지, 또 밖에서는 노숙자 남성들이 담배를 구걸하는 가운데 캣/밀로와 내가 화려한 레스토랑에 앉아 브런치를 즐겼는지 설명하는 데 도움이 된다. 하지만 왜 그토록 많은 유복한 시스젠더 남성가 자신이 특권을 누린다는 사실을 깨닫지 못하고 불행을 자초하거나 불행에 빠져 사는지 설명하기는 쉽지 않다. 물론 그중 한 가지 이유는 성별에 대한 모든 정의가 갈수록 유동성을 띠듯이 인간에 대한 정의도 갈수록 유동적으로 바뀐다는 사실이 될 터이다. 남성들은 남성성이라는 낡아빠진 생각을 다시 내세우려고 안간힘을 쓰느라 자신을 포함한 모든 사람에게 상처를 안기고 있다.

---

* cisgender: 신체적 성과 사회적 성이 일치하는 사람들.

4장   남자가 된다는 것

 H7 수감동에 있는 남자들은 힘든 노동은 하지 않았지만, 죄를 지어서 들어온 사람들이었다. 교도관들이 '보통의 어지간한 범죄자'라고 부르는 수감자들과 섞여서 바닥을 대걸레질하거나 감자 껍질을 벗기는 등의 노역을 할 필요는 없었다. 지금 설명하는 상황은 1994년의 일인데, 당시 테러 관련 사범들은 영국 정부에 특별대우를 요구해 그런 대우를 받았다. 북아일랜드 메이즈(Maze) 감옥에는 그런 남자가 502명 있었다. 그중 236명은 살인으로, 116명은 폭발물이나 무기를 사용한 위법 행위로 수감됐다. 이들은 분쟁을 없애려고 애쓰는 중재자 같아 보이지는 않았지만, 공동체의 대리인이나 아직 체포되지 않은 테러 조직의 전달자로서 북아일랜드 평화협상 과정에 가담했다. 그들은 협상에 기여한 대가로 감옥에서 지내는 동안 원하는 것을 선택할 권리를 얻었다.

 각 조직별로 '대장'을 뽑을 수 있고, H블록이라 불리는 H자형 건물 중 한 곳을 자유로이 출입할 수 있었다. 아일랜드공화국군(Provisional IRA) 소속 사람들은 혁명가들의 자서전이나 정치 문제를 다룬 소논문 등 지식적으로 도움이 되는 책을 읽으면서, 목표를 이루기까지 아직 갈 길이 멀어 보였지만 그에 개의치 않고 권력을 손에 쥘 때를 대비했다. 북아일랜드와 영국의 합병을 지지하는 북아일랜드인 진영은 공화군과 대적하고 있을 뿐만 아니라 집단 내 치열한 경쟁 때문에 서로 분열된 상태를 유지했으며, 역기를 들고 몸을 만드는 한편 재, 치약, 베이비오일 혼합물을 바늘로 찔러 문신을 했다. 또 테러리스트로 불릴 만한 세력을 키우고 순찰을 돌았다.

교도관들은 H7 수감동을 '쥬라기 공원'으로 불렀다. 이곳에는 잔혹하기로 이름난 조직인 얼스터 의용군(UVF : Ulster Volunteer Force) 단원 88명이 수감되어 있었다. 이 단원들은 공화군과 아무런 연관이 없는 사람도 그저 가톨릭교도라는 이유만으로 고문하고, 총을 쏘고, 폭격했다. 한번은 실수로 개신교도들을 살해한 적도 있다. 나는 기자 시절 평화협정에 영향을 끼치는 서로 다른 관점을 이해하고, 얼스터 의용군처럼 과격한 이들이 과연 무력을 포기할 수 있을지 알아보기 위해 취재차 메이즈 감옥을 방문한 적이 있다.

그런데 문제가 있었다. 교도관들은 감옥 내 얼스터 의용군의 중앙 본부에서 내가 인터뷰를 진행하도록 계획을 잡아놓았다. 여자들 중 가장 최근에 H7 수감동에 들어갔던 한 사회복지사는 수감동 밖으로 나왔을 때 목의 살점 덩어리가 물려 뜯긴 상태였다. 나는 이 사실을 나중에 파악했다. 이런 위험에도 불구하고 당국이 나를 H7 수감동에 들여보내려 한 이유도 그때야 알게 됐다. 얼스터 의용군 측에서는 내가 이미 아일랜드공화국군 영역인 H5 수감동을 방문했다는 사실을 들어 알고 있어, 이번에도 내가 자신들의 근거지로 찾아와야 한다고 고집했다. 내가 얼스터 의용군 측의 환대를 수락하지 않으면, 이들은 폭동을 일으킬 터였다.

　그래서 메이즈 감옥은 경계를 강화하고, 유사시에 교도관들을 곧바로 투입해서 나를 구할 태세를 갖췄다. 얼스터 의용군 대장인 재키 밀러는 H7 수감동으로 통하는 빗장이 달린 문으로 나와서 나를 맞이한 뒤, 인터뷰 장소로 선택한 감방으로 안내했다. 그와 내가 샤워실 옆을 걸어서 지나가는데, 벌거벗은 채 다부진 근육과 축 늘어진 성기를 그대로 드러낸 의용군 대원들의 모습이 시야에 들어왔다. 밀러는 몹시 당황해서, 대화를 나누는 중간중간 계속 미안하다고 말했다. 필시 내가 본 것은 여성들 눈에 띄어서는 절대 안 될 장면이었다.

　인터뷰가 끝난 뒤 고등학교 졸업 파티에서 파트너를 바래다주는 남학생처럼 세심하게 배려하며 나를 출입구까지 배웅하면서 그는 또다시 거듭 사과의 말을 건넸다. 교도관들은 내가 뜯긴 데 없이 성한 모습으로 나온 것을 보고 안도하는 빛이 역력했다. 그들은 메이즈의 소위 '쥬라기 공원'에서 살아남은 사람을 기리기 위해 만든 에나멜 코팅의 작은 핀을 내게 선물로 주었다. 그 핀에는 7이라는 노란색 글자에 기대 미소를 지으며 느긋하게 앉아 있는 초록색 티라노사우르스가 그려져 있었다.

　감옥 담장 밖 들판을 활보하는 공룡들은 물론 모두 사라졌지만, 북아일랜드는 아직 근대시대에 도달하지 못한 상태였다. 가톨릭 인권운동은 분열되어 과격하게 대치하기 시작했다. 민족주의 정치인들은 민주주의 수단을 활용해서 아일랜드와 통일해야 한다고 주장했으며, 공화국군 테러리스트들은 자동소총과 폭탄을 발사하며 목소리를 높였다. 신교계 역시 여러 주장으로 나뉘었다. 연방주의 정치인들은 북아일랜드가 영국령으로 남아야 한다고 주장했고, 왕당파 테러 집단은 자신들의 주장을 담아 혈서를 썼다.

영국의 다른 지역들과 아일랜드공화국이 경제·사회적 발전을 이루는 동안, 이런 갈등에 발목을 잡힌 북아일랜드는 발전 기회를 누리지 못했다. 다국적 기업과 시내 중심가의 대형 체인점들은 북아일랜드에서 철수했으며, 여행객들의 발길도 끊겼다. 간혹 용기를 내어 여행 오는 사람이 있더라도 대부분 앤트림 고원으로 직행해서 자이언츠 코즈웨이(Giant's Causeway)만 얼른 둘러보고 서둘러 떠났으며, 가끔 가수 밴 모리슨(Van Morrison) 팬들이 방문해서 노래에 나오는 사이프러스 애비뉴(Cyprus Avenue)를 찾는 것이 전부였다. 영국에서는 식도락 문화가 자리 잡으면서 시내 중심가마다 맛집이 즐비했지만, 북아일랜드 레스토랑들은 서로 경쟁하거나 자극받을 일이 거의 없었다는 사실이 그대로 드러난다. 예를 들어 런던데리(Londonderry, 구교계 사람들이 부르는 이름은 데리)의 유서 깊은 도심에 있는 어떤 중국음식점에는 3코스로 구성된 점심 메뉴가 있는데, 첫 번째 코스는 토마토 주스, 두 번째는 탕수육과 포테이토칩, 마지막 코스는 커피다.

얼스터의 노동자 계층이나 하급 중산층이 선택할 수 있는 자기 정체성, 생활방식, 기회도 그런 음식점 메뉴들만큼이나 빈약했다. 영국 의회는 1967년에 낙태를 합법화했지만, 그 법규는 아직 북아일랜드까지 확대되지 못하고 있다. 또 같은 해 잉글랜드와 웨일스에서는 남자끼리의 성관계를 처벌 대상에서 제외하는 법안을 통과시킨 데 비해, 북아일랜드에서는 그보다 한참 늦은 1982년에야 처벌이 중지됐다. 그 와중에도 구교와 신교 가릴 것 없이 모든 교회는 지옥을 언급하면서, 이성끼리 결혼하고 부부 간에 정상 체위로 성교를 해야 한다고 설교했다.

구교와 신교의 신자들은 스스로를 보호하기 위해 설치한 소위 평화의 담을 사이에 두고 대치하고 있었지만, 놀라울 정도로 비슷한 삶을 살았다. 신교계의 연방주의자와 왕당파 사람들은 도로를 빨간색, 흰색, 파란색으로 칠하고, 영국 국왕 윌리엄 3세의 벽화로 벽을 장식하고, 윌리엄 국왕의 이름을 따서 아들의 이름을 지었다. 구교계의 민족주의자와 공화국군들은 아일랜드 국기 색깔인 주황색, 초록색, 흰색으로 자신들의 영토를 표시하고, 건물에 전사한 전우들의 초상을 그렸다. 초상화의 주인공 중에는 13년 전 메이즈에서 정치범들에게 제공하는 특별 지위를 없애야 한다고 주장하면서 단식투쟁을 하다가 숨을 거둔 보비 샌즈도 있었는데, 그런 특별 지위는 나중에 부활해서 더 확대됐다.

준군사조직들은 조직의 근거지를 순찰하면서, 소규모 마약 거래 같은 가벼운 범죄를 저지른 사람에게 무릎을 쏘거나 처형하는 등의 가혹한 보복 행위를 가했다. 이른바 왕권 옹호자들과 자칭 아일랜드 자유 투쟁가들은 1990년에서 2013년 사이 500명 이상의 아동에게 총격을 가하고 무력을 행사했다. 기득권을 지키고 경쟁을 없애기 위한 것이었지만 질서를 유지하기 위해서이기도 했다. 공화국군은 미국이나 그 외 지역의 동조자들로부터 꾸준히 지원받는 기부금에 의존했으며, 왕당파 집단은 다양한 시기에 걸쳐 영국 정부의 불법적인 지원을 받았다. 그렇지만 양측 모두 범죄(마약, 불법 정유, 강탈) 행위를 가장 큰 수입원으로 삼았다.

이들은 때로 외부 적들로부터 공동체를 방어하기도 했지만, 내부의 적이 생겼을 때 그에 맞서서 대응할 것으로 신뢰하기는 힘들었다. 실제로 공화파 집단 내에서 아일랜드공화국군에 의한 성추행 사건들이 발생했지만 고위 단원들이 은폐하려 했다는 심각한 혐의들이 대두되었다. 그 대부분은 법의 검증을 받지 않고 넘어갔지만, 신페인당(Sinn Féin)을 중심으로 벌어진 한 사건은 세간의 이목을 끌면서 법정까지 갔다. 바로 2013년 신페인당 당수인 게리 애덤스의 동생 리엄 애덤스가 30여 년 전에 친딸을 성폭행한 혐의로 유죄를 선고받은 사건이다. 아일랜드 정당인 신페인당은 현재 아일랜드 국경 양쪽에서 활동하는 평화 세력이지만, 북아일랜드 분쟁 중에는 아일랜드 공화군과 한 식구였다. 게리 애덤스는 증인석에서 동생의 성폭행 사실을 안 지 거의 10년이 되었지만 경찰에 신고하지 않았다는 사실을 시인했다.[1]

공화파와 왕당파의 문화는 폐쇄적이고 수동적이다. 그 문화에서 태어난 사람들 대부분이 선택할 수 있는 조건은 사회적 흐름에 순응하거나, 아니면 가능한 한 빨리, 그리고 멀리 도망가는 것뿐이었다. 그 사회에 머무르기로 결정한 남자아이들은 준군사 조직에 가입하거나 조직 바깥에서 조직을 지원하는 것 중 하나를 선택해야 했다. 준군사 조직에 가입하기로 결정하면 지위가 보장됐고, 더 중요하게는 형제애를 나눌 기회가 있었다. "열성 단원들은 어떤 상황에서든 지켜내야 할 신성하고 협상 불가능한 가치를 취한다. 그리고 친족은 아니지만 믿음과 생각을 공유하는 가족(형제) 같은 집단에 소속되면, 무적이 된 듯한 자신감과 특별한 운명에 대한 공동체의식이 개인적인 감정을 압도한다. 그러면 열성 단원들은 신성한 가치가 공격받고 있다는 인식하에 결사된 조직의 일원으로서, 서로를 위해 죽고 죽일 것이다."[2] 《사이언스》지에 게재된 이 글은, 테러 단체 이슬람국가(ISIS)가 사람들을 어떻게 유혹해 끌어들이는지에 관한 최근 연구를 설명한 내용이다. 그런데 이는 어째서 그토록 많은 어린 남자아이가 공화파나 왕당파라는 이름으로 잔학한 일에 뛰어드는지 설명하는 데도 잘 적용된다.

여자아이들에게 주어진 선택 조건은 그보다 열악하다. 여성이 겪는 곤경을 제국주의의 작용으로 보는 공화파의 이데올로기는 다른 좌익 민족주의 운동에도 그대로 전파됐다. 아일랜드공화국군(IRA)의 최전방에서 활약한 메어레아드 패럴처럼 주요 직책을 맡는 여성들도 일부 있지만, 성평등을 추구하려는 노력은 공화국군의 주요한 목표에 밀려 늘 저 뒤에 놓였다. 1988년 지브롤터에서 영국 특수부대의 총에 맞아 목숨을 잃은 패럴은, 다른 여성 군인들이 느꼈던 것과 마찬가지로 자신도 우선순위에 따른 위계질서 속에 있었다고 피력했다. "나는 여성이라서 탄압받지만, 아일랜드인이기 때문에도 탄압을 받는다. 이 나라 모든 국민이 억압 속에 있으며, 여성으로서 받는 탄압을 우리가 성공적으로 종식시키지 못하면 탄압에서 완전히 벗어나기 어렵다."3

공화파의 젊은 여성 대다수는 왕당파에 소속된 여성들과 마찬가지로 결혼, 가정생활, 비극, 혼란을 겪어야 했다. 북아일랜드 평화협정인 성 금요일 협정(Good Friday Agreement)이 타결된 1998년까지 30여 년에 걸친 분쟁 기간에 모두 3,600명이 사망했으며, 그밖에도 수천 명이 살해당하거나 감옥에 수감되었는데, 이렇게 가족을 떠나보내고 어머니, 부인, 여동생이 집의 가장이 되어 생계를 책임져야 하는 경우가 빈번했다. 이런 상황이 여성에 대한 오래된 편견을 깨고 여성의 잠재력을 이해하는 계기가 되었을지도 모른다. 그러나 북아일랜드의 분쟁이 공식적으로 종료되고 한참 지났는데도 계속 평화에 맞서는 강경파 정치세력이 있었기 때문에, 남성성과 여성성에 대한 틀은 사회 내에서 여전히 굳게 유지되었다.

북아일랜드의 평화는 지리멸렬하고 불완전하지만, 다른 한편으로 적극적 우대조치(affirmative action)와 의무할당제(quota)의 장점을 연구할 중요한 기회를 제공한다. 1989년 관련 법규가 마련되면서 이후 강화된 적극적 우대 조치 프로그램으로, 구교도와 신교도들 간에 한층 공평한 취업 기회가 보장됐다. 또 의무할당제와 그밖의 체계는 2017년 초 문제가 발생하기 전까지 10년 동안, 북아일랜드 의회의 권력을 분산시키는 데 기여했다.

북아일랜드를 깊이 살펴야 하는 이유는 그것 말고도 있다.

성별을 규정하는 데 타고난 본성의 영향이 끝나고 교육의 영향이 시작되는 지점이 어디냐는 문제를 놓고 고민할 때 공화파와 왕당파의 사례가 참고 자료 역할을 하기도 한다. 북아일랜드는 인구가 상당히 적은 편이며(북아일랜드 분쟁 마지막 10년 동안 인구는 160만 명이었다), 그처럼 유전자 풀이 좁을 경우에는 교육의 영향을 분별하기가 쉬워진다. 다만 폭력의 온상인 데리의 복사이드(Bogside), 벨파스트의 샨킬(Shankill)이나 폴스 로드(Falls Road) 지역을 교육의 영향으로 설명하기는 힘들겠지만 말이다.

　　평화의 수문이 열리자 분쟁으로 억제되었던 것들이 한꺼번에 방출됐다. 부동산 개발업자들은 시내 중심가와 선호 주거 지역 개발을 추진했다. 셰프들이 벨파스트와 데리로 몰려들면서 식당들이 훨씬 다채로워졌다. 많은 이가 이 시기를 새로운 시도의 기회로 받아들였지만, 소득이 낮고 사회에서 편파적인 견해에 치우친 사람들을 비롯한 일부 구성원들은 이런 적응 과정을 힘겨워했다.

　　북아일랜드 정치는 여전히 역사에 의해 훼손되어 있다. 큰 정당들이 나라의 미래를 걱정하며, 사회 변화에 저항하기 위해 연합한다. 민주연합당만 낙태를 금지하는 것은 결코 아니다. 신페인당이 추구하는 개혁은 제한적이다. 2011년 인구조사에서는 국민의 82.3퍼센트가 개신교도라고 답했다. 참고로 개신교도의 비율은 영국 59.4퍼센트, 스코틀랜드 57.6퍼센트, 웨일스 57.6퍼센트다. 종파 간의 파벌주의는 빈곤한 지역일수록 대체로 더 심한 것으로 나타났다. 그런 가운데 준군사 조직들은 해묵은 증오감을 내세워 조직의 존재를 정당화했다. 국민 중 평화배당금 혜택을 누리는 사람도 있었지만, 일부 계층은 혜택의 영향권 밖에 있었다.

북아일랜드 여성 자원 및 개발 기관의 대표인 마거릿 워드는 2013년 발표한 글에서, 어째서 평화가 여성들에게 도움이 되지 못하는지 설명한다. 그녀는 분쟁이 종식된 후 여성의 삶이나 경험을 고려하지 않고 중요 사항을 결정하는 정치 계급을 비판한다. 그러면서 "가두행진이나 국기같이 논의가 필요한 사안을 결정하는 회의에 경찰, 정치인, 지역사회 대표들이 참석했는데, 30명 이상이나 되는 참석자 중 여성은 고작 3명이었다. 평화 구축은 여전히 주로 남자들의 활동으로 받아들여지고 있다"고 보고한다.[4]

여성이 주요 결정에서 배제될 경우, 여성들에게 영향을 주는 문제들이 확인되지 않은 채 곪아 터지는 피치 못할 결과를 초래한다. 마거릿 워드는 공화파와 왕당파 여성들과 수차례 워크숍을 진행하면서 확인한 내용을 증거로 든다. 이 여성들은 준군사 조직 주둔지에 살면서 여러 힘겨운 현실에 맞닥뜨리는데, 예를 들어 여자아이들은 성매매까지 발을 넓힌 폭력조직에 성적으로 착취당할 위험에 처해 있으며, 알코올 의존증이나 마약 중독은 숨겨진 분쟁의 유산이자 심각한 사회문제로, 투옥 경력이 있는 출소자들 사이에서는 특히 심각하다. 또 가정 폭력이나 성폭력이 증가하고 있으며, 준군사 조직이 범죄를 저지르는 경우가 빈번함에도, 이런 범죄가 발생하면 경찰에 신고하지 못하고 대신 준군사 조직에 신고하도록 규정한 관행이 여전히 남아 있다.

학대당하는 입장에 있는 여성들로서는, 남성들이 이렇게 폭력 행위에 빠져든 원인을 동정적으로 바라보기 힘들며 학대하는 남성들 스스로 자신들이 입을 피해를 걱정하기는 더더욱 힘들다. 그런데 알고 보면 남자들은 스스로를 규정할 방법이 좁아지는 대가를 치러야 한다는 기이하고도 슬픈 분쟁의 유산을 떠안는다. 이런 현실은 소름 끼칠 정도로 명확히 드러난다. 30년간의 분쟁이 막을 내린 뒤 처음 15년 동안 북아일랜드의 자살률이 두 배 이상 치솟으면서, 분쟁의 절반밖에 안 되는 기간 동안 분쟁 중 사망한 사람들과 맞먹는 인원이 목숨을 잃었다. 그런데 그중 70퍼센트가 남성이었다. 특히 유혈 사태가 한창이던 시기에 성년의 나이에 이른 청년들이 가장 많았으며, 그런 높은 자살률은 분쟁 종식 이후 태어난 세대에까지 이어졌다. 이와 관련해 "평화에 이르는 과도기는 표면화된 공격성이 더는 사회적으로 용납되지 않는다는 의미다. 그래서 이런 공격성은 내면화된다"라고 밝힌 연구도 있었다.[5]

자살률은 세계 각 지역별로 차이가 나타나며, 구소련을 계승한 나라들과 일부 극동 지역, 동아프리카가 가장 높다. 그런 것을 보면 문화적 차이가 중대한 영향을 끼치는 것이 분명하다. 아일랜드와 북아일랜드에서는 스스로 목숨을 끊는 사례가 영국보다 빈번하다. 여러 변수와 요인이 작용하지만, 그중에서 한 가지 추세는 꾸준히 이어진다. 자살을 시도하는 사람은 남자보다 여자가 더 많지만, 실제로 자살에 성공하는 사람은 남자가 더 많다. 전 세계적으로 따졌을 때 남자는 10만 명당 15명, 여자는 10만 명당 8명이 스스로 목숨을 끊는다. 남자들은 목을 매거나 총을 쏘는 등 한층 극단적이고 확실한 방법을 택하며, 남에게 도움을 요청하지도 않는다. 자살하는 남자들 중 가족이나 친구들에게 마음을 털어놓거나 심리 상담을 받으려고 생각하는 사람은 거의 없다. 그리고 남자들은 자살을 기도했다가 실패하는 것을 수치스러운 일로 인식할 가능성이 높다.

이런 추세는 널리 알려져 있지만 그 원인은 거의 밝혀지지 않았다. 영국의 심리학자 바이런 스와미, 데비 스테인스트리트, 세라 페인이 공동 집필한 논문은, 학계에서 사용하는 남성성과 여성성이라는 용어의 정의에서 오해가 비롯된다고 지적한다. "심리학 이론에서는 여성 혹은 남성이라는 성별을 하나의 '특성'이나 '윤곽'으로 보는 경향이 아직까지 일반적인 전통으로 남아 있다. 키멀(1986)은 이를 '역할 그릇(role containers)'이라고 묘사했다. 성별에 대한 이런 견해는 남성이나 여성에게는 정형화된 특성이나 적절한 역할을 충족시키려는 '선천적인' 욕구가 있다고 본다. 그러나… 이는 지나치게 단순화된 설명으로, 남성성과 여성성의 다양한 유형을 적절히 포착하지 못할 뿐 아니라 주어진 역할을 다해야 한다는 압박이 어디에서 유래하는지 제시하지 못하고 있다."[6]

이 세 학자는 "성별이 단순한 역할 그릇이라기보다는 반복적으로 꾸준하게 '용납되는' 무엇인가"로 받아들여지는 보다 미묘한 접근법을 택한다. 스와미, 스테인스트리트, 페인은 성별 문제를 다룬 연구를 이렇게 세세히 인용한다. "성을 구분하는 데는 특정한 목표를 남성성과 여성성의 '천성'이라는 표현으로 추구하는 지각, 상호

작용, 미시적 정치활동의 복합적인 작용이 포함된다."7 그러면서 이렇게 결론 내린다. "어떤 사회나 문화에서 '지배적'인 남성성 또는 여성성으로 간주되는 행동이 어떤 것인지 확인해서 가려내는 것은 분명히 가능하다… 그렇다면 연결관계는 명백해 보인다. 이처럼 모든 행동이 성별에 따른 발현이라면, 남자들의 '남성적'인 행동은 여자들의 '여성적'인 행동에 비해 남자들이 자살을 범할 위험을 높인다."

북아일랜드 분쟁을 겪은 청년들은 자기 자신을 포함한 모든 사람에게 해가 되는 남성적인 행동을 한다. 이들에게는 교회, 지역사회, 집안 어른들에게서 주입된, 어떤 사람이 되어야 하느냐에 관한 굳은 믿음과 전적인 확신이 자리한다. 그래서 가족, 신앙, 삶의 방식을 수호하는 두려움 없는 사람이 되는 데 존재의 가치를 둔다. 겉으로 드러나는 일치감과 소속감을(예를 들면, 감옥에서의 문신이나 벽이나 도로 귀퉁이에 그린 그림 같은 것들) 매우 소중히 여기는 사회는 눈에 띄는 차이를 좀처럼 용인하지 않는다. 폭력으로 '타인'을 물리치는 사회라면 더더욱 의문의 여지가 없다. 특히 그 '타인'이 현 사회의 박해자들과 겉모습이나 말이나 생각이 너무 비슷하고, 유일하면서도 분명한 차이는 휘장이나 문신처럼 눈에 띄는 표식뿐일 때는 더욱 그렇다. 그렇게 되면 의문을 제기하는 행동은 이미 형성된 생각을 뒤흔들어놓기 위한 시도로 간주되고, 약점을 인정하고 부드러움과 온화함을 갈망하는 태도는 자기 스스로나 남들에게 경멸당해야 마땅한 행동이 된다. 이처럼 터무니없는 집단이라면, 죽음이 오히려 인간적인 선택으로 느껴질 수도 있다.

남자들은 무언가의 책임에서 벗어나기 위해서가 아니라 그것이 옳은 일이기 때문에 성평등을 위해 노력해야 한다. 성 정체성 범주의 어느 위치에 해당하든 상관없이 모든 사람이 평등한 이퀄리아를 실현하기 위한 운동에 남자들도 함께해야 한다. 동조하고 격려하는 것만으로는 불충분하다. 여성평등당 창당 직후 만난 한 남성이 내게 이런 말을 한 적이 있다. "여성평등당이 추진하는 모든 활동에 동의합니다. 저도 제 부인이 아이를 키우는 데 도움을 더 받을 수 있었으면 하거든요." 그런데 그는 자기가 부인을 더 많이 도와줄 수 있으면 좋겠다는 뜻에서 이 말을 한 것이 아니었다. 하지만 앞으로는 남자들도 여자들을 경시하지 않고 적극적으로 협력해야 하며, 더 중요하게는 여자들이 설 자리를 마련해줘야 한다.

정말로 그렇다. 하지만 이 책을 읽다보면 남자들도 이 새로운 협약의 수혜자가 될 것이며, 이퀄리아의 배당금이 북아일랜드에서보다 더 고르게 분배될 것임을 이해할 것이다. 가장으로서 식솔을 먹여 살릴 책임을 혼자 지는 남자들은 심신의 건강 측면에서 더 큰 중압감에 시달린다. 다른 측면에서 봐도 정말 그렇다. 대규모로 진행된 통계 분석에 따르면 남녀 평등지수가 높은 북유럽 국가의 남성은 가부정적인 문화에서 사는 남성보다 더 건강하고 행복한 것으로 나타났다.[8] 이 문제를 다룬 논문의 대표 저자이기도 한 코네티컷 대학교 사회학과 조교수 크리스틴 먼시는, "결혼에서 성별이 어떤 영향을 끼치는가와 관련해 지금껏 밝혀진 내용은 대개 여성들이 어떤 불리한 조건에 있는지에 치중해왔다"면서, "갈수록 많은 연구가 정형화된 성 역할 기대가 남자들에게 해롭다는 사실을 증명하고 있는데, 우리의 연구 역시 그런 연구 흐름과 맥을 같이한다"고 언급했다. 뒤에서 성평등이 경제를 신장시키고 삶의 여러 부문에서 좋은 성과를 내는 사례를 살펴볼 테지만, 지금은 우선 남성의 정체성, 취약성, 폭력성 문제와 이런 문제가 해결됨으로써 남자들이 누릴 이득에 관해 논하려고 한다.

케빈에 대한 이야기부터 나눠보자. 케빈은 라이오넬 슈라이버가 2003년 소설 《케빈에 대하여(We need to talk about Kevin)》에서 탄생시킨 괴물 같은 인물이다. 그는 이해할 수 없는 잔혹행위를 벌이는 청년이며, 남성 폭력의 화신이다. 북아일랜드 분쟁에 나선 청년들에게는 오래된 푸근한 이불이라도 되는 것처럼 가슴에 꽉 움켜쥐었던 대의명분이라는 진부한 핑계라도 있지만, 케빈은 그런 핑계조차 없이 사람들을 불구로 만들거나 살해한다. 분쟁 생존자들과 분쟁 속에서 자란 남자아이들이 자살 충동을 많이 느끼듯이 케빈은 스스로 목숨을 끊고 싶었는지도 모른다. 실제로 불특정 다수에게 무차별적으로 총기를 난사하는 범인들은 보통 현장에서 죽을 결심을 한다. 어찌되었든 케빈이 불행하고 혼란스러운 심리 상태인 것은 분명하다.

심리학자들은 성별 관련 문제를 놓고 의견이 엇갈리듯이 정신질환에 대해서도 서로 다른 의견을 내놓는데, 성별과 사이코패스의 관계의 문제에서도 마찬가지로 의견이 분분하다. 사이코패스는 스펙트럼 장애이며 소시오패스와는 한 가지 기본적인 차이가 있다. 소시오패스는 사회적·환경적 요인으로 발현되며, 사이코패스는 유전적 결핍으로 양심과 공감 기능이 차단되어 나타나는 것으로 추측 된다. 모든 중대 범죄의 절반은 사이코패스와 관련 있으며, 사이코 패스는 직접적으로 겪는 학대와 폭력은 물론 부차적인 피해의 원인 이 되기도 한다.

과거에는 심리학자들이 이런 정신장애가 여성보다 남성에 더 많은 영향을 준다고 보았다. 하지만 요즘에는 장애 진단 검사가 남자들에게 맞춰져 있고 여자들은 다른 종류의 검사를 받기 때문에 여자 사이코패스들의 장애가 판별되지 않고 지나가는 것뿐이라고 주장하는 학자들도 있다. 최근의 한 연구는 이렇게 밝혔다. "여성 들의 경우에는 충동성이나 행동 문제가 주로 가출하거나, 자해하거 나, 속임수를 쓰는 등의 기질로 나타난다. 게다가 남자들은 범죄 행 위에 폭력이 연루되는 경우가 많은 데 비해 여성의 범죄 행위는 주 로 절도와 사기다."[9]

천성과 교육의 경계를 명확히 나누기는 불가능할지 몰라도, 사이코패스의 기질을 가지고 태어나는 사람들이 각자 행동을 형성 해나가는 곳이 사회라는 점, 그리고 모든 사회가 남성을 위계질서 의 최상위에 올려두고, 여성은 성적인 대상, 물건, 비인간 취급을 받기 일쑤인 낮은 계층에 둔다는 점만큼은 분명하다. 여성을 말 그 대로 상품화하는 성 산업과, 성폭력 및 여성 혐오 사이에는 밀접한 관련이 있다. 뒤에서 이에 대해 깊이 살펴보겠지만, 남성의 정체성 에 관한 논의는 반드시 그런 연결관계를 인식하고 더 큰 그림을 이 해한 상태에서 진행해야 한다. 어떤 문화에서든 심각한 문제를 초래하는 괴물 같은 존재, 즉 사이코패스가 존재한다. 지미 새빌, 이언 브래디, 안드레이 치카틸로, 테드 번디, 양 신하이는 모두 그런 부류다. 그러나 이들의 경우에조차 반사회적 인격장애가 발현되는 양상에 사회의 영향력이 미친다. 더욱이 반사회적 인격장애가 나타날 확률은 전체 인구의 단 1퍼센트에 불과한 것으로 알려져 있다. 절대다수의 남자에게서 사회화는 남성이라는 생물학적 주체의 타고난 방대한 가능성 안에서 자신이 누구이며 어떻게 행동해야 하는지를 형성하는 요인이 된다.

워릭 대학교에 다니는 어떤 불운한 열아홉 살 학생은, 성관계 전에 상대의 동의를 얻는 문제를 논하는 학내 워크숍을 기획했다가 조롱거리가 되었다. 워크숍에 참여해달라는 그 학생의 초대에, 같은 학교 학생인 조지 롤러는 '최대 모욕'이라는 표현을 써가면서 이런 글로 이의를 제기했다. "나는 강간범이 되지 않기 위한 교육을 받을 필요가 없다. 그 정도는 기본적으로 알고 있으며, 당신과 내가 아는 압도적으로 많은 사람도 그럴 거다… 과거 캠퍼스 내에서 강간과 성추행 같은 안타까운 일이 벌어지기도 했다는 걸 부정하는 건 아니지만, 당신은 공감, 존중, 인간적인 예의가 부족해서 상대의 신체를 침해하는 부류의 사람들이 과연 대학 캠퍼스에서 열리는 이런 워크숍에 참석할 것이라고 생각하는가?" 그 학생은 '강간범은 이렇게 생기지 않았다'는 푯말을 들고 있는 사진과 함께 이 글을 게재했다.

이런 어리석은 실수를 범하는 건 이 대학생만이 아니다. 강간범을 사회의 나머지 사람들과 구별되는 별종의 괴물 같은 존재로 생각하면 마음이 편할지 모른다. 하지만 그들이 겉으로 괴물같이 보이는 건 아니며, 대부분의 강간범은 괴물이 아니다. 이들에게 나타나는 눈에 띄는 특징으로 신뢰할 만한 건 거의 없다. 이들은 피부색이나 외모가 다양할 뿐 아니라 많은 사람의 편견과 달리, 항상 후드티를 입는다는 보장도 없다. 다만 한 가지 확실한 건, 가해자들은 여자보다는 남자가 훨씬 많고, 반대로 희생자들은 남자보다는 여자가 훨씬 많다는 사실이다. 영국에서 매년 7만 8천 명의 여성이 성폭행당하는데, 같은 기간 성폭행당하는 남성은 약 9천 명이다.[10] 대규모 조사로 진행된 미국대학연합의 2015년 연구는 대학에 다니는 동안 여자 대학생의 23퍼센트가 원하지 않는 성적 접촉을 경험한다고 밝히기도 했다.

여성이 다른 여성이나 때로는 남성에게 성폭행을 범하는 경우도 물론 있다. 형사제도는 피해자를 돕기 위해 마련된 것임에도 피해자를 배려하는 환경이 조성되지 않았거나 세심하게 배려하려는 의지가 부족한 경우가 너무 많다. 그래서 피해자들은 오히려 더 큰 피해를 입을까 두려워서 신고하지 못하고 지나가는 경우가 많다. 한편 남성 피해자들은 성폭행을 자신의 남성적인 매력의 증거로 합리화하거나 부끄럽게 여겨 침묵하기도 한다. 진정한 남자라면 성폭행을 당할 리 없을 테니 말이다.

이 '진정한 남자는 성폭행을 당할 일이 없다'는 메시지는 세계 대부분 지역에서 확연히 나타나지만, 그 부차적인 메시지, 즉 '진정한 남자는 성폭행을 하지 않는다'는 메시지는 별로 명확히 드러나지 않는다.

위의 예에서 롤러는 성장하면서 스스로 성폭행은 잘못된 행동이라는 믿음이 자리 잡았다는 것, 그리고 성폭행을 금하는 제도를 수용하고 내면화하면 성폭행범이 될 가능성을 줄인다는 타당한 견해를 펼친다. 그런데 성폭행은 욕정이 아니라 분노나 증오에 의한 범죄다. 남자들은 성폭행범이 되도록 생물학적으로 프로그램되어 있는 것이 아니며, 남자들 대부분은 본능적으로나 성향적으로 성폭행을 저지르지도 않지만, 모든 남자는 여자를 함부로 대해도 된다는 메시지를 명백하게 혹은 함축적으로 제시하는 사회에서 살고 있다. 남자들이 남성적 정체성에 속박되어 연약해진 상태에서 외부의 도움을 찾는 활동마저 중단하면, 여자들에 대한 분노를 표출할지도 모른다.

파반 아마라는 과거에 성폭행을 겪었다. 그녀는 런던에서 성폭행 생존자들을 돕는 사회운동을 시작해, 피해 여성들이 몸을 추슬러 의료기관을 찾고, 성관계를 포함한 관계를 다시 시작해나가도록 돕고 있다. 그녀는 이런 이야기를 전한다. "제가 이런 활동을 해나갈 계획이라고 친구들에게 이야기했을 때, 흥미롭게도 여자 친구들과 남자 친구들의 반응이 아주 달랐어요. 여자 친구들은 '대단하다! 우리도 도와줄게. 내가 어떻게 하면 네게 도움이 될까?'라고 반응했지요. 그런데 남자 친구들은, 다들 아주 좋은 친구들이고, 제가 가장 힘들었을 때 몇 시간씩 우는 모습을 목격하기도 했고, 제게 큰 힘이 되어주었음에도 불구하고, 이런 이야기를 아주 불편해했어요. 한번은 그 남자 친구들 중 한 명에게, 제가 다른 성폭행 생존자들을 만나서 이야기 나눈 인터뷰 30건의 초고를 읽고 의견을 말해달라고 부탁했는데, 그 친구는 해주겠다고 대답하고는, 나중에 두세번 재촉해도 해주지 않고 계속 미루더라고요. 평소에는 뭐든지 척척 잘 해주던 친구여서 참다못해 '왜 아직까지 검토를 안 한 거야?'라고 다그쳐 물었더니, 그 친구가 이렇게 답했어요. '앉아서 아무리 읽으려고 해도, 마음이 혼란해서 도저히 못하겠더라고.'"[11]

성폭력이라는 현실을 대면하기 힘들어하는 남자들의 특성 때문이었을 것이라고 아마라는 말한다. "그 친구 대답을 들으니, 마치 성폭력 피해를 입는 여자가 많지 않은 자기 자신만의 세상에 살고 싶다는 이야기 같아서, 참 우습게 들리더라고요. 하지만 이 세상에는 성폭력을 겪는 여성이 많아요. 그리고 이걸 보면 남자들과 여자들이 얼마나 다른 세계를 살고 있는지 확인할 수 있어요. 남자들은 세상으로 들어가는 문을 열어보거나, 들여다보려고조차 하지 않아요. 그런데 여자들은 그렇게 외면해버릴 수 없어서, 그 세상 속에 들어가 살아가고 있어요. 남자들은 목격하게 될 것을 감당할 감정적 능력이 없을까봐 그냥 그런 세상이 존재하지 않는 체하지요."

우리 여자들은 남자들이 여자들과 그들 자신을 도울 능력을 계발하도록 어떻게 도울 수 있을까? 이 질문이 긴요한 문제가 된 까닭은 미투(#MeToo) 운동으로 적나라하게 드러난 구조적인 폭력과 성적 약탈의 병폐 때문만이 아니다. 대학을 나오지 않은 백인 남성의 72퍼센트가 도널드 트럼프에게 표를 던졌다. 그런 경향은 세계화의 충격을 감당해야 했던 러스트 벨트* 지역에서 특히 두드러졌다.[12] 전 세계적으로 퇴보적인 정치운동이, 불평할 만한 이유가 있는 남자들의 지지를 끌어모으고 있다. 이들은 사회 주류에서 밀려났다고 생각하며, 선동 정치가들의 말을 곧이곧대로 믿고 이 모든 것이 이민자와 여성들 때문이라고 여긴다.

　　이런 상황에서 필요한 건 대응논리이며, 여성평등당은 바로 그런 새로운 논리를 사람들에게 제시하고자 한다. 우리는 성평등을 이룸으로써 남자들이 경제적인 측면에서 이득을 볼 뿐 아니라 남자들 사이에 긴장이 덜한 따뜻한 사회가 형성되면서 남자들에게 이로운 환경이 조성될 것임을 알리려고 한다. 가부장제가 여성에게는 적이 될지 모르지만, 남성에게는 그렇지 않다.

　　여자와 남자는 흔히 협력자, 친구 같은 사이이며, 사랑하는 연인, 한 가정의 부모가 되기도 한다. 여자들은 남자들에 대해 더 많이 알고 이해하고 싶어 하지만, 남자들은 여자들을 뒤로 밀쳐낼 때가 많다. 그저 좋은 것만 뒤로 감추는 것이 아니라 그들이 겪는 고통과 혼란도 감춘다. 여자들은 남편, 자식, 남자 친구, 남자 동료와의 직접적인 경험으로 그런 사실을 잘 인식하고 있다. 또 남자들의 우정을 농담과 큰 소리가 오가고, 흥겹게 떠들고 서로의 비밀을 감춰

---

* 　　Rust Belt: 미국 피츠버그 등 중서부 지역과 북동 지역의 사양화된 공업 지대.

주는, 영양가 없는 관계로 보는 고정관념이 어느 정도 사실이라는 것도 알고 있다. 하지만 여자들이 완전히 남자들끼리만 있는 상황을 직접 볼 기회는 좀처럼 생기지 않는다. 앞서 언급했듯 내가 메이즈 감옥을 방문했을 때, H7 수감동의 우락부락한 남자들도 내 시선 앞에서는 움츠러들고 태도가 한층 부드러워졌다. 남자들의 영역에 걸어 들어가는 여자는 서부 영화에 으레 나오는, 청부 살인자가 술집에 들어서자 모든 손님이 입에 댄 버번 위스키 잔을 입술에 반쯤 기울이거나 여송연을 입에 문 상태로 멈춘 화면처럼 일제히 동작을 멈추는 장면을 재현하는 기분을 느낀다. 이렇듯 여성이 함께 있을 때는 남성의 행동이 바뀐다.

그렇다면 여성은 남성의 행동을 어떻게 관찰하고 배워야 할까? 우선 메이즈 감옥에 있는 공화국군 수감자들처럼, 우리도 남성과 남성성, 남성의 정체성을 다룬 책을 찾아보면서 권력 분담에 대비해 준비해나가는 방법이 있다. 예를 들어 "고통은 남자에게 문제가 되지 않는다"라거나 "남자에게 패배란 있을 수 없다… 남자는 파멸할 수는 있어도 패배할 수는 없다"라고 규정한 어니스트 헤밍웨이의 글을 읽어볼 수도 있다. 하비 맨스필드는 《남자다움에 관하여(Manliness)》에서 헤밍웨이의 그 정의를 인용하기도 했다. 《남자다움에 관하여》는 남자다움이라는 주제에 대해, 성 중립적인 세상이 페미니즘의 목표이며 성평등은 주로 여성들이 해결해야 할 문제라는 잘못된 전제를 토대로 서술한다. 온라인 커뮤니티 '자신의 길을 가는 남자들(MGTOW: Men Going Their Own Way)'의 웹사이트인 mgtow.

com을 살펴볼 수도 있다. 이 커뮤니티는 '남자들만의 공간'을 추구하며, 여성들을 배제한다.

아주 가끔은 여성들이 발각되지 않고 남성의 세계에 뚫고 들어갈 방법을 찾아내기도 한다. 1959년 존 하워드 그리핀이라는 백인 미국인은 약을 먹고 온몸을 검게 그을려 겉모습을 흑인처럼 만든 뒤 미국에서 인종 차별이 가장 심한 최남동부 지역으로 갔다. 그리고 그 경험을 담아 《블랙 라이크 미(Black Like Me)》라는 책을 펴냈다. 물론 그 책은 흑인으로 외모를 꾸민 백인의 경험을 담은 것이어서, 진정한 흑인이 되어 흑인 입장에서 세상을 본 경험은 아니다. 하지만 인종 차별이 어떤 식으로 나타나는지, 인종 차별주의자들이 흑인 여성들을 어떻게 도구화하는지 들여다볼 계기를 제공했다. 예컨대 그는 앨라배마에서 히치하이킹을 해서, 그 지역에서 중요한 직책을 맡고 있을 법한, 점잖고 다정한 할아버지 인상을 풍기는 한 남자의 차를 얻어 탔다. 그 운전자에 대한 환상은, 그가 그리핀에게, 백인 남자하고 섹스를 해서 오르가슴을 느낀 적이 있느냐는 질문을 던지면서 산산이 깨졌다. 그리핀이 그에게 항의하자 그 남자는 권력의 역학관계 이야기를 꺼냈다. "이 동네가 어떻게 돌아가는지 잘 모르는 모양이구먼. 우리는 당신네들하고 거래를 하는 거야. 당신네 여자들을 완전히 뿅 가게 해주지. 우리한테 당신 같은 치들은 그것 말고는 완전히 없는 존재나 마찬가지야."

그로부터 거의 50년이 지난 뒤, 노라 빈센트라는 저널리스트가 그리핀이 추구했던 참뜻을 계승하고, 이성의 옷을 입어보는 한 리얼리티 텔레비전 프로그램에서 아이디어를 얻어 비슷한 유형의 탐사에 나섰다. 그녀는 네드라는 남자로 분장해서, 1년 반 동안 정기적으로 남자들의 세계를 탐색했다. 그리고 그 경험을 바탕으로 쓴 책 《셀프 메이드 맨(Self-Made Man)》에서 이렇게 밝힌다. "각각에 맞는 의미를 부여하려고 최대한 노력했지만, 내가 관찰한 바에는 내 개인적인 편견과 선입견이 가득하다."[13] 그녀는 남자들만 참여하는 볼링 대회에 나가고, 스트립 클럽에 가고, 여자와 데이트하고, 수도원에 방문하고, 남자들만의 캠핑 휴가에 다녀왔다. 가장 크게 느낀 건 남자다움으로 간주되는 문화는(그리고 실제 남자다움 그 자체도) 그녀가 예상했던 자유로움과 다르며, 일부 측면에서는 여성으로서의 경험보다 훨씬 제한적이라는 점이다. 그녀는 "내가 정말로 두려웠던 건 여자라는 게 들통날까봐서가 아니라, 진정한 남자의 기준에 못 미친다는 게 알려지지 않을까 하는 점이었다. 예측건대 평생 이런 걱정을 가슴에 안고, 다른 남자들의 시선을 끊임없이 의식하며 스스로 살피고 단속하는 삶을 감내하는 남자들이 많을 것이다"라고 평가하면서 이렇게 설명한다. "다른 누군가가 항상 당신이 얼마나 남자다운지 평가하고 있다. 그 누군가는 남자이거나, 여자이거나, 심지어 어린아이일 때도 있다. 그리고 마치 무슨 끔찍한 유행병에 걸린 건 아닌지, 더 나아가 다른 남자들이 전염시키는 건 아닌지 전전긍긍하기라도 하듯, 모든 이가 당신의 약점이나 부족함을 찾으려고 살핀다. 특정한 행동을 하지 않거나, 어떤 주어진 순간 특정한 지점에 시선을 두지 않으면, 그런 어긋난 행동이나 움직임이 전체 조직에 위협이 된다고 받아들인다. 그래서 누군가가 늘 자리를 지키고 앉아서 테이블 밑으로 툭툭 발길질을 해서, 당신을 진정한 남자의 길로 이끌고, 그런 남자로 만들고, 유지시킨다."

런던의 개릭 클럽*은 2015년 7월 여성에게 클럽 회원 자격을 허용할 것인가를 두고 투표를 진행했는데, 회원 3분의 2의 찬성을 얻는 데 실패해 남성들만의 클럽으로 유지되고 있다. 클럽의 변화를 지지했던 한 회원은 내게 보낸 이메일에서 이렇게 불편한 심기를 털어놓았다. "여성의 입회를 반대하는 사람들은, 여자들은 웃기는 이야기를 잘 외울 줄 모르고, 식당에 여자 화장실을 만들어야 한다는 둥 케케묵은 이유를 끌어다 대고 있어요."

남녀 모두에게 회원 자격을 주는 것을 반대하는 어떤 사람은 《가디언》에 게재한 글에서 이런 우려를 표명했다. "여자들이 없으면 남자들은 행동이 달라진다. 동지애와 정감 어린 농담이 오가며, 말하고 싶은 건 뭐든지 해도 된다는 믿음하에 남에게 잘 보이려고 애쓰는 사람 없이 모두가 완벽하게 평등한 분위기에서 유쾌하게 대화를 나눈다. 내가 여성의 입회를 반대하는 주된 이유는 그것 때문이다. 즉 나는 여자들이 못마땅해서가 아니라, 여성 회원이 들어오면 그들에게 잘 보이고 싶은 욕구를 참지 못하는 남자들도 생긴다는

---

*   Garrick Club: 1831년에 창립한 남성들의 사교 클럽으로, 연극인과 법조인을 비롯한 유명 인사들이 주요 회원이다.

게 문제다. 동물과 사람 가릴 것 없이 그것이 수컷의 본성이다."

수컷 하마는 방뇨하거나, 배변하거나, 분변에 꼬리를 넣고 흔들어서 암컷을 유혹한다. 연어 살색과 청록색이 섞인 개릭 클럽의 넥타이를 매는 남자들도 인간 본성이 작용하면 그에 상응하는 행동을 하게 될까? 인간이 문명화에 오염되지 않았다면 취했을지 모를 행동의 실마리를 자연세계에서 찾을 수 있다는 생각이 완전히 터무니없는 건 아니다. 그러나 원숭이에게 성별적인 특성이 반영된 장난감을 주고 지켜본 실험에서 확인된 것처럼, 자연에서 얻는 단서는 해독하기가 힘들다. 인간 외의 다른 동물들도 나름의 행동 양식을 전수하고 사회를 형성한다.

게다가 본성은 무시될 수도 있다. 그렇지 않았다면 내 아버지인 데이비드 메이어가 개릭 클럽의 회원이 되지 못했을 것이다. 아버지는 미국인으로, 그루초 막스가 자기를 받아주는 클럽에는 가입하지 않겠다고 생각했던 것과 똑같은 유대인 아웃사이더의 사고방식을 가진 사람이다. 아버지의 그런 사고방식은 우리 가족이 영국으로 이주한 후, 자기가 남들보다 낫다고 믿는 계급의 복잡한 속물근성과 어리석음을 아버지가 처음 접한 뒤 더욱 확고해졌다. 개릭 클럽은 아버지가 혐오하는 모든 것을 포괄한 단체였다. 그러나 그와 동시에 개릭 클럽은 세계에서 가장 중요하고 방대한 연극 자료가 보관된 장소이기도 했으며, 연극 역사를 전공한 사학자인 아버지에게는 큰 의미가 있었다.

아버지는 여성 회원 입회를 허용하자는 의견을 적극적으로 지지했다. 지금 아버지가 누리는 소중한 자료를 열람할 수 있는 혜택이 다른 많은 여성학자에게 돌아갔으면 좋겠다고 생각했기 때문이다. 투표 준비 기간이던 어느 날, 아버지는 샌디와 나를 개릭 클럽에 초대해 점심을 대접했다(여자들은 남자 회원의 손님 자격으로 클럽하우스의 일부 시설에 출입할 수 있다). 아버지는 여성평등당의 공동 창당 위원인 우리가 그곳을 방문했다는 사실이 알려지기를 바랐던 것이다. 그런데 결국 알려지긴 했지만, 예측했던 양상과 조금 달랐다.

점심 식사 후에 우리는 현관의 중앙 계단 발치에 잠시 서 있었다. 몇 년 전까지만 해도 여성들의 중앙 계단 이용이 금지되었기 때문에, 여성들은 웅장한 중앙 계단 대신 허름한 뒷계단으로 다녀야 했다. 두 계단 모두 현관 로비로 연결되는데, 샌디는 그 계단이 만나는 지점에 시선을 두고 있었다.

샌디가 어리벙벙한 표정을 지었다가, 금세 뭔가 알아채는 얼굴로 바뀌더니, 다시 무언가 깨닫고 충격을 받은 표정으로 변하는 게 내 눈에 들어왔다. 그래서 샌디가 바라보는 쪽으로 고개를 돌리니, 한 나이 든 신사가 서서 우리에게 악수를 청하고 있었다. 머리털 없는 정수리는 매끈하며, 달걀같이 반점이 나 있었다. "저, 다름이 아니라 두 분이 여성평등당을 만들었다는 소식에 축하 인사를 건네고 싶어서 왔습니다."

목소리를 듣고 나서야 눈앞에서 손을 내민 사람이 미디어계의 거물 루퍼트 머독이라는 것을 깨달았다. 그가 일군 다국적 거대 기업은 텔레비전에서 영화, 인터넷부터, 지금 이 책을 발행한 출판사, 제3면(Page Three)에 주로 실리는 젊은 여성들의 상반신 노출 사진으로 유명한 대중지《더 선(The Sun)》을 포함한 출판물까지, 사업 영역이 엄청나게 방대하다.《더 선》은 2015년 초, 44년의 역사를 이제 그만 접어야 한다는 압박에 굴복해 폐간되는 듯했다. 압박의 중심에는 페미니스트 운동가들뿐 아니라 머독 자신도 있었다. 그는 이 잡지가 시대에 뒤떨어졌다면서, 아름다운 젊은 여성이 유행하는 멋진 옷을 살짝이라도 걸치면 더 매력적이지 않느냐며, 의견을 보내달라는 내용의 트위터 메시지를 게재했다. 존경스러운 로라 베이츠가 운영하는 '에브리데이 섹시즘 프로젝트(Everyday Sexism Project)' 트위터 계정이 즉시 답변을 달았다. '여성의 외모가 아니라 성과에 대한 뉴스를 보도하면 어떨까요?'

2015년 1월,《더 선》인쇄판에서 제3면의 반라 사진이 자취를 감췄다. 다만 '유방이 소멸되었다'는 익살스러운 헤드라인으로 단 한 번 짓궂게 모습을 내비쳤다. 이를 여성의 승리로 보아야 할까? 그렇지는 않다. 그보다는 시대 변화의 신호로 보아야 마땅하다. 젖꼭지를 드러낸 가슴의 행진은《더 선》의 온라인판으로 이사했으며, 그 수위가 예전보다 더 적나라해졌으니 말이다.

그날 개릭 클럽에서의 만남이 런던의《이브닝 스탠더드(Evening Standard)》에 소개됐다. 그 기사는 이런 의문을 제기했다. '루퍼트가 페미니스트였음을 누가 짐작이나 했겠는가?'

5장   가정 경제

남편의 전화를 받기 전에도 이미 평화롭고 순조로운 아침과는 거리가 멀었다. 다섯 살과 여섯 살인 앤의 큰딸과 작은딸은 학교에 등교할 수 없었고, 매서운 위스콘신 겨울 날씨에 이 두 아이와 두 살짜리 막내를 마당으로 내보낼 수도 없었다. 집에서 키우는 바셋하운드 강아지조차 밖에 나가지 않으려고 했다. 그래서 다들 집에 콕 박혀 각자 부산스럽게 시간을 보냈다.

최소한 이웃들이 이 난장판을 보고 비웃을까봐 염려할 필요는 없었다. 창문마다 마치 레이스 커튼을 두른 것처럼 성에가 하얗게 끼어, 초토화된 집 안의 모습이 흐릿하게 가려져 눈에 잘 들어오지 않았다. 우유에 탄 시리얼이 쏟아진 채 말라 끈적끈적해진 물웅덩이처럼 포마이카 식탁 여기저기를 뒤덮고, 진흙 묻은 개발자국과 개털로 뒤덮여 광택이라고는 찾아볼 수 없는 마룻바닥 위로는 장난감들이 여기저기 흩어져 굴러다녔다. 눈으로 뒤덮여 정원과 구분이 안 가는 도로에서 저만치 안쪽으로 들어가 있는 교외 주택들에는 고드름이 삐죽삐죽 달려 있었다. 자동차 안테나에 달아놓은 급조된 깃발을 보고 겨우 도로 가장자리가 어디인지 가늠할 수 있었다. 이 지역은 눈이 아주 많이 내리기 때문에, 주차된 차가 눈에 완전히 뒤덮였을 때 제설차가 주차된 차를 밀고 지나가는 일이 없도록 미리

차의 위치를 표시해두어야 했다.

　7년 전, 미국의 명문 여자대학인 스미스 칼리지에서 역사와 예술사를 전공하던 앤은 학업을 포기했다. 더 긴요하고 중요하다고 느꼈던 가정과 육아에 전념하기 위해서였다. 바로 이 가정과, 이 아이들을 위해서 말이다.

　대학에 입학하고 처음 한동안은 대학 생활에 기가 죽어 점심 시간에 캠퍼스 연못가에 혼자 앉아서 시간을 보냈다. 거기서 자신과 마찬가지로 학교에 적응하기 힘들어하는 다른 학생을 만나 친구가 되었다. 그 친구가 바로 실비아 플래스다. 그녀는 앤이 1학년이었을 때는 앤과 다른 기숙사에서 지냈는데, 얼마 뒤 실비아 플래스가 자전적 소설《벨 자(The Bell Jar)》에서도 설명했던 심신의 건강 문제로* 학교를 쉬었다. 그리고 다시 학교로 돌아온 뒤 앤이 머물던 헤이븐 하우스에서 앤과 같은 복도 통로에 있는 방에 기숙했다. 그리고 1955년 6월 우등생으로 졸업하면서 문학 학사학위를 받았다. 제대로 다녔다면 앤도 그때 졸업했어야 하지만, 졸업을 겨우 6개월 남겨두고 결혼하기 위해 크리스마스 무렵 학교를 중퇴했다. 그런 결정을 내린 이유 중에는 잃어버렸던 가족의 존재를 되찾고 싶은 마음도 있었을지 모른다. 앤의 아버지는 앤이 열두 살 때 심장마비로 갑자기 세상을 떴으며, 몇 달 뒤 남동생 케빈이 번개에 맞아 목숨을 잃

---

* 　그녀는 자살 시도 후 정신병원에 입원해 당시 정신치료에 효과적이라고 여겨졌던 전기충격치료를 받았다.

었다. 하지만 외부적인 압력의 영향도 어느 정도 있었다. "나와 같은 시대를 살았던 젊은 여성들은 좋은 아내와 엄마가 되기 위해 대학 교육을 받았다"라고 앤은 설명한다. "사회생활을 원하는 여성들이 진출할 수 있는 길은 거의 없었고, 그런 몇 안 되는 자리는 애석하게도, 졸업 때까지 결혼반지를 손에 끼지 못한 사람들에게 돌아갔다. 내 경험으로는 직업을 위해 결혼을 미루겠다는 생각을 하는 사람은 아무도 없었다. 혹시 실비아 플래스 정도 되는 사람이라면 결혼하고 나서도 시를 쓸 수 있을지 모르지만, 결국 그녀가 어떻게 되었는지 생각해보라."

그녀는 82년간의 삶을 통해 체득한 교훈을 소개하며 그와 관련한 의견을 밝혔다. "내가 무엇을 성취했고, 하지 못했고, 어떤 순서로 해왔는지 자책하지 않고, 맡겨진 일에 정통하고 친구들과 고객들에게 최선을 다하고, 스스로를 깎아내리지도 않지만, 삶에서 이룬 성취를 너무 과장하지도 않는다. 지금 이 상태의 몸과 마음으로 만족하지만, 한두 세대 더 늦게 태어났다면 아주 다른 삶을 살았을 것이라고 생각한다. 내가 이런 생각을 하게 된 건 실비아 플래스의 딸 프리다 휴스와 둘이 실비아에 대한 이야기를 많이 나누었기 때문이다. 실비아는 이카루스 같은 존재였고, 나는 큰 열정 없이 하루하루 묵묵히 살아가는 사람이었는데, 이 세상에 아직 이렇게 살아 있는 건 나다."[1]

교수들의 평가를 놓고 보면 앤에게도 크게 성장할 잠재력이 있었다. 그녀의 지도교수였던 필리스 윌리엄스 레만은 앤의 재능을 높이 평가해서 사모트라케섬 고고학 발굴을 도울 학생으로 그녀를 선정했었다. 그때 발굴 작업에서 여신 니케를 형상화한 '날개 돋친 승리의 여신상(the Winged Victory)' 대리석 조각상의 손가락 조각두 개가 발견되었으며, 이미 복구 작업을 거쳐 루브르 박물관에 전시 중이다. 앤이 그 발굴 탐사 작업에 참여했다면 그 작업이 대학원에서 수행한 첫 번째 프로젝트가 되었을 것이다. 니케 조각상의 머리는 끝내 찾아내지 못했다. 앤은 위스콘신에서 홀로 우울한 마음으로, 배운 능력을 언젠가 다시 쓸 기회가 있을까 생각했다. 그러던 그 매서운 겨울날 낮에, 남편이 집으로 전화를 걸어 퇴근 후 집에서 특별한 동료에게 식사를 대접하려 한다고 알렸다. 앤은 뭔가 먹을 만한 걸 만들 수 있을까 부엌을 뒤져봤지만 헛수고였다. 어질러진 바닥부터 치우고, 장을 보러 가야겠다고 생각했다. 그러고 나서 실린더처럼 생긴 진공청소기를 꺼내 바닥을 청소하려는데, 개털이 꽉차 있어 청소기가 작동하지 않았다.

그녀는 "평생 처음으로 걷잡을 수 없는 분노가 치밀었다"고 회상한다. 그래서 세 아이를 스테이션왜건에 태우고 곧장 남편이 근무하는 대학으로 갔다. 앤이 방한복을 입고 벙어리장갑을 낀 세 아이를 줄줄이 데리고 대강의실 중앙 통로로 성큼성큼 걸어 들어오는 걸 보고 남편은 말하다가 갑자기 멈췄다. 앤은 교단 위에 고장 난 진공청소기를 턱 내려놨다. 앤은 "이거 고쳐놔요. 난 더는 못하겠어요." 이렇게 고함 치듯 말하고, 휙 돌아서 나갔다.

그녀는 수십 년 전의 이 일을 돌아보면서, 그때가 갈림길이었음을 깨닫는다. "당시 굳은 확신이 있어서 내가 다른 길을 선택했다면 삶이 완전히 달라졌을 것이다. 남편은 그날 청소기를 고쳐놓지 않았지만, 그 특별한 손님을 밖에서 대접했다."

앤은 그로부터 몇 년 뒤 마침내 학업을 다시 시작해, 시카고에 있는 노스웨스턴 대학교에서 학위를 땄다. 그런 다음 자신의 전문 분야를 개척해 현재까지 활동하고 있다. 그녀는 위스콘신에서 현대무용 수업을 듣고, 나중에 남편의 책 집필 활동을 위해 함께 런던으로 이주해, 그곳에서 현대무용을 대표하는 마사 그레이엄의 무용 기법을 습득했다. 스탠리 볼드윈 총리의 손자 로빈 하워드, 그리고 제2차 세계 대전에서 두 다리를 잃고 훈장을 수여한 한 퇴역 군인은, 그레이엄의 무용에서 영감을 받아 현대무용 교육 창작기관 더 플레이스(The Place)를 설립하고 그 안에 '런던 현대무용 극장'을 개관했는데, 그곳의 첫 홍보 담당자로 앤을 고용했다. 당시 앤은 경력이 전혀 없는 상태였다. 그녀는 내게 보낸 이메일에서 이렇게 말했다. "알고 보니 저는 그 일에 꽤 재능이 있었어요. 저를 고용한 분이나 저나 모두 운이 좋았지요. 그 일이 제 삶의 구원이 된 건 어찌 보면 당연한 결과였어요. 최상급 두뇌와 교육을 받은 제게 세 아이를 키우는 생활은 지적·정서적으로 완전히 몰두할 만한 일이 되지 못했어요. 물론 아이들은 변함없이 항상 제 삶의 중심이고, 제가 지금껏 성취한 그 무엇보다 소중하지만요. 저는 일을 시작한 후 쉬어본 적이 없어요. 앞으로도 그럴 거고요."

어린 시절 동생들과 나는 우리 엄마 앤이 행복하지 않다는 걸 알았다. 엄마는 외할머니가, 차라리 자기가 죽고 남동생인 케니가 살아 있기를 바랄지도 모른다는 생각도 했다. 십대 시절 엄마는 잘 먹지 못해 말랐고, 나중에는 마치 먼저 세상을 뜬 남동생 같아 보일 정도로 사내 같은 모습이었다. 어른이 되어서도 거의 먹지 않았고, 식사 준비에도 소홀했다. 다만 여성 잡지에서 읽은 '같은 접시에 같은 색 음식 두 가지를 절대 함께 놓으면 안 된다'는 법칙은 항상 따랐지만 말이다. 그걸 두고 아빠와 말다툼을 한 적도 있다. 아빠는 똑똑하고 재밌는 사람이었지만 시시때때로 발끈하는 성격이었다. 우리는 일찍부터 엄마, 아빠 사이가 별로 좋지 않다는 걸 알고 있었다. 아빠는 부인 한 사람만 바라보는 성격이 아니었고, 엄마는 아빠의 외도를 막는 걸 포기하고, 아빠가 마음대로 하도록 내버려두었다. 하지만 그런 상황이 우리와 엄마, 아빠의 관계에 전혀 해를 끼치지 않았으며, 우리 가족은 다른 많은 가족보다 더 가깝고 애틋하게 지냈다. 그런데 나는 베티 프리던의 책을 읽고, 엄마가 느꼈던 불행이 엄마 세대 백인 중산층 미국 여성들 사이에 팽만했던 불만감의 징후였음을 알게 됐다.

베티 프리던은 이런 불만감을 '이름 붙일 수 없는 문제'라고 명명하고, 첫 번째 저서이자 뛰어난 명저 《여성의 신비(The Feminine Mystique)》에서 설명했다. "이 문제는 미국 여성들의 마음속에 여러 해 동안 표출되지 않은 채 파묻혀 있었다. 20세기 중반의 여성들은 묘하게 동요하는 갈망과 불만감에 시달렸다. 교외 주택가에 거주하는 평범한 중산층 부인들은 혼자서 이런 감정을 느끼며 괴로워했다. 침대를 정리하고, 슈퍼마켓에서 장을 보고, 의자나 소파에 덮개를 씌워 꾸미고, 아이들과 땅콩버터와 잼을 바른 샌드위치를 만들어 먹고, 컵스카우트와 걸스카우트에서 차량 봉사를 하고, 밤에 남편 옆에 누워 있으면서, 마음속에서조차 마음 편히 꺼내기 힘든, '이게 전부인가?'라는 질문에 사로잡힌다.[2]

우리 엄마처럼 프리던도 스미스 칼리지를 다녔고, 1942년에 졸업했다. 프리던이 살던 시대 사람들은 생동감 넘치고, 열정적이고, 직업적인 태도와 사고방식이 있었다. 프리던은 1957년에(우리 엄마가 처음 계획대로 학교를 마쳤다면 졸업 한 지 2년 뒤), 스미스 칼리지에서 열린 일주일간의 연구활동에 참여했는데, 그때 후배들의 관심이 학업이 아니라 온통 결혼 시장에 쏠려 있다는 걸 알게 됐다. 메리 울스턴크래프트는 1792년에 발표한 유명한 《여성의 권리 옹호(A Vindication of the Rights of Women)》에서 "지금 이 시대의 문명화된 여성들은 장대한 열망을 품고 능력과 가치로 존경받고자 노력해야 할 때, 일부 예외적인 경우를 제외하고는 모두 사랑을 찾는 데만 마음이 쏠려 있다"라고 주장했다. 그로부터 150여 년이 흐른 뒤 프리던은 그와 동일한 병폐가 스미스 칼리지 후배들에게 피해를 끼치고 있음을 목격했다. 그녀가 한 4학년 학생에게 어떤 과목이 가장 인기 있느냐고 물었더니, 그 학생은 "애들은 그런 데 별로 관심 없어요… 제 생각에는 다들 손가락에 다이아몬드 반지를 끼고 졸업할 수 있기를 바라는 것 같아요"라고 답했다.

프리던은 이 대학생들이 평생토록 행복한 삶이 진정 가능하다고 믿는 것은 아니며, 삶의 범위가 좁아진 데 대해 이미 불만을 느끼기 시작하고 있음을 감지했다. 그녀는 이 학생들이 과거로 회귀한 기득권의 움직임에 순응한 배경에 대해 이렇게 설명했다. 남자들이 제2차 세계 대전에 출전하면서, 노동 시장에 새로 진출하는 여자들이 유례없이 많아졌다. 그 일자리 대부분은 하급 노동직이었다. 미국과 유럽에서는 전쟁이 끝나고 군인들이 돌아오면서 여성의 취업률이 잠시 하락했다가 1954년 즈음 전쟁기의 최고치를 회복한 뒤 계속 증가했다. 남자들은 직업적으로나 개인적으로 모두 적극적인 새로운 여성 경쟁자들에게 일자리를 잃지 않을까 걱정했다. 교회와 보수적인 기관들은 그들의 두려움을 달래주었다. 기업들은 자신들이 만든 상품을 팔기 위해, 완벽한 주부, 완벽한 아내, 완벽한 엄마, 완벽한 여성이라는 꿈을 유포하고, 그런 완벽함을 이루려면 그런 상품이 꼭 필요하다고 부추겼다.

《여성의 신비》를 출간한 이후, 프리던은 행동주의로 방향을 돌려, 전미여성기구(NOW)를 창설하고, 같은 스미스 칼리지 출신 글로리아 스타이넘을 포함한 여러 여성과 전미여성정치연맹(NWPC)을 설립하면서, 페미니즘의 제2의 물결을 이끄는 리더가 되었다. 그녀는 1970년 평등을 위한 여성 파업(Women's Strike for Equality)을 조직하고, 남녀평등 헌법 수정안(ERA)을 통과시키기 위해 운동을 벌였다. 남녀평등 헌법 수정안은 "미국에 의해서든 다른 어떤 나라에 의해서든, 성별 때문에 법에 따른 평등한 권리를 거부당하거나 박탈당해서는 안 된다"라고 규정한다. 남녀평등 헌법 수정안은 비준 직전까지 갔지만, 필리스 슐래플리라는 보수주의 운동가가 반대 운동을 성공적으로 조직해, 프리던이 해방시키고자 했던 주부들은 이 법안으로 병역을 면제받는 혜택을 입어 피해를 입을 것이라고 주장함으로써 통과하지 못하고 보류됐다. 슐래플리는 그 밖에도 여성들이 남녀공용 화장실을 쓰게 될지도 모른다며 불안감을 조성했다. 미국에서는 아직 국가적 차원에서 여성들의 동등한 권리가 보장되지 못하고 있으며, 주별로 차별과 생식권과 관련한 일련의 법규를 땜질식으로 만들었다.

　가장 최근에는 2014년에 화장실 문제가 다시 남녀평등 논의의 중심으로 부각됐다. 애리조나에 본부를 둔, 튼튼한 자금력을 갖춘 보수 기독교 단체 자유수호연맹(Alliance Defending Freedom)은 일부 주에 도입된 진보적인 법과 규정을 퇴척하기 위한 운동의 일환으로 화장실 문제를 꺼내 들었다. 이들은 슐래플리가 했던 것처럼 여성의 권리를 옹호하기 위함이라는 식의 주장을 펼쳤다. "생물학적인 성이 아니라 각자가 정한 성 정체성을 토대로 화장실, 탈의실, 그 밖의 사적인 공간에 출입할 수 있게 하는 법규가, 정치적 쟁점의 하나로 전국 각지에서 제정되고 있다"라고 온라인 탄원서는 밝힌다. "그러나 이런 정치적 쟁점은 상식과 기본적인 사생활 보호 문제뿐 아니라, 예기치 않게 발생하는 성폭력 피해 등의 안전 관련 문제도 등한시하고 있다." 가족연구협의회(Family Research Council)를 비롯해 자유수호연맹과 의견을 같이하는 압력단체들이 바통을 이어받으면서,

몇 개 주에서는 염색체상의 성과 맞지 않는 남자 또는 여자 화장실에 들어가는 것을 범죄로 규정한 법이 발의되기도 했다.

성 중립적인 화장실이 여성에게 위험요인이 된다는 증거는 없다. 지금처럼 남성과 여성으로 나뉜 화장실은 철저한 안전 보장과 거리가 멀며, 오히려 범죄자들이 눈독 들이는 사냥터가 된다. 실제로 나는 독일에서 학교 다닐 때 학교 여자 화장실에 잠복하고 있던 상습 성범죄자의 공격을 피해 달아난 경험이 있다. 그뿐 아니라 만일 트랜스젠더 여성들에게 남자 화장실을 사용하도록 규정한다면 이들이 성추행당할 위험은 당연히 아주 높아질 것이다. 성 중립적인 화장실을 반대하는 운동과, 피임과 낙태를 제한하려는 수많은 관련 운동의 근본적인 목표는, 오직 남성과 여성이라는 두 가지 성 정체성이 존재하고, 그에 따른 용인되는 행동방식이 있는 이분법적인 세상이라는 빛바랜 환상을 재주장하는 것이다. 미국의 기독교 우파들은 이성 간의 결혼과 그런 결혼을 통한 번식을 사회의 기반으로 본다. 보수주의자들은 이런 유형에 자연적으로 맞지 않는 사람들은 그들의 성 혹은 성별 정체성을 부정해야 한다고 주장한다. 또 여성들은 온전한 정신을 희생해서라도 신과 남편의 권위에 복종해야 한다고 촉구한다.

이런 신조와 이에 찬성하는 주장들은 양극단으로 치닫는 해로운 정치 분열을 심화시킨다. 실제로 인구의 상당수는 남북 전쟁 때 미국 원주민과 대적했던 조지 암스트롱 커스터(George Armstrong Custer) 장군의 부대 같은 적대 세력에 포위된 기분을 느낀다. 현 정권에서 트럼프를 지지했던 백인 복음주의자의 81퍼센트가 그들의 세계관을 재주장할 기회가 생겼다고 본다. 허위, 부당함, 미국적인 방식을 옹호하는 이들은 적어도 한 가지에서는 옳다. 바로 그런 세계관이 위협당하고 있으며, 남녀로 구별된 화장실은 실제로 그런 위협의 존재를 알리는 신호라는 점이다.

성 중립적인 화장실을 만들려는 움직임은 성별을 규정하는 범위를 넓게 보고 무급이냐 유급이냐에 관계없이 여성의 노동을 가치 있게 여기는, 한층 넓고 깊은 사회적 변화를 드러내는 증거다. 선진 공업국 여성들은 화장실에 줄서서 기다리느라 평생 많은 시간을 허비하는데, 그건 그 누구를 위해서도 득이 되지 않는다. 아기 기저귀를 갈 수 있는 편의시설도 지금은 보통 여성 화장실 내에 마련되어 있지만, 기저귀를 가는 더러운 일은 여성 혼자 감당해야 할 몫이라는 생각에서 벗어나야 한다는 목소리가 갈수록 힘을 얻고 있다. 실제로 많은 나라에서 이런 논쟁에 사람들의 관심이 부쩍 집중되고 있는데, 남자 가장이 가족을 부양하고 부인과 아이들에게 공경받는 핵가족이라는, 보수주의자들이 유지해나가려고 심혈을 기울이는 사회 모델이 제 기능을 못하는 경우가 많기 때문이다. 따지고 보면 그런 모델은 지금껏 온전히 실현된 적이 없다.

초기 인류는 평등했으며, 세계 일부 지역에 아직 존재하는 수렵·채집 사회는 일과 양육의 의무를 나누고, 식량과 보안의 혜택을 큰 공동체 집단 내에서 나눴다. 농업의 발달과 함께 더 좁은 의미의 가족 구조가 나타났으며, 산업화가 진행되면서 그런 가족 구조는 보다 큰 지원 체계와 점점 더 명확히 분리되고, 오늘날과 같은 보육 체계가 차츰 확립됐다. 공장 노동자들은 일터에서 장시간 근무해야 했기 때문에 첫째나 둘째에게 동생 돌보는 일을 맡기는 경우가 많았다. 부모들은 자녀들이 가능한 한 빨리 자기 생활비를 스스로 감당하기를 바랐다. 한편 부유한 가정의 여성들은 가난한 여성들을 고용해서 아이 돌보는 일을 맡겼다.

　　사회적 지위가 높고 낮음에 관계없이 여성이 내릴 수 있는 선택의 범위는 제한적이었으며, 연이은 임신으로 수명이 단축되는 경우가 많았다. 역사적으로 많은 사회는 여성의 선택권이 근본적으로 중요하다는 사실을 인식해왔다. 고대 이집트 여성들은 태아 수정을 막기 위해 성교 전에 솜, 꿀, 아카시아 잎사귀를 질 속에 집어넣었다. 19세기 말과 20세기 초 이슬람교도들을 코끼리 똥, 피치*, 양배추를 활용하기도 했다. 지금은 자위행위라는 뜻으로 주로 통용되는 오나니즘(Onanism)이란 용어는 본래 질외 사정을 뜻하는 말이었다. 이 단어의 어원인 오난(Onan)은 창세기에 나오는 인물로, 형수와 성교를 하던 중 형에게 자손이 생기는 것을 막기 위해 정액을 바닥에 흘려버렸다고 한다. 그 방법이 효과 없을 때는 낙태를 유도하기 위해 약초를 쓰거나, 복부를 짓누르거나, 아니면 더 잔혹한 방법을 썼다.

---

* 　원유, 콜타르 등을 증류시키고 남은 검은 찌꺼기.

정부에서 낙태를 불법화하기 시작한 건 19세기 들어서면서다. 낙태를 금하게 된 데는 여러 가지 이유가 있었다. 우선 낙태로 인한 사망자 수가 증가했으며, 남자 의사들이 여자 조산사들과의 영역 다툼을 벌이면서 생식 의료의 모든 측면을 통제하려고 한 배경도 작용했다. 또 산업화에 따라 값싸고 고분고분한 여성 노동력에 대한 수요가 늘고, 기득권층이 아이를 낳을지 여부를 여성들에게 결정하게 하면 여성들을 자유롭게 하는 데 도움이 될 것이라고 판단했기 때문이기도 하다. 한편 미국에서는 이민 증가를 반대하는 사람들이 민족 자멸*을 우려해, 밀려드는 이민자들에 대응하려면 백인 중산층 여성들이 아이를 더 많이 낳아야 한다고 주장하기도 했다.[3] 유럽에서는 두 차례 세계 대전이 이어지면서, 각국 지도자들이 여성들을 향해 사병대를 조직할 만큼 대가족을 꾸려야 여성의 의무를 다하는 것이라고 독려했다. 프랑스에서는 아이를 여덟 명 이상 출산한 기혼 여성에게 대통령이 금으로 된 메달을 수여하는 관례가 지금까지 이어지고 있으며, 독일의 나치도 그와 유사한 장려책을 도입한 적이 있다.

　　마거릿 생어는 이런 사회적 기풍에 반대했다. 다만 그녀가 추구하는 주장에도 미심쩍은 구석은 있었다. 그녀는 우생학, 즉 인류의 발전을 위해 선택적인 번식이 필요하다는 생각에 동조했다. 우생학은 주로 공공보건 개선이라는 목표로 추진됐지만, 드물게는 흑

---

* 산아제한으로 출생률이 사망률보다 낮아지는 것.

인들을 몰아내려는 의도에 뒤따르기도 했다. 마거릿 생어는 1916년에 브루클린에서 최초로 산아제한 클리닉을 열었다. 그로부터 30여년 뒤 그녀가 내분비학자 그레고리 핀커스를 만난 것이 기폭제가 되어 그레고리 핀커스는 피임약 개발을 추진한다. 그 당시 불법 낙태 시술을 받는 미국 여성은 한 해에 100만 명에 달했으며, 그중 1천 명이상이 목숨을 잃었다. 이 마법의 신약은 1960년에 미국 식품의약국의 승인을 받고, 5년이 거의 다 되어갈 즈음에는 매일 아침 식사 후 흔쾌히 피임약을 복용하는 여성이 650만 명에 이르렀다. 비판 세력들은 피임약이 혼외 성관계를 부추겨 국민의 도덕성을 약화시킨다고 목청을 높였지만, 실제로는 의사에게 피임약 처방을 받는 사람들 대다수가 기혼 여성이었다. 세월이 흘러 여성들의 성적인 태도가 적극적으로 바뀌면서, 피임약을 복용하는 사람도 늘고, 구하기도 쉬워졌다.

나와 같이 1970년대에 성년이 된 사람들은 자유연애를 추구하는 히피 문화와 HIV/AIDS의 출현 사이에 끼여, 성적 자유가 반드시 여성 해방의 표현이자 도구가 되는 것만은 아니라는 의심을 해보기까지 시간이 걸렸다. 하지만 여자들은 항상 남자들을 받아들일 준비가 된 상태라는 남성의 환상을 뒤엎으려고 시도하기도 했다. 최소한 이제는 임신을 피하면서 성관계를 가질 수 있다. 아니면 혹시 실수하더라도 일부 국가에는 그런 문제를 해결해주는 의료기관이 있다. 이와 관련해 세계는 지금까지도 대략 두 부류로 나뉜다. 남반구, 그중에서 특히 남아메리카와 아프리카는 낙태가 여전히 금지

되고, 임산부의 목숨이 위태로운 경우에 한해서만 예외적으로 허용
된다. 북반구의 경우 아일랜드(아일랜드공화국과 북아일랜드)와 안도
라, 몰타에만 낙태 금지 법규가 남아 있다.

　2012년에는 아일랜드공화국의 한 병원에서, 31세 치과의사
인 사비타 할라파나바르가 목숨을 잃는 사건이 발생했다. 임신 중
인 그녀가 복통을 호소하면서 병원을 처음 찾았을 때, 의사들은 태
아가 잘못되었다는 것을 알면서도 법의 처벌을 받을까 두려워 수술
을 꺼렸고, 손쓸 시기를 놓쳐 결국 산모가 사망하기에 이른 것이다.
지금도 매일 평균 12명의 아일랜드 여성이 임신중절 수술을 받기 위
해 영국을 비롯해, 멀게는 네덜란드와 다른 유럽 국가로 찾아간다.
2016년에 한 임산부와 그녀의 친구가 임신중절 수술을 받으러 아일
랜드에서 영국까지 여행을 간다는 사실을 트위터 계정 @twowo-
mentravel에 올렸다. 두 사람 중 한 명은 나중에 익명으로 진행한 어
떤 인터뷰에서, 여행 일정을 공개한 이유를 이렇게 설명했다. "다른
어떤 대안이 있겠어요? 침묵? 그런 침묵이 날마다 12명의 아일랜드
여성의 가슴에 크나큰 상처를 주고 있어요… 침묵에는 사람들의 방
관 속에 세상을 뜬 사비타의 희생도 묻어 있고요." 그리고 같은 해에
인터넷으로 구입한 임신중절 약을 룸메이트에게서 구입한 21세 여
성에게 벨파스트 법원이 집행유예를 선고한 일도 있었다.

　미국에서 생식권은 유례없는 위태로운 상황에 처했다. 1973년
텍사스에 사는 제인 조라는 미혼 임산부에게 대법원이 미국 연방헌
법 수정 제14조를 적용해 임신중절을 허용한 대법원의 판례 이후,

낙태 반대자들은 전국적인 차원에서 생식권을 철폐시킬 수 있는 방법을 강구해왔다. 가족계획연맹(Planned Parenthood)은 미국 최대 가족계획과 낙태 시술 기관이며, 세계 12개국에서 활동 중이다. 일부 의원들과 반대 시위자들은 이 기관을 지속적으로 맹공격하면서, 동성애 카운슬링, 유방 검사와 골반 내진 같은 기초적인 의료 서비스에 쓰이는 이 기관의 공적자금을 몰수하자는 운동을 벌이고 있다. 현 정부도 이 반대 운동을 지지한다.

도널드 트럼프는 대선 기간 중에, 불법 낙태 시술을 받는 여성에게 '일종의 처벌'이 돌아가게 하겠다고 말했다. 나중에 그 의향을 철회하긴 했으나, 그런 처벌은 이미 예전부터 전해 내려오고 있다.[4] 이를테면 인디애나주에서도 그런 사례가 있었다. 2015년 2월 인디애나주 법원은 퍼비 파텔이라는 여성에게 징역 30년, 집행유예 10년을 선고했다. 검찰이 주장한 혐의는 그녀가 인터넷으로 구입한 약을 복용해서 낙태를 행했다는 것이었다. 이 끔찍하고 부조리한 판결 과정에서 사법 당국은 상호 배타적인 두 가지 기준을 죄의 근거로 들었다. 하나는 자궁에 있는 태아를 죽인 낙태죄이고, 다른 하나는 살아 있는 아기를 제대로 돌보지 못한 아동방치죄였다. 파텔은 법을 잘 지키는 힌두교도 부모와 사는 미혼 여성이었다. 그녀는 2013년에 사산하고 피를 흘리며 병원에 간 적이 있다고 주장했다. 주 상고심에서 법원은 낙태죄 선고를 거둬들이고 아동방치 중죄 혐의를 경감했지만, 파텔의 행동에 범죄성이 있었다고 인정해 실형을 내렸다. 인디애나주에서는 임신 20주까지 낙태가 합법인데도 불구하고 말이다.

인디애나주는 20주 이후의 모든 낙태를 금하고, 낙태를 하려는 여성들에게 외과적인 시술을 통해 낙태하도록 강제한다. 태아에게 이상이 발견되더라도 낙태할 수 없도록 하는 법안이 주에서 통과된 뒤, 한 판사가 그 법의 적용을 보류한 일도 있었다. 하지만 이 싸움의 결말이 나려면 아직 갈 길이 먼 듯하다. 낙태 금지 법률을 강화하려고 애쓰던 인디애나 주지사 마이크 펜스는 기독교인이며, 보수파이고, 공화당원이자, 그에 더해 이제는 미국의 부통령이다.

메리 울스턴크래프트는 서로 다른 성별 간의 평등뿐 아니라 같은 성별 내에서도 평등해야 한다고 주장했지만, 그녀 자신의 삶을 들여다보면 양쪽 모두 성취하기 쉽지 않은 문제라는 점이 잘 드러난다. 그녀는 1972년에 이런 말을 한 적이 있다. "모든 힘은 약자를 도취시킨다. 힘이 남용되는 사례는, 남자들 사이에 평등이 더 많이 자리 잡아야 사회에 미덕과 행복이 널리 퍼진다는 사실을 반증한다." 그녀는 약한 남자들이 얼마나 큰 해를 가할 수 있는지 인식하고 있었던 것이다. 그녀의 여동생 엘리자는 남편의 폭력에서 벗어나기 위해 이혼했지만, 어린 딸의 양육권을 남편에게 넘겨줄 수밖에 없었다. 그리고 6개월 뒤 딸은 사망했다.

'남편의 보호를 받는 유부녀 신분'이라는 개념은, 영국 관습법을 비롯한 전 세계 법률에서 공통적으로 통용된다. 이 개념은 부인과 자녀를 남편의 재산으로 취급한다. 실제로 남편의 동의 없이는 여성이 은행계좌를 마음대로 사용하지 못하게 하는 등 일부 사회 원칙이 20세기까지 효력을 발휘했다. 하지만 울스턴크래프트는 나이가 지긋해질 때까지 '유부녀 신분'의 손아귀에 빠져들지 않았다. 대신 가사도우미나 가정교사 일을 했으며, 첫아이 프랜시스를 혼외 관계에서 낳으면서 상류 사회의 분노를 샀다. 아이를 낳을 즈음에는 작가와 소논문 집필자로 활동을 시작했으며, 가정부를 두 명 고용해 아이 돌보는 일을 맡겼다.

육아 문제는 울스턴크래프트에게 좋은 기회였다. 성평등 시대에 누가 아이를 돌볼 것인가는 페미니스트들을 지속적으로 당혹스럽게 만드는 질문이었기 때문이다. 저널리스트이자 작가인 비롤럿은 울스턴크래프트에게 영감을 받아서 쓴 여행기 겸 어머니로서 삶의 고찰을 담은 책《메리를 찾아서(In Search of Mary)》에서, 그녀가 우러르는 울스턴크래프트와 마찬가지로 자신도 돈을 주고 고용한 여성의 도움을 받는 것에 양심의 가책을 느낀다고 토로한다. 그녀가 생각하는 페미니즘은 모든 여성이 누릴 수 있는 것이어야 하지만, 현실적으로는 힘들고 단조로운 가사 업무를 누군가에게 기대야만 일과 엄마로서의 의무를 꾸려갈 수 있다.

가사노동은 주로 여성들의 일이고 보수가 적다. 영국의 오페어*에 관한 최근 연구에 따르면, 일주일에 50시간 일하면서 적게

---

* au pair: 가정에 입주해 아이 돌보기 등 집안일을 하고 약간의 보수를 받으며 언어를 배우는 외국인 유학생으로, 대개 젊은 여성들이다.

는 시간당 2파운드(약 3천 원)를 받는 경우도 있다. 롤럿은 보모를 고용해서 아이 네 명을 돌보게 한다. 페미니스트로서 양심상 넉넉하게 평균 시급 8.65파운드(약 1만 2,500원)를 지급하는데, 상당수 가정으로서는 엄두도 못 낼 만큼 비싼 편이다. 그녀가 얼마를 부담하고, 남편이 가사노동을 얼마나 분담하는지는 자세히 설명하지 않지만 남편도 직업이 있으며, 출장이 잦다. 여러 설문 결과에서도 증명되듯이, 남자들 중 여성학적인 사고방식과 태도를 이해하는 사람들조차 가사노동이나 육아에 투자하는 시간이 여성들에 비해 훨씬 적다. 영국 가정을 조사한 한 종단의 연구는, 남성보다는 여성에게 치우쳐 있는 집안일의 분담률이 1994년에서 2012년 사이 전혀 변하지 않았다고 밝히기도 했다.[5] 1980년 이후 영국 노동당 당수를 지낸 사람 중 가장 극좌파의 대표로 평가받는 제러미 코빈에 관한 다큐멘터리에서 그의 부인인 로라 앨버레즈를 인터뷰한 대목이 있다. 그녀는 남편을 그림자처럼 따라다니며 촬영하는 다큐멘터리 팀에게, 남편이 "집안일에는 별로 소질이 없다"고 말했다.

　　롤럿은 리즈 도심 지역에 있는 여성들을 잠시 조명한다. 이들에게는 모든 것을 한꺼번에 갖는다는 것이 상상할 수 없는 일이다. 백인 중산층을 중심으로 하는 전형적인 페미니스트 운동은 이들과 무관해 보인다. 그러나 이 여성들이야말로 페미니즘의 도움이 가장 긴요한 사람들이다. 이들은 가장 취약한 위치에 있으며, 이들의 이익을 옹호하고 대변해줄 기반도 마땅치 않다. 이들 중 직장에 다니는 사람들은 대개 안정적이지 못하고 급료가 낮은 일자리에서 일한다. 신생아와 그 부모에 대한 정부의 지원이 끝나는 시기와 무상 유치원 교육이 시작되는 시기 사이에 공백이 있는데, 이들에게는 그 공백을 메울 능력이 없다. 여성평등당은 2017년 선거 공약으로 국민의료보험(NHS) 이후 가장 변혁적인 아이디어를 제안했다. 바로 양육 휴가가 끝난 다음부터 무료 보육을 제공하는 정책이다.

우리는 우리 공약을 '훔쳐가도 좋아요'라는 메모와 함께 다른 모든 당에 배포했다. 여러 당이 2015년 정책 문서에 그 의견을 이미 자유로이 채택했다. 우리는 무료 보육을 위한 자금은, 연금 불평등 문제 증가를 해결하기 위한 노력의 일환으로 연금 세금 경감률을 획일화해서 일부 충당할 수 있다고 설명했다. 그리고 무료 보육은 영국 노동 시장의 기술 부족을 충당하는 데도 도움이 될 것이다. 또 기업과 정부가 행동에 나서도록 유도하려면 양심의 가책을 자극하기보다는 위기 상황을 지적하는 방법이 더 효과적이라는 걸 알기 때문에, 우리는 영국 노동 시장의 기술력 부족을 새로운 증거로 들었다. 페이스북, 구글, 넷플릭스, 야후를 비롯한 IT 기업들은 경쟁 회사에 재원을 빼앗기는 상황에 대응해, 육아휴직을 늘리고 직장 내 보육시설을 확충하는 등 방법을 강구하고 있다. 이렇듯 대중의 염려가 정부의 새로운 계획의 기폭제가 되는 경우가 종종 있다.

미국이 베이비붐 막바지 단계의 왕성한 산고를 겪고 있지 않았다면, 사람들은 베티 프리던의 주장을 더 관심 있게 들었을지 모른다. 프리던은 '이름 붙일 수 없는 문제'가 여성들의 마음속에 침투하면서 엄마가 되고자 하는 욕구를 감퇴시킬 것이라고 경고했는데,

그녀의 예측은 정확했다. 출산율이 낮아져 미국 여성들이 아이를 세 명 이하로 낳게 된 건 그런 주장을 담은 《여성의 신비》가 출판되고 5년 뒤의 일인데, 출산율은 갈수록 더 떨어져 1970년대 들어서는 여성 한 사람당 평균 두 명 이하가 되어 인구의 현상 유지에 필요한 수준보다 낮아지면서, 그녀의 주장이 사실임이 입증됐다.

프리던은 그 해결책으로 육아휴직과 보육정책을 제시하고 그런 정책이 변혁을 이끌 것이라고 예측했는데, 그런 예측은 다소 과대평가된 측면이 있다. 만일 미국 정부가 그녀의 로비 활동에 휘둘렸다면 그녀의 그런 예측 오류가 더 두드러져 보였을 것이다. 하지만 미국은 국제노동기구(ILO)에서 조사한 185개국 중 근로자에게 의무적으로 유급 육아휴직을 제공하지 않는 단 3개 국가 중 하나다. 나머지 두 나라는 남아프리카의 레소토와 파푸아뉴기니다. 미국의 예외주의는 의무적으로 육아휴직을 쓰도록 엄중히 관리하는 나라들의 분위기를 흐리고 있다. 이런 육아휴직 제도는 여성의 발전에 필수적이지만, 사실 직장과 가정에서 평등을 실현하는 데 육아휴직만으로는 불충분하다.

예를 들어 영국에서는 1975년에 성차별금지법과 고용보호법이 통과됐다. 이로써 임신에 따른 해고를 방지하고 유급 육아휴직을 보장하는 등 직장에서의 새로운 권리가 자리 잡았다. 1970년에는 동일임금법이 제정되면서 동일한 업무를 하는 여성들이 남성 동료와 똑같은 급여를 받아야 한다는 원칙이 이미 확실히 규정됐다. 이런 법령은 이후 수십 년 동안 확대되고 개선되었지만, 적용 방식이 들쑥날쑥하고 손쉽게 회피할 수 있기 때문에, 완벽해지기까지는 아직 갈 길이 멀다. 2003년에는 영국의 아빠들도 육아휴직을 쓸 수 있게 되었다. 그리고 2015년에 새로운 법규가 마련되면서 부모가 유급 휴가를 나눠 쓸 수 있는 길이 마련됐다. 참고로 스웨덴은 1974년부터 그런 정책을 시행해왔다. 육아휴직의 첫 2주는 엄마들이 의무적으로 사용해야 한다. 그 뒤로는 부모 중 한 명이 선택해서 최대 37주까지 휴직할 수 있으며, 주당 139.58파운드(약 20만 원)나 근로자의 평균 주급의 90퍼센트 중 낮은 쪽을 휴직 수당으로 받는다. 유급 휴직이 끝난 뒤에는 추가로 최대 13주까지 무급으로 휴직할 수 있다.

많은 직종에서 영국의 젊은 여성들은 이제 남자 동료들에 뒤처지지 않고 어깨를 나란히 한다. 하지만 여성들이 출산할 경우, 아이를 낳는 순간부터 급여와 진급의 격차가 생기기 시작한다. 임신했다는 이유만으로 직장을 그만두거나 해고당하는 여성이 매년 5만 명에 이르며, 한직으로 밀려나는 사람은 그보다 더 많다.[6] 평등 및 인권위원회(EHRC)가 시행한 연구에서는 아기 엄마들의 77퍼센트가 임신했을 때나 출산 휴가 중에 혹은 직장으로 복귀한 이후 부정적이거나 차별적인 대우를 받았다고 보고했다.[7] 또 다른 연구에서는 전일제 근무를 하는 엄마들이 임금에서 불이익을 받아, 아이가 없는 여성 동료들보다 급여가 평균 11퍼센트 낮은 것으로 나타났다. 격차가 많이 좁혀졌다지만 평생 근로 기간을 기준으로 하면 여성들은 여전히 남성들보다 평균 30만 파운드(약 4억 3천만 원)를 덜 번다.

영국은 출산 휴가를 남녀가 공유하는 육아휴직으로 재편성하면서 북유럽 국가들이 걸었던 길을 뒤따르고 있다. 그 길은 최소한 육아를 여성들만의 일이 아닌 부모 모두의 일로 받아들이는, 이 퀼리아를 향해 나아가게 한다. 하지만 임신에 따른 불이익이 완전히 사라지기까지는 아직 갈 길이 멀다. 첫째, 부부가 육아휴직을 같이 쓸 수 있게 되었다는 사실은 아이를 혼자 키우는 부모들에게는 아무런 의미가 없다. 영국에는 혼자서 아이를 키우는 부모가 200만 명에 이르며, 이 중 90퍼센트는 여성이다.

그런가 하면 양쪽 부모가 다 있는 가정이라고 하더라도 변화에 대한 저항이 만만치 않다. 스웨덴에서도 육아휴직을 부부가 나눠 쓰는 방법을 자율적으로 선택하게 하던 것을 아빠들이 육아휴직의 상당 기간을 의무적으로 쓰도록 정한 뒤 비로소 육아휴직 자격이 되는 남성들 중 실제로 휴직을 신청하는 사람이 9퍼센트에서 47퍼센트로 증가했다. 또 그 밖의 북유럽 국가들에서는 육아휴직을 '쓰지 않으면 없어지는' 식으로 만들었더니 신청률이 급증했다. 하지만 여전히 엄마들이 육아휴직을 더 길게 쓴다.

남자들은 성별 간 소득 격차 때문에 집에서 아이 돌보는 것을 꺼려한다. 그런데 성별 간 소득 격차가 아직도 남아 있는 부분적인 이유는 바로 남자들이 집에 머물면서 아이 돌보는 것을 꺼려하기 때문이다. 남자들은 평균적으로 여자들보다 임금을 더 많이 받고, 그래서 많은 남자가 일하기보다는 집에서 아이를 돌보고 싶다고 말하면서도(예를 들어, 미국에서는 어린아이를 둔 기혼 남성의 48퍼센트가 그렇게 답했다), 계속 돈을 벌어야 한다는 의무감을 느낀다.[8]

　　그런 장벽은 반드시 구조적인 측면에만 존재하는 것이 아니다. 문화적인 편견도 억제력을 미친다. 우리 중 대다수는 아버지가 돈을 버는 사람이라는 사고방식이 팽배한 가운데서 자랐다. 자식이 없는 남자들보다 아이를 둔 가장인 남자들이 급여를 대략 21퍼센트 더 받는 현상을 설명할 수 있는 건 바로 그 이유밖에 없다.[9] 한편 남자들이 자기 아이를 돌보는 것을 '베이비시팅(babysitting)'으로 여기는 경우가 얼마나 많은지 한번 생각해보라. 마치 그런 일이 단기간 동안만 하는, 협의 가능한 일이라도 되는 듯 말이다. 그리고 변화의 가장 큰 장벽은 어머니라는 존재에 대한 우리의 생각이다. 많은 여성이 아이가 없으면 여성으로서의 참 경험을 온전히 하기 힘들다는 생각을 품으며, 교회와 보수단체, 미디어는 그런 연결성을 적극적으로 내세운다.

　　TV 리얼리티 프로그램 두 곳의 고정 출연자였던 크리스틴 카발라리는, 적어도 유명 인사들의 문화로 규정된 조건에서만 생각했을 때, 엄마로서의 경험을 전통적인 태도로 받아들인다. 그녀는 소셜미디어와 방송을 통해, 세 번에 걸친 임신 기간 동안 변화 과정(심지어 산후 살 빼기 운동요법까지)을 대중에게 공개했다.

　　카발라리는 시카고 베어스 쿼터백인 남편 제이 커틀러와의 사이에 세 아이(캠던, 잭슨, 세일러)를 두었다. 그녀는 셋째인 세일러의 출산을 앞두고 인스타그램에 사진과 함께 이런 메시지를 올렸다. "몇 주만 지나면 제가 세 아이의 엄마가 된다는 게 믿어지지 않네요. 아기들에게 너무 큰 빚을 졌어요. 제가 이렇게 많이 변하고 성숙해진 건 모두 이 아이들 덕분이에요." 엔터테인먼트 프로그램 〈이 뉴스(E! News)〉는 그녀의 소셜미디어 업데이트 소식을 보도하면서 이렇게 덧붙였다. "경험 있고 박식한 이 예비 엄마는 책의 출간을 앞두고 있다는 홍보의 말도 잊지 않았다."

사회 유명 인사들의 세계에서는 책과 아기가 모두 상품화할 수 있는 물건이 되겠지만, 그 둘 중 이마를 찌푸리며 문자를 해독하는 힘든 수고 없이도 지혜를 주는 건 오직 한 가지뿐이다. 그래서인지 엄마는 보통의 인간이 알지 못하는 것을 안다는 믿음은 한참 전부터 존재해왔다. 사람들은 엄마란 존재에서 이타적인 사랑, 그리고 앞으로의 본능적 투자의 의미를 찾는다.

수 세기 동안 남성이 주도하는 단체들이 어머니라는 존재를 전적으로 아름답게 변모시키고 성스러운 경험으로 포장해 앞다퉈 전파하면서, 아버지라는 존재는 저 뒤로 밀려나고, 부모의 경험 중에서도 이류의 경험으로 평가하는 경우가 너무 잦았다. 언론에서 임신을 집중 조명하는 것도 이런 현상의 새로운 발현이다. 나이지리아의 소설가이자 수필가인 치마만다 응고지 아디치에는, "우리는 여성들이라면 으레 임신을 해야 하는 시대에 살고 있다"라고 언급하면서 이렇게 덧붙인다. "그러면서도 아버지들에게는 부성애를 기대하지 않는다."

어머니의 역할에 한 차원 높은 부모 역할을 부여하면서, 어머니들에게 명백한 주도권이 주어졌다. 어머니의 역할은 그야말로 여성들만 가입할 수 있는 클럽이다. 이 글을 읽는 일부 어머니들은 (어쩌면 모든 어머니가), 나는 아이를 낳아본 적이 없으니 어머니로서 사랑의 깊이와 특별함을 이해할 수 없다고 말할지도 모르겠다. 그 말이 맞을 수도 있다. 하지만 나는 어머니라는 존재의 신비화가, 여성들에게 클럽에 들어가기 위해서는 어머니가 되는 불이익을 감당해야 한다는 속임수에 빠져들게 만들 수도 있다는 점을 우려한다.

내 친한 친구 한 명은, 아이들이 아직 어린 시절에 내게 '동병상련'의 기분을 나누고 싶다고 이야기한 적이 있다. 즉 내게 아직 생식 능력이 있으니, 그 친구처럼 가정을 이루어 경험을 공유하자고 설득한 것이다. 내가 여태껏 결혼하지 않은 것을 후회하지 않은 것만큼이나 그 친구도 결혼해서 아이를 낳은 것에 대해 진지하게 후회해본 적이 없다. 하지만 아직 어린아이들을 돌봐야 하는 시절에, 아이 없는 자유를 한껏 누리는 내 모습이 그 친구의 눈에 안 띄었다면 친구의 마음이 훨씬 편했을 것이다.

그 이유는 우선, 어머니로서의 존재가 여성에게 사회적 지위를 부여한다는 유명 인사들의 고해는, 다른 많은 여성에게와 마찬가지로 그녀에게도 사실 공허한 말이었기 때문이다. 공포 관리 이론이라는 심리학의 한 분야는 인간 활동 대부분을 죽음의 공포에서 벗어나기 위한 메커니즘으로 본다. 이 분야 연구는 여성과 남성의 부모 역할에서 핵심적인 차이를 제시했다. 아버지 역할은 남자들에게 사회적 지위를 허용하며, 그 연구에 따르면 죽음의 공포를 물리치는 데도 도움이 된다. 하지만 어머니의 역할에서는 그와 비숫한 혜택을 얻을 수가 없다. 심리학자들이 진행한 연이은 인터뷰에서 여성들은 어머니로서의 역할을 통해 스스로 성장할 것으로 기대했다고 말했다. 하지만 그들은 아이들을 아무리 열렬히 사랑하더라도 결국 미약하고 하찮은 존재가 된 듯한 기분을 느끼는 경우가 많았다. 육아 블로그는 인터넷에서 가장 빠르게 성장하는 자기표현의 수단이다. 이들 블로그는 새로이 엄마가 된 사람들의 고독과 피로, 정체성의 상실을 기록한다. 예를 들면 이렇게 말이다. "친구여, 머릿속에 드는 모든 지긋지긋한 우울한 생각을 얘기해보게. 나도 그런 경험이 있어. 그런 개 같은 경험을 해봤지. 아이 낳은 걸 후회했어. 다 사라졌으면 좋겠다고 생각했어. 도망치려고도 했지. 이런 생각을 하면 '엄마 노릇이 진저리 나.'"[10]

모성애를 성취의 행동으로 신성시하는 것은 여성들이 경험을 기대치와 조화시키기 더 어렵게 만든다. 실패는 자신 탓으로 돌아온다. 엄마들이 흔히 아이가 없는 여자들은 근본적인 통찰력이 부족하다고 생각하는 것도 바로 이 때문이다.

보수당 의원인 앤드리아 레드섬은 당 대표이자 영국 총리가 되기 위한 경쟁에 잠시 뛰어들었다가 실패하고 물러났을 때, 경쟁 상대였던 테레사 메이는 공익을 위해 헌신하려는 자세가 부족할지 모른다고 말했다. "테레사 메이에 대해 잘 알지는 못하지만, 아이가 없어서 앞으로 아주 대단히 애석한 기분을 느끼리란 것은 확신한다." 레드섬은 잠시 생각에 잠겼다. "그런데 실제로 엄마가 된다는 건 우리나라의 미래에 아주 실질적인 지분을 가지고 있다는 의미가 된다. 그것도 유형의 지분이다. 테레사 메이도 물론 조카를 비롯해 다른 많은 아이를 주위에 두고 있을지 모르지만, 나는 대를 이어갈 자식이 있고, 이 직계 자손들은 앞으로 일어날 일에 직접적으로 참여할 사람들이다." 레드섬은 나중에 메이에게 이 발언에 대해 사과했다. 하지만 이런 부류의 사례는 드문 일이 아니다. 아이가 없는 여성들은 누구든 감정적 발달이 뒤떨어지고, 이기적이고 불완전하다는 오명을 쓰기 쉽다. 그런데 자식을 낳지 않은 여성 정치인들은 이것보다 심한 비방에 시달린다. 여성으로서 완전하지 못하고 미래에 투자하지 않았기 때문에, 여성을 대표하는 데 필요한 통찰력이 부족하다는 이유에서다. 하지만 현실은 그 주장과 명백히 다르다. 앙겔라 메르켈과 니컬라 스터전은 어머니로서의 직접적인 경험에 의지하지 않고도, 어머니들을 포함한 모든 여성을 위해 많은 기회를 만들어온 뛰어난 정치인이다. 호주 총리였던 줄리아 길러드에게 자녀가 있었다고 하더라도 여성들을 위해 더 많은 일을 추진하지는 않았겠지만, 만일 그랬다면 최소한 '1차원적'이라거나 '의도적인 불임'이라고 몰아붙이는 비웃음을 분명 피할 수 있었을 것이다.

니컬라 스터전은 그런 비판을 수년간 참아온 끝에 2016년에는, 예전에 아기를 유산한 적이 있다는 사실을 공개했다. 그녀는 자신이 그 사실을 밝히는 건 "특히 정치계에서 아이가 없는 여성들에게 쏠리는 여전한 비판과 추측에 맞설 수 있지 않을까 하는 희망" 때문이라고 설명했다. 그녀는 아이가 있었다면 정치 지도자 역할을 수행하는 데 지장이 있었을지 여부는 짐작하기 어렵다고 말하면서도, 여성들이 아이를 돌봐야 하는 일을 겸하지 않을 때 높은 위치에 오르기가 더 쉽다는 사실은 인정했다. "우리 같은 사람들 중에는 아이를 아예 원하지 않는 사람도 있어요. 또 일에 영향을 받을까봐 걱정하는 사람도 있고요. 보육제도를 개선하고, 근무 환경이 진보적으로 바뀌고 사람들의 의식도 많이 깨어나, 아이를 낳아 키우는 것이 더는 선택의 문제로 느껴지지 않게 만들려면 아직 필요한 일이 너무 많아요."

여성들은 선택권을 얻기 위해 싸웠다. 그런데 그 선택이란 것은 늘 불완전한 해결책들 사이에 있기 때문에, 이제는 선택 그 자체가 여성을 억압하는 상황이 되어버렸다.

세계 최초 시험관 아기인 루이스 브라운이 세상에 태어난 건 내가 대학에 입학하던 1978년이었다. 1986년에 나는 프리랜서로 《가디언》에 첫 기사를 썼는데, 그 기사는 평생의 배필 찾는 것을 포기하고 대신 혼자 아기를 키우겠다는 생각으로 아기를 갖기 위해 노력하는 직장 여성의 수가 늘어난다는 사실을 다룬 내용이었다.

기술이 보다 발전하면서 아이 낳는 것과 관련한 선택 조건이 하나 더 늘었다. 바로 아이에 대한 결정을 보류하는 대처 방법이다. 런던 대학교 여성보건연구소의 '발생학, 체외수정 및 생식유전학 분과' 유전학자인 헬렌 오닐은 이렇게 말한다. "최근 체외수정에 관한 학회에서 어떤 참석자가, '앞으로 사람들이 구식 방법으로(즉 섹스를 통해서) 아이를 가졌다는 걸 농담처럼 이야기하는 날이 올 것이다'라고 이야기하는 걸 들었는데, 꽤 그럴 법한 말이다. 지금도 임신하기 위해 체외수정 등의 의학적 도움을 받아야 하는 사람이 아주 많고, 갈수록 더 일반화될 것이다. 삶에서 아이와 관련한 선택의 문제는 흔히 출산을 미룬다는 의미와 연관되며, 너무 늦어버릴 때까지 미루는 경우가 아주 많다. 과학기술의 발달로 이제는 난소, 정자, 난소 조직을 냉동해서 보관할 수 있게 되었다. 또 심지어 자궁 이식이나 난소 조직 이식까지 성공적으로 시술되고, 그런 기술로 아기가 태어나는 수준에까지 이르렀다.[11]

지그문트 프로이트는 성별 결정은 운명적인 것이라고 주장했다. 반면 슐라미스 파이어스톤은 1970년에 출판된 저서 《성의 변증법》에서 아기들이 자궁 밖에서 자랄 수 있게 함으로써 그런 운명을 바꾸는 기술이 미래에 대두할 것이라고 설명했다. 그녀는 과학자들이 그런 능력을 아직 개발하지는 못했지만, "인류는 이미 생물학을 바꾸어놓고 있다"라고 말한다. 하지만 그녀는 그렇게 개발되는 기술들이 오류 없이 완전한 기술이 되지는 못할 것이라고 경고한다. 또 사람들의 일반적인 믿음과 달리 여자뿐 아니라 남자도 나이가 들면 번식력이 급격히 떨어진다고 지적했다.

큰 주의를 끌지 못한 그런 사실들은 내 나이 또래 사람들에게서 나타나고 있으며, 나보다 늦게 태어난 30~40대 사람들도 생식력이 이미 감소하기 시작했음을 알고 2세 계획을 포기하고 있다. 언론에서는 유명 연예인이 50대에 첫아이 엄마가 되었다거나, 디자이너 브랜드의 최신 의류를 구입하듯 손쉽게 아이를 입양하는 사례를 소개하지만, 현실에서는 체외수정이 항상 가능한 건 아니며, 입양 알선 기관도 나이 든 사람보다는 젊은 커플을 선호한다. 중국 공산당 중앙위원회가 한 커플당 아이를 한 명 이상 출산하지 못하도록 규정한 35년 묵은 금지 조항을 파기한 2015년에(중국 관영 신화통신에 따르면 '인구 노령화에 따른 적극적인 조치'라고 한다), 영국 통계청은 영국 가정에서 아이가 한 명뿐인 가정이 전체 가정의 47퍼센트에 이른다고 밝혔다. 영국뿐 아니라 전 세계적으로 산업화 사회의 여성들은 중국이 폐기한 한 아이 인구 정책을 이행하고 있다. 그중에는 첫아이를 출산한 뒤 의도적으로 더는 낳지 않은 사람들도 있지만, 시기가 너무 늦어 생물학적으로 선택의 여지가 없는 사람들도 있다.

아이가 없는 여성의 수가 급증하는 현상을 설명하는 데도 그와 마찬가지의 계산 착오가 작용한다. 본의 아니게 아이를 갖지 못하는 사람의 현실은 어머니라는 존재를 숭상하는 언론을 막는 데 거의 아무런 영향력을 발휘하지 못한다. 영국 조간신문 《데일리 메일》 헤드라인의 정수를 가장 응축적으로 드러낸 것으로 꼽을 만한 다음 문구는 아이를 낳지 않는 이기심에 대해 반복적으로 표출되는 문화를 드러내는 아주 좋은 예다. "아이 없는 여성들의 지위 상승이 영국의 얼굴을 어떻게 바꾸어놓을 것인가: 배우자에 대한 부정(不貞)이 만연하고, 경제적으로 어려워지고, 국민건강보험이 고갈되고, 기대수명이 짧아진다."[12]

그 기사에는 헤드라인에서 나열한 이런 결과를 뒷받침할 그럴듯한 근거가 전혀 제시되지 않았다. 하지만 아이를 낳지 않는 것을 이기심과 동일시하는 해석은 《데일리 메일》과 다른 많은 언론매체에서 반복적으로 되풀이된다. 아이가 없는 것을 폐해로 보는 생각도 마찬가지다. 배우이자 프로듀서, 감독인 제니퍼 애니스턴은 40대 후반인 지금까지도, 대중매체 사진 기자들이 집 앞에 진을 치고 있다가 그녀의 체중에 조금이라도 변화가 생겼다 싶으면 그녀가 임신했을 가능성을 퍼트리면서, 광분할 정도의 임신설에 휩싸여 지내고 있다. 2016년 7월에 특히 끔찍했던 스토킹 사건으로 곤혹을 치른 뒤, 그녀는 타인의 사생활을 염탐하려는 욕구에 어떤 심리가 내재되어 있다고 보는지에 관한 의견을 이렇게 표출했다. "내가 임신했는지 안 했는지 밝혀내려고 현재 미디어들이 투자하는 엄청난 자원은(벌써 몇 번째인지 셀 수도 없을 만큼 무수히 반복되어온 일이다), 결혼해서 아이를 낳지 않은 여성들은 어쩐지 불완전하고, 불운하고, 불행하다는 생각이 고착화되어 있음을 드러내는 증거다."[13]

많은 여성은 경제적·사회적 이유들에서, 의식적으로 아이를 낳지 않겠다는 선택을 내린다. 베티 프리던이 말했던 '이름 붙일 수 없는 문제'의 공포는 여전히 남아 있다. 진정한 선택, 그리고 진정한 성평등은 여성들이 경제적으로나 사회적으로, 그리고 직장에서나 가정에서 남성들보다 더 큰 대가를 치르지 않고도 엄마가 될 수 있어야만 실현될 것이다.

입법기관, 시민사회, 개별 구성원, 의식이 깨인 언론매체 모두가 긍정적인 변화에 기여할 수 있다. 과학은 세계가 어떻게 재정리할지에 관한 흥미로운 가능성을 제기하는데, 그에 관해서는 이퀄리아를 다룬 뒷부분에서 다시 논할 것이다.

　　결국 헬렌 오닐이 지적하듯이 우리는 이미 생물학을 변형시키고 있다. 1978년 이후 인간은 섹스 없이도 생식이 가능해졌다. 물론 그렇다고 이런 사실 자체가 미래의 임신과 출산에 함축적인 의미를 지니는 건 아니다. 섹스는 독점적인 효용성을 상실했다. 그렇다면 섹스는 무엇을 위해 존재하며, 섹스를 나누는 방식이 세계에서 가장 크고 규제가 가장 안 되는 성매매 산업 형성에 어떤 영향을 끼칠까?

6장 나를 경악시키는 것

머리에 카메라를 띠로 두른 여자가 어떤 뚱뚱한 남자의 성기를 입으로 애무하면서 움찔거리고, 짧고 강렬한 비명을 지르고, 성기를 빨고 있지 않을 때는 그야말로 개 짖는 소리를 냈다. 그 남자 역시 머리에 헤드 캠을 두른 채, 한 손으로 발기된 성기를 쥐고 다른 손으로는 채찍을 들고 휘둘렀다. E. L. 제임스의 에로틱 소설 시리즈 《50가지 그림자(Fifty shades)》를 패러디한 《말 울음소리의 50가지 그림자(Fifty shades of neigh)》를 영화화한 걸까? 아니면 단순히 주격 결정론*의 사례를 제시하기 위해 만든 영상물일까? 사실 이 영화는 신디 갤럽이 2009년에 개설한 '포르노가 아니라 사랑을(MakeLoveNot Porn.com)'이라는 웹사이트에 대문짝만 하게 게재되어 있다. 신디 갤럽이 이런 암시적인 제목의 웹사이트를 만든 이유는, 이런 영화들을 배포해서 그녀가 '실제 세계'와 '포르노 세계'라고 각각 이름 붙인 세계의 극명한 차이를 사람들에게 널리 알리기 위해서였다.

이 두 세계가 갈수록 하나로 겹쳐지는 위태로운 현상의 이면에는 포르노의 영향력이 자리한다. 베티 프리던 시대 주부들은 테

---

* nominative determinism: 사람들은 주어진 이름에 맞는 분야의 일로 쏠리는 경향이 있다는 가설.

이블, 의자, 주방 탁자를 닦고 광을 내면서 하루에 몇 시간씩 보냈
다. 오늘날 '실제 세계'를 사는 여성들은 시간을 따로 내어 코 밑, 겨
드랑이, 볼 두덩의 털을 밀고, 더 나아가 대음순과 회음부 주변 털까
지 제모한다. 비뇨기학 저널에 게재된 한 논문은 "미국에서 음모의
일부나 전부를 제거하는 젊은 여성의 비율이 70퍼센트에서 88퍼센
트로 증가했다. 영국과 호주에서도 비슷한 조사 결과가 나타났다"
고 밝혔다. 이 사실에 중요한 의미가 있을까? 비뇨기학자들은 제모
에 따른 상처나 부상이 늘었다는 문제를 지적하지만 사실 그보다 심
각하게 고려해야 할 문제는, 패션계에서 제모를 찬동하는 움직임이
이토록 빠르게 확산되는 이유는 무엇이며, 그런 경향에 편승해서
다른 어떤 태도가 함께 나타날 수 있는가 하는 점이다. 이 현상은 '실
제 세계'가 아니라 '포르노 세계'에서 시작됐다. 마치 배우 빈 디젤
의 머리처럼 외음부를 털 없이 매끈하게 민 포르노 영화 속 여성들
은 클리토리스를 별로 많이 자극하지 않고도 절정에 이르고 현실 세
계였다면 고통스러웠을 자세와 행동을 취하면서 쾌감을 느끼는 듯
보이지만, 실제로 그렇게 했다면 영구적인 부상을 입거나 불쾌함을
느꼈을 것이다.

갤럽이 '포르노가 아니라 사랑을'이라는 사이트를 열겠다고
마음먹은 계기는, 자기보다 나이 어린 남자 친구와 데이트할 때면,
이들이 포르노 영화에서 본 것을 자꾸 따라 하려고 했기 때문이다.
그녀는 이 프로젝트에 관한 소식을 테드(TED) 강연에서 발표하면서,
학교에서 하는 성교육은 내용이 불충분하다고 설명했다.[1] 그녀는

자신의 직접적인 경험으로, 그 교육 격차를 메우는 수단이 '포르노' 임을 알고 있었다.

그녀가 만든 웹사이트는 대중의 잘못된 믿음을 해체하고, 서로 합의하에 이루어지는 성행위를 담은 영화를 제공하고자 한다. 이 영화들은 포르노 제작자들이 아니라 이 일을 전문으로 맡은 업로더들이 공급하며, 이들은 영화 대여 수익의 50퍼센트를 나눠 갖는다. 갤럽은 윤리적인 성애물을 공급하는 일에 착수하기 전에, 세계적인 광고 기업 퍼블리시스 그룹(Publicis Groupe) 소속 글로벌 광고 에이전시 BBH(Bartle Bogle Hegarty)의 싱가포르와 뉴욕 지사를 열고, 동명의 컨설턴트 회사도 설립했다. 그녀의 이런 큰 성공은 광고업계에서 여성에게 쏠리는 무의식적인 편견, 차별, 공격으로 여성들이 높은 위치에 올라서기 힘든 현실과 배치되는 결과다. 실제로 전 세계 모든 구매 결정의 85퍼센트를 여성이 내리는데도 불구하고, 크리에이티브 디렉터 중 여성은 11퍼센트에 불과하다.

2016년 3월, 글로벌 커뮤니케이션 기업 WWP의 회장이자 CEO인 구스타보 마르티네스는 인종 차별과 성차별 혐의가 제기되어 자리에서 물러났다. 그는 모든 혐의를 부인했지만, 얼마 뒤 그가 회사의 한 행사에서 강간에 관한 농담을 주고받은 동영상이 확인됐다.[2] 퍼블리시스 그룹 CEO인 모리스 레비는 곧바로, "이 일은 일회성 실수다… 이 업계를 대표하는 사건은 아니다"라는 성명을 냈다.[3] 신디 갤럽은 반대의 뜻을 밝혔다. 그녀는 페이스북에, 이 복잡한 시국은 그저 "지독한 빙산의 일각일 뿐이다"라는 글을 게재했다.

광고는 어떤 메시지를 만들고 강력하게 전파하는 방식으로 진행된다. 만약 이 업계가 여성을 얼마나 경멸하는지 그 정도와 특성을 알리려는 의도였다면, 이보다 더 훌륭하게 해내기는 힘들었을 것이다. 마르티네스가 사임하기 4개월 전, 퍼블리시스 그룹의 자회사 사치앤사치(Saatchi & Saatchi)의 글로벌 회장 케빈 로버츠는 한 인터뷰에서 갤럽을 호되게 비난했다. "제 생각에 그 사람은 명성을 쌓고, 박수갈채를 받고, 자기 의견을 강력하게 전달하려고 너무 많은 걸 꾸며대는 것 같아요. 성에 대한 지긋지긋한 논쟁은 이제 다 끝났어요." 그의 이런 발언이 있은 후 퍼블리시스는 로버츠를 휴가 보내고, "퍼블리시스 그룹에 다양성과 포용은 협상할 수 없는 사업적인 의무다"라는 성명을 발표하면서, 신속히 사태 해결에 나섰다. 이 일로 모리스 레비도 교훈을 얻었을지 모르겠다.

하지만 광고업계 전반적으로는 그런 교훈적인 과정이 나타날 기미가 거의 안 보인다. 디지털 에이전시 바이너미디어(VaynerMedia)와 미디어 기업인 스릴리스트 미디어 그룹(Thrillist Media Group)이 후원한 2016년 칸 국제광고제는 잠재 고객들에게 이메일을 보냈는데, 그 이메일을 받은 사람 중에는 여성 앞에 놓인 수많은 장애물을 극복하고 고위직에 오른 여성 임원들도 있었다. 그런데 이들에게 전송된 이메일은 이런 내용이었다. '이 행사에 관심을 보내주셔서 감사합니다! 매력적인 여성들과 모델들만 참석자 명단에 이름을 올릴 수 있으니 참고해주세요.'

스폰서들은 사과하면서, 이 이메일은 제3자가 보낸 것이라고 설명했다. 먹이사슬에는 책임을 돌릴 수 있는 누군가가 항상 아래 단계에 있기 마련이고, 이용해먹기 좋은 공룡도 항상 있다. 이 공룡들은 유용한 바보(useful idiot)의 친척쯤 되는 사람들로, 견해가 극단적이어서 자기가 문제가 아니라 다른 모든 사람이 문제라고 확신한다. 광고업계의 문화는 상의하달식이며, 구매 결정을 내리는 소비자의 85퍼센트에 해당하는 여성들과의 소통을 하찮게 여기기 때문에 고객과 주주들의 기대에 제대로 부응하지 못하고 있다. 이들은 포르노그래피로 그려진 무기력한 옥외 광고판 속 50피트 우먼을 만들어, 모든 이에게 실망을 안기기만 한다.

　　광고업계에서 고위직에 진출하는 여성들이 전보다 빠른 속도로 증가한다고 한번 상상해보자. 여성에 대한 남성의 음흉한 생각이 업계 모든 분야 곳곳에 만연한 분위기에서, 여성들은 어떻게 남성 동료들과 동등하게 대화를 나눌 것인가? 남성 동료들은 자신이 그런 생각을 품고 있다는 것을 전혀 인식하지도, 인정하지도 않는다. 여성들은 직장이나 가정이나 학교, 일상적인 대화에서 만나는 남성들이 '포르노 세계'의 가르침에 젖어 있다는 것을 알면서 어떻게 그들과 눈을 맞춰야 할까? 이는 그저 성관계의 예절이 좋고 나쁨의 문제가 아니라, 그보다 훨씬 해로운 영향에 관한 문제다. 바로 남성들이 모든 여성을 사거나 팔 수 있는 존재로 받아들이는 태도를 말하는 것이다. 이때 사고파는 대상은 몸 전체가 되기도 하고, 신체의 일부분이나 구멍들의 집합이 되기도 한다. 이런 문제는 2015년 9월 여성평등당 최초의 정책문서를 수립하는 논의 과정에서 제기됐다.

그런 질문들을 계기로 나는 큰 변화를 겪었다. 내가 애초에 이 일에 뛰어들 때는 본능적이고 열정적인 자유주의자, 어떤 험악한 대가를 치르더라도 언론의 자유를 옹호하고, 포르노그래피와 매춘을 법제화하고 규제하는 데 찬성하는 사람이었다. 내게는 아직 완벽하게 해결되지 않은 의구심과 딜레마가 있었다. 이 장에서는 정책에 관해 내가 고심했던 과정을 짚어보려고 한다(돌아보면, 엉성한 포르노 영화 속 성교 장면만큼이나 서툴렀던 적도 있다). 그리고 어째서 페미니스트들은 성 산업에 관해 토론할 때마다 사랑을 하기(make love)보다는 자꾸 전쟁을 거는지(make war) 설명하려고 한다. 우리는 이퀄리아에 도달하기 위해 이런 차이점을 어떻게 해결할 수 있을까? 한편 이 다음에 이어지는 장에서는 광고를 포함해 모든 부류의 미디어가 성평등의 발전에 도움이 될 때도 있지만 대부분은 방해가 된다는 사실을 살펴볼 것이다.

영국에서 평생에 걸쳐 성추행을 경험하는 여성이 평균 다섯 명당 한 명꼴이라고 설명했는데, 앞 장에서 소개한 파반 아마라도 그 한 명에 해당한다. 그녀는 11년 전 열일곱 살 때, 모르는 사람에게 성폭행을 당했다. 이 사건은 중대 범죄라는 점이 아니라 가해자가 안면이 없는 사람이었다는 점이 특이했다. 성폭행의 90퍼센트는 피해자와 안면이 있는 사람이기 때문이다. 이 사건에는 다른 흔치 않은 특성이 또 있었다. 성폭행이 벌어졌을 때 피해자가 경찰에 신고하는 비율이 15퍼센트밖에 되지 않는데, 아마라가 이 15퍼센트에 해당한다는 점이었다. 법원 판결까지 가는 경우는 드물어, 유죄 선고가 실제로 내려지는 사례는 신고된 사건의 고작 5.7퍼센트에 그친다.[4]

그녀는 사건에 따른 정신적인 외상으로 침묵하거나 내면으로 도피해버릴 수도 있었지만, 그러지 않고 오히려 사회운동가로 성장했다. 2015년에는 성폭행 생존자들에게 전문가의 의료 서비스와 카운슬링을 제공하는 조직을 설립했다. 그녀는 그 과정에서 성폭력과 성폭력 피해자들을 대하는 대중의 태도 사이에 존재하는 명백한 모순점을 통절히 인식했다. 우리가 사는 이 사회는 경계가 거의 없고 억제나 억압은 그보다 더 없는 것처럼 느껴지지만, 사실은 여성이 섹스의 즐거움을 논하는 것이나, 성폭력의 현실을 논의하는 것을 억제하는 분위기가 널리 퍼져 있어, 성폭행 피해에서 회복하는 과정이 더 힘들어진다. 그녀는 이렇게 말한다. "잡지들은 '오르가슴에 오르는 비법'을 기꺼이 커버스토리로 싣지만, 실제 대화를 하려고 하면 사람들은 아직도 별로 그런 이야기를 입에 담기를 꺼려합니다. 그리고 성폭력과 관련해서도, 성폭력이 문제라는 점을 이야기 나눌 만큼 마음자세가 열린 사람으로 보이기를 원하면서도 실제로는 그런 대화를 별로 나누고 싶어 하지 않지요."

그녀가 운영하는 클리닉에서는 자궁 경부 검진, 성병 검사, 피임법을 제공하고 성폭행을 겪은 여성들에게 조언을 해준다. 또한 2016년에는 전문 조산센터를 열었다. 이런 서비스가 필요한 이유는, 그녀가 그 조직의 명칭으로 선택한 '내 몸 찾기 프로젝트'라는 이름에 내포되어 있다. 아마라가 설명한다. "성폭행을 당한 뒤 여성들에게, '자기 몸은 자신의 것이고, 자기 마음대로 통제할 수 있다'고 말하는 것도 아주 좋은 일입니다. 하지만 우리가 그들에게 그 사실을 확인시켜주지 못한다면, 다시 말해 그들이 사건 이후 직면하는 모든 경험이 우리가 했던 말과 정반대라면…" 말끝이 흐려졌다. "성폭행을 당한 뒤 피해자들은 법의학 수사를 거쳐야 하는데, 그 과정에서는 자기 몸을 마음대로 할 수 없습니다. 그 뒤에는 배심원들에게 부상당한 부위의 사진이나 실제로 상처 난 부위를 보여주어야 하는데, 이번에도 자기 몸이 자신 것이 아닌 듯한 기분이 듭니다. 그리고 보통 경찰과 법원에 의해 사생활이 완전히 침해당합니다. 그러면서 또다시 자기 몸은 자기 것이 아니라는 메시지를 전달받지요. 병원에 가서 누군가의 지시에 따라 진료실과 검진실을 정신없이 오가야 하면, 다시 한 번 자기 몸이 자기 것이 아니라는 메시지를 듣게 되지요."[5]

　　아마라는 직접 거쳐온 여정을 통해 이 계획을 생각하고 그에 관한 정보를 알게 됐지만, 그 경험이 얼마나 보편적인지 확인하기 위해 다른 성폭행 생존자 30명을 면접 조사했다. 그 여성들의 3분의 1은 성폭행 경험이 피임법 선택에 영향을 주었다고 말했다. 절반 이상은 성폭행 이후 자궁 경부 검진을 하지 않았고, 앞으로도 할 엄두를 내지 못할 것 같다고 말했다. 일곱 명은 성폭행범에게 성병이 옮았을 가능성이 있다고 생각하면서도 성폭행 사건 이후 성병 검사를 한 번도 하지 않았다. 이제는 지정된 가족 주치의에게 진찰받으러 가지 않게 되었다고 말한 사람도 네 명이나 됐는데, 그중 세 명은 천식과 당뇨병 같은 중증 만성 질환이 있었다. 이들은 어떤 일이 있었는지, 피해당한 당시 상황이 어땠는지 다시 설명해야 할까봐 두려워했다. 검진하면서 의사들은 강간당할 때 자세를 취해보라고 요청하기도 한다. 그러면서 이런저런 명령을 내리기까지 한다. 마치 성폭행범이 그랬던 것처럼 말이다.

'내 몸 찾기 프로젝트' 클리닉 직원들은 그런 상황을 야기하지 않도록 특별히 교육받았다. 그래서 진료 과정이 어떻게 진행되어야 하는지를 의사가 아니라 환자가 정한다. 아마라를 비롯한 성폭행 생존자들이 주도권을 되찾고, 거기서부터 어느 정도 정상적인 상태로 돌아간다. 성생활을 재구축하고 성적 자신감을 다시 쌓기는 특히 어렵다. 아마라는 이렇게 묻는다. "섹스가 공격의 무기로 쓰인 경험을 겪은 사람에게, 세상은 다시 아무렇지 않게 성생활을 해나가기를 기대합니다. 어떻게 그럴 수 있겠어요?"

그래서 그녀는 성폭행 피해자들이 "성폭행 뒤 자기 몸을 사랑하는 법을 배우는 데" 도움을 주기 위해 토론 시간을 마련했다. 이 토론에 참여한 많은 여성이 성적 흥분을 느끼는 데 어려움을 겪었다. 도움이 될까 해서 포르노로 눈을 돌리면, 가혹한 여성 혐오, 강간하는 연기, 혹은 진짜 강간 장면과 대면하게 된다.

이에 아마라는 '내 몸 찾기 프로젝트' 웹사이트에 클릿 리스트(Clit List)라는 코너를 만들어, 사전에 자체 심의를 거쳐 선정한 성애물 영화 목록을 제공한다. 이 목록에 포함된 영화들은 길이가 긴 것도 있고 짧은 것도 있으며, 서로 동의하에 이루어지는 윤리적인 성애 장면을 담았다. '포르노가 아니라 사랑을' 웹사이트도 아마라가 선정한 이 목록에 포함된다. "사실 사람들이 섹스를 하는 장면을 보는 건 아무런 문제가 없어요. 그저 어떤 섹스 장면이 담겼느냐가 문제인데, 요즘의 포르노들은 그런 면에서 크게 잘못됐어요. 여자들도 시각적인 성적 자극을 원할 때가 있다는 사실을 받아들이지 않고, 그저 그런 자극 수단을 남자들이 독점하는 상황이 문제인 것이지요. 여자들에게도 때로는 남자들만큼이나 성적 자극이 필요합니다." 아마라는 고개를 절레절레 흔들었다. "요즈음에는 '포르노'라는 말이 '착취', '여성 혐오'와 동의어가 되어버렸어요. 하지만 그래서는 안 됩니다. 그렇지 않을 수 있어요."

그녀는 곧바로 까다로운 논쟁의 핵심인, 포르노그래피에 담긴 이미지와 성적인 폭력성이 가득한 세계에서의 성생활과 성적 취향에 관한 부분으로 넘어간다. 이런 현상들은 서로 연관이 있다. 갤럽이 그랬던 것과 마찬가지로 아마라가 찾은 답은 포르노를 윤리적인 성애물로 복구시키는 것이다. 하지만 그와 다르게 성평등 사회에서 상업적인 성이 설 자리가 과연 있겠느냐고 질문하는 사람도 여전히 있다.

하들라 귄나르스도티르는 여성에 대한 폭력 근절을 목표로 활동하는 단체의 공동 대표를 맡고 있다. 그와 같은 활동을 하는 단체는 여섯 개가 있는데, 각 단체는 여성평등당에서 추진하는 핵심 목표 중 하나를 달성하기 위해 노력하고 있다. 이들은 여성평등당 회원들의 견해, 지역사회 행사에서 알게 된 점과 이 분야에서 활동 중인 전문가들의 지혜에 의지한다. 여성평등당에서는 사회운동가들이 이미 몇 년 동안 공들여서 계획하고, 연마하고, 완성하고, 주요 조직들의 자문을 얻어 만든 후속 정책들을 다시 만드느라 시간을 낭비할 생각이 전혀 없었다. 이 분야에서 활동하는 주요 조직으로는 이브의 딸들, 이브스(Eaves), 이퀄리티 나우(Equality Now), 여성폭력종식 연합(EVAW), 일상적인 피해자 책임전가(Everyday Victim Blaming), 임칸(Imkaan), 오브젝트(OBJECT), 성폭행 위기(Rape Crisis), 변화를 위한 자매들(Sisters for Change), SBS(Southall Black Sisters), 스탠딩 투게더(Standing Together), 영국 페미니스타(UK Feminista), 여성 지원(Women's Aid), 여성 네트워킹 허브(Women's Networking Hub) 등이 있는데, 이들은 모두 성적인 폭력의 다양한 측면과 피해자 지원에 중점을 두고 있다. 그 외에도 남녀 평등 문제를 최우선으로 추구하는 포셋 소사이어티(Fawcett Society)와 여성자원센터(Women's Resource Centre), 홀어버이들을 지원하는 진저브레드(Gingerbread), 장애인 여성 단체인 프리다의 자매들(Sisters of Frida), 그리고 언론계 여성(Women in Journalism), 걸가이딩 UK(Girlguiding UK)도 있다.

하들라는 로열 페스티벌 홀에서 열린 회의에서 만나 여성평등당 창당에 관해 이야기를 나눈 뒤, 곧바로 운영위원회에 참여했다. 이후 여성평등당의 첫 정책위원장이 되어 2016년 5월 런던, 스코틀랜드, 웨일스 선거에서 공약을 만드는 임무를 지휘했으며, 여성평등당 내부의 정책 입안 절차의 틀을 짰다. 그전에는 아이슬란드 보건부와 법무부 정치고문으로 활동했고, 이후에는 성희롱, 급여나 진급, 참여에서의 불평등, 성적 학대, 리벤지 포르노물 같은 사건들을 전문적으로 다루는 로펌인 매컬리스터 올리바리우스에서 일했다. 그녀는 성 산업을 여러 해 동안 연구하면서, 여성들이 뱉어내는 생생한 증언에서 그 폐해를 목격했다.

비디오가 라디오 스타들을 완전히 없애지는 않은 것과 마찬가지로, 인터넷의 등장이 많은 이가 예견한 것처럼 실제로 포르노 사업에 치명적인 피해를 입히지는 않았으며, 단지 배급 방식을 바꾸어놓았을 뿐이다. 무료로 시청할 수 있는 콘텐츠가 그 어느 때보다 많아졌지만, 그런 콘텐츠를 제공하는 플랫폼들은 대개 포르노 업자들이 소유하고 운영했다. 이들은 광고나 쿠키(해당 사이트를 방문하는 사람들에게서 수집한 디지털 정보)를 팔아서 화폐화하고 프리미엄 콘텐츠를 유료화해서 수익을 얻는다. 클릭 수 경쟁이 붙고, 포르노와 포르노화된 문화에 점점 더 무감각해지는 시청자들에 맞추다 보니, 대표적인 상품들은 갈수록 더 거칠고 끔찍해지고 있다. 호주 연구원인 머리 크래브는 온라인 트래픽량이 가장 많은 포르노 영화들을 분석해, 영화 장면의 88퍼센트에 구역질하게 만들기, 목조르기, 손바닥으로 철썩 때리기 같은 육체적인 공격이 포함된다는 사실을 찾아냈다. 그녀는 다큐멘터리 〈포르노 시대의 사랑과 섹스〉를 만들면서 로스앤젤레스에서 앤서니 하드우드라는 이름으로 활동 중인 남자 포르노 배우를 인터뷰했다. "제가 이 일을 시작할 때만 해도 아주 달콤한 섹스를 나누는 내용이었어요." 그가 말했다. "그런데 3년이 지나고 나서는, 더 강하고 거친 역할을 해야 했어요. 예를 들어 한 여자가 남자 네 명과 관계를 갖는데, 남자들은 여자를 완전히 장악하고 죽여버리지요."

매컬리스터 올리바리우스의 설립 파트너인 앤 올리바리우스는 블로그 포스트에서 새로 나타나는 또 다른 추세에 대해 설명한다. "우리 고객 중에 포르노 배우로 일하는 여성이 있다. 그녀는 잔혹한 장면을 촬영한 뒤 직장 봉합 수술을 받아야 했고, 병원에서 퇴원한 바로 다음 날 우리를 찾아왔다. 그녀는 당분간 일을 할 수 없었기 때문에 고용보호정책의 도움을 받을 수 있는지 문의했다. 그녀에게 해당하는 사항은 거의 없었다. 그녀는 포르노 배우로 3년간 일했는데, 그 정도면 내가 그동안 보아온 이들 중 가장 오래 버틴 축에 들었다. 그녀는 연금 혜택도 없었고, '봉급 인상'이라는 말도 들어본 적이 없으며, 그런 걸 어떻게 요구해야 하는지도 전혀 몰랐다. 이 업계는 그녀 인생의 3년을 취했지만 그녀에게 남겨준 것이라고는 직장 탈출증뿐이었다. 참고로 포르노 산업에서는 직장 탈출 장면을 담아내는 것을 자랑스럽게 여긴다. 포르노 영화에서 항문이 나오는 (여자 배우의 직장이 밀려 나오면서 붉은색 내부 장기가 항문 밖으로 드러나는) 장면에 대한 수요가 증가하기 때문이다."

많은 포르노에는 성적 강압의 기록이 담겨 있다. 그런 강압은 경제적, 육체적 혹은 그 양쪽 다일 수도 있으며, 최근에는 폭력적인 강압도 급증하고 있다. 그러나 학자들은 포르노가 직접적으로 시청자들에게 성폭행을 범하는 습성을 증가시키는지 여부에 대해서는 의견이 분분하다. 7개국에서 시행한 연구 22가지를 분석한 2016년의 한 메타 분석은, 실제로 직접적인 영향이 있으며, 특히 포르노물이 잔혹하고 폭력적인 경우에는 더욱 그렇다는 사실을 밝혔다. "미국에서는 물론 세계적으로도 여성들과 남성들 모두, 그리고 횡단적 연구와 종단적 연구 모두에서, 소비량은 성적인 폭력과 연관이 있었다. 이런 연관성은 양쪽 다 상당했지만, 육체적인 성적 폭력보다는 언어적인 폭력에서 더 강했다. 연구 결과들의 일반적인 패턴을 분석하면 폭력적인 내용이 상황을 악화시키는 요인으로 보인다." 10년 전 앤서니 다마토라는 법학과 교수는 180도로 다른 견해를 밝혔다. 그는 포르노가 억압된 상태로 유지될 수도 있는 성적 욕구를 분출시킬 대안을 제공함으로써 잠재적으로 성폭행을 줄이는 효과가 있다고 주장하며 이렇게 설명했다. "어떤 사람들은 포르노물을 보는 것이 '체계 밖으로 내보내는' 효과가 있어서, 실제로 밖으로 나가 직접 해보고 싶은 욕구가 더는 생기지 않게 만든다." 그의 이런 의견은 무수한 연구를 통해 이미 밝혀진 한 가지 사실을 간과했다. 성폭행은 단순히 성적인 욕구의 표출이 아니라 분노, 통제, 권리 부여 중 하나, 아니면 이 세 가지 모두가 복합적으로 표출된 것이라는 사실이다.

　　포르노물을 만드는 데 투입되는 금융 거래는 거의 항상 동일한 패턴을 따른다. 남자가 돈을 주고 여자의 동의를 얻는다. 그 여자는 그렇지 않았다면 섹스를 하는 데 동의하지 않았을 것이다. 이는 매춘과 동일한 방식의 거래다. 영화에 나오는 남자 배우 대다수는 거의 같은 길을 걸어왔다. 밀거래, 학대, 마약 중독. 이것이 여성에 대한 폭력을 종식하기 위해서뿐 아니라 우리가 추구하는 목표들을 실현하기 위해서라도 여성평등당이 바꾸어놓아야 할 현실이다. 여성들이 일상적으로 상업화되고, 물건 취급을 당하고, 착취당하고, 공포에 떨고, 원하지 않게 종속되는 한 성평등은 환상처럼 느껴진다. 그것이 바로 하들라가 조리 있는 설명으로, 여성평등당이 성을 파는 것은 괜찮지만 성을 사는 것은 범죄가 되는 북유럽 국가들의 노르딕 모델(Nordic Model)을 채택해야 한다고 제안한 이유다.

하들라는 아이슬란드 정부에 재직하던 시절, 성 산업으로 흐르는 돈줄을 막고 배급 체계를 폐쇄하는 정책을 마련했다. 2009년에 아이슬란드는 세계에서 세 번째로 노르딕 모델을 도입했다. 노르딕 모델은 1999년 스웨덴에서 처음 만들어졌으며, 아이슬란드에 도입되기 불과 몇 달 전 노르웨이에 먼저 도입됐다. 내 동료 대다수는 이것이 우리의 정책에 포함되어야 한다는 하들라의 의견에 동의했다. 샌디도 찬성이었다. 하지만 나는 첫 회의에서 찬성한다고 손을 들지 못했다. 그리고 여전히 심각한 의구심을 품고 있다.

그 첫 번째 이유는 앞서 설명했듯이 매춘과 포르노물은 구분하기가 힘들다. 매춘과 포르노물의 문제는 거의 동일해서, 둘 다 여성을 착취하고, 학대하고, 여성을 돈을 주고 살 수 있는 신체 부위의 집합으로 보는 비인간화를 고착화한다.

우리가 포르노물 금지에 대한 논쟁을 벌일 단계에 있지는 않앉지만, 내가 보기에는 그 논쟁이 타당한 다음 단계로 느껴졌다. 포르노를 어디서든 쉽게 구할 수 있기 때문에 질 나쁜 포르노물(포르노물의 대다수에 해당한다)은 그 업계에서 일하는 사람들, 악성 포르노를 보면서 성장하는 아이들, 여성들, 그리고 모든 이에게 그 어느 때보다 큰 해를 주고 있다. 그렇지만 나는 사람들이 섹스를 나누는 장면을 보는 것은 본질적으로 유해하지 않다는 파반 아마라와 신디 갤럽의 의견에는 동의한다.

페미니스트 작가이자 시인인 오드르 로드는, 섹스가 여성을 공격하는 무기로 쓰이는 것에 저항하려고 노력하는 과정에서 여성들이 자신이 성적 특성을 부정할 위험이 있다고 경고했다. 그녀는 이렇게 말한다.

"모든 억압은 억압받는 이들의 문화에 존재하는 다양한 힘의 근원을 타락시키거나 왜곡해야만 그 영향력을 영원히 지속시켜나갈 수 있다. 그런 측면에서 여성들은 삶에서 중요한 힘과 정보의 근원이 되는 성적인 특성을 억제당해왔다. 서구 사회 여성들은 이 근원적인 가치를 의심하고, 비난하고, 오용하고, 평가절하하도록 배웠다. 한편으로는 천박하게 성적인 것을 여성의 열등함의 징후로 보는 분위기가 조장되었고, 다른 한편으로는 성적인 특성으로 여성들이 고난을 겪고, 경멸당하고, 위험하거나 불법적일지 모른다는 의심을 받아왔다. 그런 상황은 삶에서나 의식적으로 성적인 특성을 억눌러야만 여성이 진정으로 강인해질 수 있다는 잘못된 믿음으로 발전하기 십상이다."[6]

더욱이 나 같은 경우에는 저널리스트이자 작가이기 때문에, 포르노 규제에 반대하기 위해 언론과 표현의 자유를 이용하는 것처럼 보일까봐 조심했다. 실제로 나는 2014년 웨스트민스터에서 열린 반대 시위에 참여했었다. 조직위는 시위 군중을 500명 정도로 추산했는데, 불만을 품은 언론은 시위대보다 월등히 우세했다. 사진 기자들은 어마어마한 하이힐을 신고 섹스 보조 도구들을 들고 뒤뚱거리며 걸어가는 무리를 간단히 조명했다. 한 사진 기자는 "맙소사, 백악관 앞에서였다면 이런 광경을 절대 보기 힘들 거요."라고 말했다. 빅 벤(영국 국회의사당 탑 위의 시계와 시계탑)을 보러 왔던 관광객들은, 산타클로스 복장을 하고 '산타 얼굴 위에 앉으세요*'라는 문구가 적힌 플래카드를 들고 있는 남자와 셀카를 찍었다.

도대체 무슨 시위인가 어리둥절해하는 사람도 있었을지 모르지만, 사실 이는 '영국의 포르노 관련법'이라는 사안을 타당하게 반영한 집회였을 뿐이다. 영국에서는 온라인으로 제작 유통되는 포르노 영화를 규제하는 법규가 매장에서 팔리는 DVD 관련 법규보다 허술했다. 그래서 정부는 관련 규정을 수정해서 온라인과 DVD 포르노 영화에 동일한 규정을 적용해 변칙 요인을 제거하고자 했는데, 그럴 경우 또 다른 부조화가 발생할 수 있었다. 시위자들은 '생

---

*   sit on: 여성이 상대의 얼굴에 성기를 가져다 대면 상대가 입으로 애무해주는 성교 행위를 뜻한다.

명의 위협'을 줄 수 있는 행위와 '심각한 육체적·언어적 학대'를 금지하는 가이드라인에는, 영국에서 합법적으로 제작하고 배포되는 포르노 영화에 담을 수 없는 성행위를 나열한 리스트가 있다고 주장했다. 그런 성행위에는 특히 레즈비언 포르노에 주로 나오는 여성의 사정과 프랑스에서 'le vice anglais(영국의 악행)'으로도 알려진, 영국 문화에 깊이 배어 있는 가벼운 수준의 엉덩이 때리기 같은 것들이 포함된다. 영상 등급을 결정하고 적용하는 영국 BBFC(영화등급분류위원회)는 이런 해석을 거부했다. BBFC의 대외연락 담당 책임자인 캐서린 앤더슨은 이메일에서 이렇게 밝혔다. "그런 리스트는 없습니다. 또 BBFC에서 영화 분류와 관련해서 내리는 결정에 중요하게 작용하지도 않고요."

외설 관련 문제 전문 변호사인 마일스 잭맨은, 그렇다고 하더라도 이런 제한 규정은 "외국의 사법권에 대항하는 무역 전쟁을 의도치 않게 선언한 것"이라고 내게 말했다. 그는 "관련 당국은 금융기관들이 외국의 웹사이트에서 포르노물을 구입해서 신용카드나 체크카드로 지불할 수 없도록 해두었다. 만일 영국에 있는 사람이 미국 포르노 웹사이트에서 신용카드나 체크카드로 영화를 구매하려고 하면 오류 메시지가 뜬다. 법 규정을 준수한 영화라도 해당 사이트가 법 규정을 지키지 않았을지 모르기 때문"이라고 설명했다. 그는 온라인 신문사 《인디펜던트(Independent)》와의 별도 인터뷰에서 다음과 같이 말하면서, 그런 법규는 포르노물 자체에 그치지 않고 훨씬 넓은 영역에 영향을 끼칠 수도 있다고 설명했다. "포르노는 언론의 자유에 관한 문제에서, 탄광 안의 카나리아* 역할을 한다. 즉 언론의 자유가 침해되면 포르노가 가장 먼저 사라진다. 자유에 대한 이런 공격이 아무런 제지도 받지 않으면, 그 외 부류의 자유도 결과적으로 굴복하게 될 것이다."7

포르노물의 기본 정의는 성적 흥분을 자극하는 자료다. 그런데 가끔은 예술 작품이 그런 정의를 시험하기도 한다. 예를 들어 소설《르네의 사생활(Story of O)》은 성적인 복종이라는 소재를 다루고, 1976년에 제작된 프랑스계 일본 영화〈감각의 제국(Ai no corrida)〉은 실제 정사 장면, 가학피학증, 죽음이 담긴 진지한 예술 영화다.

검열 작업이 어리석음의 정의를 시험하는 상황은 자주 벌어진다. 인간 편집자가 그랬는지 아니면 인간이 만든 알고리즘이 그랬는지는 모르지만, 페이스북에서 모유 수유하는 여성 사진을 차단했다. 페이스북은 그와 비슷한 일로 구스타브 쿠르베의 1866년 작〈세상의 기원(L'Origine du monde)〉의 사진을 계정에 올렸던 프레데리크 뒤랑베사스라는 교사에게 소송을 당하기도 했다. 그 그림은 여성의 성기와 풍성한 음모를 적나라하게 묘사한다. 페이스북은 검열과정에서 이 그림을 발견하고 뒤랑베사스의 계정을 차단했다. 이에 뒤랑베사스는 "내가 게재한 그림은 박물관에 걸려 있는 프랑스의 예술 작품이었는데, 페이스북에서는 내가 무슨 포르노업자라도 되는 것처럼 취급했다"면서 페이스북을 고소했다.

---

* 카나리아가 붕괴 조짐을 미리 알려주듯, 위기 상황을 조기에 예고해주는 수단.

어릴 때 언니가 포르노로 금지된 책을 여러 차례 보여줬다. 언니는 부모님 책장에서, 존 클리랜드의 《패니 힐(Fanny Hill)》, D. H. 로렌스의 《채털리 부인의 사랑》, 저메인 그리어의 《여성, 거세당하다》를 비롯해 성교 장면이 생생히 묘사된 책들을 찾아 읽으며 성교육을 자청했다.

그리어의 책은 검열을 받지 않았지만 언니가 특히 관심 있게 본 구절은 허버트 셀비 2세의 단편소설 《브루클린으로 가는 마지막 비상구》에서 트랄랄라는 창녀가 집단 강간당하고 살해당하는 부분을 인용한 것이었다. 셀비가 이런 내용을 묘사한 건 독자들을 성적으로 흥분시키려는 것이 아니라 충격을 주기 위해서였다. 이 책이 영국에서만 이미 1만 4천 부 이상 팔린 1967년에는 한 보수당 하원의원이 셀비의 책을 낸 출판사를 외설 혐의로 고발해, 9일에 걸쳐 외설 심판이 열렸다. 이 재판은 여성들이 배심원으로 나왔을 때 겪을 괴로움을 방지하고자 배심원을 전원 남성으로 구성했다. 결과는 외설 출판물법, 그중에서도 특히 '이득을 위한 외설적인 글의 소지'를 금지한 조항을 위반했다고 판단해, 피고인에게 유죄 선고를 내렸다. 이후 출판사가 항고해서 승소했으며, 관련법은 개정됐다.

발전의 증거였지만, 이 책에서 내내 논의했듯이, 이런 발전은 늘 취약해 언제든 반전과 반발이 생길 수 있다. 유해한 포르노물을 근본적으로 제거하고 제한하기 위해서는 법적인 절차가 필요하다는 결론에 마지못해 이르기는 했지만, 나는 법이 좋지 못한 방향으로 제정되어 예술적인 시도와 언론의 자유를 억압하는 데 활용될지 모른다는(혹은 더 심각하게 사회적 보수주의자들이 자신의 신념 체계에 대항하는 그 어떤 것이든 공격하려 들지 모른다는) 두려움을 떨칠 수가 없다. 영국은 후자를 보호하려는 노력을 거의 하지 않는다. 미국에는 언론의 자유를 보장하는 헌법 수정 제1조가 있지만, 영국은 헌법적으로 권리 보장이 따로 되어 있지 않고, 단지 국내법에 통합된 유럽인권보호조약이 전부이며, 그마저 상당히 많은 정치인과 정부 각료가 폐지되기를 바라고 있다. 영국의 법원들은 증오와 테러리즘 조장을 금지하는 법과 평화를 저버리고 명예를 훼손하는 행동을 금지하는 법을 통해, 그리고 강제 명령 또는 명령의 정보뿐 아니라 강제 명령 그 자체까지 감추는 함구 명령을 부당하게 내림으로써, 뉴스와 의견을 즉각적으로 억압한다.

인터넷은 그런 강제 명령의 발동 소식을 몇 시간 안에 알아내고, 반체제 인사들의 입을 막으려는 권위주의적 정권의 노력에 손상을 입힌다. 그러면 그런 정권들은 인터넷을 통제하거나 차단하려고 나선다. 중국은 페이스북, 텀블러, 트위터를 막았으며, 톈안먼 광장이나 달라이 라마를 검색하면 결과가 나오지 않게 조치했다. ISIS는 폭력적인 독재 정권을 세우고 장악한 지역 내에서는 인터넷이 불가능하게 만들었다. 도널드 트럼프는 ISIS와 대치하고 있는 지역을 잠재적으로 공격하는 셈이 될 수 있는데도 불구하고 분쟁 지역의 인터넷 망을 차단할 것을 제안했다.

온라인 트롤들은 그와 달리 상대에게 수치심을 주거나 상대의 입을 막는 방식으로 의견을 억누른다. 남자들은 이들의 조롱거리가 되고, 여자들은 성추행, 위협, 스토킹을 당한다. 특히 젊은 여성들이 더 위험해, 퓨리서치센터의 2014년 조사에 따르면, "불균형적으로 높은 수준으로 심각한 유형의 희롱"을 경험한다.[8] 2016년 호주의 한 연구는 30세 미만 여성의 76퍼센트가 온라인에서 욕을 들은 적이 있으며, 네 명 중 한 명은 폭력적인 위협을 당했고 열 명 중 한 명은 동의 없이 성관계 영상을 공개하는 리벤지 포르노물의 표적이 된 적이 있다고 밝혔다.

　세계 많은 나라에서, 갈수록 짙어지는 검열의 연무를 가장 적극적으로 반대해야 할 젊은 세대들은 위반 행위를 초래할지 모를 사람들에게는 의견을 표출할 창구를 주지 않거나 그들과 플랫폼을 공유하지 않으려 하면서, 오히려 그런 현상을 더 부채질한다. 그들은 그 같은 태도의 미묘함으로 인해 '눈송이 세대'라는 경멸적인 별칭으로도 불리지만, 그런 별명을 퍼뜨리는 비판가들도 온라인 트롤들의 가차 없는 공격을 무사히 버텨낸 적이 없다. 어떤 이들은 트롤들에게 공격당하다 반대로 트롤이 되어, 사람들에게 모욕을 나눠주는 능력을 자랑스럽게 여기고, 온라인에서의 모든 소통을 니체 철학으로 힘을 테스트하듯 한다. 현실적으로 계속되는 욕설로 얻을 수 있는 권한이나 자격은 아무것도 없다. 많은 여성이 스스로 보호하기 위해 자기검열을 하거나 소셜미디어를 아예 멀리한다.

　2013년 8월에, 나는 트위터 메시지로 폭탄을 터뜨리겠다는 협박을 받고 경찰에 신고했다. 경찰은 신고를 받자마자 나에게 소셜미디어를 쓰지 말라고 조언했다. 하지만 저널리스트에게 소셜미디어를 쓰지 말라는 건 셰프에게 칼을 멀리하라고 조언하는 것과 마찬가지였다. 그 협박은 최소 여덟 명의 여성에게 전달되었는데, 너무 유치해서 그리 무섭지는 않았지만, 당시 캐롤라인 크리아도페레즈라는 사회운동가가 영국 지폐에 여왕 이외의 여성 인물을 넣자는 운동을 벌이기 시작한 뒤 성폭행 위협이 쏟아지고 있던 터라 상황이 불안하고 뒤숭숭했다. 최근 새로 바뀐 5파운드짜리 지폐에는 감옥을 개혁하는 데 주력했던 사회개혁자 엘리자베스 프라이를 제치고 윈스턴 처칠이 새로운 인물로 등장했다. 크리아도페레즈는 온라인 청원 사이트 'Change.org'에 청원을 넣고, 협박을 받으면서도 계속 밀어붙였다. 그러다가 영국 중앙은행이 10파운드짜리 지폐에 들어갈 인물로 제인 오스틴이 선정되었다는 사실을 알렸다. "중앙은행은 분명히 올바른 결정을 내린 거예요. 하지만 인터넷의 힘이 없었다면 어떤 일이 벌어졌을지 누가 알겠어요?" 크리아도페레즈는 골똘히 생각하며 말했다. "처음에는 평범한 인간인 제가 혼자 리바이어던과 대결하는 기분이었는데, 역시 소셜미디어는 사람을 움직이는 대단한 힘이 있어요."

변화를 이끌어내려면 이야기를 널리 전파하는 과정이 꼭 필요하다. 그때 쓰이는 소통의 경로는 선을 위해서뿐 아니라 악을 위한 수단으로도 사용되지만, 그렇더라도 소통의 경로는 반드시 보호되어야 한다. 저메인 그리어가 트랜스젠더 여성들에 대한 잘못된 생각을 가지고 있으므로 그녀에게 강의를 맡겨서는 안 된다는 청원을 냈던(그 청원은 결국 실패로 돌아갔다) 칼디프 대학의 학생 3천 명에게는 물론 그런 관점이 받아들여지지 않을지 모른다. 내 사촌이며 열아홉 살인 캣/밀로 베자크는 그런 행동에 반대한다. 상대를 불러들이는 것, 즉 상대방과 직접 소통하면서 바라는 견해를 상대방에게 납득시키는 방법은 이상적일지 모르지만, 그런 방법은 다수를 향해 자신의 의견을 크게 외칠 때보다 시간이 훨씬 많이 걸리고, 참을성도 훨씬 많이 필요하다. 누군가를 자기편으로 포섭하려 하다보면, 그 사람의 행동이나 태도, 언어를 바꾸는 과정에서 얼마나 많은 사람이 다칠까? 캣/밀로와 비슷한 또래들은, 그동안 윗세대들이 억압받는 소수자들이나 여성들 대다수를 보호하기 위한 충분한 역할을 하지 못했다고 본다.[9] 물론 그런 생각도 전적으로 옳다. 하지만 나는 마음껏 논의할 공간을 확실히 밝히고 유해한 내용이 일부 있을 수 있음을 미리 경고하는 행동이, 진보를 가속화하기는커녕 지체시키지 않을까 우려한다. 파반 아마라가 이런 말을 한 적이 있다. "언어의 정치학에 관해 이야기를 나누고, 유해성을 미리 경고하는 건 아주 쉬운 일이에요. 그냥 무조건 경고만 하는 건 더 쉽고요. 또 적절한 언어를 쓰지 않는 사람들을 비판하는 것도 거리낄 게 전혀 없어요. 그런데 제가 볼 때는 그렇게 하기가 너무 쉽기 때문에, 여성의 삶에 영향을 주는 실질적인 사안을 오히려 간과하는 것 같아요. 가령 성폭행 '피해자'와 '생존자' 중 어떤 단어를 써야 하는가를 두고도 할 이야기가 엄청 많잖아요. 그런데 성폭행 생존자들이 의료 서비스나 산부인과의 도움을 받을 수 있게 된 것도 아주 최근 일이고, 성폭행당한 여성들을 돕는 성폭행 위기 센터(rape crisis center)들은 자금 부족을 겪고 있다는 사실 같은 실질적인 논의는 뒤로 밀리기 일쑤예요."

페이스북으로 활동하는 컨트리 리빙(Cuntry Living)은 원래 옥스퍼드 대학교 학생들의 페미니즘 토론 포럼으로 출발했다. 이 단체는 스스로를 '여러 분야와 교차되고, 인종주의에 반대하며, 섹스를 긍정적으로 보는 온라인 공간으로, 우리는 가부장제를 비롯한 억압 구조에 맞선다'고 칭한다. 참여를 원하는 사람들에게는 이런 경고를 해둔다. "우리는 최대한 안전한 공간을 만들어나가고자 한다. 건전한 논쟁은 환영하지만, 억압의 의미를 이해하지 못하는 사람들이 우리 회원을 위협하거나, 하찮게 취급하거나, 강제로 입을 다물게 만드는 것은 원하지 않는다… 고의로 무시하거나, 억압당한 직접적인 경험이 있는 사람들의 이야기를 묵살하거나, 탄압적이고 해로운 견해를 옹호하면(혹은 탄압적이고 해로운 게시물이나 의견을 좋아하면), 탈퇴당할 것이다." 이 단체의 집행부는 그런 제재를 지체 없이 처리해왔다. 베키 버틀러라는 고정 회원은, 남자이며 페미니스트인 친구 하나가 "탄압에 대한 반응을 감시했다"는 이유로 탈퇴당했다고 항의했다. 버틀러는 이런 글을 올렸다. "이와 같은 논의의 장은 사람들을 교육하는 기능을 해야 한다. 페미니즘 이슈를 자세히 설명하기를 거부하는 것은 가부장제를 더 공고히 할 뿐이다. 기존 구조를 보전하는 가장 좋은 방법은 아예 염두에 두지 않게 만드는 것이다… 컨트리 리빙에는, 우리의 '안전한 공간'이 회원들에게 겁을 주어 침묵하게 만든다는 심각한 역설이 존재한다."[10]

페미니즘에는 왕성하고 허심탄회한 논쟁이 필요하다. 그래야 우리 추측을 시험해보고, 사고를 날카롭게 가다듬고, 차이점이나 이견이 발생할 경우 해결하고, 앞을 향해 나아갈 수 있다. 그리어는 비판받을 게 아니라 의견을 존중받아야 한다. 그런 주장을 미국인 블로거 루시 브이 같은 사람에게 납득시키기는 대단히 힘들 것이다. 루시 브이는 법을 만들어 성폭행을 근절해야 한다는 그의 제안이 풍자적이었다고 주장하고(hold my aching sides), 자기 책이나 웹사이트, 모임 등에서 터무니없는 여성 혐오적 주장을 펼친다. 2016년에는 호주와 영국을 방문하기로 되어 있었지만 사람들의 항의로 방문 일정을 취소했다. 영국 정부에 그의 입국을 불허해야 한다는 청원을 넣은 사람은 8천 명에 이르렀다. 영국 정부는 그의 입국을 막지는 않았지만, 그가 영국에 오지 않기로 결정한 것을 반겼다. 당시 내무부 장관이었던 캐런 브래들리는 하원에서 이렇게 말했다. "우리 정부는 강간이나 성폭력을 용납하는 사람은 누가 되었든 강력히 규탄합니다. 우리는 그런 이들에게 비웃고, 경멸하고, 그건 가장 어처구니없는 견해임을 확인시켜야 합니다." 나도 브래들리의 주장에 동의한다. 다만 나라면 헛소리나 지껄이는 그런 보잘것없는 멍청이를 아예 처음부터 무시했을 테지만 말이다.

　　루시 브이는 시대에 뒤떨어진 고리타분한 사람의 전형을 보여준다. 남자들 중 일부는 뒤죽박죽인 그의 이런 가르침에 이끌린다. 많은 남자가 그를 창피하게 생각하지만, 그를 성차별과 여성 혐오의 척도로 삼아, 자기들에게는 그런 문제가 없다는 환상을 갖는다. 하지만 사실 성별을 가릴 것 없이 거의 모든 사람에게는 태어나자마자부터 편견이 심어져 있다. 그리고 대부분은 그런 편견을 살피거나 우리 스스로의 행동을 추궁하지 않고 그저 아주 가끔씩만 그런 행동이나 태도를 자각하면서, 실수를 하면서도 아무렇지 않은 듯 살아간다. 예를 들어 친구들이 모인 자리에서 한 여자 친구가 병원에 다녀왔다고 말하면 우리는 "그랬구나. 의사가 뭐라고 그래?"라고 묻는다. 그런데 이번에는 남자 친구가 병원에 다녀왔다고 하면 "남자 독감*이네"라고들 반응한다. 그리고 여자 연예인이 얼굴 주름살을 팽팽하게 펴고 가슴을 키워서 사람들 앞에 나타나면, 그녀가 수술대에 누울 수밖에 없었던 외부적인 압박을 비판하기보다는, 수술받은 그 연예인을 흉보고 헐뜯는다.

　　여성평등당은 항상 모든 사람을 위한 당, 모든 사람에게 이익이 되는 당이 되겠다는 생각으로 임해왔다. 우리는 남자들이 함께 참여가기를 바라는데, 그건 남자들의 표가 있어야 선거에서 이길 수 있기 때문만이 아니다. 남자들이 목표를 위해 노력해야만 이퀄리아에 이를 수 있기 때문이다. 남자들의 노력이 가장 많이 필요한 부분은 자기 자신과 자기가 살고 있는 문화를 되돌아보는 일이다. 여성평등당이 널리 알려지기 전에 내가 성 산업에 대해 솔직히 따지기를 주저한 이유 중 하나는 더 큰 운동으로 발전할 잠재력에

---

* 　　man flu: 남성 스스로 심각한 독감이라고 판단하지만 가벼운 감기를 뜻하는 말로, 남자들이 아플 때 증상을 과장하고 엄살을 떠는 것을 비꼬는 표현.

손상을 입지 않을까 하는 염려 때문이었다. 우리가 반성과 변화의 협력 과정에 남자들을 초대한다고 보기보다는, 우리가 비판적인 잣대를 들이댄다고 남자들이 느낄 수도 있을 터였다.

나는 도덕적으로 우위에 있다고 말할 만한 입장이 전혀 아니었다. 나도 포르노 영화를 아주 많이 보아왔다. 폭력적인 포르노는 싫어하지만, 유치한 스토리 전개와 억지로 꾸민 사랑 이야기가 없는 포르노는 항상 좋아했다. 배가 나온 남자들이 머리를 빡빡 깎고 몸에 문신을 새긴 여자들과 그룹 섹스를 하는 독일 포르노는 사양한다. 나는 성교를 나누는 장면을 볼 때는 마치 차세대 《데일리 메일》 기자라도 되는 듯 체형을 깐깐하게 따진다. 포르노 배우들이 촬영 과정에 스스로를 분리시켜 영화를 찍듯이, 나도 이런 종류의 포르노를 보는 데서 예상되는 결과와 스스로를 분리해서 생각해왔다. 섹스 영화들이 교육과 자율권의 수단으로 재구성될 수 있다고 주장하는 신디 갤럽처럼 말이다. 나는 이런 주장이 사실이라고 믿지만, 그럼에도 불구하고 나처럼 기존 문화에 성적인 취향이나 특성이 형성된(혹은 잘못 형성된) 사람에게 조롱이나 코웃음 이상의 반응을 끌어낼 수 있는 윤리적인 포르노를 만든다는 게 정말 가능할지 여전히 의구심이 든다.

그런 분리 과정은 정신과 의사들이 온라인 포르노 중독을 호소하는 환자를 치료할 때 자주 쓰는 방법이다. 이 책을 쓰기 위해 포르노와 매춘에 관한 내용을 조사하면서 내가 인터뷰했던 남자들에게도 거리를 두는 각자의 기술이 있었다. 그들은 해로운 일은 아무것도 하지 않았다고 스스로 타일렀다. 자기가 포르노 영화를 보든 안 보든 이런 영화는 이미 이 세상에 존재한다. 여성들은 이미 매춘을 업으로 삼은 사람들이고, 자기는 최소한 그들에게 정중하게 대하고 돈도 정확히 지급했다. 인터뷰 상대였던 한 남성은 극동지역으로 주기적으로 여행을 간다고 말했다. "소호(Soho)에는 가고 싶은 마음이 없어요." 그가 말했다. "거기 여성들은 아마 다들 불법 인신매매로 끌려오지 않았을까 싶어요. 대부분 루마니아나 불가리아 출신이고, 힘들고 불행한 게 분명해 보이거든요. 하지만 태국은 달라요." 어떻게 다르냐고 묻자 그가 대답했다. "매춘이 그곳 문화의 일부예요. 거기서 일하는 어린 여성들은 자기 일을 좋아하고, 사람들의 인정도 받는다고 하더라고요. 그곳 사람들은 돈을 벌어서 가족들한테 보내지요."

그의 말이 무슨 뜻인지 이해되었다. 방콕에 갔을 때 섹스 쇼를 보러 간 적이 한 번 있었다. 그 자리에 서양 여자는 나 혼자뿐이어서 사람들의 호기심을 자극했던 듯하다. 공연 시작까지 시간이 조금 남았을 때 거기서 공연하는 여성들이 내 주위에 몰려들어 영국에서의 삶에 관해 물었다. 관객 중 햇볕에 그을린 목에 헐렁한 티셔츠를 입은 사람들은 주로 영국 사람들이었는데, 그들 중에서 남편감을 찾아 영국 국적을 얻고 싶다고 말하는 여성도 꽤 여러 명이었다. 그곳 여성들은 날씬하고, 피부가 좋고, 건강하고 활력이 넘쳐 보였다. 그중 한 명은 태국 북부에 사는 가족에게 돈을 보내기 위해 2년 전 방콕에 왔다고 했다.

"몇 살이세요?" 그 소녀가 엉성한 영어로 물었다.

"마흔(forty)살이야."

"어, 저도요." 소녀가 쾌활하게 답했다. "저도 열네(fourteen) 살이에요."

그렇다면 이 소녀는 열두 살이라는 어린 나이에 팟퐁에 있는 섹스 클럽에서 일을 시작한 셈이었다. 나는 놀라서 멍한 표정으로 그 소녀를 바라봤다.

"담배 피울 시간이라서 가봐야겠어요."

나는 잘못 알아들은 줄 알았다. 그런데 몇 분 뒤, 그 소녀가 나오더니 관객 눈높이에 놓인 의자에 양 다리를 벌리고 기대앉아, 질 입구에 불붙은 담배 두 개를 꽂아 넣고 담배 연기를 동그랗게 뿜어냈다.

성 산업의 합법화를 주장하는 사람들은 자기가 하는 일을 '성매매업'으로, 스스로를 '성매매업 종사자'라고 표현한다. 이런 유형의 노동에서 존엄성을 찾기는 쉽지 않을지 모르지만, 관찰자들이 결정할 사안이 아닌 것은 분명하다. 2015년에 열린 국제사면위원회 태평양 연안 연례회의에서 메그 무뇨스라는 여성은, "나는 그 일이 정말로 아주 좋았어요"라고 말했다. 그녀는 처음에는 돈을 받고 사교 모임에 동반해주는 일을 하다가, 고객이 요청하면 추가로 돈을 받고 섹스를 나눴다. 생활비를 벌고 대학 등록금을 마련해야 했기 때문이다. 그녀는 이렇게 말한다. "성매매업은 제가 추구하는 목표를 달성하는 데 도움이 됐어요."[11]

그러다가 전 남자 친구가 그녀를 협박해 돈을 뜯어내면서 문제가 시작됐다. 그녀가 하는 일은 미국의 사법체계하에서는 위법 행위에 해당했기 때문에, 그녀는 그가 공갈 협박을 해도 속수무책이었다. 국제사면위원회 회의에서 그녀는 성매매가 합법이라면 폭력의 위험이 한결 덜할 것이라고 주장했다.

사면위원회는 그런 주장에 동의하고, 2016년부터 성매매를 처벌 대상에서 제외할 것을 요청했다. 사면위원회의 정책은 '성매매업 종사자들의 권리를 보호하려면 성을 파는 행위를 처벌하는 법을 없애야 할 뿐 아니라, 성매매에 동의한 성인이나 성매매업소에서 성을 사는 행위를 처벌하는 법(예를 들면 성매매 업소에 임대를 금지하는 법 등) 역시 없애야 한다. 그런 법이 있기 때문에 성매매업 종사자들이 안전을 위협받는 상황을 감수하고 은밀하게 일하고, 안전을 최대화할 조치를 취하지 못하고, 정부의 보호나 도움을 기대할 수 없다. 그러다보니 성매매업 종사자들은 신체, 주거, 건강의 안전을 추구할 권리를 포함한 다양한 인권을 보장받지 못한다.[12]

그 외에도 상당수 조직이 사면위원회의 이런 견해와 비슷한 입장을 취한다. 예를 들면 세계보건기구(WHO), 유엔의 에이즈 프로그램(UNAIDS), 국제노동기구(ILO), 여성인신매매 반대 국제연합(Global Alliance Against Trafficking in Women), 성매매업 프로젝트 글로벌 네트워크(Global Network of Sex Work Projects), 유엔 에이즈 보고서(Global Commission on HIV and the Law), 인권감시기구(Human Rights Watch), 열린사회재단(Open Society Foundations), 국제반노예제연합(Anti-Slavery

International) 등이 있다. 이 조직들의 목소리에 국제사면위원회의 결정에 항의하는 서한을 보냈던 레나 던햄, 앤 해서웨이, 메릴 스트립, 케이트 윈즐릿 같은 스타들보다 더 큰 힘이 실려 있다고 볼 수도 있다. 여성학계의 대모 글로리아 스타이넘도 항의 서한을 보내는 데 참여했는데, 그녀는 오래전부터 매춘을 성매매업이라고 부르는 것에 반대해왔다. 1970년대에 '섹스를 긍정적으로 보는' 페미니스트들은 매춘이 급진적이고, 페미니즘적인 행동이 될 수도 있다고 주장했다. 스타이넘은 "매춘은 세계에서 가장 오래된 직업(profession)이 아니라 가장 오래된 탄압(oppression)"이라면서, 그런 주장에 이의를 제기했다.[13] 그리고 그런 입장에 조금도 흔들림이 없다. 그녀는 2014년 인도를 방문했을 때 "매춘은 신체 침해와 연루된 활동으로, 다른 모든 직업과는 차원이 다르다. 그런데 어떻게 이런 활동을 성매매업이라고 부를 수 있겠는가? 이를 지칭하기에 알맞은 표현은 매춘이라는 단어뿐이다"라고 말했다. 1992년에 인도의 서(西)뱅골 콜카타의 홍등가인 소나가치에서 회원 6만 5천 명으로 결성된 더르바르 마힐라 사만와야 위원회(DMSC: Durbar Mahila Samanwaya Committee) 같은 지역 단체들은 스타이넘의 그런 의견에 반대하면서 "성매매를 직업으로, 성매매 종사자들을 노동자로 인정해달라"고 주장하고, 에이즈 바이러스와 그 밖의 성병 확산을 막기 위해 콘돔 사용을 독려하는 프로그램으로 인상적인 결과를 기록했다. 더르바르에서의 성과와 인도 다른 지역 단체들이 거둔 그 유사한 결과들을 듣고 나는 성매매를 법적 처벌 대상에서 제외하는 것이 옳다는 직감적인 생각이 더 강해졌다. 하지만 이와 관련한 세계 최대 규모의 실험이 실패로 돌아간 사례가 있다. 2001년에 독일은 성 산업에 종사하는 여성들을 폭력, 건강에 유해한 환경, 낮은 신분, 상업적인 착취에서 보호할 목적으로 새로운 법규를 만들었다. 매춘 알선업을 합법화하고 면밀히 규제하기로 한 것이다. 그렇게 되면 매춘부들이 다른 노동자들과 마찬가지로 건강보험, 고용보험, 연금보험에 가입할 수 있으며, 임금체불 조정 신청을 할 수 있을 것으로 예상했다. 하지만 결과는 예상과 사뭇 달랐다. 여성 단체 UK페미니스타 설립자인 캣 바냐드는 2016년에 매춘을 법적 처벌 대상에서 제외하는 데 반대하는 저서《핌프 스테이트(Pimp State)》에서 이렇게 밝혔듯이 말이다. "매춘 알선업자가 되려는 사람은 업소를 차리기만 하면 사업자 등록증을 받을 수 있다… 기본적인 작업장 보건이나 안전 규정은 독일 매춘 알선업소에 있는 여성 대부분에게 적용되지 않는다. 어째서 그럴까? 그런 규정을 적용받으려면 구성원들이 직원이 되어야 한다. 하지만 여성들을 직원으로 고용할지 아니면 '독립적으로 계약을 맺고 일하는 사람'으로 관리할지는 매춘 알선업소가 정한다. 그런데 압도적으로 많은 업주가 후자를 택한다." 그러면서 바냐드는 암울한 통계를 제시한다.[14] 2014년까지 매춘을 사업으로 등록한 업자 중 고작 44명만 국가보험 체계에 가입했으며, 매춘부의 99퍼센트가 고용 계약을 체결하지 않은 채 일하고 있다.

반면 독일은 섹스 관광의 요지가 되었다. 악덕 업주는 넘치는 수요를 충족하기 위해 빈곤한 동유럽 이주자들과 더 먼 곳에까지 유혹의 손길을 뻗치고 있다. 성매매에 종사하는 여성은 40만 명 정도로 추산되는데, 대다수는 강제 출국당할지 모른다는 두려움 때문에 정부 당국에 도움을 요청할 수가 없다. 그들은 가난에 허덕이지만 매춘 업주와 대형 매춘업체들은 부를 쌓는다. 2009년 슈투트가르트 근방인 펠바흐에 푸시 클럽(Pussy Club)이 문을 열면서 특별 기획행사를 진행했을 때, 주말 동안 잠재 고객 1,700명이 몰려들었다. 기획행사의 조건은 다음과 같았다. '모든 여성과 원하는 만큼 오랫동안, 원할 때마다, 원하는 방식으로 섹스를 할 수 있습니다. 섹스, 애널 섹스, 콘돔 없이 하는 오럴 섹스, 셋이서 하는 섹스, 그룹 섹스, 여성 한 명과 다수의 남성이 하는 섹스.' 균일가로 진행된 이 행사는 낮에는 70유로(약 9만 원), 밤에는 100유로(약 13만 원)였다. 이 업체는 베를린, 하이델베르크, 부퍼탈에도 지점을 열었다.

　서비스에 만족하지 못한 고객도 있었다. "확신할 수 있는 한 가지 사실은, 다들 분명 일종의 마약을 복용한 것 같다는 점이다." 한 고객은 인터내셔널섹스가이드 웹사이트(InternationalSexGuide.info)에 불만을 쏟아냈다. "러시아 여자는 오럴 섹스를 하는 솜씨가 신통치 않아서 그냥 계속 똑같이 빨아대기만 했고, 그나마 키 큰 브라질 여자는 혀를 사용해 핥기도 하고 애무도 약간 해줬다… 두 여자한테 오럴 섹스를 받고 나서, 나는 직접 손으로 자위를 해서 절정에 오를 무렵 러시아 여자한테 입으로 빨아달라고 요청했다. 그 여자는 좀비 같은 움직임으로 머리를 가져다 대더니, 내 음경이 움찔거리고 정액이 나오는 게 느껴지는데도 그걸 계속 빨았다."

같은 시설에 대해 평한 또 다른 리뷰어는 이렇게 분개했다. "30대 중반의 라틴계 여자가 눈에 들어왔다. 얼굴이 반반해 보이고, 평소에 라틴 여자들하고 잘 맞는 편이라, 그 여자한테 고개를 까딱하면서 미소를 지어 보였다. 그 여자는 나한테 누우라고 말했다. 그런데 재채기를 하려는가 싶더니 거창하게 코를 푸는 거였다. 타이밍이 기가 막히기도 하지. 아무튼 그 여자가 수음을 해주려고 하기에, 손 말고 입으로 해달라고 했지만, 감기에 걸려 키스를 하거나 오럴 섹스는 해줄 수가 없다고 했다. 그 여자 아랫도리에 손을 가져다 대려고 하니, 스커트나 팬티를 벗기지 못하게 하고, 다시 손으로 내 걸 만져주기 시작했다. 내가 이게 다냐고 했더니 그 여자는 그렇다고 대답했다. 그래서 나는 벌떡 일어나서, 머리 끝까지 화가 난 채로 그 더러운 방을 빠져나왔다. 그 X 같은 년은 내 시간을 잡아먹기만 하고 뭘 한 건지." 여기서 그가 '개 같은'이라는 단어에 X를 사용한 것은 하찮아보이지만 상당히 큰 의미가 있는 부분이다. 여성을 마돈나와 매춘부로 나누는 세계관의 바탕에는 대개 철저한 금욕주의가 자리한다. 그런데 그들에게는 마돈나와 매춘부 둘 다, 서로 방식은 다르지만 어쨌든 인간보다 못한 존재다.

2012년 푸시 클럽 업주와 그 일당은 '매춘 알선을 포함한 성적 착취를 목적으로 가혹한 인신매매를 자행하고, 수백만 달러에 이르는 임금을 가로채고 착복한 혐의'로 감옥에 수감됐다. 72일간의 재판 과정에 주요 증인으로 참여한 젊은 루마니안 여성들은, 매

춘이 아닌 다른 종류의 일자리를 준다는 광고를 보고 독일을 찾았다
가 강제로 매춘에 동원됐다고 증언했다. 어떤 열여섯 살 소녀는 레
스토랑에서 일하게 될 것으로 알고 도착했는데, 그녀를 기다린 건
레스토랑이 아니라 하루에 60여 명의 남성을 강제로 상대해야 하는
펠바흐의 푸시 클럽이었다.

　이 판결은 매춘업소와 업자들에게 반기를 드는 드문 결정이
었다. 착취 행위를 증명하기는 쉽지 않다. 2011년에 기소된 매춘업
자들은 고작 32명으로, 10년 전 151명에 비해 현저히 줄어들었다.[15]
반면 매년 섹스를 즐기기 위해 독일을 방문하는 사람이 100만 명 넘
고 업계의 가치가 180억 달러에 이르는데, 추산치 기준으로 미국이
146억 달러, 영국이 10억 달러임을 감안하면 상당히 높은 편이다.

　노르딕 모델 역시 매춘의 비(非)범죄화라는 동일한 전제에
서 출발해, 성을 파는 사람들을 보호하는 최선의 방법은 합법적으
로 활동하도록 보장하는 것이라고 본다. 노르딕 모델은 성을 파는
사람들 대신 인신매매나 매춘 알선으로 남을 착취하거나 그들에게
돈을 주고 성을 사는 사람들에게 처벌을 내린다. 그리고 다른 한편
으로 그 업계에 남기로 결정하는 사람들에게 지원 서비스를 제공하
고, 나머지 사람들에게는 그 업계에서 벗어날 수 있도록 도움을 준
다. 그중 스웨덴의 사례는 특히 희망적이다. 스웨덴에서는 새로운
법제를 도입한 이후 거리 매춘이 감소했다. 비평가들은 온라인 성
광고가 증가했다는 점을 들며, 거리 매춘이 줄어든 것이 아니라 잠
복한 것이어서 여성들의 위험이 오히려 높아졌다고 주장한다. 하지

만 바냐드는 이런 해석에 반대한다. "정부가 매춘업소와 알선업자를 보전해주기를 바라는 단체들을 불편하게 만드는 건, 노르딕 모델의 결과가 매춘과 연관된 운명론이 잘못되었음을 아주 명확히 드러냈다는 점이다." 그녀는《핌프 스테이트》에서 매춘은 늘 있었으며 앞으로도 계속 존재할 것이라는 운명론에 반하는 주장을 설득력 있게 풀어간다. "스웨덴의 거리 매춘은 1999년에서 2009년 사이 반으로 줄어들었는데, 이 법의 공식적인 평가의 증거가 없어서 그냥 밀려났다. 1996년과 2008에 시행한 익명의 설문조사에 따르면, 돈을 주고 성관계를 맺는 남성의 비율이 12.7퍼센트에서 7.6퍼센트로 떨어졌다. 그에 더해 2011년 스웨덴에서 매춘에 발을 들여놓은 사람(매춘 인구)은 성매매가 합법인 덴마크의 약 10분의 1 수준이었다. 심지어 스웨덴 인구가 덴마크보다 380만 명 더 많은데 말이다."

인신매매와 매춘의 관계를 조사한 한 연구에 따르면, 1999년 덴마크에서 매춘이 법의 처벌 대상에서 제외되면서 매춘 붐이 일고, 법이 바뀐 뒤 7년 사이 매춘이 40퍼센트나 증가했다. 연구 저자들은 이렇게 밝힌다. "자발적으로 매춘업계에 발을 들여놓는 여성만으로는 증가하는 매춘 소비자를 충당하기 어려워지면서, 매춘 알선업자들은 고객들에게 제한 없는 섹스를 제공하기 위해 인신매매에 의존하게 됐다."[16]

한편 매춘의 비범죄화가 독일과 덴마크보다 더 나은 효력을 거둔 나라와 문화권도 있다. 뉴질랜드는 성 산업을 2003년부터 법의 처벌 대상에서 제외했으며, 호주의 뉴사우스웨일스주는 1988년부터 매춘을 합법화했다. 이 두 지역은 그 후 성 산업에서 규모가 주목할 만한 증가를 보이지 않았으며, 성매매에 종사하는 여성들의 건강이 더 나아졌다는 신호가 보이기도 한다. 네바다는 미국에서 성매매업소 내 성매매가 합법인 유일한 주다. 성매매업소는 인구가 적은 지역에서만 영업을 할 수 있으며, 인구 집중 지역에서 멀리 떨어져 있기 때문에 업소들 중 다수가 적자를 보고 있다. 그런 업소 일곱 군데에 투자한 데니스 호프는 엔터테인먼트업계로 발을 뻗으면서 적자를 보전하려고 노력해왔다. 그는 문라이트 버니랜치라는 업소를 HBO의 〈캣하우스(Cathouse)〉에 소개하는 등, 미디어업계가 TV 리얼리티 프로그램과 포르노화한 콘텐츠 분야에 집착한다는 점을 이용했다.

　　법을 활용한 모델의 효력을 판가름하는 데는 지역과 문화가 확실히 중요한 역할을 한다. 노르딕 모델과 비슷한 방식들이 현재 스웨덴, 노르웨이, 아이슬란드, 북아일랜드, 캐나다에서 적용되고 있다. 프랑스는 2016년 4월 그런 방식에 찬성하는 쪽으로 투표 결과가 나왔다. 의회에 관련법을 상정했던 정치인 모드 올리비에는 "목표는 성매매를 줄이고, 성매매를 그만두고 싶어 하는 매춘부들을 보호하고, 사고방식을 바꾸는 것이다"라고 말했다.

　　바로 이 마지막 사례에서 희망적인 목표가, 노르딕 모델은 아직 불완전하고 예기지 못한 결과가 발생할 수도 있다는 생각이 여전한데도 불구하고 내 마음이 노르딕 모델 쪽으로 기울게 만들었다. 성매매는 남자들의 성적 욕구를 분출시키는 데 필요한 출구라는 의견은 과학적으로나 역사적으로 근거가 없다. 그런 생각은 강간이 통제 불가능한 성적인 욕구의 표출이라고 보거나, 여성들의 성적인 욕구는 폄하하는 반면 남성들에게는 가능한 섹스를 많이 하도록 권장하는 것과 비슷한 사고방식이다. 그런 의견은 그런 사고를 영구화할 뿐이다.

　나는 '해피 후커(Happy Hooker)'라는 생각도 수긍하지 않는다. 콜걸*이었으며 매춘굴에서 여자 포주로도 있었던 자비에라 홀랜더의 자서전 《해피 후커》는 어릴 때 언니가 내게 읽어주었던 책 중 하나다. 나는 이 책을 유희적인 성관계 이야기로 기억하고 있다가, 이 글을 쓰기 위해 조사하던 중에 홀랜더의 자서전이 실은 난폭한 약혼자가 미국으로 같이 가자며 홀랜더를 속이면서 겪은 폭력과 학대라는, 훨씬 슬픈 이야기였음을 알게 됐다. 그런데 내가 어릴 때 주목하지 못했던 건 사실 이 책에 있는 다른 여성들, 특히 콜걸이 아니라 길거리에서 호객 행위를 하는 매춘부들의 이야기였다. "매춘부들의 계급에서 우리 같은 콜걸은 귀족이었고, 길거리 매춘부들은 농노였다"라고 홀랜더는 설명한다. 그런 구분은 여전히 존재한다. 매춘부로 팔려오는 성인 여성이나 소녀들은 농노보다도 못한 노예다. 뉴욕 경찰서 구치소에서 만났을 때 홀랜더가 꺼려했던 흑인 길거리 매춘부에게는, 그녀가 주장하는 것 같은 성적 자율권이 없고, 사실 그어떤 자율권도 없었다.

---

* 　전화를 받고 출장하는 매춘부.

1990년대 후반에 진행된 한 연구는 뉴욕 매춘부들의 25퍼센트 이상이 살 곳이 없거나 마약류에 중독된 상태였다. 90퍼센트는 아기를 낳아 아동보호서비스에 넘겨준 적이 있었다.[17] 그와 동일한 시기에 미국에서 성매매 일을 하는 여성의 사망률은 10만 명당 204명이었다. 신체적 위험이 높은 직종인 어업 종사자들의 사망률이 10만 명당 129명인 것에 비하면 상당히 높은 수치다. 그 여성들의 주요 사망 원인은 살인, 약물 중독, 알코올 의존증 순이었다. 목숨에 지장이 없을 정도의 폭행 사건도 매달 발생했다. 가장 취약한 사람들은 트랜스젠더 여성들이었다. 미국에서 트랜스젠더들이 살해당해 목숨을 잃은 비율은 2015년에 사상 최고치를 기록했다. 희생자는 거의 다 유색인종 트랜스젠더 여성이었으며, 34퍼센트는 생존을 위해 성매매 일을 하는 사람들이었다.[18]

성매매를 불법화하려고 시도함에 따른 가장 큰 위험은 생존을 위해 성매매업에 종사하는 사람들이 가장 큰 타격을 입게 된다는 점이다. 법 그 자체만으로는 절대 효력이 없다. 그와 함께 성 산업의 기저를 이루고, 성 산업을 영속화하는 불평등 문제를 다뤄야 한다. 단기적으로, 그 일에 종사하는 사람들이 빠져나갈 전략과 보호 계획이 적절히 마련되지 않은 상태에서 성 산업을 구속하려고 시도해서는 안 된다.

영국에서는 성매매가 여전히 법의 처벌 대상이며, 북아일랜드 지역에만 노르딕 모델이 도입됐다. 그 밖의 지역은 모순된 규정으로 뒤죽박죽 상태다. 예컨대 매춘을 하는 건 법에 저촉받지 않지만, 공공장소에서 호객행위를 하는 건 불법이며, 도로변을 따라 천천히 차를 몰면서 매춘부를 물색하는 것도 불법이다. 차에 탄 채 호객 행위 대상이 되는 건 괜찮지만 거리에서는 안 된다. 그래서 여성평등당의 정책문서 최종 문구에는 이런 내용이 명시되었다. "현재의 법제도는 제구실을 하지 못한다. 불법 성매매는 지금껏 증가해왔으며, 많은 여성이 노예나 다름없는 상황에 몰리고 있다. 성 산업은 조직적인 범죄, 가난, 마약, 성폭력, 아동 학대와 밀접한 관련이 있다. 성을 파는 여성들은 성폭력, 성폭행, 살인을 포함한 폭력 범죄의 표적이 되기 쉽고, 성관계를 통해 감염되는 질병에 걸려 목숨을 잃을 위험에 노출되어 있다. 또 그들이 관련 건강 서비스를 이용할 수 있는 길이 차단된 경우가 많다."

여성평등당은 정책회의 자리와 그 후 몇 주 지날 때까지 최종 입장을 내놓지 못했다. 논쟁하고 연구하고, 또 논쟁하기를 거듭했다. 그러다가 결국 노르딕 모델을 권하기로 결정했지만, 일부 당원들은 매춘을 법 처벌 대상에서 제외하는 방법을 지지할 것임을 잘 알고 있었다. 그래서 우리는 "성매매 현실에 대한 인식을 높여, 돈을 주고 매춘부를 사는 사람들이 매춘부 여성들이 인신매매당하거나, 강제로 끌려오거나, 성적으로 학대당했을 가능성이 있다는 사실을 이해하고, 여성들을 돈으로 살 수 있다는 생각이 더 넓은 차원의 여성 혐오에 어떻게 기여하는지 이해할 수 있도록" 국가적인 논의를 나누자고 요청했다. 그 문서는 이렇게 마무리된다. "현재 상태

로는 좋은 결과를 기대할 수 없다." 2016년 12월 내무장관 앰버 러드
는 정책 변경을 고려하기 전에 '확고한 증거 기반'을 확립하기 위한
연구 프로젝트에 착수했다. 2017년 6월에 나올 예정이었던 연구 보
고서는 아직 발표되지 않은 상태다.

7장 축출당하다

영화에서 30초는 꽤 긴 시간이다. 게다가 그 시간 동안 누군가의 엉덩이를 계속 들여다봐야 한다면 시간이 더 길게 느껴진다. 이 엉덩이는 10초 동안 움직이지 않고 가만히 있다가, 흔들리며 움직이더니 다시 정지한 상태로 카메라에 비춰진다. 그리고 20초 정도 더 지나고 나서야 오프닝 크레디트가 나온다… '사랑도 통역이 되나요?'

소피아 코폴라가 감독으로서 두 번째로 만든 이 영화는, 이미 열 편의 영화를 찍은 열여덟 살의 베테랑 배우 스칼렛 요한슨의 모습을 색다르게 조명했다. 요한슨에게 이 배역은 기존에 보여주었던 모습과 완전히 달랐다. 상대 배우 빌 머레이는 도쿄에서 이 영화를 촬영하던 27일 차 되는 날 쉰두 번째 생일을 맞았다. 이 영화는 400만 달러의 제작비를 거뜬히 회수하고, 전 세계적으로 1억 1,972만 3,856달러의 총매출을 거두었으며, 오스카상 1개 부문, 골든글러브상 3개 부문을 비롯해 다수의 영화상을 수상했다. 일본 영화 비평가들은 다소 언짢아했다. 한 비평가는 "일본 사람들을 지독히 끔찍하게 묘사했다"며 불만을 표시했다. 서구 언론은 극찬을 쏟아냈다. 잡지 《롤링 스톤》의 피터 트래버스는 "〈사랑도 통역이 되나요?(Lost in Translation)〉는 찾아낸 금덩이다. 한 가냘픈 소녀가 연기한 영화의 작은 한 부분에 완전

히 넓이 나갈 수 있다는 게 참 신기하다"라며 열변을 토했다.[1]

　이 영화는 여성의 잠재력을 드러냈으며, 영화사의 남성 임원, 남성 투자자, 남성 비평가들에게, 그리고 연약한 어린 여성들에게도 대단히 뛰어난 재능이 있다는 사실을 환기시켰다. 그런 와중에 문제를 불러일으킬 수 있는 현상에 주목한 팬들도 있었다. 극작가로도 활동하는 한 영화감독은, "저는 가장 크게 성공한 여성 감독들은 남성의 관점을 가장 잘 모방한 사람들이라고 봐요"라고 말한다. 그녀는 익명으로 이런 의견을 전달했다. 할리우드 영화업계는 기존 체제에 대한 반발을 잘 용납하지 않으며 앙심을 품는 데는 무한한 능력이 있기 때문이다. "저는 그런 여성 감독들 팬이에요. 그분들 작품을 아주 좋아해요." 그녀는 이렇게 덧붙인다. "그런데 소피아 코폴라 감독은 〈사랑도 통역이 되나요?〉의 첫머리를 속이 다 비치는 핑크색 팬티를 입은 스칼렛 요한슨의 엉덩이를 클로즈업한 장면으로 시작하는데, 분명 실수는 아니었을 거예요. 아니면 아카데미상 감독상을 수상한 첫 여성 감독이자 유일한 여성 감독인 캐스린 비글로도 마찬가지예요. 아카데미상을 받은 그녀의 〈허트 로커 (Hurt Locker)〉는 폭탄물 제거 임무를 수행하는 한 고독한 부대원의 이야기입니다. 그런데 여성은 고국에 있는 주인공의 부인 단 한 명밖에 없어요. 영화계 시스템, 아카데미상, 협회, 평론가들은 모두 남성이 주도하는데, 이들은 여성이 만든 영화도 남성이 남성을 위해 만든 영화와 똑같은 느낌이라는 걸 인정해요."[2]

　이 작가 겸 영화감독은 명성과 상당한 주목을 얻었다. 그녀는 여성들의 이야기를 영화에 담아왔으며, 앞으로도 다루고 싶은 이야기가 아주 많지만, 제작비를 마련하는 데 지속적으로 고충을 겪는다. 제작비를 확보한 첫 번째 영화는 남자가 주인공으로 나오는 이야기였다. 여성을 중심으로 다룬 이야기는 재미가 덜한 걸까? 아니면 단순히 감독으로서의 능력이 부족한 걸까? 그녀는 이런 생각으로 한동안 괴로워했다. 그녀도 다른 많은 여성처럼 가면증후군*에 걸리기 쉽고, 일부 여성을 포함한 이 업계의 전문가들은 시스템이 아니라 불평하는 여성들에게 잘못이 있다고 느낀다.

가령 〈플래시댄스〉에서 시작해, 대흥행을 기록한 로맨틱 코미디 〈시애틀의 잠 못 이루는 밤〉, 17년의 간격을 두고 제작한 우주 이야기를 다룬 영화 〈콘택트〉와 〈인터스텔라〉까지 대단한 경력을 보유한 영화 제작자 린다 옵스트는 그런 불평에 아랑곳하지 않는다. 옵스트는 할리우드에서 일하는 여성들에게 지금처럼 형편이 좋았던 적은 없으며, 자신이 처음 영화계에 발을 디뎠을 때 겪었던 오싹한 상황을 생각하면 확실히 발전한 것이라고 생각한다. 그녀는 이 업계가 한때 "코카인을 나눠 흡입하는 남학생 사교 클럽 파티 같은 분위기였다. 남자들이 여자 엉덩이를 쓰다듬는 걸 칭찬에 가까운 행동으로 봤으며, 여자들은 혐오감을 참아 넘겨야 했다"고 말한다.[3] 하지만 그녀는 영화업계가 우호적이었으며, "재능 있는 여성들

---

* 자신의 성공이 노력이 아니라 순전히 운으로 얻어졌다고 생각하며 지금껏 주변 사람들을 속여왔다고 생각하면서 불안해하는 심리.

에게 지속적으로 보답했다"고 말한다. 그러고는 "여성 감독들이 일을 하지 못하게 막는 믿기 힘든 부정 음모가 있다고 생각하고, 지극히 불만족스러워하는 요즘 여성들의 태도를 도저히 이해할 수 없었던 적이 많다"고 덧붙인다. 그녀는 여성들이 자기주장을 하는 일이 거의 없다고 보는 것이다.

　영화 산업을 분석하는 최근의 많은 연구는, 본질적인 이유가 어떻게 되든 관계없이 영화계에 불평등이 깊게 자리하고 있다고 밝힌다. 지나 데이비스는 〈델마와 루이스〉에서 델마 역을 맡은 뒤로 일종의 페미니스트 아이콘이 되었으며, 2007년 미디어에 나타나는 성의 문제를 연구하는 연구소를 설립했다. 그 연구소가 밝힌 사실 중에는 여성을 주인공으로 하는 영화는 전체의 23퍼센트에 불과하며, 주인공으로 나오는 여성은 알몸이거나 거의 알몸에 가까운 차림으로(〈50피트 우먼〉에서처럼) 나올 확률이 남성 주인공보다 두 배나 높다. 군중을 담은 장면을 분석한 결과 역시 놀랄 만한 사실을 드러낸다. 실제 세계의 군중이라면 남녀 성비가 50대 50 정도가 되겠지만, 영화에서 관객의 의식이 잘 닿지 않는 곳에서 서성대는 엑스트라 배우 중 여성은 고작 17퍼센트였다.

　대사가 있는 역할에서 성별이 어떻게 나뉘었는지 연구한 별도의 연구에서는 여성 배역의 대사량이 남성 배역보다 훨씬 적었다는 사실이 밝혀졌다. 심지어 감독이 여성인 경우에도 그랬다. 디즈니 애니메이션 〈뮬란〉에서 수컷 공룡의 대사는 명목상의 여자 주인공이 했던 대사에 비해 단어 수가 두 배나 많았다.[4] 애니메이션 영화는 배우를 캐스팅하는 게 아니라 등장인물을 창조할 수 있기 때문에 온갖 측면에서 다양성이 더 높게 나타날 것으로 기대할 수 있겠지만, 현실은 그렇지 못하다. 말하는 공룡이나 당나귀를 다양성의 증거로 꼽는다면 혹시 모르겠지만 말이다("내가 나쁜 게 아니야." 〈누가 로저 래빗을 모함했나〉에서 풍만한 가슴을 한 제시카 래빗은 한숨을 내쉰다. "그렇게 그려진 것뿐이지."). 애니메이션이든 실사 영화든, 벡델 테스트(Bechdel Test)를 거뜬히 통과하는 영화가 거의 없다. 만화가 엘리슨 벡델이 고안한 벡델 테스트는 가상의 이야기에는 적어도 여자들이 남자 이외의 화제에 관해 이야기하는 장면이 두 가지 이상 있어야 한다는 기준을 두고 충족 여부를 확인하는 테스트다. 여성들은 영화업계 장밋빛 하늘의 절반을 떠받치고 있지 못하다. 영화가 보여주고 투영하는 세계는 남성을 왜곡한다.

　그런 설명은 대다수 영화를 꽤 정확히 반영한 견해다. '셀룰로이드 천장'이라는 제목의 보고서는, 2015년 총수익 상위 250개 영화 중에서 여성 감독의 비율이 지난해보다 2퍼센트 포인트 증가해서 9퍼센트에 이르렀다고 밝혔다(1998년과 동일한 수치). 여성들은 영화 무대 뒤 중심 역할에서 경쟁자들을 밀치고 나아갔지만, 수적으로는 그리 많지 않았다. 영화 제작자의 26퍼센트, 편집자의 22퍼센트, 제작 책임자의 20퍼센트, 작가의 11퍼센트, 영화 촬영기사의 6퍼센트가 여성이다. 제작된 모든 영화의 3분의 1은 위의 역할을 맡은 여성이 단 한 명뿐이거나 아예 없었다.[5]

　영국은 그해에 그나마 결과가 조금 나아졌다. 전체 영화의

11.5퍼센트가 여성 감독이 만든 영화였다. 공적 자금으로 만든 영화들은 여성 감독 비율이 더 높아 21.7퍼센트를 기록했다. 하지만 제작 예산이 3천만 파운드(약 435억 원) 이상인 영국 영화들은 여전히 남성이 대부분을 차지하고 있어서, 여성 감독의 작품은 단 3.3퍼센트뿐이다.[6]

앞서 말했던 그 여성 작가 겸 영화감독은 한숨을 쉬면서 이렇게 말했다. "이런 수치를 보면서 '이런, 결국은 전체적으로 영향을 미치는 현상이었어. 나 혼자만 겪는 제한 경험이 아니라, 실제로 벌어지고 있는 일이야…'라고 혼잣말을 하게 되지요"

국민들의 인식과 대중매체와의 상호작용은 복잡하다. 대중은 원하는 것을 얻는 걸까, 얻을 수 있는 걸 원하는 걸까? 아니면 대중은 매체를 통해 원하는 것의 단서를 찾는 걸까? 이 장에서 다룰 질문은 무수히 많은 유형의 매체와 엔터테인먼트, 매스컴, 문화에 모두 적용되는 문제다.

광고계에서는 처리 과정이 공개적으로 나타난다. 베티 프리던은 《여성의 신비》에서, 제2차 세계 대전이 끝난 뒤, 백색 가전, 케이크 믹스, 미용 제품을 팔고, 그간 점차 통제력을 잃어왔던 사회질서를 되살리기 위해 미국 여성들에게 가정으로 돌아오라는 계획적인 캠페인을 벌였다고 밝힌다. 광고업자들은 기존 시장에 부응하고, 민간 기업과 정당 같은 주체들이 새로운 시장을 타진하고 더 나아가 새로 창출하는 데 도움을 주었다.

다른 유형의 매체들은 대중의 취향이나 태도에 충실히 따를 뿐 앞서서 이끌어가지 않는다는 견해를 내세우고 그 뒤에 숨을 가능성이 크다. 하지만 학계의 연구는 그렇지 않다고 말한다. 즉 대중매체는 장기적인 영향력을 행사하며, 그 영향은 즉각적인 행동 변화에 영향을 끼친다.

대중매체들은 무의식적인 편견을 심고, 의식적인 편견에 보상하거나 편견을 강화하지만, 다른 한편으로는 민주주의의 생명선으로서 뉴스와 지식을 배급하고, 때로는 유익한 변화의 힘이 되는 메커니즘 역할도 한다. 할리우드 영화 산업은 실제로 이 모든 역할을 하고 있다. 어째서 그런지 살펴보려면 우선 영화들이 만들어지고, 감독과 작가들이 고용되고, 배우들이 캐스팅되고, 이야기가 전개되는 영화 제작 과정을 살피고, 왜 어떤 영화들은 만들어지지 않고, 왜 어떤 감독, 작가, 배우들은 우리가 생각하는 것보다 일을 덜 맡고, 왜 여성에 의해서 혹은 여성에 대해서 쓴 이야기들은 인정받고 제작사의 지원을 받기가 힘든지 알아보는 것도 좋은 출발점이 될 것이다.

어떤 영화가 되었든 극적인 과정의 출발은 확인하고 가려내는 절차다. 작품의 아이디어를 길이가 평균 130분 정도 되는 완성된 형태의 영화로 만드는 것은, 빈손으로 회사를 세우는 것(혹은 정당을 창당하는 것)과 비슷하다. 그 과정이 신속하게 진행되지 않으면, 아예 세상 빛을 보지 못할 수도 있다.

제작자는 프로젝트에 대한 평판과 그 작품에 대한 기대를 중심으로 투자와 배급 거래를 진행하는데, 이때 주효한 방법은 2분 정도의 엘리베이터 피치*다.

컬트의 고전 〈50피트 우먼〉 리메이크 영화 소개를 듣기 전에, 마음의 준비부터 단단히 해두시기 바랍니다. 1958년, 장소는 캘리포니아입니다. 곡선미 있는 자동차와 볼륨감 있는 몸매의 여자들이 즐비한 곳이죠. 낸시는 걱정스러운 얼굴로 혼자 운전대에 앉아 차를 몰고 있습니다. 그런데 우주 비행체가 나타나 낸시가 탄 자동차를 도로 밖으로 밀쳐냅니다. 현재 낸시 역할로는 스칼렛 요한슨을 점찍어두었는데, 다른 배우들이 눈독을 들일 것 같으니 겁을 주어 쫓아내야 할 겁니다. 말 그대로, 할리우드 여배우로서는 최고의 배역 아니겠습니까? 낸시의 쓸모없는 남편 해리 역할로는 브래들리 쿠퍼나 채닝 테이넘을 생각하고 있는데, 아무튼 이 남편은 낸시의 말을 믿지 않다가, 외계인을 눈으로 확인하고 나서, 살려달라고 울부짖는 낸시를 버리고 도망가버립니다. 이제 낸시는 외계인의 애피타이저가 될 겁니다! 그렇다는 말은 해리가 낸시의 돈을 몽땅 챙기고, 사랑하는 여자와 결혼할 수 있게 됐다는 뜻이지요. 그 역할은 마일리 사이러스에게 맡기려고 하는데, 캐스팅이 정말 끝내주지 않습니까? 죽은 줄 알았던

---

*   elevator pitch: 어떤 상품, 서비스 혹은 기업과 그 가치에 대한 간결한 설명 글 또는 발표.

낸시가 실은 살아 있다는 게 밝혀지고, 해리는 몰래 침실에 잠복해서 낸시를 독살하려고 합니다. 그런데 그녀는 예전의 낸시가 아니었습니다! 외계인 방사선을 쐬고 그녀는 거인으로 변신했거든요! 낸시가 침대에서 일어났는데, 그 모습이 얼마나 환상적인지! 새 앨범 〈레모네이드〉의 뮤직비디오에서 야구 방망이를 들고 있는 비욘세에 버금가지요. 다만 그보다 옷을 훨씬 덜 걸치고, 피가 낭자하겠지만 말입니다.

어떤 배우에게 역할을 맡기느냐에 따라 영화가 살기도 하고 죽기도 한다. 감독과 긴밀히 협조하면서 일하는 배역 담당 책임자들은 우선 배우를 한 명 정한 다음 그 배우의 다른 일정과 조율해나간다. 〈아메리칸 뷰티〉를 비롯한 대작의 배역을 짰으며, 〈헝거 게임〉에서 캣니스 에버딘 역할에 제니퍼 로렌스를 전격적으로 캐스팅했던 데브라 제인은 "영화 한 편의 배역을 정하는 데는, 심지어 텔레비전 파일럿 프로그램인 경우조차 보통 10주가 소요된다"고 말했다. "때에 따라서는, 특히 마블 영화 같은 경우는 일 년 전에 배역을 캐스팅하지요. 가장 중요한 배역부터 시작해요. 어떨 때는 프로젝트를 시작하는 순간부터 이미 주연 배우가 정해져 있죠. 예를 들어 저 역할은 톰 행크스다, 이 역할은 레오나르도 디카프리오다, 이 남자 배우 역할은 윌 스미스로 정해졌다, 이 역할은 샤를리즈 테론이다, 이런 식으로요."[7]

로스앤젤레스에 있는 제인의 사무실에서 대화를 나눌 때 그녀는 〈오션스 에이트〉 캐스팅 작업을 진행하고 있었다. 이번 영화는 전작에서 조지 클루니가 했던 역할을 샌드라 불럭이 맡는 것을 비롯해 전원 여성 배우로 구성된다. 여성 친화적인 트렌드가 자리 잡는 것인가 싶었지만, 앞서 말한 그 여성 작가 겸 감독은 이번에도 의구심을 품는다. 그녀는 〈고스트버스터즈〉를 보고 기분이 좋았지만, 단순히 원작에서 남자들로 정해졌던 역할을 여자들로 바꾼다고 영화계에서 여성들이 겪는 근원적인 문제가 해결되는 것은 아니지 않느냐고 묻는다. 그런 영화들은 기본 구상이나 형식을 볼 때 여전히 남자들의 이야기이고, 특히 〈헝거 게임〉의 성공으로 붐이 일면서 잇달아 제작된 많은 액션 영화들에서 줄거리는 주인공에게 어떤 상황이 발생하면서 본의 아니게 영웅적인 행동에 나서는 고전적인 패턴을 따른다. 그 여성 작가 겸 감독은 여성의 스토리는 직선적이기보다는 다양한 측면이 겹쳐 있다고 본다. 그녀는 여성이 이런 액션 영화의 주인공으로 나서려면 "우선 성적인 매력이 있어야 하고, 대참사를 겪고 난 뒤의 폐허에서 여성들을 구하거나 가까운 미래에 벌어지는 기동 훈련에서 여동생을 구하고, 그다음에는 외계인에게서 지구를 구하는 여성이 될 수 있다"고 말한다.

〈헝거 게임〉의 배역을 정하는 임무가 제인에게 맡겨졌을 때, 스타 배우의 출연이 사전에 확정된 건 아니었지만 팬 층이 이미 형성되어 있었기 때문에 이 시리즈의 성공은 어느 정도 보장되어 있었다. 미국 작가 수잰 콜린스의 3부작 소설은 세계 최고의 베스트셀러 목록에 올랐다. 콜린스는 전통적인 액션 스토리의 강인하고 공격적인 여성 캐릭터를 소설에 이미 도입했다. 콜린의 말에 따르면 캣니스 에버딘은 "검투사 이야기의 여성 주인공으로, 전통적으로는 남성의 역할"이라고 한다. 제인은 이 역할의 배우를 정하는 일이 지금까지 일하는 동안 가장 힘든 임무였다고 말한다. "모든 배우를 검토했어요. 정말 떠올릴 수 있는 배우는 한 명도 빠짐없이 모조리 살폈을 거예요. 캣니스를 연기할 수 있는 나이 범위에 있는 모든 젊은 여배우를 검토 목록에 넣었지요."

　　그녀와 이야기를 나누기 몇 달 전, 아카데미상 남우주연상 후보가 전원 백인으로 구성되면서, 미국 영화계에서 유색인종 남자 배우들의 수가 아주 보잘것없다는 사실이 확연히 드러났다. 이를 계기로 오스카는 온통 백인(#OscarsSoWhite)이라는 해시태그가 널리 퍼졌다. 영국 방송국 채널 4가 런던에서 다양성 문제를 분석한 보고서를 최근에 발표한 적이 있다. 영국 하원에서 열린 행사에서 기조 연설자로 나선 이드리스 엘바는, "저는 흑인의 이야기를 하러 나온 게 아니라, 다양성의 문제를 논하기 위해 이 자리에 섰습니다"라고 말했다. "우리가 사는 지금 이 시대의 다양성이란 단순히 피부색만 따지는 것이 아닙니다. 그보다는 성별, 나이, 장애, 성적인 성향, 사회적 배경, 그리고 제가 가장 중요하게 생각하는 사고의 다양성이 모두 포함됩니다. TV 프로그램과 영화를 만드는 사람들이 진정으로 다양한 사고를 한다면, 제가 방금 언급한 부류의 사람 그 누구에게든, 들어오지 못하도록 막아서는 일은 절대 없을 겁니다."

　　나는 제인에게, 캣니스 배역을 맡을 배우로 '떠올릴 수 있는 배우를 모두' 검토했다고 했는데, 그중 유색인 배우도 포함되는지 물었다. 그녀는 "그럼요"라고 대답하고, 왜 할리우드는 여전히 보다 다양한 부류의 배우를 캐스팅하는 데 조심스러운 입장인지, 그리고 배우들의 다양성을 더 확대해야 하는 이유는 무엇인지 설명했다. "책과 영화 대본 중 무엇을 먼저 읽었는지 잘 기억나지 않지만, 아무튼 제가 줄거리를 읽었을 때, 캣니스의 절친한 친구이자 스타일리스트인 시나를 레니 크라비츠가 연기하면 제격이겠다는 생각이 불쑥 들었어요. 보통은 먼저 대본을 읽고 난 다음에 작업에 들어가지, 대본을 처음 읽을 때 바로 결정하지는 않거든요. 그렇지만 '꽤 괜찮겠다'는 생각이 들었어요. 그래서 레니에게 그 역할이 돌아갔지요. 그가 흑인이라는 점 때문에 상당한 반발이 일긴 했어요. 인터넷에 끔찍한 이야기를 써서 올리는 사람들이 많았지요."

인터넷 트롤들은 주연이 전부 여성이었던 〈고스트버스터스〉도 표적으로 삼았는데, 특히 흑인 여배우 레슬리 존스에게 인종차별적이고 성차별적인 폭언이 쏟아졌다. 조앤. K. 롤링의 연극 〈해리 포터와 저주받은 아이〉에서 헤르미온느를 연기한 흑인 여배우 노마 드메즈웨니에게도 그와 마찬가지로 혹독한 비판이 쏠렸다.

상상력을 한껏 펼치는 최선의 방법은 실제로 상상력을 한껏 펼치는 것이다. 감독들 중에는 어떤 역할에는 어떤 성별, 인종, 나이의 배우를 쓰겠다고 아예 생각을 확실히 정해놓고 제인에게 캐스팅 업무를 맡기는 경우도 있다. 그럴 때 제인은 과연 자기 생각을 밀고 나갈까? "감독과 함께 대본을 읽고 배역 목록을 적어요. 그래서 감독과 제 관계가 어떠한가를 포함해 여러 가지 정황과 조건에 따라 달라지지만, 어떨 때는 제 의견을 주장하기가 어려워요. 예컨대 '이 배역을 여배우에게 맡기면 어떨까요?'라거나 '대본에는 백인 남자로 되어 있지만, 흑인 배우도 몇 명 캐스팅하는 게 좋지 않을까요?'라는 말을 꺼내기가 힘들 때도 있어요." 하지만 제인은 "그래도 배역 담당 책임자들은 백인 남자들만 나오는 영화는 큰 재미를 주지 못한다는 걸 알기 때문에, 다양성을 기하려고 노력하지요."

　　카메라가 돌아갈 준비를 마친 마지막 순간에라도, 문제가 생겨 영화 제작이 중단되거나 취소될 수 있다. 2004년에 영국 노동당 정부는 국내 영화 산업 촉진을 위해 마련했던 감세 정책을 갑자기 유예했다. 그 결정으로 많게는 40편의 영화가 제작 중단 위기를 맞았다. 최대 피해자는 17세기 네덜란드를 배경으로 한 데버라 모가치의 소설 《튤립 피버(Tulip Fever)》 원작의 영화였다. 제작자인 앨리슨 오언은 세계 최초 경제 버블의 중심이었던 튤립 파동을 배경으로 하는 이 러브스토리를 위해, 영화 촬영에 딱 맞춰 꽃이 필 수 있도록 광대한 토지에 튤립 구근을 심는 외부 계약을 체결한 상태였다. 또 확실한 수익을 보증하는 영국 스타 배우 키라 나이틀리와 주드 로가 주연으로 이미 캐스팅되었으며, 〈셰익스피어 인 러브〉로 아카데미상 최우수 작품상을 받은 감독 존 매든이 연출하고, 이름난 극작가 톰 스토파드가 극본을 맡는 등 이미 80명 이상의 제작 인원이 확정되어 있었다. 그러던 중 영국 재무부가 돌연 세금 우대 혜택을 철회하면서, 하룻밤 사이 600만 파운드(약 87억 원)의 자금이 더 필요해졌다. 그러는 와중에 튤립이 만개해서 시들어버렸으며, 키라 나이틀리와 주드 로는 다른 영화와 새로 계약을 했고, 촬영 팀도 해산됐다. 결국 이 프로젝트는 한 번 빠지면 좀처럼 되돌아오기 힘들다는 개발지옥*에 빠져 사라져버렸다.

영화제 수상작이자 케이트 블란쳇 주연의 1998년 작 〈엘리자베스〉와 귀네스 펠트로가 시인 실비아 플라스로 분했던 2003년 작 〈실비아〉를 만든 제작자 오언도 완전히 단념했다. 그녀의 제작사 '루비 필름스'는 영국에서 가장 성공한 독립영화 제작사였다. 〈튤립〉으로 큰 상심을 겪은 이후 이 회사는 영화 24편과, 〈브릭 레인〉, 나탈리 포트만과 스칼렛 요한슨 주연의 〈천일의 스캔들〉, 〈템플 그랜딘〉, 〈타마라 드류〉, 〈제인에어〉, 〈댄싱 온 디 에지〉, '메리포핀스'를 소재로 엠마 톰슨과 톰 행크스가 주연한 〈세이빙 MR. 뱅크스〉를 비롯한 수많은 주요 방송 드라마를 제작했다. 또 오언은 선거권을 얻기 위한 영국 여성들의 투쟁을 다룬 영화의 제작비를 구하기 위해 10여 년에 걸쳐 모든 인맥을 동원해 노력하기도 했다.

영화 〈서프러제트〉는 2015년 드디어 대중 앞에 모습을 드러냈다. 이 영화가 역사에서 중요한 소재를 처음으로 다룬 영화였다는

---

* Development Hell: 개발 과정에서 프로젝트가 중단된 영화, 비디오게임, 텔레비전 프로그램, 소프트웨어 등을 지칭하는 미디어업계 용어.

사실이 대단하게 느껴지기도 한다. 〈서프러제트〉는 독자의 시선을 사로잡는 등장인물과 이야기로 깊은 공감을 불러일으킨다. 〈셰임〉과 〈철의 여인〉에 참여했던 아비 모건이 각본을 쓰고, 〈브릭 레인〉, 〈디스 리틀 라이프〉를 만들었던 사라 가브런이 감독했으며, 캐리 멀리건, 헬레나 본햄 카터, 메릴 스트립이 출연한 이 영화에 투자자와 배급사들이 회의적인 반응을 보였다는 사실을 들으면 놀라는 사람도 있을지 모른다. 하지만 오언에게는 놀랄 일이 전혀 아니다.

"내가 지금 꼭 해보고 싶은 게 있다면 '로 vs. 웨이드(Roe versus Wade)' 소송 이야기를 영화로 만드는 거예요." 오언이 말했다. 미국 연방대법원은 이 소송에서 낙태가 헌법적인 권리라는 판결을 내렸다(참고로 현재 미국 행정부는 바로 이 권리를 무효화하려고 시도하고 있다). 오언은 이에 대해 이렇게 덧붙인다. "긴장감 넘치고, 멋진 인물들이 나오는, 엄청나게 재밌는 이야기로 만드는 거예요. 하지만 실제로 추진해보면, 무척 힘든 길을 가야 한다는 걸 알게 되지요."

그 길은 어떤 모습일까? 그녀는 인상을 찌푸린다. "가장 먼저 이야기를 다른 사람들에게 하면 사람들은 '이야, 그거 좋다! 그런 이야기가 왜 여태껏 다뤄지지 않은 거지?'라고들 말해요. 그러면 이렇게 대답하지요. '그야 뭐, 뻔하지. 여자들 얘기니까.' 이걸 실제로 제작하려면 최소한 5년은 힘들게 싸워야 할 테니, '로 vs. 웨이드' 이야기를 가까운 시일 내 선보이기는 힘들 거예요. 왜냐하면 투자자를 물색할 때 그 사람들에게는 어떤 게 이 바닥에서 통하고 어떤 건 통하지 않는지에 대한 선입견이 있는데, 그걸 일일이 무너뜨려야 하니까요."8

　일부 영화와 영화 제작자들은 그런 선입견에 도전하기도 한
다. 그중에는 오언에게 희망을 북돋워주었던 사례도 있다. 2011년
개봉된 요란한 코미디 영화 〈내 여자 친구의 결혼식〉은 여성이 각
본을 쓰고, 여섯 명의 여성이 주인공으로 등장하는데, 영화계의 온
라인 간행물 《인디와이어(IndieWire)》는 "제작비 3,300만 달러로 개
봉 첫 주에 2,620만 달러 수입을 올리고 최종적으로는 그 여섯 배
인 1억 5,900만 달러를 벌어들였다"고 보도했다. 이 수치는 미국 국
내 박스오피스 성적이며, 이 정도면 사업적으로 성공을 거둔 것이
지만, 이 기사에서는 남녀 모두나 남성 관객들을 목표 대상으로 삼
은 영화들만큼의 성과는 올리지 못했다면서 이렇게 지적한다. "여
름에 주로 개봉하는 코미디로 섹스와 역겨움을 자극하는 코미디라
는 양대 트렌드를 내세운 〈메리에겐 뭔가 특별한 것이 있다〉는 1억
7,650만 달러의 수익을 거뒀으며, 역대 최고 수익을 올린 로맨틱 코
미디인 〈나의 그리스식 웨딩〉은 2억 4,140만 달러를 벌어들였는데,
〈내 여자 친구의 결혼식〉이 그 두 영화보다 높은 성과를 올리기 힘들
것이다… 그렇다면 앞으로 〈내 여자 친구의 결혼식〉과 비슷한 유형
의 청소년 관람불가 등급의 영화로 성공을 꿈꾸는 이들은, 더 많은
남성 관객을 끌어들여 매출 2억 달러의 문턱을 넘어, 〈행오버〉(2억
7,730만 달러), 〈비버리 힐스 캅〉(2억 3,480만 달러)과 어깨를 나란히 하
는 것을 다음 목표로 삼아야 할 것이다."

　〈내 여자 친구의 결혼식〉 개봉 첫 주 주말에 영화표를 구매

한 사람 중 35퍼센트 남짓은 남성이었으며(참고로 소위 여성 영화로 분류되는 영화를 관람하는 남성들은 20퍼센트 정도에 불과하다), 그 덕분에 그런 좋은 실적을 달성할 수 있었다. 하지만 〈나의 그리스식 웨딩〉을 보러 몰려들었던 중장년층 여성 관객을 영화관으로 이끌지는 못했다. 반면 남성이 각본을 쓰고 남자 배우 세 명이 주연으로 나오는 〈행오버〉같이 젊은 사내들의 유머를 담은 작품은 관객의 40퍼센트 이상이 여성이었다. 《인디와이어》는 이렇게 정리한다. "〈나의 그리스식 웨딩〉은 무명 배우가 출연하는 여성 코미디도 중장년층 여성 관객들을 영화관으로 불러모으고 2억 달러의 매출을 올릴 가능성을 증명했지만, 이런 가능성은 청소년 관람불가 등급의 선정적인 영화에만 해당한다. 외설적인 여성 코미디가 〈내 여자 친구의 결혼식〉을 능가하는 성적을 내려면, 들떠서 추잡하게 떠들어대는 분위기를 자제하거나 남자 관객을 겨냥한 요소를 늘려야 한다."

　　《인디와이어》가 굳이 그 이유를 설명하지 않는 건, 대부분의 이유가 자명하기 때문일 터이다. 나이 든 여성 중에는 사내들의 문화에 지나치게 예민한 사람도 물론 있지만, 여성은 대체로 남성이 만든 이야기, 남성에 관한 이야기에 흥미를 느낀다. 하지만 남성들은 여성이 만든, 여성에 관한 이야기에 별로 흥미를 느끼지 못한다. 어째서 그런 걸까? 삶에서 겪었던 거의 모든 경험에서, 여성들, 그중에서도 특히 옷을 입은 여성들에게는 주목할 가치가 없다는 걸 배웠기 때문이다. 여성들은 어떤 행동이나 조치의 중심에 서는 경우가 매우 드물고, 발언권도 남자의 절반밖에 안 된다고 여긴다.

뉴스도 남자들이 주도한다. 최근 미국의 한 연구에 따르면, 정치 뉴스 기사의 65퍼센트를 남자가 작성하고, 텔레비전 뉴스의 68퍼센트를 남자가 보도한다. 이러한 남성 쏠림 현상이 조금씩 개선되고 있긴 하지만, 다른 한편으로 보도국 인원 감축과 함께 나타나는 애석한 현상도 눈에 띈다. 인원 감축이 남녀 고르게 적용된다고는 하지만, 비공식적인 증거들에 따르면 여성들이 감축 대상이 되는 경우가 더 많고, 통상적으로 남성보다 여성이 희망퇴직을 더 많이 신청한다. 원래부터 인원 분포가 불평등했기 때문에, 밀려나지 않고 버틴 사람들 중에도 백인, 그리고 남성이 많다. 세계 114개국 뉴스를 분석한 한 국제적인 연구에서는, 사람들이 대중매체에서 보고, 듣고, 읽는 내용에서 여성에 관한 건 고작 24퍼센트라는 사실이 밝혀졌다. 남성 편집자들은 남성적인 서술을 중요시하며, 여성들에게는 그런 서술을 공평하게 다룰 진지함이 부족하지 않을까 염려한다. 심지어 유희적인 용어로 담아내는 풍자적인 설정에서조차 말이다. 샌디는 BBC 방송국의 텔레비전 풍자 뉴스 퀴즈 〈내가 알려줄 소식이 있어(Have I Got News for You)〉의 진행자 후보였지만, 결국 자리를 얻지 못했다. 그녀는 "아무래도 뉴스를 여성에게 맡길 수는 없다"는 답을 들었던 것으로 기억한다.

매체에서 여성이 남성과 수적으로 동등하거나 능가한 분야도 있긴 하다. 그중 하나가 홍보 분야다. 스웨트그루(SweatGuru)의 마케팅 디렉터인 제니퍼 헬릭슨은 《애틀랜틱》 기자에게 이 현상과 관련해서, "여성에게는 입에 발린 말을 잘하는 유전자가 있어서 홍보

활동에 더 적합하거나 그 분야에서 뛰어난 실력을 발휘하게 되는지
도 모른다"고 말했다. 출판업계 역시 남성보다 여성 직원이 많다.
2010년에 에이전트에서 편집자로 전향한 제이슨 핀터는 출판업계
신규 직원의 85퍼센트가 여성이라는 조사 결과를 듣고, "이보다 더
나빠지지 않기를 바란다"고 답했다. 그렇다. 실제로 '더 나빠지지
않기를'이라는 표현을 썼다.

　　그는 "만일 여성이 85퍼센트라면, 입수한 도서들이 그런 환
경에 영향을 받지 않을 것이라고 보기는 힘들다"고 덧붙였다.[9] 하지
만 그가 염려할 필요는 물론 전혀 없다. 다른 모든 직업과 마찬가지
로 출판계에서도 여성들은 30대 이후로는 뒤처지거나 일을 그만두
기 때문이다. 미국 출판사들을 대상으로 한 2016년 조사에서 직원
의 78퍼센트가 여성이었지만 최고위 임원이나 주요 경영진은 여성
이 40퍼센트에 불과해, 남성 집중 현상이 높게 나타났다. 이 조사에
서는 또 출판계 인력이 그 밖 유형의 다양성에서 한참 뒤처진다는
사실도 드러났다. 백인이 아닌 사람들은 10퍼센트에 불과했고, 신
체 장애가 있는 사람도 8퍼센트에 그쳤다.

　　제이슨 핀터의 말이 완전히 틀린 건 아니다. 이야기를 찾아
내 전달하기 위해 존재하는 산업이, '어떤 이야기를 선택할 것인가'
에 있어 너무 좁은 시선을 가지고 있는 건 사실이니 말이다. J. K. 롤
링이 이름 대신 이니셜을 쓴 건 출판사의 제안이었다고 한다. 그녀
는 "황당무계한 이름을 붙인다고 해도 상관없었어요. 저는 그저 책
을 출판할 수 있기만을 바랐으니까요"라고 말했다. 그녀는 나중에

로버트 갤브레이스라는 필명으로 몇 편의 탐정 소설을 내기도 했다. 그녀의 작품을 담당한 남성 편집자는 "여성 작가가 썼으리라고는 상상도 하기 힘들었다"며 감탄한다.

내가 쓴 글 중에도 남자들이 칭찬의 의미로 그와 비슷한 평가를 한 적이 있었다. 첫 책을 출간했을 때 나는 저널리스트로 이미 알려져 있어서, 성 중립적인 필명을 쓰기에는 너무 늦은 상태였다. 업계 관련자들은 대신 이름이 잘 알려진 남성들의 추천사를 받아 여성 필자명에서 느껴지는 독성을 상쇄하는 것이 좋겠다는 조언을 해주었다.

그런 의견을 내놓은 것도 무리는 아니다. 2015년에 온라인 잡지 《슬레이트(Slate)》는 바로 직전 12개월 동안 미국에서 출판된 대중 역사서와 전기의 주제와 작가를 조사했는데, 나도 찰스 왕세자의 자서전을 쓰긴 했지만, 내 책은 열외였다. 조사한 저서 4분의 3 이상이 남성이 쓴 작품이었으며, 전기의 71.1퍼센트는 남성 인물에 관한 것이고, 전기작가의 87퍼센트가 남성이었다. 또 남성 전기작가가 여성에 대한 전기를 쓴 경우는 6퍼센트에 불과했다.[10]

내가 여성 작가라는 데서 오는 불이익에도 불구하고 《찰스》의 판매 실적은 괜찮은 편이었다. 출판사에서도 대단한 일이라고 생각했다. 출판사의 고위간부들이 고급 식당에서 식사를 대접하면서, 다음 책을 자기네 출판사에서 내자고 제의했다. 그들은 내가 다음에 낼 책도 유명인의 전기가 될 것이라 예상하고, 어떤 책을 구상하고 있느냐고 물었다. 나는 앙겔라 메르켈의 전기를 써보고 싶다고 답했다. 그때까지만 해도 독일 총리의 세계 지도자로서 이례적인 위상을 영어로 그린 책은 제대로 읽을 만한 것이 없었다. 나는 독일에서 공부했고, 독일어를 할 줄 알고, 독일 뉴스 잡지《포커스(FOCUS)》에 11년간 기고했고, 《타임》에 독일 관련 기사를 담당했고, 독일인이 아닌 사람으로서는 드물게, 메르켈을 인터뷰한 적도 있었다. 독일에서 가장 최근에 있었던 선거에서 나는 메르켈의 선거운동에 따라다니며 지켜보고, 그녀가 어린 시절을 보냈던 동유럽 마을을 직접 찾아가보기도 했다. 인맥도 쌓아놓고, 대표적인 견해와 차별적인 중요하고 뉴스로서의 잠재적 가치가 있는 분석 자료가 있었다. 그녀가 유럽의 중심 역할을 하다보니, 그녀를 제대로 이해하지 못하면 그녀의 의도와 계획을 잘못 예측하거나 협상에 난항을 겪는 일이 발생할 수도 있었다. 그리고 무엇보다 그녀는 너무나 대단하고 매혹적인 인물이었다.

출판계의 거물이었던 어떤 사람은 내 말을 듣던 중 숨이 막히는 듯 캑캑거렸다. 그런 고급 레스토랑에서 생선가시를 철저하게 발라내지 못했을 리는 없으니, 음식 때문은 아니었던 게 분명하다. "메르켈은 너무 시시해요." 그가 말했다. "록 스타는 어때요? 남편이 음악을 하시잖아요. 아주 잘 맞을 것 같은데요." 또 다른 출판사는 해보고 싶다면서 계약 조건을 제시했다. 전작인 찰스 왕세자 전기를 내면서 받았던 금액의 9퍼센트밖에 안 되는 돈이었다. 그는 아주 안타까운 표정으로, 메르켈 전기를 꼭 내고 싶지만 예상 판매량을 생각하면 그것보다 더 많이 제시하기는 힘들다고 말했다. 나중에 출판계 주요 여성 인사들이 그 출판사의 생각과 다른 의견을 제시했지만, 그때는 이미 내가 여성 편집자와 책 계약을 체결하고 책 작업에 착수한 뒤였다.

공교롭게도 나 역시 메르켈에 관한 책이 독자들의 선택을 받기까지 다른 정치인들의 전기보다 훨씬 힘겨운 과정을 거칠지 모른다는 사실을 의심하지 않는다. 이미 논의했듯이 메르켈은 유럽 난민 위기가 발생하기 전까지는 대단히 조심스러운 통치 방식을 유지했으며, 한때는 활기 없고 따분해 보이기도 했다. 하지만 그건 그녀가 동독에서 성장기를 보내면서 감시망을 피하는 법이 몸에 익어서, 일부러 그런 태도를 취했기 때문이다.

그런 점이 대중에게 다가서기 더 힘들게 만들지만, 반면에 새로운 사실을 알리는 가치 있는 전기를 만들 수 있을 터였다. 만약 그녀가 남자였다면 영업과 마케팅 부서가 솔깃할 만한 비용편익 분석 결과가 나오고, 도서 계약 담당 편집자들이 흥정에 나서야 할지, 그리고 얼마를 제시해야 할지 쉽게 결정할 수 있었을 것이다. 제이슨 핀터가 출판업계에 여성 종사자 비율이 너무 높다고 걱정했을 때, 그는 세계가 남성적인 것에 집중해 있는 더 넓은 맥락을 계산에 넣지 않았다. 여성들이 여전히 이 세상에서 낮은 평가를 받기 때문에, 여성을 다룬 이야기도 여전히 저평가되고 있다.

에멀라인 팽크허스트와 다른 많은 여성은 국가가 여성의 목소리를 들을 수 없고 들으려 하지도 않는다고 결론내리고, 1903년 여성사회정치동맹(WSPU)을 결성했다. 여성사회정치동맹의 슬로건인 '말이 아닌 행동으로(deeds, not words)'는 평화 시위나 납세 거부 등의 시민적 불복종 전략, 필요할 경우 폭력을 동원한 혼란 야기, 더나아가 여성의 참정권이라는 대의명분으로 잘 드러난다. 영화 〈서프러제트〉에서는 그 슬로건이 사회와 경제의 장벽을 넘어 여성들사이에 전파되면서, 저항의 만트라가 된다. 영화의 거의 끝부분으로 가면 캐리 멀리건이 연기하는 주인공 모드 와츠가 감옥의 한쪽벽면에 그 슬로건을 새긴다. 관객의 가슴을 저미는 장면이다. 공장노동자인 와츠는 투쟁을 위해 그녀가 가진 얼마 안 되는 것(아이, 남편, 일자리, 집, 평판, 건강)을 희생했지만, 관객들은 그녀가 역사의 옳은 길을 걸었음을 알게 된다. 그리고 또 한 가지, 슬로건이 틀렸다는사실도 이해하게 된다. 여성의 참정권을 쟁취하는 데 기여한 건 슬로건의 두 가지 요소(말과 행동) 모두 다였다. 그 슬로건은 그 자체로영향력이 있다.

행동과 말, 행동주의와 공개적인 주장, 이 모두가 여성평등당을 움직이는 동력이기도 하다. 그런 공개적인 주장은 각 가정의현관 앞에서, 또는 언론의 연설과 회합을 통해 전달된다. 여성평등당이 2016년 5월 선거에서 그런 좋은 성과를 낼 수 있었던 건 이례적으로 뛰어난 마케팅과 광고 지원 덕분이었다. 선거일 4개월 전에 마케팅 컨설팅 회사 '오이스터캐처스'의 공동 설립자이자 CEO인 수키톰프슨은 광고계에서 다양성의 결핍에 관한 토론에 나를 패널로 초청했다. 그 토론에서 나는 베티 프리던이 '여성의 신비'라는 별칭을 붙인, 광고가 대중에게 퇴행적인 믿음을 조장하는 현상에 대해 이야기했다. 그러면서 광고에 억누르고 통제하는 것뿐 아니라 각 개인에 힘을 부여하는 잠재력이 있다고 본다는 견해를 전했다. 토론이 끝날 무렵 톰프슨이 즉흥적으로, 청중을 향해 혹시 참석자들 중 여성평등당을 돕고 싶은 사람이 없느냐고 물었다. 그러자 이름이 꽤 알려진 광고 대행업체와 컨설팅 회사의 대표들이 지체없이 손을 들었다.

　　여성평등당은 이미 케이트 베이커와 그녀의 회사 데코(Dekko Advertising)에서 무료로 디자인 지원을 받고 있었는데, 이제는 온라인으로 배포할 스마트한 디지털 GIF 파일, 옥외 광고판 광고, 선거 홍보 동영상까지, 다양한 홍보도구를 활용해 선거운동에 나설 수 있게 되었다. 우리 당의 연락 책임자 캐서린 라일리는 이 모든 것을 맡아서 처리하고, 어느 주말에는 우리의 첫 TV 방송용 홍보물 제작을 위해 48시간 동안 촬영을 마치고는 동료들에게 이런 욕설을 쏟아부었다. "영상 편집자가 필요해!" 그러고 나서 놀랍게도 "아기를 갖고 싶어!"라고 소리쳤다.

　　한국의 제일기획(Cheil) 영국 지사가 추가로 제작한 영상물들은 많은 복잡한 메시지를 효과적으로 전달하는 데 도움이 됐다. 우리는 여성평등당의 당파를 초월한 접근 방식과, 우리 당에 필요한 표는 런던 선거의 네 가지 선거 중 시 전체적으로 진행하는 선거와 런던 시장을 뽑는 선거뿐이라는 사실을 유권자들에게 알려야 했다. 그리고 우리는 단순히 여성들 전체나 특정 여성을 위한 당이라는 오해를 떨치기 위해 우리의 지지 기반이 얼마나 다양한지 유권자들에게 보여주고 그런 다양성을 지속적으로 추구하고 장려하고자 했다.

그 해법으로 나온 것이 바로 이 슬로건이다. '표의 반은 평등에 주세요. 저희(WE, 여성평등당)는 그것이 공평하다고 생각합니다.' 제일기획은 지지자들을 유명인과 일반인들을 고루 섞어 인터뷰하고, 각각의 사람에게 정체성을 복합적으로 밝히도록 했다. 예를 들면 이렇게 말이다. "안녕하세요, 저는 반은 배우이고 반은 연출자이며, 반은 가나 사람이고 반은 영국 사람이고, 전체적으로는 부모인 휴 콰시입니다." 그다음에 왜 그들이 절반의 표를 우리에게 주려고 하는지 설명하도록 했다.

일반 정치 홍보물과 달리, 인터뷰 대상자들이 자기가 다른 정당을 지지한다는 사실을 밝히는 경우도 있었다. "안녕하세요, 저는 릴리 앨런입니다." 가수인 앨런이 말했다. "저는 반은 엄마이고, 반은 자그마하고(pint-sized), 용기 있는(plucky), 팝의 여왕(pop princess)입니다. 저는 제가 가진 표의 절반을 노동당에 주고, 나머지 반은 여성평등당에 주려고 합니다. 왜냐하면 저는 괴롭힘과 스토킹이 근절되기를 바라거든요." 앨런은 괴롭힘을 근절하자는 사회운동을 7년간 계속해왔지만 정부 당국에서 무시하고 성의 없이 처리해왔다. 이후 2015년 10월에 한 스토커가 앨런의 침실에 침입하는 사건이 발생했는데, 우리 여성평등당은 앨런과 반(反)스토킹 조직인 팰러딘 서비스(Paladin Service)와 공동 활동을 통해 그 사건에서 드러난 구조적인 실패를 사람들에게 알렸다.

스토커였던 알렉스 그레이도 도움이 필요한 사람이었다. 이듬해 4월에 유죄를 선고받은 후 그는 정신보건법에 따라 무기한 구금된 상태였다. 그는 경찰 조사에서 앨런의 얼굴을 칼로 찌를 생각이었다고 진술했다. 경찰은 그가 그동안에도 위협했다는 수많은 증거를 무시하거나 그 일부를 분실하지 않고 증거들을 제대로 검토했다면, 앨런은 그런 끔찍한 일을 모면하고 그레이는 한시라도 빨리 치료받을 수 있었을 것이라고 앨런은 말한다.[11] 앨런이 협박 메시지를 받았다거나 그가 찾아왔다는 신고 전화를 하면 경찰은 때로 별것 아니라는 듯 대응했다. 가족이나 헤어진 연인이 스토커가 되는 경우 두 명에 한 명꼴로, 잘 모르는 사이인 스토커의 경우 열 명에 한 명꼴로 협박한 것을 실행으로 옮긴다. 하지만 그에 대한 당국의 대응은 민첩하지 못해, 신고된 사건 중 실제 기소되는 사례는 겨우 1퍼센트뿐이다.

앨런은 사설보안업체를 고용하고 변호사를 사서 재판을 진행했다. 그녀는 스토킹 희생자 중 80퍼센트가 여성이며, 희생자 대다수는 자신과 같이 보안업체나 변호사를 고용할 처지가 못 된다는 사실을 알고, 자신의 경험을 공개하기로 결심한다. 그녀는 연예인이어서 필요한 자원을 얻을 수 있었지만, 반면 그 때문에 스토킹의 본질에 대해 널리 퍼진 혼란을 가중시키기도 했다. 사람들은 스토킹의 본질과 실질적인 위험을 잘 인식하지 못한다. 많은 이가 보기에 스토킹은 그냥 어쩔 수 없는 일이며, 여성들이 감내해야 할 부분이고, 대중에게 알려진 여성이라면 특히 더 그런 것처럼 생각된다.

명성이라는 큰 혜택을 누리는데, 그런 작은 불편을 감내하지 못할 이유가 어디 있겠느냐고 보는 것이다.

그와 같은 생각에서, 여성 연예인들은 인터넷 언어폭력과 사진가들(언론매체 소속이 아닌 사람들도 많다)에 의한 또 다른 종류의 스토킹을 일상적으로 참고 넘긴다. 이 사진사들이 찍는 사진은 더 못생기게 나오고, 상황이 낯뜨겁고, 큰 슬픔에 빠져 있거나 남들에 게 공격당하기 쉬운 장면을 포착한 것일수록 값이 더 나간다. 모든 사진은 여성이 남들 눈에 띄고 평가받으려 존재하며, 스토킹은 그런 권리를 다소 지나치게 행사한 것에 불과하다는 담론을 반영한다.

앨런은 2006년 데뷔 앨범 〈괜찮아요, 아직은(Alright, Still)〉을 200만 장 넘게 팔고 큰 인기를 얻으면서 일거수일투족이 사람들에 게 알려지는 상황이었다. 그녀는 음악계가 바뀌어갈지 모른다는 희 망을 키웠다. 그녀는 자기 생각을 말하고, 투박한 부츠에 원피스를 입고, 위트가 담긴 곡을 직접 썼다. 예상하겠지만 그녀의 그런 태도 는 가령 살을 빼지 않겠다고 결심한 여성에게 용기를 주어 칭찬하는 것처럼 하면서 사실은 험담하는 상황이나, 쉴 새 없이 따라다니는 카메라같이, 부정적인 평가와 집요한 관심을 더 많이 불러일으켰다.

스스로를 매정한 눈으로 보아야 하는 상황에 처하고, 전통 적인 이상에 부합하는 여성들과 나란히 비교될 때가 많아, 여성들은 말 그대로 쪼그라들고 만다. 건장했던 여장부가 마르고 비실비실해 지고, 다이애나 스펜서와 케이트 미들턴 같은 사람들은 핼쑥한 왕비 가 된다. 한국 가수 박보람은 기획사에서 4년간 훈련받고 K-팝 대표 가수 중 한 사람이 됐다. 쾌활한 분위기의 데뷔곡 '예뻐졌다'에는, 그녀가 하루에 달걀 한 개와 바나나 한 개로 연명하면서 살을 40킬로그램 가까이 감량하고 완전히 달라졌다는 스토리가 담겼다.

그렇다면 이번에는 대중음악계가 여성 아티스트를 홀대하고 여성에게 높은 자리를 내주지 않는 전력에 대해 이야기를 나눠보자. 가수 겸 작곡가이고 작사가인 멜리사 에서리지는 음반 계약을 맺으러 여러 음반 회사를 찾아다닐 때 만났던 여성 임원은 한 명밖에 없었다고 기억한다. 그녀는 이 업계가 "기업이라는 가부장적인 피라미드"였다고 말한다. 그녀는 여성이라는 불리한 조건을 최소화하기 위해 남자 뮤지션들과 함께 무대에 서야 했고, 동성애자라는 사실을 밝히지 말라는 지시를 받았다며 쓸쓸하게 웃는다. 그리고 자신의 첫 앨범에 담긴 가사는 '성 중립적'이라고 말한다. 노래에서 묘사한 연인은 남성이 될 수도 있다. 그녀는 대중음악계를 주름잡는 여성들의 활약을 보면 기분이 뿌듯해진다고 한다. "제일 유명한 팝 아티스트들은 모두 여성이에요. 비욘세, 테일러 스위프트, 리한나를 생각해보세요. 엄청나지요! 아델은 또 어떻고요. 이 가수들이 현재 앨범 판매량이 가장 많아요. 그리고 컨트리 뮤직도 여성 가수들 천지잖아요. 이제는 여성 뮤지션을 빼놓고는 대중음악계를 논할 수 없어요. 여성 뮤지션들을 위한 시대가 열린 거예요."

그럴지도 모른다. 하지만 여성 아티스트들은 남성과 다른 압박에 직면하고, 음악계 전체 통계 수치는 여전히 지독히 형편없다. 그래서 에서리지는 영화업계에서 여성 작곡가를 더 많이 기용해야 한다는 캠페인을 시작했다. 에서리지는 다큐멘터리 영화 〈불편한 진실〉 삽입곡 '깨어나야 해(I Need to Wake Up)'로 2007년 아카데미 주제가상을 수상하고 여러 편의 영화 주제가를 불렀지만, 영화 삽입곡을 직접 작곡할 기회는 좀처럼 얻지 못했으며, 그건 다른 여성들도 마찬가지였다. 실제로 2015년에 영화 삽입곡을 작곡한 여성은 단 2퍼센트에 불과했다. 같은 해에 《가디언》은 영국에서 열리는 대형 음악축제 12곳을 조사해보니 공연 팀의 86퍼센트가 남성이었다는 소식을 전했다. 데이브 그롤이 부상을 입는 바람에 그의 밴드 푸 파이터스(Foo Fighters)는 어쩔 수 없이 2015년 클래스턴베리 페스티벌 행사를 취소할 수밖에 없었다. 그 자리를 플로렌스 앤 더 머신(Florence + the Machine)이 메우면서, 금세기 최초로 클래스턴베리의 주 무대를 장식한 여성 주도의 밴드로 기록됐으며, 이 페스티벌의 45년 역사에서 주요 시간에 공연할 기회를 얻은 여성 밴드나 가수로는 여섯 번째였다. 2016년 울트라 음악축제는 여성 아티스트의 비율이 10퍼센트에 그쳤지만, 롤라팔루자 음악축제는 전체 공연 참가 팀의 37퍼센트를 여성 아티스트로 구성하면서 미국의 주요 음악축제 중에서 중간 이상의 평가를 받았다. 그리고 2016년 8월에는 컨트리 뮤직 차트에서 여성 가수가 많이 빠져, 미국 컨트리 뮤직 라디오에 편성된 상위 50개 노래 중 여성 가수의 노래는 고작 7개에 그쳤다는 보도가 있었다. 인터넷에 수익을 조금씩 내주면서도 레코드 회사들은 여전히 무엇을 팔고 여성들이 대중 앞에 어떤 모습을 보여야 하는지 규정해놓은 남성 지배적인 피라미드를 유지하고 있다.

가수 아델은 "어떤 모습을 보여야 하는지 지시받는 건 상품이 되는 것과 마찬가지이며, 나는 상품이 되고 싶지는 않다"라고 말했다. 그녀는 정상 체중을 유지하겠다는 의지를 절대 꺾지 않았는데, 그런 비타협적인 태도는 끊임없는 인기곡을 내는 데 전혀 영향을 끼치지 않았다. 아델은 영국에서 역대 최다 판매량을 기록한 앨범 목록에 앨범 두 장의 이름을 올렸다. 비욘세는 자신의 이미지를 스스로 주도하면서 흑인 여성들이 각자의 상황과 미적인 취향에 따라 스스로를 규정할 수 있는 환경을 조성했다. 그 과정에 비판이 없었던 건 아니다. '속바지 차림으로 나와서 춤을 추는 사람이 페미니스트가 될 수 있겠어?'라고 비꼬는 시선부터 미국 페미니즘의 대모 벨 훅스가 2016년 뮤직비디오 형태로 제작된 앨범 〈레모네이드〉에 대해 던진 것 같은 지성적인 공격까지 숱한 비판이 있었다. 벨 훅스는, 이 앨범은 해방이 아니라 상품화를 다룬 것이라면서, "노예제도가 있던 시절에서 현재까지, 흑인 여성의 육체는 옷을 입었든 입지 않았든, 사고파는 대상이 되어왔다"라고 혹평했다.[12] 비욘세의 팬들은 이에 항의했다. 작가이자 블로거인 라샤는, "수백 년 동안 흑인 여성의 육체와 이미지는 백인 지상주의의 편익에 기여했다… 그래서 벨 훅스가 주장하는 것처럼 〈레모네이드〉가 상품을 팔기 위해 흑인 여성의 몸을 이용한 것은 물론 '급진적이거나 혁명적'이라고 보기 어렵지만, 그런 이미지가 흑인 여성의 편익을 위해 만들어졌다는 사실은 분명 급진적이고 혁명적이다"라고 주장했다.[13]

릴리 앨런 역시 대중매체와 음악계가 규정한 틀에 자신을 가두기보다는 스스로 규정해나가려고 노력한다. 그 과정에서 역시 지속적인 상처를 입었다. 앨런은 스물두 살 때 '마이스페이스'에 모델인 케이트 모스와 나란히 서 있는 사진을 올렸는데, 가수 셰릴 콜은 이 사진을 보고 앨런을 '남자 같은 여자'라고 놀렸다. 그러자 앨런은 스스로를 '뚱뚱하고 못생긴' 존재로 인식하고 성형 수술을 받을 생각까지 들었지만, 다음 날 바로 그런 생각을 떨쳐냈다고 한다. "바보같이 들릴지 모르겠지만, 저는 저 자신과 제가 지난해에 이뤄낸 성과를 지극히 자랑스럽게 생각해요. 제 삶에는 좋은 점이 너무나 많아요. 그런 걸 보면 저는 엄청나게 운이 좋은 사람이지요. 그런데 제가 잠깐이나마 그런 유혹에 빠졌던 건 매체가 젊은 여성들에게 얼마나 큰 영향을 미칠 수 있는지 보여주는 사례라고 생각해요."14 파파라치들은 두 번의 출산을 거치면서 변하는 몸매를 계속해서 사진으로 담았다. 앨런은 2014년에 그런 자신의 경험을 비꼬아 표현한 싱글 앨범 〈이 바닥은 힘들어(Hard Out Here)〉를 냈는데, 아이러니하게도 앨범이 나왔을 때 앨런은 살이 빠져, 사람들이 생각하는 이상적인 기준에 가까운 몸매가 됐다.

이 곡의 뮤직비디오는 앨런이 수술대 위에 누워 있고 그녀의 멍청한 매니저의 지시에 따라 성형외과 의사들이 앨런의 복부 지방을 빼내는 장면으로 시작한다. 그 매니저는 나중에 백댄서 여섯 명과 함께 나와 엉덩이를 한껏 흔들며 춤을 추는데, 백 댄서 중 네 명은 흑인이다. 카메라는 영화 〈사랑도 통역이 되나요?〉의 도입부와 비슷하게 엉덩이를 클로즈업해서 담는다. 단, 이번에는 엉덩이들이

격하게 흔들리는 장면을 담는다. 그 엉덩이춤은 앨런이 입은 의상만큼이나 기분 나쁘면서도 우습다. 배우이자 작가이자 연출자이고, 미국 텔레비전 코미디 〈걸스(Girls)〉를 만든 레나 던햄은 이 비디오를 마음에 들어하면서, "오 그거야 @lilyallen 실컷 혼내줘♡"라는 트위터 메시지를 띄웠다. 그런가 하면 섹스를 하는 데 상대의 동의가 꼭 필요하냐고 묻는 내용의 기억하기 쉬운 가사로, 25개국에서 앨범 순위 1위를 기록하기도 했던 로빈 시크의 발라드곡 '모호한 태도(Blurred Lines)'에 대해서, 페미니스트이자 책《진짜 여자가 되는 법》의 저자인 케이틀린 모런은 트위터로 "이 노래가 나온 건 올해 대중음악계 최악의 사건으로 꼽을 만하다"라면서 걱정하는 마음을 표현했다.

하지만 모든 사람이 이렇게 열광적으로 환영한 건 아니다. 미카엘 오운나라는 블로거는 "가요는 대중문화와 소비주의를 비판해야 할 입장이지만, 이 노래는 흑인 여성들의 육체를 도용함으로써 그런 취지를 훼손시켰고, 흑인 여성들의 신분을 백인 여성으로 상승시켰다"고 주장했다. 칼럼니스트들도 비슷한 견해를 나타냈다. 앨런은 그런 비판에 대해 '특권, 우월성, 오해'라는 제목의 성명으로 답했다(자세한 내용은 미주를 참고하라).[15] 앨런이 일부러 흑인 백댄서를 요청한 것은 아니며, 그들이 흑인이라고 집으로 돌려보내는 일은 하지 않을 것이라고 밝혔다. "그 뮤직비디오는 오늘날 대중문화 속 여성의 상품화에 관한 가벼운 풍자를 담은 비디오를 만들겠다는 뜻으로 제작한 것이다. 인종 문제와는 전혀 관련이 없다."

이런 설명은 논쟁을 가라앉히는 데 거의 효과가 없었다. 비평가들은 백인이 인종 차별적 경험의 타당성을 결정할 수 있다는 생각을 은연중에 드러내기도 했다. 이 논쟁은 랩 음악에 대한 페미니즘의 대응으로 더 복잡해졌다. 작가이자 문화비평가인 아이샤 A. 시디키는 "랩은 미국 흑인들의 성공을 오랜 기간 가로막았던 지방에서의 경제적인 대성공을 기록해온 독특한 역사가 있다"고 말하기도 했다.[16]

'이 바닥은 힘들어'라는 노래 제목처럼, 대중음악계는 분명 힘든 곳이다. 영화 〈서프러제트〉 개봉과 함께 나타난 논쟁도 마찬가지로 복잡하게 꼬여 있다. 그리고 거기에도 아이러니, 아니 더 정확하게는 반향이 존재하는데, 영화 제작자 앨리슨 오언이 바로 가수 앨리슨의 엄마이기 때문이다. 오언과 그녀가 꾸린 영화 제작 팀은 영국의 여성 참정권 운동과 그 운동을 복잡하게 만들었던 계급 분화에 초점을 맞추었다. 이들은 지금껏 밝혀지지 않았던 역사를 다루고자 했다. 그렇더라도 영화 제작자가 영화 한 편을 만듦으로서 여성의 이야기를 서술하는 방식에 존재하는 불균형을 바로잡을 수는 없었다. 그래서 어느 쪽에 치중할 것인지 선택해야 했고, 일부 비평가들은 그 선택에 의문을 제기했다. 비평가들의 지적처럼 제작자들이 역사적인 정확성만큼 다양성 문제를 중요하게 다루는 편이 더 좋았을지도 모른다. 창조 산업에서는 의무할당제가 창조성을 제한한다고 보기 때문에, 다양성을 확립하기 위한 할당제를 받아들이지 않는 경우가 많지만, 오언은 그런 방침에 찬성하는 쪽이다. 아쉬운 점은 망명한 펀자브 지방 군주의 딸이었던 소피아 둘레프 싱 공주, 아니타 아난드가 쓴 구체적인 전기의 주인공, 남아시아 사람의 후손 중 운동에 참여했던 여성 같은 실제 인물을 실제 영화 줄거리에 넣었으면 더 좋을 뻔했다. 그들 말고는, 영국 여성 참정권 운동에 참여했던 사람은 대개 백인이었다. 당시에는 영국의 인구 분포 자체도 백인이 절대다수였다. 1841년 기준으로 외국에서 태어난 사람은 0.25퍼센트에 그쳤고, 1931년이 되면 2.6퍼센트로 소폭 증가한다. 이렇게 백인이 대다수였다는 점은 인종과 관련한 여러 상반된 견해를 촉발시키기도 했다.

대서양의 저 반대쪽에서는, 여성운동 내의 인종 문제가 아주 현실적이고 긴급한 사안이었다. 시민권 투쟁과 여성의 권리 투쟁은 서로 나란히 발맞추어 나갈 때도 있었지만 때로는 내분이 일어나기도 했다. 노예로 태어나서, 노예제도 폐지에 뜻을 두고 다른 노예들을 구하겠다는 대담한 계획에 착수한 해리엇 터브먼은 여성 참정권 운동에서도 선봉에 섰다. 그녀와 비슷한 길을 걸었던 소저너 트루스도 1851년 오하이오 여성권리대회에서 연설을 통해 여성은 너무 약해 투표할 수 없다는 주장이 얼마나 부당한지 지적했다. 백인 여성들은 기차를 타고 이동할 수 있을지 모르지만, 흑인 여성들은 그런 도움을 전혀 기대할 수 없었다. "저를 좀 보세요! 이 팔뚝을 좀 봐요! 쟁기질을 하고, 곡물을 심고, 수확해서 헛간에 옮기는데, 나보다 일을 더 잘하는 남자는 아마 없을 겁니다! 보세요, 그래도 저는 여자가 아닙니까? 저는 남자만큼 일하고, 먹을 게 있을 때는 남자만큼 많이 먹습니다. 그리고 채찍질당해도 남자만큼 잘 견뎌내지요. 그래도 저는 여자가 아닙니까? 저는 애를 열셋이나 낳고, 그 애들 대부분이 노예로 팔려가는 걸 보면서, 자식을 둔 엄마로서 비탄에 빠져 고함을 질렀지만, 예수님 말고는 아무도 제 말을 들어주지 않았습니다. 그래도 저는 여자가 아닙니까?"[17]

아마도 여성운동 역사에서 가장 부끄러운 대목은 미국 북부주들의 백인 여성 참정권론자들이 인종 차별주의자인 남부의 백인 여성들에게 시도했던 때일 것이다. 실제로 전미여성참정권협회 회장이었으며, 여성유권자연맹과 국제여성동맹을 창립했던 캐리 채프먼 캐트는 "여성 참정권을 쟁취하면 백인의 패권이 약화되는 것이 아니라 더 강화될 것이다"라고 말하기도 했다.[18]

영국에서는 에멀라인 팽크허스트가 서로 다른 분야와 영역으로 나뉜 다양한 유형의 청중 앞에서 이야기를 해야 할 때 미국 정치에서 쓰이는 어휘를 자주 언급했는데, 그중에서도 특히 1913년의 다음과 같은 연설이 유명하다. "여성들은 일단 옳은 일을 하고 있다는 확신이 들고, 저항의 깃발을 들 사람이 단 한 명이라도 있으면, 어떤 어려움이 생기고 어떤 위험이 닥치더라도, 저항이 계속될 것이라는 사실을 알아야 한다. 나는 노예가 되기보다는 반항자(rebel)가 되겠다."

그런 감상은 그녀가 1926년 보수당에 입당한 뒤 이전 지지자들로부터 도전을 받는다. 딸 크리스타벨에 따르면, 그녀가 보수당에 입당한 건 제국에 대한 신념 때문이었다고 한다. 연설에서의 그 구절은 그로부터 102년이 지난 뒤, 일부가 생략된 채 영화 〈서프러제트〉의 주연 배우들이 런던의 영화와 공연 소식을 전하는 잡지인 《타임아웃》에 실릴 홍보용 사진을 찍기 위해 맞춰 입은 티셔츠에 새겨졌다. 백인 영국인의 눈으로 볼 때는 그 어구가 마치 팽크허스트가 의도했던 대로 해방운동가다운 진술로 읽힌다. 그러나 어떤 사람들, 특히 미국인들의 시선으로 볼 때는 뭔가 다른 찜찜한 울림이 느껴진다. 노예제를 찬성하는 남부연합부대는 '반란군(rebel)'이라는 이름으로도 불렸는데, 그들은 노예제로 이득을 얻는 체계를 유지하려고 싸운 사람들이었기 때문이다.

학자이자 저자인 캐럴 H. 후드 같은 비판론자들에게는, 그 인용문에 담긴 역사적인 맥락보다 그 역사가 더 우선했다. "역사적으로든 아니든, 팽크허스트의 말이든 아니든, 세상 밖에 표출하는 단어의 의미나 맥락을 늘 고려해야 하는 건 그대들의 책임이다." 그녀가 주장한다. "여성 참정권 운동에 나섰던 친애하는 백인 여성들이여, 내가 별 죄책감 없이 한마디하자면, 수사학의 노예가 되어서는 안 된다."19

진부하기는 해도 '잘못된 홍보 같은 건 없다(즉 안 좋게 알려지더라도 나쁠 게 없다)'는 말만큼 적절한 표현을 찾아보기는 쉽지 않다. P. T. 바넘의 말이라고 알려져 있지만 실제로는 그가 한 말이 아니다. 그리고 설사 그가 한 말이라고 하더라도 〈서프러제트〉를 에워싼 큰 불 폭풍을 그가 보았다면 필시 자기가 한 말이 아니라고 손사래를 쳤을 것이다. 그러나 그런 논쟁이 영국에서 영화의 순조로운 진행을 방해하지는 않았다. 비평가들의 호평이 열정 있는 관객들을 끌어모았으며, 여성평등당 지지자들의 반응은 특히 더 뜨거웠다. 앨리슨 오언과 배급사 파테(Pathé)는 여성평등당을 위해 이 영화를 상영하면서 특별 모금 행사를 진행하기도 했다. 여성평등당은 몇 군데 독립영화관에서 사용 가능한 할인 쿠폰을 당원들에게 나누어주며 이 영화를 홍보했다. 2015년 10월 제임스 본드가 영화 개봉 대열에 끼어들면서, 예측했던 것보다 훨씬 큰 타격을 가했다. 이에 파테는 영화계의 대작 중에서도 대작인 〈007 스펙터〉와의 정면 승부를 피하기 위해 홍보 일정을 짜면서 방어수단을 강구했다.

　　〈서프러제트〉에 대한 반발이 일어난 건 다름 아닌 미국에서였다. 영화에 대한 사람들의 반응이 엇갈리고 개봉관 수도 제한적이어서, 잠재 관객의 일부를 잃었으며, 논란에 앞서 영화상을 받을 만한 작품으로 입에 오르내리면서 사람들에게 냉대를 받았다. 그 일로 영화를 만들기 위해 힘겹게 고투했던 오언은 상처를 받았다. 그녀는 "여성운동에 관한 깊은 사회적 의식을 담은 영화를 만들었다는 생각을 하면서 잠자리에 들었다가, 잠에서 깨면 마치 내가 큐 클럭스클랜(KKK) 단원이라도 되는 듯한 기분이 들어서 참 힘들었다"고 말한다. 오언은 왜 그런 일이 일어났는지 알고 있었고 홍보 과정에서 멍청한 행동을 벌였다고 후회했지만, 결연한 태도는 여전했다. 노예제의 특성 중에서도 강제노동이나 인신매매는 세계적인 현상이었으며, 피해자들 중에는 여성이 훨씬 많았다고 지적한다. 그러면서 "미국은 제국주의 권력을 이루었기 때문에, 모든 것을 스스로의 기준으로 판단한다"고 말한다. 그녀는 영화를 다른 식으로 만들어야 했는지, 그럴 수 있었을지는 확신하지 못한다. 자신의 딸 릴리 앨런을 포함해 대중 앞에 이름을 널리 알린 여성들이 항상 느끼는 바와 마찬가지로, 이 영화를 어떻게 만들든 부족한 점은 늘 존재할 것이다.

대단히 많은 사람이 신성하게 여기는데도 불구하고 세상에 거의 알려져 있지 않았던(따지고 보면 여성 역사의 모든 부분이 그렇지만) 주제를 다룬 최초의 영화인 〈서프러제트〉는 희망과 기대와 현시(顯示)의 무게에 눌려 휘청거렸다. 제한된 상영 시간 안에 복잡한 이슈와 사건을 설명하면서도 관객에게 영화를 보는 즐거움을 줄 수 있어야 했다. 사람들은 이 영화가 그동안의 몫을 전부 보태 이 주제의 모든 것을 말하고 보여주기를 기대했다. 여성에 대한 영화가 더 많이 나오고 세간의 주목을 받는 여성들이 더 늘어날 때까지는, 이런 영화들과 영화를 만드는 여성들은 그들과 동등한 입장에 있는 남성들보다 더 호된 평가를 받을 것이다. 심지어 같은 여성들에게서도 말이다.

〈서프러제트〉가 박스오피스를 주름잡을 것으로 기대한 사람은 아무도 없었지만, 이 영화를 계기로 여성들이 제작하는 여성에 관한 영화 프로젝트가 활성화되지 않을까 기대한 사람이 있을지도 모른다. 그러나 이 영화는 제작비에 대한 걱정을 떨치는 측면에서

조차 전혀 성과를 거두지 못하고 시련을 피할 수 없었다. 오언은 영화계의 경제 상황 변화를 비관적으로 보는 사람들이 많아진 데는 그 밖의 이유도 작용한다고 본다. "영화계에 처음 발을 들여놓았을 때, 이 업계의 계산법은 예산의 70퍼센트를 미국에서 충당하고, 30퍼센트를 미국을 제외한 세계 전역에서 충당하는 것이었어요. 그러던 것이 세월이 지나면서 60대 40으로, 그리고 50대 50, 40대 60으로 바뀌더니, 지금은 거의 30대 70에 가까워졌어요. 즉 예산을 미국을 제외한 나라들에서 70퍼센트, 미국에서 30퍼센트 충당해요. 그래서 채널 4*에서 여성 영화를 만들어 미국에 배급하는 등 이제야 겨우 페미니즘 영화를 조금씩 만들 수 있게 됐는데, 갑자기 영화계의 경제 구조가 바뀌면서, 예산의 절반을 중국이나 대만, 인도 같은 나라에서 구해야 하는 상황이 된 거예요. 그런데 그런 나라들은 텍사스주의 낙태법 문제를 다룬 영화 같은 데는 관심이 없어요."

　　오언은 그런 나라들에는 성평등에 관한 견해가 그다지 진보적이지 않기 때문이라고 말한다. 제작자인 린다 옵스트는 그와 다른 측면의 의견도 덧붙인다. 세계 각국이 각자의 문화와 기호에 맞는 내용을 더 많이 만들면서, 세계 시장이 갈수록 지역화하는 양상도 나타난다는 것이다. 내가 린다 옵스트와 이야기를 나누던 날, 옵스트는 중미 합작 벤처 오리엔탈 드림웍스(Oriental DreamWorks)를 설

---

*　　1981년 영국에 설립된 텔레비전 네트워크로, 최근 몇 년 동안 영화에 투자함으로써 영국 영화 제작에 주목할 만한 역할을 해왔다.

립하고, 중국 시장을 위해 특화된 로맨틱 코미디 제작을 논의 중이었다. 그녀는 영화계의 다른 세력들이 여성들에게는 긍정적인 변화를 유도할 수도 있다고 믿었다. 그리고 감독이 되고자 하는 사람들은 자신이 만든 작품을 인터넷에 올려야 한다고 권했다. 물론 빈약한 자원으로 영화계에 진입하려고 노력하는 사람들이 어떻게 그런 작품을 만들 자금을 조달할 것인가가 문제지만 말이다. 그녀는 또 2013년 디즈니 애니메이션 〈겨울왕국〉을 여성적인 새로운 취향을 창조한 혁명적인 역할을 한 작품으로 치켜세웠다. "저는 '겨울왕국 후(後)' 시장이라고 이름 붙였어요. 그 시장은 앞으로 유례없이 강력한 시장이 될 거예요. 저는 그 시장이 우리 모두와, 모든 창조적인 여성이 준비해야 할 목표라고 생각해요. '겨울왕국 후' 시장은 능력 있는 여성과 그들의 모험을 기대할 거예요. 그런 건 우리가 지금까지 다루지 않았던 이야기잖아요. 위대한 젊은 여성들이 추구하는 문학, 위대한 젊은 여성들이 불러올 특별한 영향 같은 것들을 한번 생각해보세요."

그녀는 잠시 후 다시 입을 열었다. "〈겨울왕국〉은 여성 두 명이 한 남자를 구하고, 결국 그 남자 없이 미래를 향해 나아가는 줄거리예요. 지금까지와 완전히 다른 모델이 되지 않겠어요? 그 영화는 특히 여섯 살에서 열두 살 사이의 여자아이들에게 큰 영향을 끼쳤어요. 〈겨울왕국〉은 애니메이션 영화로서는 거의 역대 최고였어요. 〈신데렐라〉가 어린 시절 우리 세대를 망쳐놓았듯이, 〈겨울왕국〉은 지금 여자아이들에게 엄청난 영향력을 끼칠 거예요. 정말 대단한 힘이지요."

그런데 〈겨울왕국〉의 두 주인공이 여성인데도 불구하고 영화 속에 나오는 대화의 남녀 성비를 비교하면 57대 43으로 남성이 더 많다.[20] 그리고 여자 주인공들은 피부색이 희고 작고 둥근 코를 한, 가냘프고 아름다운 소녀이며, 게다가 공주다. 애나 공주는 어설프고 칠칠치 못해서 사랑스러운 모습의 전형이고, 엘사 공주는 자신이 가진 무시무시한 힘을 통제하는 법을 배워서, 말 그대로 눈의 여왕이 된다. 이런 부분이 마음에 걸린다면, 너무 시시콜콜하게 트집 잡는다는 소리를 들을까? 그럴지도 모른다. 최소한 그들은 여성이고, 영화관과 광고판을 당당히 차지하고 있다. 그리고 오로지 아렌델*에서뿐이고 여왕(Queen)이 왕위에 올랐음에도 여전히 왕국(kingdom)이라고 불리지만, 어찌 되었든 그 여자 주인공들에게는 힘이 있다.

그렇다면 옵스트가 페미니즘을 '망쳐놓았다'고 표현한 영화들을 살펴보자. 〈프리티우먼〉, 〈위험한 정사〉, 〈트와일라잇〉, 〈신부들의 전쟁〉, 〈그는 당신에게 반하지 않았다〉, 〈그리스〉, 〈인어공주〉와 남자들만 나오는 모든 액션 영화에서 군중 중에 여성은 이상하리만큼 눈에 잘 안 띈다. 아니면 여성 스포츠에 대해서 생각해보자. 영화 〈아메리칸 허슬〉에서 브래들리 쿠퍼와 크리스천 베일(글로리아 스타이넘의 의붓아들답게)이 공동 주연인 제니퍼 로렌스와 에이

---

*　겨울왕국의 주 배경.

미 애덤스보다 출연료를 더 많이 챙긴 것과 마찬가지로, 남자 스포츠 선수들은 여성 선수들보다 연봉이 훨씬 높다.[21] 남자 배우들은 수익이 많이 나오는 영화에 주로 출연한다. 스포츠에서의 성별 간 임금 격차를 옹호하는 사람들은 비슷한 이유를 댄다. 남자 선수들은 더 많은 관중 앞에서 경기하기 때문에 돈을 더 받는 것이라고 말이다. 인디언웰스 토너먼트를 주최하는 미국 인디언웰스 테니스가든 CEO인 레이먼드 무어는 "내가 여자 테니스 선수였다면 매일 밤 무릎을 꿇고, 테니스계를 이끌어가는 로저 페더러와 라파엘 나달을 이 세상에 보내주신 신에게 감사했을 것이다"라고 말했다.[22] 하지만 여성 스포츠는 황금시간대에 배치되는 경우가 드물기 때문에 애초에 관중을 늘릴 길이 없다. 2016년 3월 평등고용추진위원회는 여성 국가대표 축구 팀 선수 다섯 명을 대신해서 월드컵 주최측에 전달한 공식 서한에서, 여자 축구 팀이 전해에 올린 수익이 2천만 달러 가까이 증가했지만 급여는 남자들보다 네 배나 덜 받았다고 항의했다.[23] 남자 축구 팀은 월드컵 2차전에서 탈락했다. 남녀 대표 팀을 모두 관장하는 미국축구협회는, 선수들의 급여 체계가 다르다고 지적하면서, 지난 4년간 국제적으로 유명한 축구선수들이 참가한 팀별 경기가 많아서 텔레비전 시청률이 더 높아졌기 때문에 남자들이 더 높은 수익을 올렸다고 강력하게 반발했다.[24]

시청률이나 수입이 더 적어서 여성들은 남성들보다 관중 앞에 노출될 기회가 적고, 그래서 다시 시청률과 수입이 낮아지는 이런 순환 논리는, 어째서 모든 형식의 매체가 성별 고정관념에 이의를 제기하기보다는 더 강화할 때가 많은지 설명하는 데도 도움이 된다. P. T. 바넘이 실제로 한 말은 바로 이것이었다. "홍보를 하지 않으면, 아무 일도 일어나지 않는, 끔찍한 일이 발생한다."

다음 장은 고용기회균등위원회(EEOC)와 내 이전 고용주인 타임(Time Inc.)를 상대로 한 법률 소송을 다루지만, 우선 영화와 엔터테인먼트 업계에 관한 행복한 결말을 함께 내려보자. 〈서프러제트〉에는 확실한 해결책도 없고, 등장인물들이 가슴 뛰는 성공을 이룬 것도 아니지만, 영화 마지막에 크레디트가 나오기 전 전 세계적으로 여성참정권이 실현된 시기를 정리한 연표가 나온다. 뉴질랜드는 1893년, 호주는 1902년, 라트비아는 1918년, 프랑스는 1944년, 이탈리아는 1945년, 일본은 1946년, 통가는 1960년, 스위스는 1971년, 서사모아는 1990년에 각각 여성들이 투표권을 얻었다. 전하려는 메시지는 두 부분으로 나뉜다. 이퀄리아를 향한 여정을 시작한 지는 오래되었으며, 앞으로 가야 할 길이 많이 남았다. 하지만 우리는 충분히 앞으로 나아갈 수 있다. 이 장면이 영화 관객들에게 끼치는 영향은 확연히 드러난다. 숨죽여 눈물을 흘리면서 코를 훌쩍이는 소리가 간간이 들릴 뿐, 관객들 사이에 정적이 흐른다. 관객들은 여성참정권 운동을 계속해 못 다한 임무를 완수하겠다는 열의에 가득 찬다. 이렇듯 매체는 변화를 주도하는 힘이 될 수 있다.

이 결말이 그리 만족스럽지 못하다면, 여기 두 가지 소식이 더 있다. 앨리슨 오언의 집념은 그녀가 추진하던 또 다른 프로젝트에서 성과를 냈다. 〈튤립 피버〉는 개발 지옥에서 벗어났다. 이 최종 버전에서는 알리시아 비칸데르와 데인 더한이 주연을, 〈천일의 스캔들〉의 저스틴 채드윅이 감독을 맡았다. 그리고 샌디는 2016년에 BBC 방송의 코미디 게임 쇼 〈QI(Quite Interesting)〉의 사회를 맡으면서, 영국 텔레비전에서 주요 코미디 게임 쇼 사회를 보는 최초의 여성이 됐다.

8장   모두의 일이어야 한다

개인적인 것이 곧 정치적인 것이다. 이 진술의 진실성은 기대가 삶의 경험과 충돌하는 순간 그 어느 때보다 극명하게 드러난다.

나는 남자들과 동등하다는 믿음 속에서 자랐다. 물론 그런 믿음은 날마다 도전받았지만, 대개는 무엇인지 기억도 안 날 정도로 사소한 일 때문이었다. 여성적인 아름다움에 관한 문화적인 결정관이 언제 주입되었는지는 모르지만, 꽤 어린 나이에 쓴 이야기나 시는 머리카락이 긴 아름답고 나긋나긋한 여자 주인공이 나와서 교통을 막는(말 그대로 꽤 위험하게) 부류의 줄거리였다. 십대 이전에 쓴 한 글에는 이런 대목도 있다. "사랑이 자동차 유리창을 산산조각 냈다. 저 여자아이는 누구지?"

여성에 대한 로맨틱한 개념은 혼탁한 현실과 불안하게 나란히 하기도 했다. 동급생들보다 1년 빠른 열세 살 때 나는 맨체스터 고등학교에 입학했고, 쉬는 시간이면 남자아이들 틈에 끼여 담배를 피웠다. 남자아이들에 대한 관심은 담배보다 적었지만 그 어리석은 무리와 섞여야 할 것 같은 기분이었다. 대부분은 한 남자가 학교 담장에 서서 자위를 하면서 꿍꿍거리는 소리를 냈다. 우리는 그 남자를 그냥 무시하거나 아니면 그를 향해 '변태'라고 소리를 질렀다. 이미 길거리를 활보하는 노출증 환자들을 너무 많이 봐서, 그의 행동이 그렇게까지 이상하게 느껴지지 않았다.

기억이 흐릿하지만 일부 자세한 내용이나 경험은 명확하게 남아 있다. 가장 중심이 되는 순간은 세계가 조직된 방식을 드러낸 때였다. 예를 들면 해리엇 하면의 자서전에는, 대학 튜터가 점수를 더 잘 주는 대신 잠을 자자고 강요했던 이야기가 나온다. 똑같은 일이 내게도 있었다. 나는 아직도 그 레스토랑 이름에, 내가 주문한 음식까지 생생히 기억한다. 아직 식사를 시작하지도 않았는데 그가 아무렇지 않다는 듯 자신의 계획을 말했다. 제대로 들은 건지 내 귀를 의심했다. 깜짝 놀라서 나는 웃으며 싫다고 말했고, 그러고 나서야 내가 그에게 준 상처를 가라앉혀야겠다 싶어서 남자 친구 이야기를 만들어서 지껄였다. 징벌이 두려웠지만 원치 않은 관심을 받은 데 따른 비난도 감수해야 할지 모른다고 생각했다. 내가 과외 선생님 앞에서 비판 이론에 대해 너무 지나친 열정을 보였던 걸까? 퇴짜를 맞고도 전혀 아무렇지 않은 그의 모습을 보면서 다른 가능성을 점쳤다. 그런 제안을 밥 먹듯이 해서, 결과에 대해서는 별로 신경을 쓰지 않는가 보다 생각했다.

여자들과의 힘의 관계가 높든 낮든 관계없이 가능하면 많은 여자와 해보려고 시도하는 이런 남자들이 교육기관과 직장에 무수히 많다. 타깃이 된 여성들은 거의 항의하지 않는다. 항의하면 최소한 추행하는 남자와 같은 수준의 골칫덩어리 취급을 받는다. 그래서 대신 우리는 대처방안을 개발한다. 작은 자극이나 성적인 말, 분별없는 농담, 심각하지 않은 습격은 못 본 체하고 속으로 감춰둔다.

싸워야 할 대상을 선별하고, 제대로 보는 법을 잊어버릴 때까지 선택적으로 눈을 감아버린다. 우리 경험이 차별을 지속시키는 데 어떻게 기여하는지 보다 넓은 안목으로 보고, 생각하는 건 중단해버린다.

내 직업에서 버티고 승진하는 것이 여성의 승리와 관계없다는 것을 깨닫는 데는 그런 여러 차례의 경험과, 30년 동안의 언론계 경력이 필요했다. 내가 지나온 모든 길은 내 발자국 뒤로 잡초가 꽉 들어차 있었다. 내가 일했던 언론 출판계의 여성들에 관한 것이나 그들이 쓴 이야기의 수를 늘릴 수는 있겠지만 그것이 남성의 서술이 우선인 널리 자리한 생각에 거의 눈에 띄지 않는 자국을 고작 몇 개 남겼을 뿐이다. 나는 시스템을 바꾼 것이 아니라, 시스템에 몸을 맡기고 흘러가고 있었다.

《타임》이 날 밀어내고 그 자리에 젊은 남성 직원을 앉힌 2015년에, 나는 드디어 이런 게임에 막을 고했다. 맞서 싸우기로 결정한 것이다. 나 자신을 위한 정의를 찾으려 했다. 다른 여성들의 법적 대응 경험을 살펴 나의 투쟁에 필요한 무기를 갖춰나갔다. 짜임새 있는 문맥을 갖출 수 있었지만 더 넓은 맥락에서의 접근법이 필요했다. 이 책의 다른 곳에서도 설명했듯이 여성에게 도움을 주지 못하는 구조와 시스템은 모두에게 도움이 되지 않는다. 남성들도 문제의 일부가 되는 것보다 해결책의 일부가 되는 것이 그들을 위해서도, 모두를 위해서도 이득이 된다.

　2010년 호주의 성차별 담당 위원 엘리자베스 브로데릭은 호주의 주요 기업인 여덟 명을 불러서 설명을 들었다. IBM의 글렌 보어햄, 매쿼리 그룹의 고든 케언스, 매쿼리 은행의 라이언 네이선(전 식품회사 대표), 콴타스 항공의 앨런 조이스, 변호사 케빈 매캔, 시티 은행의 스티븐 로버츠, 딜로이트 회계법인의 기엄 스위거스, 텔스트라의 데이비드 토디, 골드만삭스의 스티븐 피츠제럴드는 모두 여성 입장을 강력하게 변호해왔는데, 그 이유에 대해 알고 싶었기 때문이다.

　"다들 좋은 이유를 내놓았어요." 피츠제럴드가 회상한다. "한 사람은 아들 딸 쌍둥이를 뒀는데, 어째서 자기 딸이 앞으로의 삶에서 경험할 기회가 아들과 달라야 하는지 이해할 수 없었다고 말하더군요. 다른 사람은 사업적인 측면에서 그런 선택을 하게 됐다고 했고요."[1] 꼬리를 물고 발표되는 수많은 연구는 그들이 직접적인 경험으로 느꼈던 사실, 즉 여성을 고용하고 유지하면 사업 실적이 더 좋아진다는 사실을 뒷받침했다.

　골드만삭스가 진행한 연구에서는 직장 내에서 여성의 참여를 늘려 얻을 수 있는 보다 넓은 관점의 경제적 이익에 주목했는데, 호주는 GDP의 11퍼센트가 상승하고, 미국은 10퍼센트, 유로존은 14퍼센트, 일본은 무려 21퍼센트나 상승할 가능성이 있었다.[2] 이 연구는 위험 요인도 지적했다. 호주가 계속해서 여성을 열외로 취급할 경우, 경제성장세를 유지할 만큼 충분한 노동력을 확보하기 어렵다는 것이었다. 피츠제럴드는 무심한 어투로 이렇게 말한다. "제 생각에는 결국 모든 사람이 사업적 측면과 공평성 측면 모두에서 그렇다는 걸 인식하게 될 겁니다."

브로데릭 위원이 소집한 남성들은 각자 조직에서 여성의 재능을 키우려고 노력해온 사람들이다. 이들이 모두 동의하는 첫 번째 사실은 충분히 잘 해오지 못했다는 점이다. "사내에 관련 정책이나 프로그램이 완비되어 있습니다." 피츠제럴드가 말한다. "저희 회사에는 '탁월한 프로그래밍' 능력이 있지요. 문제가 생기면 그에 대응하는 프로그램이 있습니다. 그런데 아무것도 효과가 없었어요. 그런 프로그램을 뒷받침하는 문화가 없었기 때문에 실제로는 전혀 효과를 발휘하지 못한 거지요."

브로데릭은 그날 모인 경영 리더들에게 한 가지를 권유했다. 단순히 여성들을 옹호하는 것뿐 아니라 MCC(Male Champions of Change, 변화를 위한 남성 투사들)의 창단 멤버가 되어 더 큰 성평등을 달성하기 위한 길을 개척해달라는 것이었다. 피츠제럴드는 브로데릭이 선택한 과장된 명칭에 몸서리치지 않을 수 없었지만, 그 자리에 모인 사람들은 그 이름을 채택하기로 했다. 멤버들은 경쟁이라는 명목하에 사업 비밀을 꼭꼭 숨기기보다는, 그들끼리 공유하기 위해서는 물론이고 공공자원을 만들기 위해서도 정보와 지혜를 모으고, 성공 사례와 실수 사례를 모두 보고했다.

MCC가 도입한 일부 조치들은 허울뿐인 일종의 편의주의라는 오해를 불러일으킬 수도 있었다. 직설적인 호주 사람들은 그런 상황에 "호박에 줄 긋는다고 수박 되니"라며 빈정대기도 한다.

MCC의 모든 회원은, 주최자가 성평등을 확실히 보장하는 경우 외에는 어떤 논쟁에도 참여하거나 후원하지 않겠다는 서약서에 서명했다. 피츠제럴드가 설명하듯, 이처럼 겉보기에 사소한 활동들조차 모두 중요하다. 그는 "우리는 사내에서 인지도가 있는 사람들, 대외적인 인지도가 있는 사람들, 승진한 사람들을 살피기도 했습니다"라고 말한다.

이 남성 투사들에게는 더 큰 아이디어도 있었다. 텔스트라의 데이비드 토디는 직원들이 일과 가정의 균형을 유지하려면 직장에 어떤 유연적인 조치가 필요할지 고민하던 중, 일부 직종에만 유연 근무제를 허용하는 방침은 그들처럼 사무실에 늦게까지 남아서 일하는 것을 높이 평가하는 문화에서 역효과를 낳을 것이라는 사실을 깨달았다. 유연 근무제는 회사 업무에 덜 헌신하는 것과 동일시됐기 때문에 안 좋은 평판을 듣게 될 것을 의미했다. 그러나 유연 근무제를 아예 없앤다면 여성 직원들이 회사 근무를 포기하게 될 터였다. 그래서 찾은 해법이 바로 전 직원 3만 5천 명에게 근무 시간과 장소의 선택권을 주는 유연 근무제를 기본 방침으로 정하는 것이었다. MCC의 다른 회원들도 그 계획을 각자의 회사에 도입했다.

콴타스 항공은 MCC의 정책으로 삼을 또 하나의 본보기를 제공했다. '협력업체로 확대하기'라고 불리는 이 정책은, 협력업체들과 지속적인 사업관계를 유지하려면 그 업체 내에서도 성별 간 불균형을 개선하는 조치를 취할 것을 전제 조건으로 내세운다. 더 최근에는 MCC에서 가정 폭력이 직장에 끼치는 영향에 대해 조사했다. 피츠제럴드가 말한다. "우리 남성 투사들은 체제를 바꾸기 위해 꾸려진 조직이에요. 여성을 고쳐서 체제에 끼워맞추는 것이 아닙니다. 남자들이 만들고 남자들이 운영하는 체계는 대개 남자들에게만 이득이 됩니다."

호주에서 2011년부터 시행된 유급 육아휴직은 고위관리직 여성의 비율이 높아지는 데 기여했다. 하지만 호주와 뉴질랜드 기업의 57퍼센트는 여성 고위관리자가 여전히 단 한 명도 없으며, 전체 고위관리자 중에서 여성은 13퍼센트에 불과하다. 호주 대표이사 협회는 호주의 대기업들을 대상으로 2018년까지 이사회의 30퍼센트를 여성으로 선임한다는 목표를 정했다. 일부에서는 상당한 진전이 있었지만, 2017년까지 14곳은 아직 여성 이사가 한 명도 없다.

그런 것이 자발적인 목표의 한계다. 기업들은 목표를 지키지 않아도 처벌을 받지 않는다. 게다가 목표를 너무 낮게 잡는다. 2011년 영국 정부가 런던국제증권거래소에 상장된 시가총액 상위 100대(FTSE 100) 기업을 대상으로 세운 목표는 여성 이사회 임원의 비율을 현행 12.5퍼센트에서 25퍼센트로 높이는 것이다. 2015년 말에는 가까스로 문턱에 닿았지만, 여성 후임자에 대한 보증이 없으면 언제든 다시 떨어질 수 있다. 더욱이 여성 이사들의 91퍼센트는 비상임이사이기 때문에, 회사 경영에 실제로 관여하지 않는다.

의무할당제를 반대하는 사람들은 할당제가 도입되면 후보자들이 능력이나 경험이 아니라 성별에 따라 채용될 것이라고 주장한다. 그런 주장은 사실이다. 하지만 그렇게 따지면 지금의 비공식적인 의무할당제는 전 세계적으로 기업 고위관리자의 24퍼센트만 여성에게 할당하고, 세계 모든 기업의 33퍼센트는 고위직에 여성 대표자 자리를 전혀 마련해두지 않고 있는 셈이다.[3]

　　노르웨이 정유 가스 기업 스타토일의 집행위원회에는 총 열한 명이 있는데 그중 여성은 세 명뿐이다. 이런 통계자료는 상당히 눈길을 끈다. 노르웨이는 2003년에 이사회의 여성 비율을 40퍼센트로 맞추도록 의무화하는 방침을 포함해, 그간 여성들에게 동등한 활동무대를 보장하기 위한 법제 마련에 노력해왔기 때문이다. 기업들은 이사회의 여성 비율을 2년 동안 지키도록 되어 있으며, 그 기간이 끝나면 자동적으로 관리 대상에서 제외됐다. 스타토일은 그 의무규정을 충족하고도 한발 더 나아가, 이사회 이사 열 명 중 네 명이 여성이다. 하지만 상부의 변화가 아래로 저절로 이어지지는 않는다. 스타토일에 근무하는 한 여성 관리자는 내게 이렇게 말했다. "직업 경력도 꽤 많이 쌓았고 회사 내에서도 선임 축에 드는 저 같은 사람은 임원 자리를 올려다보게 되는데, 여성의 임원 진출이 아직은 많이 부족한 편이에요."

　　노르웨이 기업들과 산업 부문도 비슷한 상황이다. 이런 정책에 반대하는 사람들은 의무할당제로 자격이 부족한 여성들이 높은 자리에 올라가면서, 여성 인력 중 그 아래 계층에 있는 사람의 수가 적어졌기 때문에 그런 현상이 나타난 것이라고 말한다. 또 그런 정책이 소위 '골든 스커트(golden skirts)', 즉 여러 군데 이사회에서 이사를 겸하는 소수의 엘리트 여성을 만들어낸다고도 비판한다. 하지만 관련 자료들은 그 두 가지 주장 모두 사실이 아니라는 점을 입증한다. 여성들은 그간 일선 경영에서 배제되어왔기 때문에 회사를 직접 경영한 경험이 있는 여성의 숫자는 남성보다 물론 적지만, 노르웨이의 여성 이사들은 남성 동료들보다 학력이 높고 경력도 방대하다.

의무할당제로 이사회에서 여성을 배제하는 관행이 중단됐지만, 고위 경영 직급에는 변화가 없었다. 그런 이유에서 여성평등당이 영국에서 이사회뿐 아니라 집행위원회에까지 단기적으로 의무할당제를 도입하자고 제의하는 것이다. 진행 상황을 조사해야 하며, 여성을 대표자에서 배제하는 경영 관행을 바꾸어나가려는 이 조치에 동반해서 고위직에도 여성을 더 많이 앉혀야 한다.

벨기에, 프랑스, 독일, 아이슬란드, 이탈리아, 말레이시아, 네덜란드, 스페인은 노르웨이의 선례를 따라, 기업 이사회에 일정 형태의 의무규정을 도입했다. EU도 전 유럽 차원에서 실행할 방안을 지속적으로 논의하고 있다. 강력하게 반대하는 사람 중에는 경영계 여성도 있다. 모든 여성의 지위에 손상을 입힐까봐 염려해서가 아니다. 이들은 자기가 그토록 많은 악조건을 극복하고 힘들게 걸어온 길을, 다른 여성들이 쉽게 통과하게 만든다는 생각에 반대하는 것이다. 앞서 언급한 스타토일의 여성 관리자도 할당제를 마땅치 않게 여긴다. "그 자리에 어떻게 올라갔는지, 업무 능력이 뛰어나서인지, 아니면 여성이라서인지라는 의문이 항상 따라다닐 거예요. 주위 사람들에게 그런 의문을 늘 공격 수단으로 준비해두고요."[4]

　　의무할당제가 도입되면 능력이 아니라 성별 덕분에 선택받았다고 주위에서 얕잡아볼 수도 있다는 그녀의 의견은 옳다. 그리고 그런 과정을 겪는 여성들의 자신감을 떨어뜨릴지도 모른다. 자기가 잘못된 이유로 그 자리에 임명된 것 아닐까 하는 의심이 든다면 감당하기 쉽지 않을 터이다. 나도 언론계에 발을 들여놓으면서 《이코노미스트》에서 처음 일자리를 얻었는데, 결혼한 나이 많은 선배가 여섯 페이지짜리 열정 선언문을 내 핸드백에 슬쩍 찔러넣었을 때야 비로소 내가 왜 그 자리에 뽑혔는지 알게 됐다. 그렇더라도 나는 취직을 아예 못하는 것보다는 잘못된 이유에서라도 뽑히는 쪽이 낫다고 여전히 생각한다. 그리고 내게 능력이 부족했다면 이 직업에서 이 자리까지 올라오지 못했을 것이다. 마커스 벤처 컨설팅의 CEO인 루시 마커스는 경영계, 언론계, 학계의 여러 분야에 걸친 거창한 경력을 자랑하는데, 이탈리아가 의무할당제를 도입한 이후 이탈리아 인프라 기업 아틀란티아 이사로 선임됐다. 그녀는 의무할당제가 여성 이사들의 자질을 저하시킨다는 주장에 콧방귀를 뀐다. "제가 여자라서 이사회에 불러 앉혔다고요? 그렇다면 기똥차게 일을 잘해서 사람들이 저를 이사회에 계속 붙잡아두는 걸 한번 지켜보라고 해요."[5]

　　의무할당제로 성평등을 이룰 수는 없다. 그렇지만 더 많은 다양성을 도입하는 과정을 시작하고, 집단사고를 희석하고, 투쟁

보다는 이기는 싸움에 관심을 집중시키고, 고객층과 접촉하고, 이사회나 집행위원회 경험이 있는 여성을 찾을 수 없어서 높은 위치에 있는 남성을 이사회나 집행위원회에 다시 채워넣는 악순환을 끊는 데 도움이 된다.

변화를 장려할 방법은 그것 말고도 있다. 버진 머니(Virgin Money)의 CEO 제인앤 가디아는 영국 정부의 요청으로 금융 서비스 산업 검토보고서를 작성했다. 그리고 조사결과 영국에 본사를 둔 금융 서비스 회사 집행위원회에 여성은 고작 14퍼센트에 그쳤으며, 임원들의 보너스와 성과를 연관 지으면 부문 성평등을 달성하는 데 도움이 된다고 밝혔다. 그녀는 모든 사람이 그런 노력을 달가워한 건 아니라고 덧붙인다. "때로는 남자들이, '이런 터무니없을 데가! 왜 여자들한테 우리 일자리를 내줍니까?'라고 따지기도 해요."

MCC들도 여성들이 성공하는 문화를 만들 필요가 있음을 이해한다. 그런 남성들이 튼튼한 두 팔로 우리를 번쩍 들어 이퀼리아에 데려다줄 수는 없다. 진정한 챔피언들은 여성에게 자율권을 주고 여성이 활동할 여지를 만든다.

전 세계 여러 업종의 모든 기업을 살펴보면, 주 고객층에 남녀가 섞여 있거나 때로는 전적으로 여성 고객만을 대상으로 하는 기업조차 여전히 조직 구조가 남성 지배적이다. 세계 최대 소비재 기업들에서 여성은 고위 임원의 12퍼센트, 이사회 구성원의 5퍼센트에 불과하다.[6] 호텔, 관광 산업은 직원의 60퍼센트가 여성이지만 이사회의 여성 비율은 고작 6퍼센트다. 영국에서는 호텔, 관광업계의 성별 간 임금 격차가 대단히 커서, 영국 평균보다 높은 18퍼센트나 된다. 이런 현상이 경영 성과에 영향을 끼칠까? 제러미 킹은 그렇다고 믿는다. 그는 크리스 코빈과 영국에서 가장 잘 알려진 음식점들도 포함된 레스토랑 및 호텔 그룹 코빈&킹을 공동 창업해 운영하고 있다. "저희는 남녀 비율을 50대 50으로 유지한다는 목표를 두고 있습니다. 사실 외식 산업에서 그렇게 하기가 쉬운 일은 아니지만, 그래도 아예 불가능한 건 아니에요. 저희 나름의 방식이 있죠." 그가 말한다. "제가 생각하는 좋은 레스토랑의 정의는 여성 혼자서도 편안한 마음으로 밥을 먹을 수 있는 곳이에요. 즉 교양 있고 세련된 레스토랑이지요. 그리고 직원들에게도 그런 자질이 필요합니다."

그는 자신의 회사가 성별 균형을 잘 맞춘 것이 사업적으로 더 좋은 성과를 낳았으며, 특히 고객의 절반이 여성이기 때문에 더 큰 영향이 있었다고 본다. 또 여성 직원들이 남성들의 행동을 누그러뜨리는 역할을 한 것도 도움이 됐다고 말한다. "크고 긴 뿔을 서로 들이대며 결판이 날 때까지 싸우는 건 우리 방식이 아닙니다. 상대방이 자기가 틀렸음을 인정해야 싸움에서 승리하는 것이라는 생각은 남자들의 싸움 방식이에요."[7] 이런 설명은, 만약 리먼브러더스가 리먼시스터스였다면 결과가 훨씬 나았을 것이라는 크리스틴 라가르드의 말을 뒷받침한다.

실제로 여성이 남성보다 더 조심성 있고 꼼꼼히 따지는 성격이라는 연구 결과도 있다. 증권업자 출신인 케임브리지 대학교 신경과학자 존 코츠는 이른바 '승자 효과'라고 불리는 현상을 연구했

다. 승자 효과는 야생에서 수컷 동물이 싸움에서 이겼을 때 테스토
스테론 분비가 증가하는 현상을 뜻한다. 이렇게 남성 호르몬 수치
가 높아지면 다음 싸움에 유리해지고, 그러면 그다음 싸움은 더 유
리해질 것이다. 그러다가 결국에는 싸움을 너무 많이 해서 죽는다.
코츠는 여성과 달리 남성 펀드매니저들은 이와 비슷한 호르몬 분비
증가를 겪는다고 주장한다. 그는 2012년에 저서 《개와 늑대 사이의
시간(The Hour Between Dog and Wolf)》에서 이렇게 설명했다. "돈을 잃
고 버는 활동에 관여할 때, 여성은 남성보다 호르몬적인 반응이 덜
한 편이다. 그러므로 금융계에서 위험부담을 감수해야 하는 일에
여성이 더 많아지면 이런 쉽게 폭발하는 성향을 약화시키는 효과가
있을지 모른다."

또 여성의 참여가 여성 스스로를 바꿀 가능성도 있다. 두뇌
는 유연해서 쓰임에 따라 변한다. 호르몬이 행동에만 영향을 끼치
는 게 아니다. 행동이 호르몬의 분비에도 영향을 끼친다. 여성은 남
성의 행동을 모방하면서 남성적 직업 환경에서 일하는 방법을 터득
해나가기도 하는데, 그럴 경우 테스토스테론 수치가 높아진다. 그
리고 한 실험에서는 권력을 행사하는 것만으로도 여성들의 테스토
스테론이 증가했다. 이때 권력을 행사하는 방식이 연구원들이 전형
적인 남성의 방식인지 아닌지 여부와 관계없이 동일한 결과가 나타
났다.[8]

그런데 지금같이 불평등한 사회에서는 여성의 존재가 위험
부담이 있는 지나친 모험에 나서지 않게 조절하는 역할을 할 것이

다. 여성들은 자라면서 자신의 능력을 의심하도록 배우고, 그래서 자신이 모든 답을 안다는 생각을 덜 하기 때문이다. 할라 토마스도티어와 크리스틴 페추르스도티어는, 아이슬란드 금융 체계가 무너지기 바로 전에 금융 서비스와 사모투자를 전문으로 하는 오더 캐피털(Auður Capital)이라는 회사를 만들었다. 그런데 금융 위기가 닥쳐올 때도 회사와 고객 모두 별로 피해를 입지 않았다. 할라는 이렇게 말한다. "여성들은 거리낌 없이 어리석은 질문을 해요. 상황을 자세히 이해하려고 하지요. 이해하지 못할 때는 위험부담을 무릅쓰지 않아요. 그래서 그때도 '서브 프라임이 뭡니까? 이 대출은 누가 갚는 거죠?' 같은 질문을 미리 해뒀어요."

직원들 중 여성의 수가 많다는 사실은 더 넓은 범위의 인재 중에서 직원을 고용하는 데 성공했다는 증거이기도 하다. 그런 좋은 결과를 얻으려면 정유업계뿐만 아니라 모든 산업 분야에, 파이프라인을 놓고 관리하는 과정이 필요하다. 그리고 그 첫 단추는 신중히 고른 표현으로 구인 광고를 작성하고, 면접 과정에서 지원자들의 서류를 검토하는 사람들의 무의식적인 편견에 맞설 수단을 마련하는 공정한 선발 과정에서 시작한다. 여성들은 성장하면서 자제하고 자신의 성과를 지나치게 내세우지 않도록 배운다. 제러미 킹은 여성 직원들이 자신은 아직 준비가 덜 됐다면서 진급을 반려하는 일을 경험한 적이 있다. 그는 "남자한테서는 절대 들을 수 없는 말이지요"라고 말한다.

우리가 그렇게 훈련받았던 것을 극복하고, 페이스북의 최고

운영책임자 셰릴 샌드버그가 《린 인(Lean in)》이라는 책에서 간곡히 권한 것처럼 여성이 사회생활에 적극적으로 나설 경우, 부정적인 반응을 자극할 위험이 있다. 여성이 힘을 얻으면 그 한계를 상기시키는 말을 지속적으로 듣는다. 남자 부하들을 밑에 두면서 나는 언어의 강도를 조절해 "이렇게 해야 해요"보다는 "이렇게 하면 좋지 않을까요?"라고 말하는 게 더 좋다는 사실을 배웠다. 최근에 나는 내 직업을 설명하는 내용이 포함된 강연을 부탁받았다. 내가 몸담았던 직장과 집필한 책을 소개하고, 대부분은 저널리즘의 미래에 관한 더 넓은 이슈를 다루었다. 그런데 강연이 끝나고 한 남자가 내게, "강연 아주 잘 들었습니다. 그런데 경력에 관한 설명을 줄이는 게 좋을 것 같아요. 자랑하는 것처럼 들리더라고요"라고 이야기했다.

대규모로 진행된 한 연구는 이렇게 지적한다. "여성들은 적당한 법이 없이 너무 나약하거나 아니면 너무 강하다고들 여긴다. 여성 리더에게는 남성보다 더 높은 기준이 적용되지만 보상은 더 낮다… 여성 리더는 유능하거나 아니면 호감 가는 사람으로 평가받지, 그 두 가지를 함께 겸비했다고 평가받는 경우는 좀처럼 없다."[9]

유리 천장에 머리를 부딪히는 건 대단히 위험한 일이다. 그 피해는 단순한 두통으로 끝나지 않는다. 유리 천장을 돌파하는 여성들은 험난한 산골짜기가 내려다보이는 '유리 절벽' 증후군의 피해자가 되기도 한다. 2004년에 영국 학자 미셸 라이언과 알렉스 하슬람은 영국 시가총액 상위 100개 종목의 주가지수인 FTSE 100 기업의 실적 보고서를 분석하는 과정에서 이런 유리 절벽을 처음으로 발견했다. 이들은 "주식시장이 전반적으로 하향세를 기록하는 기간에는 주가 상위 100대 기업 중 여성을 이사로 선임한 기업은 남성을 이사로 선임한 기업에 비해, 그 바로 직전 5개월 동안 지속적으로 실적이 좋지 않았을 가능성이 더 컸다. 이 결과는 직장에서 여성들이 거의 눈에 안 보이는 추가적인 장애물에 노출된다는 사실을 드러낸다"고 밝혔다.[10]

　　2013년의 한 연구는 지난 10년간 세계 2,500대 상장기업의 여성 CEO를 조사하고, 그들이 걸어온 길을 남성 CEO들과 비교해서 두 가지 중요한 차이점을 발견했다. 첫째, 여성 CEO들은 사내에서 승진한 경우보다 사외에서 영입된 인사가 많았다. 둘째, 자리에서 쫓겨난 CEO는 남성보다 여성이 더 많았다.[11]이런 차이점이 발생한 이유를 한 가지 추측하자면, 여성들은 위기가 최고조일 때 CEO로 불려오는 경우가 많아서일 수도 있다. 실제로 여성은 희망을 품고 회사가 안정화될 때까지 기다리는 성향이 남성보다 크다는 평판을 듣는다. 포춘 500 상위 기업의 15년 동안 변화를 분석한 다른 보고서도 그런 가설에 무게를 싣는다. "실적이 저조한 회사에서는 직업적 소수자들(백인 여성, 유색인 남성, 유색인 여성)이 CEO에 오를 확률이 백인 남성보다 더 높다"고 저자들은 결론 내린다. "재임 기간은 직업적 소수자들과 백인 남성들 간에 주목할 만한 차이가 나타나지 않았지만, 직업적 소수자들이 CEO로 있는 동안 기업 실적이 나빠질 경우에는 백인 남성으로 대체될 가능성이 높았다. 우리는 이런 현상을 '구세주 효과'라고 이름 붙였다."[12] 위기가 닥쳤을 때 여성들이 구조에 나서지만, 구세주로 불려온 이 여성들의 뒤를 잇는 건 바로 백인 남성들이다.

유리 절벽 증후군은 나도 가까이에서 관찰한 적이 있다. 미디어계의 거물 타임워너는 2011년에 출판 부문인 타임의 경영을 로라 랭에게 맡겼다. 랭은 외부 인사로, 마케팅 및 디지털 에이전시인 디지타스(Digitas)의 CEO로 일하고 있었다. 그녀는 타임워너에서 일한 적도 없고, 잡지 출판계의 경험도 없었다. 업계 기관지《애드버타이징 에이지(Advertising Age)》는 그녀가 '디지털 전문가이자 강인하고 협력적인 지도자 유형'이어서 지금과 다른 유형의 역량을 발휘할 수 있을 것이라고 평했다.

그녀는 2012년 4월에 타임 런던 지사를 방문했다.《타임》과 자매지《포춘》의 EMEA(유럽, 중동, 아프리카) 대표들과의 회의에서 그녀는 모든 인쇄매체가 겪는 어려움과 그중에서도 특히 뉴스 잡지들의 고충을 잘 이해하고 깊이 있는 질문을 던졌다.《타임》유럽 편집자이자 그곳에서 근무 중인 유일한 수석 편집자였던 나는 그 과정의 긍정적인 측면을 이해했기 때문에, 골치 아픈 소식을 전달하는 역할에 흔쾌히 나섰다. 유럽 지부 직원들은 인원 감축이 있지 않을까 걱정하고, 우리의 강점과 아직 개발하지 않은 상당한 잠재력, 해당 문화와 시장에 대한 적절한 평가와 이해 없이 투자가 이루어지지 않을까 염려했다.

리먼브러더스의 도산으로 타임은 양쪽에서 타격을 입었다.

리먼브러더스는 타임 뉴욕 본부가 있는 타임라이프 빌딩을 임대해서 쓰고 있었는데, 이 건물은 TV 프로그램 〈매드 맨(Mad Men)〉의 광고회사 스털링 쿠퍼 드레이퍼 프라이스 사무실이 있는 곳으로도 잘 알려져 있다. 리먼의 종말은 《타임》과 《포춘》의 수익을 뒷받침하던 은행, 여행, 명품 브랜드 광고가 급속히 축소될 것임을 예고했다. 사실 우리 잡지와 이 업계를 둘러싼 위기가 실제로 나타나기까지는 상당히 긴 시간이 걸리지만, 그럼에도 경영진은 '하늘이 무너진다'고 쯧쯧대면서 유례없는 위기를 경고했다.

《이코노미스트》 신참 기자 시절, 나는 식자기 앞에 앉아 교정쇄를 만들면서 많은 밤을 보냈다. 옆 벽면에 걸린 오래된 달력에는 누런 젖꼭지를 드러낸 여성들의 나체 사진이 실려 있었다. 일에 몰두하다보면 뜨겁게 달궈진 금속활자가 마치 사진 속 젖꼭지들처럼 아른거리기도 했다. 세월이 흐르고, 컴퓨터가 타자기를 대체하면서 뉴스와 잡지를 전자 문서로 작성하고 편집할 수 있게 됐다. 인쇄업자들은 손해를 입었지만 언론사들은 이득을 봤다. 비용이 절감되고, 속도와 유용성이 생기고, 인터넷의 진화로 완전히 새로운 통신과 연구 수단을 얻었기 때문이다.

그 연구자금은 대부분 광고에서 나왔다. 뉴스나 잡지를 판매해서 얻은 돈은 대부분 생산비를 충당하는 데 쓰인다. 디지털 혁명은 이 모델을 양쪽에서 침식하고 있다. 모든 신문과 잡지는 몇 가지 엄청난 계산 착오를 범했다. 마치 학교 행사 댄스파티에서 몸을 흔드는 세련되지 못한 아버지들처럼, 이들은 아날로그의 전통이 디지털 방식으로 그대로 치환되지 않는다는 것을 전혀 이해하지 못하고, 새로운 디지털 방식을 지속적으로 도입했다. 온라인 광고는 독자에게 보다 확실히 전달되는 주목할 만한 대안이며, 인쇄 광고 손실분을 온라인 광고가 충당해줄 것이라고 철석같이 믿었다. 온라인 광고는 인쇄 광고보다 광고 단가가 훨씬 낮았으며, 광고주들은 굳이 언론사가 아니어도 엄청난 기세로 확장하는 디지털 플랫폼에 광고를 낼 수 있었다. 온라인으로 기사를 접하는 사람들이 늘면서 인쇄 신문과 잡지 판매가 줄었으며, 정보의 질에 관계없이 무료로 제공되는 정보가 너무 많아지면서, 훌륭한 언론은 돈을 받지 말아야 한다는 세간의 믿음을 널리 확산시켰다.

랭이 런던 사무소 8층 회의실로 찾아왔을 즈음, 인쇄매체의 상황이 상당히 힘들어 보였다. 외부에서 영입된 인사이자 디지털 전문가라는 유리한 조건을 갖춘 랭이 판단하기에 인쇄매체들의 미래는 긍정적인 듯 보였다. 《타임》은 전과 다름없이 엄청 대단한 자산이었다. 모든 뉴스 브랜드 중에서 가장 세계적이며, 이해하기 쉽고, 사실 여부를 면밀히 확인하는, 양질의 기사를 전달해온 역사와 명성, 상징적인 로고, 그리고 커버스토리로 다루겠다고 하면 거의 모든 국가의 지도자나 영화계 스타에게 승낙을 받을 수 있는 잡지였다. 이런 훌륭한 유산은 지켜야 하지만 그 밖의 모든 것은 어디서든 구할 수 있었다. 랭은 자신의 임무가 현 상태를 보전하는 것이 아니라 조직을 변화시키는 것임을 잘 알고 있었다.

2012년 12월에 그녀는 마사 넬슨을 《타임》의 편집장으로 승진시켰다. 마사는 《타임》의 90년 역사상 최초의 여성 편집장이었다. 랭은 〈매드 맨〉 시대의 기풍이 여전히 많이 나타나는 문화에는 그다지 영향을 끼치지 않았다. 내부 소식에 밝은 사람들은 그녀가 핵심 상품(인쇄 잡지)을 완벽히 파악하기는 힘들 것이라고 말했다. 생각해보면 그녀에게는 그럴 만한 시간도 없었다. 2013년 2월 13일에 랭은 달갑지 않은 소식을 접한다. 《포춘》이 익명의 타임워너 내부자를 통해 입수한 특종을 발표했는데, 타임워너가 타임의 《피플》과 《인스타일》을 포함한 출판물 대부분을 매러디스에 매각하는 협상을 시작했다는 내용이었다. 매러디스는 값이 싸고 유쾌한 여성 잡지를 만드는 출판사로 알려져 있었다. 협상 대상에서 빠진 잡지는 《타임》,《포춘》,《스포츠 일러스트레이티드》뿐이었다.

누군가가 랭에게 그 협상에 대해 귀띔해주었는지는 알 수 없다. 어느 쪽이 되었든 그녀가 타임에서 보낼 날은 많지 않아 보였다. 매러디스와의 협상은 결국 결렬되었고, 타임워너에서 타임 전체를 기업 분할하는 쪽으로 방향이 수정됐다. 7월 22일 타임의 모든 임직원은 타임워너 대표인 제프 뷰커스가 보낸 이런 이메일을 받았다. "여러분께 기쁜 마음으로 새로운 소식을 전하려 합니다. 노련하고 기량이 뛰어난 우리 회사 임원 조 립(Joe Ripp)이 이제부터 CEO로서 타임을 이끌어나갈 겁니다. 타임은 상장기업으로 독립하게 되었습니다."

랭이 유리 절벽에서 떨어지면서 소리를 냈더라도 아무도 듣지 못했을 것이다. 그녀의 후임자는 내부에서 승진한 남성 관리자로, 반짝이는 구두부터 은백색 머리카락까지, 천생 이 조직에서 뼈가 굵은 관리자다운 모습이었다. 그는 육욕이 가득한 비둘기처럼 가슴을 떡 벌리고 무대 위로 우쭐대며 걸어 올라와, 벌써부터 조직을 구할 계획을 설명하기 시작했다.

그로부터 두 달 뒤, 마사 넬슨과 그 밖의 《타임》 편집부 임원들은 타임 라이프 빌딩을 찾은 데이비드 캐머런을 맞았다. 영국 총리는 보통 미국에 그다지 관심을 두지 않는데, 어쩐 일인지 캐머런은 관심을 보였다. 그해 초 브렉시트 국민투표 계획을 발표했기 때문이었을 수도 있다. 당시 《타임》의 편집국장이었던 릭 스텐겔은 캐머런과의 인터뷰를 확보하라고 내게 부탁했다. 5년 동안 총 네 번째 인터뷰였다. 캐머런은 인터뷰에 응했고, 나는 그의 수행단과 함께 워싱턴에서 오바마 대통령과의 인터뷰에 동행했다가 보스턴을 거쳐 마침내 뉴욕으로 왔다. 뉴욕에 있는 동안 캐머런은 공식 일정 중에 길게 시간을 내어 인터뷰를 진행하고 질문 응답 장면을 화상에 담았다. 이후 사진 촬영과 넬슨과의 회의가 있을 예정이었다.

그 과정에서 나는 전혀 집중할 수가 없었다. 캐머런도 내가 이상하다는 걸 눈치챘는지 어디가 아프냐고 물었다. 몸이 정말 안 좋았다. 그날 오전 뉴욕에 도착해 해리 왕자를 따라 행사에 곧바로 온 길이었다. 맨해튼의 십대들이 길에 늘어서서 소리를 지르며 왕자를 반겼다. 군중의 흥분 속에서 이메일을 열어보니 《타임》의 편집 부국장 낸시 기브스가 잡지 전 세계 네트워크의 편집자들에게 '항공

교통 관제소'라는 제목으로 보낸 이메일이었다. 그녀는 "모두 안녕하세요!"라는 가벼운 인사와 함께 오래전부터 예고했듯이 기사 배분 체계를 준비해봤다면서, 특정 기자에게 일을 맡기고 싶으면 연락하라고 알렸다. 그런데 내 이름은 편집자 목록이 아닌 기자 목록에 단 한 번 나와 있었다.

　　내 이름이 편집자 목록에서 빠진 건 이례적인 일이었다. 나는 유럽 편집자로 중동과 아프리카까지 전부 담당하고 있었다. 예전에 나에게 기사를 보내던 기자들의 이름이 맷 매컬레스터라는 책임 편집자 밑에 배정되어 있었다.

　　영국인이고 사립학교 출신이며 나보다 10년이나 어린 매컬레스터는 전쟁 종군기자로 이름을 알렸다. 한 해 전 타임에 들어왔을 때, 나는 내 일을 도와주게 될 그를 반겼다. 그가 그 자리에 들어오면서 내가 그때까지 직원을 채용하려고 들였던 시간이 허사로 돌아갔지만 말이다. 글로벌 편집자였던 짐 프레더릭은 내게 런던에서 책임 편집자 두 명을 뽑으라고 부탁했다. 한 명은 잡지, 또 한 명은 인터넷을 담당할 사람이었다. 수백 장의 이력서를 20개로 좁힌 다음 그중에서 최적의 후보자 네 명을 추렸다. 모두 여성이었다. 그때 인터넷 부문 자리가 없어졌다는 이야기를 들었다. 그리고 사전 조율도 없이 매컬레스터가 사실상 내 부하로 오게 됐다. 매컬레스터는 뉴욕에서와 종군기자 시절부터 짐 프레더릭과 다른 편집자들하고 아는 사이였으며, 최근《타임》에서 프리랜서 기자로 글을 썼다.

　　괴롭힘과 차별 혐의로《타임》을 고발하면서 내가 2017년 7월

24일 법원에 제출한 기소장에 상세히 기록되어 있는 것처럼, 매컬 레스터가 타임에 온 순간은 내가 타임과 작별을 맺는 시작이었다. 그때까지 물론 나도 여성 언론인들이 겪는 어려움을 느끼며 지냈다. 비록 남자 직원들보다 내가 받는 보수가 조금 적을지도 모른다는 의심이 들긴 했지만, 여러모로 내게 가치 있는 직장으로 느껴왔다. 조직에서 꽤 높은 자리까지 올라와, 책임 편집자에서 승진해 이제는 런던 편집국장이었다. 나에 대한 평가도 훌륭했다. 지금까지는 아무런 문제도 없었다. 하지만 모든 것이 놀라울 정도로 빠른 속도로 허물어졌다. 매컬레스터는 내 방식, 노력, 능력에 의문을 제기하면서, 나와 경영진에게 런던 팀원 전체가 나를 싫어한다고 주장했다. 분위기가 아주 험악해졌다. 그런데 나중에 다른 사람들의 증언을 듣고서야 그가 나를 그렇게 몰아붙이려고 얼마나 애썼는지 이해하게 됐다. 그는 나를 돕기는커녕 내 기반을 약화시키려고 모의했다. 어떤 직원에게, 나를 도저히 못 봐주겠다면서, 나를 공격할 때 쓰려고 나에 대한 사람들의 불만사항을 모았다. 아무도 불만을 제기하는 사람이 없었지만, 그래도 그는 포기하지 않았다.

맹공격이 있을 때마다 실패한 기분이 더 많이 들었고, 결국에는 실제로 실패했다. 매컬레스터는 부정적인 태도가 확고하고, 회사 문화에 내재된 편견에서 그가 힘을 얻는다는 것을 이해하지 못한 것이다. 그는 자기 말과 관점을 계속해서 내 말과 관점보다 높게 평가했다. 내 밑에 있던 젊은 부하직원들을 챙기지 못해서 아쉽다. 모두 어려움을 겪었는데, 특히 한 유망한 기자는 매컬레스터를 두려워했고, 그 밑에서는 성공하기 힘들 거란 걸 알고는 옮길 직장도 없이 회사를 그만두었다.

2012년 말이 가까워졌을 때 일시적인 중단기가 있었다. 매컬레스터가 런던 사무소에서 생기는 문제는 모두 나 때문이라고 짐 프레더릭을 설득해, 짐은 나를 경영 연수에 보낸다. 프레더릭이 매컬레스터와 이야기를 나누어, 매컬레스터가 이메일에서 '자기가 나쁜 사람'이라고 인정하기도 했다. 하지만 그런 사례를 좋게 활용할 겨를도 없이, 2013년 초에 회사가 정리해고를 단행하자 프레더릭은 떠났다. 새로 부임한 글로벌 편집자 바비 고시 역시 종군기자로 명성을 쌓은 사람이었다. 타임은 종군기자들을 공경했다. 나도 전쟁 보도 경험이 있긴 했지만, 그쪽 부류가 아니었다. 내가 캐머런을 수행해서 미국을 방문한 동안 낸시 기브스가 보낸 이메일로 아웃사이더가 된 내 지위가 굴욕스럽게 명확히 드러났다. 나와 상의도 없이 기사를 의뢰하고 조직을 관리하는 권한을 모두 빼앗은 것이다.

5월 28일, 고시가 내게 전화를 걸어 입장을 정리했다. 그는 내가 편집에 그만 관여하고 기사를 쓰는 데만 전념했으면 좋겠다고 했다. 내가 기브스의 이메일에 관해서 묻자 그는 런던을 재조직할 계획이며 매컬레스터에게 경영 책임을 맡기려 한다고 말했다. 그러면서 매컬레스터가 나 대신 유럽 편집자 자리를 차지하지는 않을 것이라고 단언했다. 그는 뉴욕에서 주력 마케팅 역할을 하는 약 열 명의 기자(내부에서는 〈스타워즈〉를 빗대어 '제다이'라고 불렀다)를 지정했다면서, 열외로 밀려난 것이 아니라 타임에서 광선검을 휘두르는 자리로 승진한 것이라며 기뻐해야 한다고 말했다.

내게는 칼자루가 없었다. 싸워보려고 했지만 그럴 수 없었다. 온당한 대안을 확보하려던 시도는 실패로 돌아갔다. 나는 마지못해 전임 편집자(Editor at Large)라는 직함을 받아들였다. 그럴듯해 보이지만 매년 직원을 감축하는 회사에서 핵심가치의 부재를 명확히 드러내는 자리였다. 주력 마케팅은 물질화되지 않는다. 내가 정말로 제다이였다면 나와 경영진 사이의 비밀로 남았을 것이다. 9월에 낸시 기브스는 릭 시텐겔의 뒤를 이어 타임의 편집국장이 되었다. 여성으로서는 최초였다. 그녀도 유리 절벽을 아는지, 발밑 협곡 사이로 불어오는 바람 소리를 들었는지는 알 수 없다. 다만 그녀는 "유리 천장이 산산이 부서지고 있다는 사실이 기분 좋다"고 말했다.

나는 타임을 고소하는 것이 좋을지 마음속으로 저울질해보았다. 특히 고시가 그런 일이 없다고 장담했음에도 결국 매컬레스터가 내 옛 직책을 맡자, 그러고 싶은 생각이 더 커졌다. 하지만 조금 더 기다려보기로 결심했다. 타임에서 아주 많은 시간을 보낸 나로서는, 경영진이 내 믿음을 깎아내리는 행동을 보이는 와중에도, 내가 승진한 것이 사실이라 믿고 싶었다.

그런 행동이 많았지만 타임이 아직도 나에게 놀라움과 굴욕감을 줄 힘이 있다는 것을 여실히 증명한 적이 있었다. 고시가 타임을 떠나고 나서 기브스는 매컬레스터가 내 직속 상사가 될 것이라고 전했다. 나는 그런 결정이 얼마나 중요한 영향을 끼치는 사안인지 기브스에게 강력하게 전달했다. 내가 '승진'된 것이었다면 어떻게 그럴 수 있느냐고 따져 물었다. 이제는 뉴욕에 기사를 보내는 것조차 독립적으로 할 수 없게 됐다. 매컬레스터는 EMEA의 모든 기사 제안을 하는 책임을 맡았으며, 내 편집 능력의 도움을 받으려는 시도도 전혀 하지 않았다. 그는 또래이고, 똑같이 전쟁 관련 기사를 다룬 경력이 있는 옛 친구를 런던 책임 편집자로 앉혔다. 2015년 1월, 타임이 나를 제거하기로 결정했을 때는 그렇게 큰 충격으로 느껴지지도 않았다.

나는 이 결정이, 잡지 《타임》과 타임 주식회사, 언론계 전체에서 나타나는 현상인, 정리해고를 가장한 해고라고 믿는다. 타임은 미국 이외의 지역에서는 지위로 보나 나이로 보나 가장 경력이 많은 여성 편집자였던 나를 없애고, 대신 젊은 남성 인력으로 채웠다. 기업의 속사정을 잘 아는 사람에게 들으니, 역할은 비슷하지만 직위를 달리해서 나이 든 직원들(특히 여성들)을 젊은 직원들(주로 남성들)로 대체하는 이런 관례는 예전보다 조금 더 조심스럽긴 해도 여전히 유지된다고 한다. 타임에서 나이 많은 여성의 몫은 계속 줄어들었다. 내가 퇴직하기 전, 타임에서도 일했고 블룸버그에서 웹사이트 콘텐츠 수집 및 제작 부문 최고경영자였던 노먼 펄스타인이 타임의 편집장 마사 넬슨의 자리에 임명됐다. 내가 회사를 떠난 뒤 뛰어난 임원이었던 테리 에버렛이나 타임의 부회장 자리에 올랐던 요크셔 출신의 훌륭한 여성 에벌린 웹스터 모두 자리를 비웠다. 낸시 기브스는 2017년에 갑자기 자리에서 내려왔다.

전통적인 뉴스 매체들이 경제적 압박에 놓여 있다는 데는 의심의 여지가 없다. 그렇다고 해서 직원과 관리자들을 차별하고, 직장을 다양화하기 위해 노력하면서 그나마 제한적으로 진보해왔던 것을 되돌리는 행동에는 변명의 여지가 없다. 그럼에도 나는 그런 행동이 실제로 나타나고 있고, 그것이 타임이 내린 결정의 밑바탕이 되었다고 믿는다. 그들은 뛰어난 인재가 가장 절실히 필요할 때 오히려 떠나보내고 있다.

미국신문편집인협회 회장과 미디어 그룹 개닛과 USA 투데이 네트워크 부회장을 두루 거친 미젤 스튜어트 3세는 2017년 4월 블로그에서 "유서 깊은 많은 언론사가 기업의 생존을 위해 직원의 다양성을 소홀히 하고 있다"는 의견을 내놓았다.

나는 밀려나면서 고함을 지르지는 않았다. 내 입장을 고수하고, 맞서 싸웠다. 나는 이 책 앞에서 차별 법 전문 로펌으로 소개했던 매컬리스터 올리바리우스에 사건을 의뢰하고, 고용기회균등위원회에 자문을 구했다. 고용기회균등위원회는 2017년 4월에 소송을 시작할 권리를 인정했고, 그로부터 3개월 뒤 미국 연방법원에 소장을 제출했다.

소장 내용은 대중에게 공개되지만, 나는 여러 가지 이유에서 사람들 눈에 띄지 않고 넘어가기를 바랐다. 우선 언론의 반응이 두려웠다. 내가 아직 《타임》에서 행복하게 근무하고 있었다면 여성평등당은 만들어지지 않았을 터이다. 나는 이런 역사가 와전되어 내가 여성평등당을 홧김에 창당했다고 알려질까봐 걱정됐다. 여성평등당은 과거나 지금이나 낙관주의를 기초로 한다. 샌디와 나는 이퀄리아에 언젠가는 도달할 수 있다고 믿는다.

나는 여전히 《타임》과 그곳에서 함께 일했고 지금도 일하는 친한 동료들을 아꼈다. 그런 마음도 내가 고소 사실을 알리고 싶지 않은 이유 중 하나였다. 또 자기 보호 수단이기도 했다. 내게 일어난 일이 성차별적 요소가 얼마나 강한지 사람들이 알아보기 힘들 수도 있다는 걸 알았기 때문이다. 고위 지도자들은 내가 느꼈던 적대감이나 굴욕적인 대접을 받는 기분을 느끼기 힘들지 모른다. 매컬레스터가 성차별적으로 부르던 디바(diva)라는 별명으로 부르면서 나를 깎아내릴 수도 있다.

나는 다른 직업 사례를 조사해, 나이 들면서 발생하는 복잡한 문제를 이미 찾아봤다. 지금 궁금한 건 내가 거짓말쟁이로 그려질지 아니면 옳은 행동을 했다고 묘사될지 여부였다. 미국 뉴스들은 주로 불평하는 사람들의 목소리를 담아서 보도했다. 그래서 나는 《옵서버》와 바로 인터뷰를 진행했다. 《타임》은 소송에 대해 "이런 주장은 사실이 아니며 완전히 무가치하다"라는 성명을 냈다. 이 모두가 예측했던 반응인데, 한편으로는 두려운 마음도 들었다. 그런데 내 경험이 다른 사람들에게 나설 용기를 줄 것이라는 사실은 미처 예측하지 못했다.

제네바로 가는 비행기에 앉아 이륙을 기다리는데 휴대폰 메시지가 울리기 시작했다. 《옵서버》는 내 법정 소송을 3일 전에 1면 기사로 다뤘다. 그 기사를 취재한 기자가, 이제는 《뉴스위크》에서 글로벌 편집장으로 편히 자리 잡은 매컬레스터를 인터뷰하려고 시도했지만 그가 거절했다. 이제는 잘 모르는 사람들도 내게 연락을 취해 도와주겠다고 제의했다. 첫 번째 메시지는 내 소장을 읽고 '남이 아닌 내 경험처럼 느껴졌다'는 내용이었다. 그다음 메시지는 매컬리스터 올리바리우스 로펌에서 온 것이었다. 《뉴스위크》직원이 전화를 걸어, 매컬레스터가 '개인적인 이유로 회사에 한동안 나올 수 없을 것 같다'고 밝혔다는 소식과, 《뉴스위크》에서도 나와 비슷한 사례가 있었음을 전했다고 한다. 나는 비행기를 타고 이동하는 동안 눈물을 주르륵주르륵 쏟았다. 《타임》에서도 잘 버텼고, 이후에도 감정을 절제하고 희망을 다져왔다. 아직 내 앞에는 알 수 없는 미래와 무시무시하게 비싼 변호사비 청구서가 기다리고 있다는 걸 알았다. 그렇지만 최소한 한 가지 중요한 측면에서 나는 이미 승리한 것이었다. 내 사례가 다른 여성들이 차별에 대해 싸우도록 만드는 데 도움이 되었으니 말이다.

　《뉴스위크》는 매컬레스터가 자리에서 완전히 물러났다는 사실을 전했다. 《타임》과 《뉴스위크》에서도 그와 관련된 증거와 격려의 말을 내놓는 사람이 더 많이 나타났다. 《타임》의 문화가 어렵고 위협적이기까지 하다고 생각하는 사람은 나 혼자만이 아니었다. 어떤 사람은 '남자아이들 클럽'이 여성들을 따돌림으로써 남자끼리의 동지애를 느끼는 현상을 공개적으로 이야기했다. 또 레베카 키건은 현재 할리우드에서 《배너티 페어(Vanity Fair)》를 소개하는 리포터과 일반 방송의 방송인으로 활동하는데, 1998년부터 《타임》에서 일하기 시작해 내가 일을 시작하고 4년 뒤인 2008년까지 근무했다. 그녀는 남자 편집자들이 30세 이하의 금발 여성 직원들을 '제니퍼'라는 총칭으로 불렀던 문화를 기억하고 있다. 그녀는 이메일에서 이렇게 설명했다. "가장 노골적인 성차별은 20대 남성 동료들은 빠른 속도로 승진해서 자기 이름을 내고 기사를 쓰기 시작하는데, 여성 직원들은 사실 확인을 하거나 익명으로 진행하는 연구조사에만 매달려야 하는 상황이었어요."

　나 같은 경우 《타임》과 모회사 타임이 나쁜 행동에 보상하고 경력 많은 여성 직원을 차별하는 사건을 여러 차례 본 일이 가장 기억에 남는다. 내가 옳았는지는 사법제도가 결정해줄 것이다. 《타임》의 공식적인 반응은 내가 제기한 주장은 고려할 가치가 없다며 묵살하는 것이었다. 그들은 내가 여러 분야에 걸쳐 일하는 것을 거부했고, 관리자로서 형편없었다는 논리를 폈다(내가 소송을 통해 기꺼이 맞서려고 했던 것이 바로 논리였다). 또 그들은 소송을 본사가 있는 미국이 아니라 영국에서 제기해야 했다는 입장이다. 한편 소송의 직접적인 당사자가 아닌 매컬레스터는 소송에서 제기된 문제에 대해 공개적인 주장을 내놓은 적이 없다.

　대중매체가 여성을 온전히 보고 여성의 입장을 반영하지 못하는 이유는 많지만, 그중 한 가지 이유는 뉴스를 만들고 보도하는 직원들에게 다양성이 없다는 점이다. 이는 언론사와 대중의 정서 사이 분열이 더 깊어지는 밑바탕이 된다. 이런 약점은 소위 주류 언론에 적대감을 키우는 요소가 되며, 이는 사회적으로 뼈아픈 손실이다. 실제로 최근 정치지리학적인 격변으로, 정치적인 선택 조건을 정확히 알리고, 권력자들에게 진실을 말하고, 사람들 사이에 퍼져 있는 거짓 소식이나 왜곡된 이야기를 반박하는 설명을 제공하는 튼튼하고 원기왕성한 강한 독립 언론이 없으면 민주주의가 쇠퇴한다는 사실을 확인할 수 있었다.

2017년 11월, 출판 그룹 메르디스가 보수적인 미국 기업가 찰스 코크와 데이비드 코크의 지원을 받아 타임을 6억 5천만 달러에 인수하기로 했다. 메르디스는 이런 성명을 발표했다. "찰스 코크와 데이비드 코크는 메르디스 이사회에 발을 들여놓지 않을 것이며, 메르디스의 편집이나 경영에도 전혀 관여하지 않을 것이다."

《타임》은 그다음 달에, 타임의 '올해의 인물'은 개인이 아니라 단체라는 사실을 알리면서, '침묵을 깨는 사람들… 성폭행과 성폭력의 경험을 알리고 나선 전 세계 수천만 명'이라는 기사를 발표했다. 나는 그 선택에, 그리고 그 기사에서 언급한 사람들을 보고는 더더욱 마음속으로 큰 박수를 보냈다. 그들이 언급한 인물로는 미국 고용기회균등위원회에 항의하고 나중에는 이 위원회와 대학교를 연방 법원에 정식으로 기소한 뉴욕 로체스터 대학교 교수 제시카 캔틀런과 첼레스트 키드도 있었다. 로체스터 대학교는 이 소송에 반발하고 계속해서 맞서고 있지만, 이미 성폭력 관련 학직을 대대적으로 수정했다고 발표한 바 있다. 아이러니하게도 《타임》이 큰 영광을 돌린 이 여성들을 돕는 로펌은 바로 매컬리스터 올리바리우스다. 나를 도와 《타임》을 상대로 법정 다툼을 진행하고 있는 바로 그

로펌 말이다.

　이 교수들의 소송이나 내 소송이 어떤 결론에 이르든, 수많은 회사와 기관에서 여성이 남성보다 나쁜 대우를 받고 있다는 사실에는 논쟁의 여지가 없다. 기업은 그들을 만든 문화를 반영하며, 그 문화 대부분은 가부장적이다. 직장에서 얼마나 자세를 낮추느냐(적극적으로 도전하는 몸짓이든 굴복하는 몸짓이든)에 관계없이 여성들은 여전히 공격과 상처를 입기 쉬운 입장이다.

　작은 문제들은 그냥 못 본 척하고 싶은 유혹도 들지만, 그렇게 되면 차별이 지속된다. 그래서 나는 여성들, 그리고 그들의 남성 동료들에게 이렇게 충고하고 싶다. 위험을 인식하고, 자세한 기록을 남기고, 필요할 경우 스스로나 다른 이들을 위해 맞서 싸울 준비를 하라. 여성을 하찮은 존재로 취급하는 것은 사업 경영에도 좋지 않고, 여성들을 위해서도 좋지 않은 일이다. 힘이 당신과 함께하기를.

9장   믿을 수 없는 일

　성평등의 확대가 번영을 의미한다면, 그리고 다수의 연구가 그 사실을 증명했다면, 왜 그토록 많은 나라가 경제와 사업을 희생해가면서 여성들을 억압하고 학대하고 멸시하는 걸까? 신은 답을 알고 있을 터이다. 그런데 알고 보면 신에게도 일부 책임이 있다.

　연구원 카밀라 클링고로바와 토머스 하블리체크는 세계 4대 종교인 기독교, 이슬람교, 힌두교, 불교를 조사했다. 이들은 국민 대다수가 해당 종교를 믿는 50개 국가를 조사하고, 국가별로 여성의 문맹률, 여성의 교육수준, 여성 국회의원 비율, 직장 내 여성 비율과 같이 평등을 측정하는 지표와 각 국가의 종교의식 수준의 관계를 살폈다.[1] 그 결과는 극명했다. 이 연구는 "해당 국가가 종교적으로 얼마나 독실한가는 이 연구에서 선정한 성 불평등 변수들과 통계적으로 상당히 깊은 관련이 있었다. 종교성이 높은 국가일수록 성 불평등이 높게 나타났다"고 결론 내린다.

　이 결과는 다른 많은 보고서의 내용과 일치한다. 유일신을 믿는 일신교인지 아니면 다신교인지, 세계 4대 종교 중 하나인지 아니면 그보다 규모가 작은 종교인지에 관계없이, 독실함은 여성들에게 좋은 징조가 되지 못한다. 시크교, 바하이교, 도교처럼 표면적으로는 양성 평등을 독려하는 신앙 체계에서조차 그런 규칙이 성립하며, 하늘에 있는 아버지를 가장 높은 신으로 여기느냐 아니냐에 따른 차이도 없다.

1979년 UN 총회에서 채택된 여성차별철폐협약(CEDAW)은 세계적인 차원에서 여성의 권리를 보장한 법에 가장 가깝다. UN의 194개 회원국 중 비준을 거부한 나라는 7개국밖에 안 된다. 미국은 지미 카터 대통령 집권기에 최초 조인국 중 하나로 참여했으나, 실행을 보류한 채 여전히 미적대고 있다. 반발은 의회와 기독교 보수주의자들 사이에서 가장 거세다. 특히 기독교 보수주의자들은 이 협약이 전통적인 가족의 가치를 약화시키고, 그런 반대주의자의 말을 인용하자면 "동성애자들의 로비 활동 문제를 제기할 것"이라면서 강력하게 반발한다. 교황청, 이란, 소말리아, 수단 그리고 태평양 제도 중에서 기독교도가 많은 통가와 팔라우는 모두 자국의 신앙체계와 여성차별철폐협약이 소중히 여기는 권리가 상충된다. 이 협약을 비준하고도 보류하기로 결정한 50여 개국 역시 그와 비슷한 우려가 바탕에 깔려 있다. 일부 이슬람 국가들은 협약을 실질적으로 부정하기 위해 보류 조항을 아주 방대하게 설정해두었다. 이들은 이슬람 정통 율법인 샤리아에 어긋나는 부분은 그 어떤 것도 받아들이려고 하지 않는다.

평등을 보장하기 위한 법은 실행 과정에서 효력이 줄어드는 경우가 많지만, 그렇더라도 법이 없어서는 안 된다. 법을 아예 없애면 불평등을 보장하는 셈이 된다. 여성들의 권리와 보호에 거의 신경 쓰지 않는 나라들은 대개 신앙적 믿음이 강하다. 세계은행이 매년 시행하는 여성의 법적 지위 조사는 그 두 가지 사실을 명확히 드러낸다. 여성이 10개 이상의 법에서 불이익을 당하는 국가 30개국 중 26개국은 중동, 북아프리카, 사하라 사막 이남의 나라들로, 모두 20세기에 기독교와 이슬람교가 토착민 종교를 밀어내고 뿌리내렸다. 전 세계 기독교인의 21퍼센트, 이슬람교인의 15퍼센트가 이 지역에 거주한다. 그런가 하면 칠레는 OECD 국가 중 한 가지 좋지 않은 이유에서 차별화되는데, 이 나라에는 결혼한 남성에게 공유 재산을 행사할 독점권을 인정하는 법이 여전히 유지된다. 칠레 국민의 3분의 2는 로마가톨릭교도이며, 종교를 믿지 않는 사람은 11퍼센트밖에 안 된다. 종교가 국가법에 우선할 때 여성들은 고통을 겪는다. 세속주의를 극단적으로 배격하는 초정통파인 하레디(Haredi)는 이스라엘 법에서 특별히 면제될 뿐 아니라 종교적 사법 체계까지 좌지우지한다. 이스라엘 인구의 10퍼센트 정도인 강경주의자들은 특히 집 밖에서 일상적으로 활동하는 여성들을 포함한 유대교 온건주의자들에게 갈수록 과격하게 대응한다. 가령 이들은 예루살렘 근방인 베이트 셰메시에 있는 그리스 정교회 여학교 학생들이 긴 치마에 목 위로 올라오는 블라우스를 입고 수업을 들으러 오가는 모습을 보고 분노해 학교 앞에서 1년 넘게 피켓 시위를 벌이고, 침을 뱉고 'Prutze!(잡년!)'라고 큰 소리로 욕설을 하기도 했다. 하레디 중 한 사람은 기자에게, "율법을 지키지 않는 여자아이들에게 침을 뱉는 건 괜찮수다. 일곱 살밖에 안 된 어린아이여도 상관없는걸, 뭐"라고 말했다.[2]

그럼 이런 사례를 토대로, 모든 종교는 본질적으로 여성에게 해가 된다고 결론 내려야 할까? 이퀄리아에는 신이 설 자리가 아예 없는 걸까? "신학을 공부할 때 그런 토론을 했던 기억이 나네요." 아이슬란드 복음주의 루터교회 사제인 스테이븐 아르든스루뒤르 비외르든스가 말했다. "토론 주제는 '예수는 양성 평등에 관한 문제를 깊이 인식하고, 동시대 사람들과 다른 태도로 여성을 대했다'라는 문제였어요. 몇 년 뒤, 제가 말레이시아에서 지낼 때 말레이시아어 선생님과 여성의 권리에 관해 깊은 대화를 나눴는데, 그러고서 모로코 출신 사회학자 파테마 메르니시의 책을 읽었어요. 그런데 아주 흥미롭게도 메르니시의 주장이 우리 생각과 너무 비슷하더라고요. 메르니시는 '무함마드는 남녀평등을 옹호했는데, 그의 뒤를 이은 사람들이 그런 정신을 망쳐놓았다'라고 설명해요. 그리고 가부장제가 자리 잡아요. 절호의 기회가 있었고 여성과 남성이 동등했는데, 체계가 확립되면서 남자들이 주도권을 잡았어요. 자기들 외에는 모든 것이 위협 요인이었으니까요."[3]

신앙이 있다고 페미니스트가 되지 못하는 것은 아니며, 때로는 신앙이 정의를 향한 의지를 강화하기도 한다. 이슬람교와 유대교는 모두 부유한 시민들은 소유 재산의 상당 부분을 사회에서 더 가난한 사람들을 위해 지속적으로 재분배해야 한다고 가르친다. 신앙에 기초한 일부 단체는 훌륭한 일에 힘쓰기도 한다. 모든 종교 경전은 나쁜 쪽으로도, 좋은 쪽으로도 해석이 가능하다. 그런데 종교의 경전이나 체계가 가부장적인 가치 추구 욕구에 눌려 본래의 정신을 잃는 경우가 너무 많다. 나 같은 무신론자에게는, 종교를 없애는 것이 가장 깔끔한 해결책이 될 것이다. 하지만 위에서 소개했던 스테이넌이나, 신앙이 있는, 전 세계 인구의 84퍼센트에 해당하는 사람들로서는 종교를 버리는 건 말도 안 되는 방법이다. 그래서 스테이넌은 성별 불균형을 개선한 신학 체계를 제안한다. 그녀는 "종교는 억압적일 수도, 아주 자유로울 수도 있다"고 말한다.

레이캬비크 외곽에 자리한 스테이넌의 평화로운 교회에 앉아 있노라니, 그녀의 열정에 대한 믿음과, 종교를 여성들에게 권한을 주는 수단으로만 재구성할 수 있겠다는 믿음이 쉽게 생겼다. 그런데 참고로, 뒤로 가면 아이슬란드에서는 아침 식사 전에 이미 불가능한 사실을 최대 여섯 가지까지 쉽게 믿을 수 있다는 걸 알게 될 것이다. 어찌 되었든, 아이슬란드는 양성 평등과 관련해서 세계 최고 수준이므로, 종교적 신념 체계와 여성학적 신념 체계가 갈수록 가까워지는 것도 놀랄 일은 아니다. 클링고로바와 하블리체크의 연구에서는 기독교와 불교가 힌두교와 이슬람교보다는 결과적으로 여성들에게 조금 더 나은 환경을 조성하지만, 동일한 종교 내에서도 문화 간에 차이가 크다며 이렇게 설명한다. "종교와 문화의 관계는 상호적이며, 종교 체계는 사회규범과 사회적 구성 양식의 상호적인 영향 범위에 고착되어 있다."[4]

19세기에 제국주의 권력은 야만인들에게 문명을 전파했다면서 스스로 자랑스럽게 여겼다. 작가인 치마만다 응고지 아디치에는 그게 아니라 그들이 기존의 문명을 짓밟고 성 불평등을 포함한 야만적인 행위를 숱하게 저질렀다고 지적한다. "내 증조할머니는… 기독교가 들어오기 전 나이지리아에서 사셨는데, 당시에는 성 역할이 지금처럼 엄격하지 않았다고 한다. 오늘날 나이지리아에 형성된 성 역할의 상당 부분은 선교사들에게 전해진 빅토리아 여왕 시대 기독교의 영향을 받은 측면이 크다." 나이지리아 저널리스트이자 여성 권리 주창자인 에이샤 오소리는 종교가 여성의 정치 입문과 여성 친화적인 법 마련에 방해가 되는 사례를 보아왔다. "성별기회균등법이 있으면 여성들이 뒷문으로 정치계에 입문할 수 있는 차별 철폐 정책을 추진할 수 있었을 텐데, 이슬람 세력뿐만 아니라 이슬람교-기독교 연합 세력까지 합세해, 여성이 남성을 이끄는 건 자신들의 종교에 위배된다면서 법의 통과를 저지했다"라고 오소리는 말한다.[5]

여성 친화적인 종교 모델, 그리고 사회 정의를 위해 싸우는 해방신학의 범주 내에서 문화적 변형이 나타나기도 한다. 프란치스코 교황을 숭배하는 사람들 중에는 바티칸이 그런 부분에서 태도를 바꾸었다고 생각하는 이들도 있지만, 그런 변화는 하나같이 부분적이고 절충된 수준에 그친다. 2016년 2월 프란치스코 교황은, 지카 바이러스가 유행하는 지역에서 바이러스에 감염된 산모들이 낙태하는 것에 대해 비난했다. "그건 마피아들이나 하는 짓입니다. 낙태는 범죄이며, 절대악입니다." 그를 진보주의자로 치켜세우고 싶어 하는 사람들은, 낙태 이야기가 오갔던 기자들과의 담화 자리에서 그가 그런 상황에서 피임법을 사용하면 '그나마 덜한 악'이 될 수도 있다고 이야기했다는 점을 부각시켰다.

그가 말한 그나마 덜한 악, 즉 피임은 여성들에게 임신 횟수와 시기를 조절할 힘을 주는 선한 기능을 하는 중요한 수단이다. 미국의 경우, 피임약을 구입하는 데 1달러를 쓸 때마다 사회의 의료비용을 약 1.4달러씩 절감하는 효과가 있다.[6] 2016년 8월에 프란치스코 교황은 여성 부제(副祭) 허용을 특별 검토 중이라고 발표했다. 대부분의 시사 문제 해설자들은 이런 변화의 움직임에 들뜬 나머지, 교황이 "여성들은 스스로의 눈으로 세상을 보는지, 우리 남자들은 여성의 방식으로 볼 수가 없다. 여성이 어떤 문제나 사물을 바라보는 방법은 남성과 다르다"라고 주장하면서 여성 사제를 반대한다는 점을 재확인했다는 사실에는 관심을 두지 않고 그냥 지나쳤다. 교황은 이런 말도 덧붙였다. "우리는 페미니즘의 덫에 빠져서는 안 된다. 그렇게 되면 여성의 중요성이 축소될 것이기 때문이다." 그가 말하는 여성의 중요성은 순결하고 성적 욕망이 없으며, 다산(多産)과 모성애의 상징인 동정녀 마리아의 예에서 드러난다.

이런 범주의 극단에서는 종교가 말 그대로 여성의 두 다리를 묶었다. 기원전 1000년에서 750년 사이 점서(占書)로 쓰인 중국의 고전 《역경(易經)》은 남성과 여성을 양(陽)과 음(陰)으로 구별한다. 남성인 양은 강함, 활동성, 태양과 연관되고 여성인 음은 부드러움, 수동성, 달과 연관된다. 기원전 551년에서 479년까지 살았던 철학자이자 정치가인 공자는 이런 관념을 받아들였다. 기원전 200년경부터 중국을 통치한 봉건 왕조들은 공자의 영적 가르침을 받아들여 성 문화하면서, 여성들에게 유해한 사회 질서와 시민 종교를 만든다. 부인을 남편의 소유물인 동산(動産)으로 간주하고, '격리, 억제, 고통의 인내'라는 뜻으로 양발을 칭칭 묶는 전족의 풍습을 행했다. 미국에서 활동하는 중국 학자 시온야 가오에 따르면 그 당시 남성들은 전족을 하지 않은 자연적인 발을 가진 여성과는 결혼을 하지 않았다고 한다.

중국의 마지막 왕조인 청나라는 1911년에 패망했지만, 유교는 국공(國共) 내전, 점령기, 중국 공산주의 정권의 혼란 속에서도 여전히 명맥을 유지했다. 문화대혁명으로 종교 탄압이 일어나면서 불교 사찰을 공격하고, 이슬람교의 성소(聖所)를 훼손하고, 기독교 선교사들을 추방하고, 심지어 공자를 비방하기까지 했지만, 중국 문화는 그 모든 종교에 의해 이미 형태가 잡혀 있었으며, 지금까지도 많은 중국인이 유교의 직접적인 가르침에서 나온 믿음과 행동을 따른다. 그동안 국가에서 억압해온 종교들이 지속적으로 성장했다. 다만 억압 정책 때문에 종교의 성장과 관련한 믿을 만한 통계 수치를 구하기는 어렵다. 중국 국영통신인 신화통신은 베이징 올림픽에 앞서 발표한 자료에서 중국 불교신자 수를 '약 1억 명'으로 추산했지만, 그보다 더 최근에 나온 개별 연구는 그 수치의 두 배에서 세 배는 될 것으로 예측했다.[7] 한 중국 여론조사기관이 그와 비슷한 시기에 설문조사를 진행했는데, 기독교는 전체 국민의 4퍼센트에 조금 못 미치고, 도교는 그보다 더 적었다. 한편 이슬람교도도 약 2천만 명 넘는 것으로 집계되어 숫자로만 따지면 중국이 이슬람교인이 가장 많은 세계 20개국 중 하나에 해당했다.

이 모든 요소가 적절한 성 역할에 관한 태도에 피드백 역할을 한다. 중화인민공화국의 초대 주석인 마오쩌둥은 1968년에 "여성들이 하늘의 반을 차지한다"고 선언하지만, 중요한 역할의 절반을 여성에게 인계하는 것에는 근처에도 못 미친다. 그리고 많은 학자가 지적하듯 그런 국가이념은 의식 절차와 교리가 있고 가부장제를 숭배하는 종교와 비슷하다. 마오쩌둥이 그런 연설을 하고 1년이 지난 시점에, 200여 명으로 구성된 공산당 중앙위원회에서 여성은 겨우 7.6퍼센트에 그쳤다. 그리고 2017년 10월에 마지막 중앙위원회 선거를 치른 시점에는 4.6퍼센트로 떨어졌다. 공산당 정치국 소속 위원은 25명인데, 그중 여성은 2명뿐이며, 중국의 가장 강력한 단체인 중앙위원회의 상임위원 7인에는 여성이 한 명도 없다.

여성들에게 여전히 더 큰 가사노동의 책임이 돌아갔지만, 그래도 공산당 정권은 정말로 여성의 경제활동 참여를 장려했다. 여성들의 노동력이 필요했기 때문이다. 1978년부터 농업 경제에서 산업 거물로, 그리고 다시 세계 초강대국으로 부상하는 단계적인 개혁을 추진하면서, 중국에는 대대적인 변화가 진행되고 있었다. 그에 따른 성장으로 8억 명의 중국인이 가난에서 벗어나는 놀라운 성과를 거두었지만, 공산당 엘리트들의 이해하기 힘든 서열이 더 강화되고, 또 다른 계층인 신흥 부유층 계급이 생겨났다.

여성들 중에서도 몇몇은 큰 성공을 거두었다. 란쓰과기 창업자인 저우췬페이는 노트북, 태블릿 PC, 모바일 기기 제조사에 강화 유리를 공급해 세계 최고의 자수성가 여성 기업가 반열에 올랐다. 중국에서는 다른 나라들보다 여성 억만장자가 많이 나왔다. 그렇지만 일부 여성 기업가가 부를 쌓아가는 동안 중국 여성의 노동 참가율은 상하이에 중국 본토 최초의 주식시장을 개장한 1990년에 73퍼센트이던 것이 2014년에는 64퍼센트까지 낮아졌다. 중국인들의 성별 균형도 남성에게 유리한 방향으로 이동했다. 1979년에 중국 정부는 인구 증가를 저지하기 위해 한 가구당 아이를 한 명만 낳을 수 있도록 강제하는 한 자녀 정책을 도입했다. 단 하나뿐인 자식이 음(陰)이기보다는 양(陽)이기를 바라면서 아이를 기다리던 부모들은, 태아 성별 검사를 해서 여아일 경우 낙태하거나 여자 아기를 출산한 후 유기하기도 했다. 인위적인 개입을 하지 않을 경우 인간은 여아 107대 남아 103으로 여성 후손을 더 많이 낳는다. 그런데 한 자녀 정책에도 불구하고 인구 규모가 세계 최대인 중국에서는 현재 성비가 여아 100명당 남아 118명이다.[8] 이 같은 성별 선택은 아시아 전역에 걸쳐 비슷한 불균형을 초래했다. 인도의 2011년 인구조사에 따르면 남성이 여성보다 3,700만 명이 더 많은데, 그중 1,700만 명은 15세에서 30대 중반 연령대다.

이런 인구 변동으로 중국에서 독신자(光棍儿, guānggùnr)로 불리는 비자발적인 독신 남성의 수가 늘면서 사회적 불안의 위험이 높아졌다. '넘치는 남성, 줄어드는 평화(A Surplus of Men, A Deficit of Peace)'라는 연구는 이런 불균형이 강간과 반사회적 행동을 포함한 폭력을 증가시킨다고 본다.[9] 성적 학대가 이미 만연한 상태다. 중국 정부는 자국민 여성 네 명 중 한 명은 남성에게 폭행당한다고 추정한다. 인도에서도 2012년 델리에서 버스를 탔던 의대생이 집단 성폭행당하고, 2016년에 병원에서 제왕절개로 아이를 출산한 산모가 수술 몇 시간 뒤 성폭행당하는 일이 벌어지는 등 끔찍한 사건이 잇달아 발생하면서, 국가 전체에 만연한 성폭력에 사람들의 이목이 쏠렸다. 인도에서는 성폭력 사건이 15분마다 접수된다고 보고한 연구도 있다. 성폭력은 신고율이 낮다는 점을 고려할 때 실제 사건은 그보다 훨씬 많이 벌어질 것이다. 인도 카스트제도의 최하 계급인 달리트(불가촉천민)에 해당하는 여성들이 특히 범죄 위험에 취약하다. 저널리스트 샨 칸은 인도 최대 종교인 힌두교에도 그 원인이 있다고 본다. 그녀는 이렇게 설명한다. "인도의 종교 경전은 여성을 완벽하고 철저하게 멸시한다.《마하바라타》는 힌두교 사람들이 역사이자 도덕 법전으로 여기는 서사시인데, 그 13권 40절에는 "여성보다 더 죄 많은 생명체는 없다. 여성은 독이고, 뱀이다"라고 기록되어 있다. "여성은 속내를 드러내지 않는다"라는 구절도 있다. 현재 원치 않는 독신으로 살아가야 하는 남성들에게는 기본적으로 폭력적인 성향이 있다. 그런 데다 여성에 대한 존중이 아예 없는 문화다 보니, 이런 폭력적 성향이 양심의 가책 없이 무차별적으로 표출되는 것이다."[10]

　중국은 남초(男超) 현상에 따른 문제를 완화할 방법을 강구해왔다. 중국 공산당은 2015년에 한 자녀 정책을 중단하고, 독신 여성들에게 가능한 한 일찍 결혼하도록 독려하는 캠페인을 시작했다. 관료들은 27세까지 남편감을 찾지 못한 사람들을 셩뉘(剩女, shèngnǚ), 즉 '남겨진 여성'이라 부르는 전통적인 오명을 들먹였다. 참고로 일본에서도 그와 비슷한 멸시적인 표현으로, 20대 중반이 지나도록 결혼하지 않은 여성들을 25일 이후에도 팔리지 않은 '크리스마스 케이크'라고 지칭한다. 남성은 여성을 멸시해서 불균형을 초래했다. 그런데 이제는 여성을 멸시해서 불균형을 해결하려 하고 있다.

중국의 모든 행동과 조치가 전 세계에 영향을 끼치기 때문에, 중국의 구조적 성별 불평등은 중국 이외의 국가에도 중요한 문제다. 중국 본토에 거주하는 억만장자는 400여 명으로, 미국을 제외한 세계 그 어느 국가보다 많다. 이들은 유럽이나 미국의 대다수 슈퍼리치처럼 유산을 물려받은 것이 아니라 자기 힘으로 부를 창조했다. 중국은 세계 최대 수출국이며, 소유권과 영향력을 나라 밖까지 확장하면서, 개발도상국 경제와 시장의 소심한 투자자들을 겁주는 주요 투자세력이 됐다. 예를 들어 2014년 중국의 대(對) 아프리카 투자는 10년 전과 비교해 8배 증가했다.[11]

2010년에 중국은 일본을 제치고, 미국에 이어 세계 2위 경제 대국이 되었다. 일본은 1990년대 이후 연간 경제성장률이 1퍼센트 미만에 그치는 경제 부진을 겪었다. 인구 고령화와 출생률 둔화로 출생자 수가 사망자 수를 따라잡지 못하면서 인구가 줄고 있다. 2013년 초 아베 신조 일본 총리가 호주의 MCC 프로그램의 자문을 구하고 일부 아이디어를 얻어, '위미노믹스(womenomics)'라는 해결책을 제안했다.[12] 더 많은 여성을 사회활동에 참여시키고 경영진에 편입시키는 정책은 일본 경제에 새로운 생명력을 불어넣기 위한 핵심 전략이 되기에 충분했다. 그는 2020년까지 고위 지도자와 관리자의 30퍼센트를 여성이 맡도록 하겠다고 약속했다. 하지만 일본 문화는 유교, 신도, 불교, 그 밖의 신앙과, 사회 질서와 성 역할에 관한 보수적인 생각을 고수하는 제국주의 전통과 연계된 철학 체계가 형성되어 실행 과정이 지체됐다. '여자들 중에 현인은 없다'라는 일본의 옛 속담이 있는데, 이 속담이 결국 자기충족적인 예언이 됐다. 2015년에 일본은 여성 고위 관리자 확보 목표를 2021년까지 7퍼센트로 낮춰잡았다.[13]

일본이 잠자는 동안 중국은 성장하고 또 성장했다. 2010년에서 2013년 사이 중국이 건설 사업에 쏟아부은 콘크리트는 미국이 20세기 동안 생산한 콘크리트의 총 생산량보다 많다. 개혁이 시작된 1978년에서 2012년 사이 중국의 GDP 성장률은 평균 9.4퍼센트를 기록했다. 동일 기간 미국의 성장률은 하락해, 최대 14.8퍼센트를 기록한 적도 있지만, 마지막에는 3.24퍼센트였다.

이런 탈바꿈 과정을 거치면서 중국에도 서구화된 기호와 취향이 발달했다. 예컨대 다롄완다 그룹의 전 직원은 《논어》를 필독해야 하지만, 전통을 숭배하는 그런 문화가 할리우드 영화를 좋아하는 취향을 제한하지는 않았다. 다롄완다는 2012년에 미국 영화 체인 AMC를 인수하고, 2016년에는 제작과 투자를 담당하는 레전더리 엔터테인먼트를 35억 달러에 사들였다. 중국 자본이 미국 영화

업계 기업을 인수한 사례 중 최대 규모였다. 영화 그룹 아이맥스는 중국이 박스오피스 수입과 영화관 개수에서 2017년 말 즈음에는 미국을 앞설 것이라고 말했다.[14] 대중매체에 관해 다룬 장에서 논했듯이, 그렇게 되면 어떤 영화를 만들 것인지에 영향을 주어 여성 주인공을 내세운 여성 이야기들은 제작 투자를 받기가 더 힘들어질 것이다. 또 중국인들은 서양인들보다 성적인 소재에 훨씬 더 결벽증적인 반응을 보인다. 마오쩌둥의 주치의 리지수이는 회고록에서 마오쩌둥이 역겹게 양치질을 잘 하지 않았고, 바람둥이였으며, 어린 여성들을 탐닉했다면서, 그가 성적 욕구를 한껏 만끽했다고 설명한다. 마오쩌둥주의자들은 그와 대조적으로 위엄 있는 중국이 타락했다고 매도되는 데 적극적으로 대응해나갔다. 그러면서 상하이의 매음굴과 아편굴을 폐쇄하고 시민들에게 성 중립적인 미적 취향을 강요하면서, 성을 개인주의적인 유희의 근원이 아니라 생식의 수단으로 보도록 했다. 성이 금기시된 것이다.

　　시장 자유화가 포르노물에까지 확대되지는 않았다. 단, 포르노가 여전히 금지되었더라도 정부의 인터넷 검열을 뚫고 포르노 웹사이트에 접속하기는 식은 죽 먹기였다. 섹스용품점도 마찬가지로 불법이지만, 처녀성을 회복하려고 가짜 피까지 완벽하게 갖춘 인공 처녀막을 판매하는 등 공공연한 거래가 이루어졌다. 최근에는 여성을 성 상품화하고 물건 취급하는 서구 문화가 유입되면서 혼란이 깊어지고 있다. 2016년 중국의 여성 속옷 판매 시장은 5년 전보다 두 배 이상 성장했다. 또 성형수술도 급증하고 있다. 2014년에 성형수술을 받은 사람들은 700만 명 이상이며, 시장 가치는 이미 4천억 위안(약 66조 7천억 원)에 달했다. 고객 대다수는 어린 여성이다. 시장 분석가들은 성형수술 시장이 2019년까지 두 배 정도 성장할 것으로 예측한다. 잡지《애틀랜틱》은 중국인의 삶에서 서로 모순되는 추세를 이해하고자, 중국의 성이라는 주제를 다룬 책《붉은 문 뒤에는(Behind the Red Door)》의 저자 리처드 버거를 인터뷰했다. 리처드는 "중국 정부는 여전히 마오쩌둥의 성 완전 통제 정책에서 회복되는 중이며, 아직은 성에 대한 태도를 아주 살짝만 바꿨을 뿐이다"라면서, "정부 당국자 대다수는 여전히 이 문제에 극히 보수적인 태도를 취하고 있다. 하지만 서구의 영향과 전반적인 자유화 분위기로 마찰이 생기면서 성에 대한 태도가 양극화하는 듯한 양상이 나타나고 있다"라고 말한다.[15]

중국의 이중인격적인 현상에 기여하는 요인은 그것 말고 또 있다. 서구 문화에 문호를 개방하는 세부 정책은 대부분 막후에서 벌어지는 파벌 간 싸움에 대한 대중의 반발에 뒤따라 나타난다. 중국은 현재 겪고 있는 진통으로 격동의 시기를 향해 가고 있다. 다만 워낙 비밀스러운 정권이다보니 정치 내분이 대중에게 공개되는 일은 좀처럼 없다. 중국의 성장은 세계가 리먼브러더스 사태 이후 경기 침체에서 빠져나오는 데 도움이 됐다. 그런데 이제 중국 경제가 비틀거리면서, 세계는 경제성장 둔화의 위기를 느끼기 시작했다. 2016년 초에 중국 당국이, 그 전해 경제성장률이 지난 25년 동안 최저치인 6.9퍼센트였다고 발표하자, 전 세계 주식시장이 곤두박질쳤다. 중국에서 자재와 장비의 수요가 줄면 해당 물자를 공급하는 국가들이 타격을 입는다. 또 13개 원유 생산국이 가입한 석유수출국기구(OPEC)는 줄어든 중국의 석유 수요로 인해 원유 가격을 역대 최저치까지 내렸으며, 2016년 11월에는 8년 만에 처음으로 생산을 감축하기로 결정했다. 비효율적인 국영 업체를 축소하거나 정리하려는 정부의 움직임은 실업률이 높아지는 분위기 속에 불안을 촉발하면서, 무려 여덟 개 업체가 하루 동안 동맹 파업에 나섰다. 이런 파업에서는 근로자와 당국자 사이에 폭력적인 대치 상황이 벌어지는 경우도 많다.

　아직은 발달 초기 단계인 중국의 여성운동에 대한 대응 역시 갈수록 잔혹해지고 있다. 중국 내에서 발달한 남성 우월주의의 최악의 요소가 외부에서 들어온 남성 우월적 사상과 혼합되면서 젊은 여성들이 저항하기 시작했는데, 이들은 보통 소셜미디어를 이용해서 활동을 준비했다. 여성들은 성폭력과 성희롱, 가정 폭력, 교육 불평등에 맞서는 사회운동을 벌였다. 운동가들은 고용 과정에서의 차별을 시정하기 위해 법원의 문을 두드리기도 했다. 당국은 페미니스트 주동자들을 체포하고 나머지 사람들에게는 앙갚음하겠다고 협박했다. 일명 샤오 메이리라고 불리는 여성운동가는 《로스앤젤레스 타임스》에, "예전에는 가능했던 거리 활동이 모조리 불가능해졌어요. 그리고 이제는 페미니즘이 민감한 주제가 되어, 우리가 무엇을 하든 당국에서 우리를 아주 철저히 감시할 거예요"라고 말했다.[16]

　2015년에 경찰은 항의운동을 계획하고 준비하던 운동가 리팅팅, 왕만, 웨이팅팅, 우룽룽, 젱추란을 연행해서, 몇 주 동안 구류했다. 힐러리 클린턴과 그녀의 뒤를 이어 국무장관이 된 존 캐리는 이 운동가들의 석방을 요청했다. 이에 중국 외교부 대변인은, "우리는 미국이 중국의 주권을 존중하고 중국의 국내 사안에 대한 간섭을 중단할 것을 요청한다"라는 성명을 냈지만, 구류된 여성들은 얼마 뒤 풀려났다. 이런 일이 있었다고 중국 페미니스트들이 서구의 도움에 의존해서는 안 된다. 대개는 모르는 척 눈감아버리지만, 중국의 교역 파트너들이 중국의 인권 위반 행위를 지적하는 경우도 간혹 있다. 그들은 유무형의 상품과 발상을 포함한 모든 것이 중국에서 생산되어 전 세계로 발송된다는 사실을 잊었거나, 알면서도 신경 쓰지 않는 것일 터이다.

결정권은 돈 내는 사람이 쥐기 마련이다. 관련 연구 통계를 보면 권력이 누구에게 있으며 어째서 여성들은 권력을 손에 쥐기가 힘든지 그림이 그려진다. 오늘날에는 부의 분배가 아주 불균등해서, 세계 인구의 1퍼센트가 전 세계 재산의 절반 이상을 소유하고, 전 세계 인구의 절반에 해당하는 가난한 사람들은 전 세계 부의 단 1퍼센트만 소유하고 있다. 이런 통계는 다들 귀에 못이 박힐 정도로 많이 듣지만, 남녀 간의 구분에 대한 통계 자료는 그만큼 잘 알려져 있지 않다. 여성들은 전체 노동 인구의 40퍼센트를 차지하지만 세계 자산의 단 1퍼센트를 소유하고 있다.

이런 깊은 골이 존재하는 데는 세계적으로 여성이 남성보다 훨씬 낮은 급여를 받는, 고질적인 임금 격차에도 일부 원인이 있다. 여성은 한 해 평균 1만 1천 달러를, 남성은 2만 1천 달러를 번다. 세계경제포럼은 현재의 발전 속도라면 격차를 없애는 데 최소한 100년 이상 걸릴 것으로 예측한다.[17] 많은 국가가 동일 임금을 법률제도로 명시해두고 있지만, 그런 원칙을 시행하는 데는 그다지 열성을 보이지 않는다. 그리고 때로는 동등한 가치의 노동이 무엇을 뜻하는지 규정하느라 애를 먹는다.

2015년에 르완다는 전 세계에서 남녀 임금 차이가 가장 작은 나라가 된 데 스스로 만족해했다. 일부 문화권이나 국가들에서는 이런 것이 자부심의 원천이 되지 못할 것이다. 북아프리카 국가들 중 동등한 가치의 노동에 동등한 임금을 보장하는 법이 있는 곳은 알제리와 모로코뿐이며, 북아프리카 나머지 국가들과 페르시아만 연안 국가들 중에서 그런 법을 만든 나라는 한 곳도 없다. 이 나라들의 여성은 일을 하지 않는 경우가 많고, 일을 하더라도 돈을 적게 번다.

사우디아라비아는 세계 원유 매장량의 18퍼센트를 보유한, 세계 최대 석유 수출국이다. 그런데 사우디아라비아는 세계은행이 조사한 나라 중 여성의 권리를 박탈하는 법제 조항이 가장 많은 편이다.[18] 그리고 경제활동을 하는 여성이 15퍼센트에 불과해, 여성의 경제활동 참여율이 두드러질 정도로 낮은 두 국가 중 하나다. 나머지 한 곳은 내전에 찢기고 굶주린 아프가니스탄이다. 사우디아라비아와 아프가니스탄의 역사는 서로 긴밀하게 얽혀 있다. 1980년대에 사우디아라비아는 아프가니스탄 주둔 소련군을 축출하기 위해 싸운 아프가니스탄의 게릴라 조직 무자헤딘에 자금을 지원했다. 한때 자유를 위해 싸웠던 투사들이 이제는 자유, 그중에서도 특히 여성들의 자유를 좀먹는 세력으로 바뀌었는데, 사우디아라비아는 소련군의 철수 이후에도 한참 동안 자금 지원을 계속했다. 탈레반은 수니파 중에서 그 지역의 대표 종파인 하나피파의 이데올로기를 주로 취했지만, 수니파 중에서 대단히 비판적인 와하브파의 교리와 관행이 사우디아라비아의 원조와 함께 묻어 들어왔다. 와하브파는 다른 사람들의 삶과 삶의 방식을 멸시한다. 2001년 9월 11일, 그 와하브파와, 실타래처럼 엉킨 사우디와 아프가니스탄의 관계에 전 세계 이목이 집중되었다. 9·11 테러범 19명 중 15명은 사우디아라비아 국적이었다. 알카에다를 만들고 극적인 테러 행위를 계획한 사우디인 오사마 빈 라덴은 아프간으로 도피했다.

서방 권력은 아프간 여성들을 곤경에 빠뜨린 탈레반의 여성혐오주의에 지금껏 큰 주의를 기울이지 않았지만, 테러 이후 자신들의 공격에 대한 세계인의 지지를 구하기 위해, 아프간 여성들이 겪는 고난을 군사 행동을 정당화하기 위한 하나의 근거로 내세웠다. 아프간 여성들은 영국 여성들이 참정권을 얻은 직후인 1919년부터 미국보다도 빨리 참정권을 누려왔다. 1964년 아프간 헌법에는 평등에 대한 약속이 포함됐다. 왕정이 현대화하면서 여성들도 일할 수 있었고 머리에 베일을 쓸 것인지 여부도 스스로 결정할 수 있었다. 소련 집권기에는 여성들이 아프간 노동자의 절반을 차지했다.

탈레반은 1996년에 카불을 점령한 뒤, 이런 성과들을 뒤로 돌리고 계속 역행하는 정책을 폈다. 여성들은 학교에 다니고, 남성 보호자 없이 집 밖에 나서거나 일하는 것까지 금지당했다. 그리고 모든 유형의 정치적 활동이 금지되었으며, 남자 의사에게 진료를 받는 것도 금지됐다. 여성들은 의료 행위를 행하거나 관련 직업에 종사할 수 없어, 여성이 의료 서비스를 받을 방법은 실질적으로 모두 차단됐다. 얼굴을 가리는 베일도 다시 등장했다. 그런데 예전같이 간단한 히잡이 아니라, 정부의 '미덕 전파 및 악행 방지' 부서에서 시행하는 여성 복장 규정에 따라 머리와 전신을 뒤덮는 부르카를 써야 했다.

사법제도는 더 운영되지 않았고, 대신 이슬람 율법을 따르는 지배층인 파슈툰족의 부족 규범을 혼합한 규칙에 따랐으며, 탈레반은 그중에서도 가장 잔혹한 규범을 적용했다. 사형은 돌을 던지거나 목을 매다는 방법으로 공개 처형했으며, 그보다 덜한 처벌 중에는 태형이나 신체를 절단하는 형벌도 있었다. 탈레반 정권을 인정한 나라는 파키스탄과 사우디아라비아뿐이다.

미군 주도의 침입 작전은 결국 탈레반을 무너뜨렸지만, 완전히 없애는 데는 실패했다. 이들 무장 집단은 파키스탄과 아프간 국경 지대에 재집결해서 전투를 지속했다. 여성들은 여전히 공격을 가장 많이 당하는 대상이었으며, 여성을 가혹하게 대하는 탈레반의 태도는 더 많은 사람에게 전파됐다. 사람들이 스물일곱 살 여성 파르쿤다 말리차다를 때려서 죽인 사건이 벌어졌는데, 그녀가 코란을 불태웠다는 근거 없는 사실에 분개해 저지른 폭행이었다. 염산 공격을 비롯해, 여성에 대한 폭력은 이제 너무 흔해 거의 일상이 되다시피 했다.[19]

　　미국, 영국, NATO(북대서양조약기구)가 아프간 전투 작전을 공식적으로 종료하고, 군사 통제권을 아프간에 넘겨준 2014년에는 최소 3,188명의 민간인이 투쟁 중에 사망하면서, 분쟁 전 기간 중 가장 높은 연간 사망률을 기록했다. 사망자 대부분은 탈레반에 의해 대량 학살당했다. 같은 해에 탈레반과 의견을 달리하는 사람들은 스스로 이슬람국가라고 칭하는 ISIS와 교섭을 시작했다. 2015년 1월 공개된 동영상에는 전 탈레반 지휘관들이 나와 ISIS에 충성을 서약한다. 2016년 7월 ISIS 아프간 지부는 카불에서 시아파의 하자라족을 대상으로 한 자살폭탄 테러가 자신들의 소행이라고 주장했다. 이 폭발로 80여 명이 사망하고 많은 이가 불구가 되었다.

　　ISIS는 알카에다와 마찬가지로, 타교도들뿐 아니라 이슬람교도들 중에서도 자신들의 편협한 믿음을 따르지 않는 사람들은 변절자이기 때문에 죽어도 마땅하다고 본다. 이런 믿음은 이슬람 시아파와 진보적인 수니파 모두에 대한 살인 면허다. 이라크와 시리아의 야지디족 여성들은 ISIS에 붙잡히면 성 노예로 팔린다. 잡혔다가 가까스로 탈출한 한 야지디족 여성은, "ISIS 전사가 저한테 편지를 보여주면서 '붙잡힌 여자들은 ISIS 전사 열 명한테 강간당하고 나면 이슬람교도가 된다고 여기 나와 있다'고 말했어요"라고 보고했다.[20] ISIS 투사들은 공개된 장소에서 야지디족 여성 19명을 산 채로

화형시켰다. 성관계 전에 상대의 동의를 얻어야 한다는 교리가 있었던 적은 없지만, 듣자 하니 이 여성들에게 그런 포악한 행위를 저지른 건 성관계를 거부했다는 이유 때문이라고 한다. 그런 이야기들은 ISIS 전사들과 결혼하려고 서방에서 이라크와 시리아까지 찾아오는 여성들, 소위 '지하드 신부들'을 저지하는 데 전혀 효과가 없었다. ISIS 여성부에서 지하드 인터넷 사이트에 게시한 보고서에 따르면 이들은 여성이 아홉 살이면 결혼할 준비가 되었다고 보며, 열여덟 살은 너무 나이가 많다고 생각한다. 그 보고서는 "신앙심 없는 서구 사람들이 좋아하는 유형의 여성들은 집에서 '풀려나자'마자 실패했다"라고 분명히 밝혔다.

ISIS 지하디즘(Jihadism)*은 시리아 내전에 뿌리를 두고 있다. 미국이 주도하는 연합군이 이라크에서 독재자를 제거했지만 그의 후임 계획에 실패하고 레반트**의 권력 공백이 생기면서 시리아는 파탄국가***가 됐다. 하지만 사우디아라비아의 경제적 지원이 없었다면 ISIS는 존재하지 않았을 것이다. 사우디 여성들이 계속 남편에게 종속되어 집에 틀어박혀 살도록 만든 경제적 부는, 아이러니하게도 사우디아라비아 자체를 포함한 그 일대 전체의 안정을 위협하는 분쟁을 조장하는 데도 작용했다.

---

* 이슬람 원리주의 무장 투쟁 운동.

** 시리아, 레바논, 이스라엘을 포함한 동부 지중해 연안의 여러 나라.

*** 정부가 통치 능력을 상실해 국가로서 일체성을 유지하기 힘든 국가.

우리와 이퀄리아 사이에 놓인 장애물이 무엇인지, 그리고 왜 남녀 간 부의 격차가 그토록 심하게 벌어지며 가부장적인 종교들이 그 과정에서 어떤 역할을 했는지 생각해볼 때, 이런 단순한 질문을 할 가치가 있다. 그토록 많은 지구 광물이 그 사막 국가의 손에 있다는 사실은(즉 사우디아라비아에 대량 매장되어 있는 원유는) 전 세계 여성들에게 어떤 의미가 있을까?

사우디아라비아는 원유와 이슬람 급진파를 수출하는 데 단일 국가로는 세계 최대 규모다. 첫 번째(원유) 수출은 두 번째(이슬람 급진파) 수출을 더 쉽게 만드는 역할을 한다. 원유는 엄청난 소득, 도를 넘어선 지정학적 영향력을 가져다준다. 그래서 사우디아라비아 통치자들은 지금껏 국제 동맹을 맺을 필요를 거의 느끼지 못했다. 그도 그럴 것이 외교관들이 리야드에 있는 궁전으로 찾아와서 원유 수출을 간청하거나, 원유 시장이나 지역 협상에서 중재해줄 것을 부탁하거나, 석유를 팔아서 만든 사우디아라비아 군대의 지원을 요청해왔으니 말이다. 사우디아라비아 왕실을 두려움에 떨게 하는 것이 가까이 있었다. 첫째는 바로 국민 대다수가 시아파인 인근 국가와 그중에서도 특히 이란이었다. 둘째는 중동 전역에서 빈곤층 인구가 급증하고 있으며, 굶주리는 빈곤층 앞에서 엘리트들은 살을 찌워왔다는 점이다. 셋째는 사우디아라비아가 성장하는 데 도움을 주었던 지하드의 폭력성이 가장 심각한 문제였다. 궁전 내에도 위험이 있을지 모른다. 한쪽으로 살만 국왕이 알츠하이머에 걸려 왕실 내부에서 반란이 일어날 가능성이 있다는 소문이 돌았기 때문이다. 그의 아들인 모하메드 빈 살만이 갈수록 권력을 키우면서 2017년 11월에는 저명한 사우디아라비아의 부패를 근절하기 위해 가족들을 포함해 200명 넘는 인사를 갑작스럽게 체포했다. 이를 지켜보는 외교계는 이런 반부패 조치가 벌써 일어났어야 하는 정당한 행위이긴 하지만, 국내와 주변 지역에 적극적으로 개입하려는 살만의 의지가 사우디아라비아 국내와 주변 지역에 불안을 조성하지 않을까 염려한다.

불행의 징조는 그게 끝이 아니었다. 2014년에 원유 가격은 사상 최대치인 배럴당 116.37달러를 기록했다. 비슷한 경제발전 단계에 있는 소위 브릭스(BRICs) 국가, 즉 브라질, 러시아, 인도, 중국의 인구 증가에 따른 원유 소비 증가를 공급이 따라잡지 못할 것처럼 보였다. 하지만 이 국가들의 성장 속도가 저하되고 다른 요인들이 함께 작용하면서 원유 가격이 출렁였고, 장기적인 기대치도 변경됐다. 고유가가 형성되면서 미국에서는 셰일가스 시추 붐이 일었다. 영국 왕립국제문제연구소(Chatham House)에서 펴낸 미래 에너지에 관한 주요 보고서 세 편을 공동 작성한 엘리자베스 미첼은, "그 결과 하루에 200만 배럴씩 구조적 공급과잉이 발생했다"고 말한다. 사우디아라비아는 가격이 떨어질 때면 항상 공급을 줄여왔다. 미첼은 "하지만 사우디아라비아가 이번에는 더는 나서지 않겠다고 했고, 원유 가격이 뚝 떨어지기 시작했다"고 설명한다.[21] 사우디아라비아는 미국에서 채굴한 셰일 오일에 미국과 중국 시장 점유율을 조금씩 내주었다. 사우디아라비아는 셰일업계가 효율화할 방안을 찾아서 이제는 가격 경쟁력을 갖췄다는 사실을 미처 깨닫지 못하고, 경쟁으로 미국 회사들을 폐업시키려 했다. 2015년에 IMF는 사우디아라비아에 돈이 앞으로도 무한정 공급될 것처럼 보일지 모르지만, 원유 가격이 하락하고 전쟁에 쓰는 비용이 급증하면서 5년 내 국고가 고갈될 수도 있다고 경고했다. 사우디아라비아는 큰 비용을 들여가면서 군대를 예멘에 주둔시키고, 이란과 또 한 번 대리전쟁을 치르고 있으며, 그 외에도 시리아 대통령 바샤르 알아사드와 맞선 수니파 반란군을 지원하기 위한 파견단의 일부를 터키에 주둔시켰다. 2016년 1월 원유 가격은 1배럴당 27달러까지 떨어지면서, 미국 원유 생산 기업들뿐만 아니라 사우디아라비아를 포함한 전 세계 산유국들에 고통을 안겼다. OPEC는 11월 생산량을 감축해서 원유 가격을 올리기로 했지만, 셰일 원유 생산이 늘어나면 OPEC의 감축 효과는 단기적으로 끝날 가능성이 크다.

과거에 사우디아라비아는 비용을 걱정하지 않고 태평하게 전쟁에 나섰으며, 국경을 접한 잠재적인 위협 세력을 돈으로 매수하기도 했다. 사우디아라비아는 더 많은 자원이 중산층에 돌아가게 하고, 반대 의견을 엄중 단속하며, 제한적인 정치 개혁을 약속하면서 아랍의 봄*을 무사히 헤쳐나갔다. 살만 국왕의 전임자였던 압둘라 국왕은 그런 약속을 지켰다. 2013년에 지금껏 전원 남성이었던

----

* 2010년 12월 이후 중동과 북아프리카에서 일어난 반정부 시위의 통칭.

국정자문회의에 여성을 30명 임명했으며, 여성들에게 시의회에 출마할 권리와 시의회 선거에 투표할 권리를 주어, 2년 뒤에는 여성들이 최초로 참정권을 행사했다.

　　이런 개혁이 극적으로 느껴질지 모르지만, 실은 주도면밀한 계산에서 나온 결정이었다. 2015년에 여성들의 첫 선거를 앞두고 사망한 압둘라 국왕은 현대화된 정책을 도입할 때 울라마*를 달랠 수 있도록 수위를 조절했다. 사우디의 울라마는 신학 교리적인 측면에서 조언을 해왔을 뿐 아니라, 1932년 민족국가가 구축된 이후 사우디 왕조의 집권을 합법화하는 데 도움을 준 강력한 교단이다. 와하브파의 민중은 신앙이 없는 사람들을 죽이거나 개종시키는 성스러운 임무의 일환으로 국가 영토 확장을 지속해야 한다고 주장했다. 울라마는 어떤 전쟁을 할 것인지 결정할 권한을 왕실에 부여했으며, 이슬람 율법을 시행하는 통치자에게 반발해서는 안 된다는 이슬람의 가르침을 내세웠다.[22] 1970년대부터 원유 호황을 누리면서, 사우디아라비아 사람들은 굳이 총을 들이대지 않고도 와하브파의 교리를 전파할 수 있었다. 또 나라에서는 원유를 팔아 거둬들이는 수입으로 이슬람교 교리를 가르치는 마드라사와 전 세계 모스크의 운영자금을 지원하고, 매년 이슬람교 경전 코란을 최대 3천만 권씩 인쇄해서 무료로 배포했다.

　　그런 활동에 1천억 달러라는 거금이 투입됐을 것으로 예측

---

* 　ulama: 이슬람 사회의 신학자, 법학자의 총칭.

된다. 그중 일부는 학생들이 테러리즘에 빠지게 만드는 와하브파의 교육에도 쓰였으며, 상당 부분은 테러리스트 조직으로 흘러들었다. 나이지리아 테러 집단 보코하람은 와하브파는 아니지만 살인적인 공격과 납치를 정당화하는 급진주의 이슬람을 신봉한다는 유사성이 있다. 이들은 치복에 있는 학교에서 여학생 276명을 납치하고, 200만 명 가까운 사람을 쫓아냈으며, 2만 명 이상을 죽였다. 이 단체는 2002년에 오사마 빈 라덴에게 받은 자본금으로 만들어졌다.[23] 보코하람 전사들은 정기적으로 사우디아라비아에 가서 훈련을 받는다. 지하디즘 집단은 아프리카, 중동, 그 밖의 세계에서 다르게 발달하며 종교와 마찬가지로 그 집단을 형성시킨 문화가 반영되지만, 이들에게는 확실한 공통점이 있다. 모두 이슬람 국가나 칼리프를 건설하기 위한 수단으로 폭력을 사용하며, 사우디아라비아와 직접적으로 몇 단계에 걸쳐 연결되어 있다.

2016년에 사우디아라비아는 지하디즘에 맞서기 위해 34명으로 구성된 이슬람군 연합을 조직했다고 발표했다. 스스로 풀어놓은 무장세력을 다스리기 위해 백방으로 도움을 구해야 하는 상황에 놓인 것이다. 사우디아라비아는 알카에다와 수년 동안 세력다툼을 해왔으며, 이제는 ISIS가 목표하는 공격 대상이다. 2014년 11월에 공개된 녹취록은 ISIS 지도자 아부 바크르 알바그다디가 사우디를 공격하라고 촉구하는 내용으로 알려졌다. "사악한 뱀의 머리와 병폐의 본거지가 바로 그곳이다… 검을 뽑아 들고 삶과 이별하라. [사우디 왕실에는] 보호란 없을 테니 말이다."

눈을 가늘게 뜨고 아이슬란드를 열심히 살펴보면 이퀄리아 가능성이 엿보이는 윤곽이 드러나기 시작할 것이다. 반면 사우디아라비아를 마찬가지로 찬찬히 살펴보면 그 나라가 어떻게 ISIS가 만들려고 애쓰는 칼리프의 본보기가 되었는지 이해할 수 있다.

사형은 미국과 중국에도 있는 야만적인 풍습인데, 사우디아라비아는 사형을, 그것도 아주 야만적인 방식으로 집행한다. 열일곱 살 소년 알리 모하메드 알 님르는 평화 시위에 참여했다가 체포됐는데, 휴대폰으로 항의 시위를 권했다는 죄목으로 유죄가 선고되어 참수형을 앞두고 있다. 그의 삼촌 님르 알 님르는 2016년 1월에 46명과 함께 참수당했다. 시아파 성직자인 알 님르는 시아파와 수니파가 적이 아니라는 의견을 주장했다가 사우디아라비아 정부의 분노를 샀다.

사우디아라비아 정부 조직에 여성이 포함된 것은 상징적인 힘이 있지만, 현 상태를 바꾸는 데 기여한 측면은 거의 없다. 국정자문회의의 권력은 엄격하게 제한되며, 시의회에는 권력이 없다. 게다가 시의회 총 2,100석 중 여성 의원은 20석을 확보하는 데 그쳤다. 남성 유권자들을 직접 만나 유세를 할 수가 없었다. 사우디아라비아의 두 가지 핵심 법령인 이크틸라트와 칼와를 위반한 것에 해당할 위험이 있었기 때문이다. 이크틸라트는 서로 다른 성이 섞이는 것을 금지하고, 칼와는 가족이 아닌 남성과 단둘이 시간을 보낸 여성에게 중형을 내린다.

모든 사우디 여성은 복장을 적절히 갖춰 입도록 되어 있는

데, 보다 구체적인 설명이 없다보니 도에서 벗어나는 실수를 종종 범한다. 또 남성 후견인의 의견에 따라야 하는데, 이때 남성은 아버지, 오빠나 남동생, 남편, 때로는 아들이 되기도 한다. 그리고 후견인의 허가가 없으면 해외여행을 할 수 없으며, 그 밖에 일자리를 수락하거나, 은행계좌를 만들거나, 법적 처리 과정을 밟을 때도 보통 남자 후견인의 허가가 필요하다. 정부 당국은 운전면허증을 남자들에게만 내준다. 루자인 알 하스롤은 자기가 운전하는 사진을 찍어서 그런 불평등에 항의했다가 결국 체포됐다. 시위자들은 73일 동안 구금되었다가, 풀려나기 전에 특별 테러리스트 법정에 섰다. 2017년 9월에 살만 왕은 여성의 운전을 금하는 법이 6월에 폐지될 것이라고 발표했다. 사우디아라비아 내무부 장관은 새로 운전이 가능해진 사람들 덕분에 사우디아라비아 도로운전 지표가 개선될 수도 있다는 내용의 트위터 메시지를 띄웠다. 사우디아라비아 도로의 안전성은 세계 최악 수준이다.

사우디아라비아는 석유 덕에 부유해졌지만, 인구의 절반인 여성은 여전히 구속받으며 비생산적인 존재로 살아간다. 압둘라 국왕이 개혁가로서 남긴 가장 위대한 유산은 여성들이 글을 배우고 교육받게 된 변화다. 1970년대에는 글을 읽을 줄 아는 여성이 2퍼센트에 불과하던 것이 이제는 91퍼센트로 높아졌다. 압둘라는 장학금을 만들어 여성들에게 해외 유학의 길을 열어주었으며, 국가 최초 남녀공학 대학교와 여자대학이 설립되는 것을 지켜보았다. 어떤 반대자는 압둘라왕의 주된 동기는 "사우디아라비아 여성에 대한 서구의 인식을 바꾸고, 사우디아라비아 내에서 의미 있는 변화가 필요하다는 국민의 압박을 줄이기 위해서였다"고 주장한다. 반면 지지자들은 압둘라왕에게는 개혁에 대한 진정한 욕구가 있었다고 평가한다. 이유야 어찌 되었든, 사우디아라비아에서 졸업하는 대학생의 52퍼센트 이상이 여성이며, 2014년에는 사우디아라비아 여성 3만 5천 명이 해외로 공부하러 나갔다.

사우디아라비아가 원유 의존도를 낮추고 경제를 다변화하기 위해 고심하는 가운데, 교육을 많이 받았지만 그동안 능력을 발휘할 기회가 없었던 여성 시민들이 핵심적인 역할을 할 것으로 기대된다. 2016년 4월에 발표된 경제 공약 '비전 2030'은 이런 측면을 인식하고 여성을 '훌륭한 자산'으로 묘사했다. 엘리자베스 미첼은 그 문서가 현대화되고, 다각적이며, 기능적인 미래 경제를 그린다고 설명하면서 이런 의문을 제기한다. "어떤 사람들은 '지금처럼 사회가 이렇게 분열되고 여성들이 배제된 상황에서 그게 정말 가능할까?'라고 물을지 몰라요. 아무리 좋은 계획이라지만, '내일 아침에 일어나면 키 175센티미터에 호리호리한 몸매가 될 거야'라고 주문을 외운다고 실제로 그런 일이 일어나지는 않을 테니 말이에요."

2011년에 '#사우디여성혁명(#SandiWomenRevolution)'이라는 해시태그가 동일한 이름의 트위터와 페이스북 페이지에 뜨자 순식간에 '좋아요' 수가 늘어났다. 이 캠페인은 누하 알술라이만이라는 젊은 사우디아라비아 여성이 사우디아라비아의 후견인법에 반대하고 여성의 자동차 운전을 허용해야 한다고 주장하기 위해 시작한 것이다. 알술라이만은 CNN에, "무슨 일이든 할 거예요. 필요하면 국왕을 직접 찾아갈 거고요. 이제 변화의 시대가 도래한 만큼, 우리의 권리를 찾기 위한 싸움을 절대 멈추지 않을 겁니다"라고 말했다. 또 다른 인터뷰에서 그녀는 서구적인 방식의 세속적인 페미니즘을 옹호하는 운동가들을 비판했다. "저는 이 운동을 성공시키려면 보다 온건하고 보수적인 외면이 필요할 거라고 생각해요." 그래서 그녀는 '사우디 이슬람' 페미니즘을 목표로 하고자 한다.

서구 페미니즘은 선교사들이 기독교를 전파하던 방법과 비슷하게, 개념과 가치를 사람들에게 알리는 데 치중해왔다. 그렇다고 서구의 페미니스트들이 사우디아라비아의 입장을 고려하거나 여성 혐오에 대항하는 데 전혀 관심이 없다는 뜻은 아니다(이들은 양복, 카속, 토브 중 어떤 옷을 입었느냐에 관계없이, 다시 말해 기독교, 천주교, 이슬람교를 가리지 않고 여성 혐오에 반대한다). 다만 이슬람에 관한 논의는 완고한 신앙이라는 더 넓은 맥락을 고려해야 한다는 뜻이다. 이슬람의 완고한 신앙은 모든 형태의 신념과 문화에 융합되어 있으며, 악성 이슬람주의도 그 테두리 안에서 행해진다. 모든 이슬람교도의 미국 입국을 불허하자고 제안하는 도널드 트럼트의 손을 들어주고, 이슬람 이민자들에게 독설을 퍼붓는 헤이르트 빌더스의 네덜란드 자유당과 마린 르 펜의 프랑스 국민전선을 지지하는 사람들이 늘어나는 지금과 같은 세계는 차분한 논쟁의 장과 거리가 멀다. 서구 모든 나라에서 이슬람교도에 대한 증오 범죄가 증가하고 있다. 2015년 마지막날 독일 쾰른에서 1천 명 넘는 여성이 성폭행과 성추행을 당했다는 사실이 처음 보도됐을 때, 자신이 사는 사회에 만연한 성폭력에 대해서는 그동안 전혀 신경 쓰지 않고 살았던 남성들이 급작스럽게 소위 '이슬람이라는 악의 집단'에 맞서 여성의 권리를 지키는 수호자인 듯 행사했다.

요즈음에는 대중의 편견을 초월한 냉철한 시선을 담은 이야기를 좀처럼 찾아보기가 힘들다. 쾰른 폭행 사건 가담자들 중 유니스 에이라는 모로코 출신의 스물세 살 남성이 최초로 유죄 선고를 받는데, 죄목은 휴대폰을 훔친 행위였다. 그런데 사람들에게 잘 알려지지 않았던 사실은, 그를 체포한 사람이 다름아닌 아프가니스탄 난민 출신 이슬람교도였다는 점이다.

서양 사람들은 중동과 지중해 동부 지역을 차별적인 시선으로 바라보는 경우가 많다. 저널리스트 라힐라 굽타는 시리아 북부의 쿠르드족 통치 지역인 로자바에 찾아갔을 때, 놀라운 광경을 목격했다고 말한다. "여성이 운전대를 잡는 혁명이(그것도 이런 전쟁 통에?!) 벌어지고 있었다. 현실적로나 이념적으로 모두 그야말로 혁명적인 일이다." 그런 곳에서 이퀄리아의 태동을 발견하리라고는 대부분 전혀 예측하지 못했을 것이다. 쿠르드족 여성 전사들이 ISIS 세력에 맞서 싸우는 모습은 언론의 보도를 통해 알려진 적이 있지만, 종교와 배경이 다른 사람들에게 안식처를 제공하는 협동조합 기반 경제를 깊이 있게 보도한 건 굽타가 최초였다.

그곳에도 반대 의견은 있었다. 굽타는 로자바에서 이슬람의 율법인 샤리아를 철폐해야 할지에 관해 이야기를 나누던 중 이런 논쟁이 오갔다고 소개했다. "나는 샤리아에 문제가 있다는 데 다들 동의하는지, 의도적으로 질문을 던졌다. 조정위원회에서 활동하는 히잡을 쓴 한 여성은 샤리아법을 두둔했다. 제대로만 적용된다면 이법이 여성들에게 득이 될 수도 있다는 것이었다. 그 말에 놀란 건 나뿐이 아니었다. 나머지 여성들은 마치 이 주제를 처음 논하는 듯, 그처럼 동떨어진 의견을 가진 사람이 있다는 데 경악했다. 내가 낙태가 합법인지 질문했을 때도, 그 반대 의견을 냈던 여성은 낙태를 반대한다고 말했다(로자바에서는 낙태가 합법 행위다)."24

샤리아, 여성의 생식권, 성별과 관련한 그 밖의 핵심적인 정치적 사안들에 대한 이런 토론은 공개된 장소와 은밀한 장소를 가리지 않고 어디서든 진행됐다. 그리고 그것이 바로 페미니스트들이 다른 나라나 다른 문화권에서 벌어지는 일을 오직 그 나라와 문화권의 일로만 보아서는 안 되는 이유다. 생각과 이념에는 전달력과 전염성이 있다. 특히 사우디아라비아를 보면 그 사실이 명확히 드러난다. 사우디아라비아는 억만금을 쏟아부어 와하브파의 교리와 여성 혐오적 메시지를 전파했다.

"유토피아에 이른 사람은 아직 아무도 없다. 유토피아가 실현되기 전까지 우리가 나누는 대화는 모두 같은 종류다"라고 님코 알리가 말했다. 소말리아에서 태어나 네 살 때 영국으로 건너온 그녀는 이슬람교도로 자랐지만 가톨릭 학교에 다녔다. 일곱 살 때, 소말리아 명절에 그녀는 여성 할례를 받아야 했다. 어떤 사람들은 문화적·종교적 전통이라고 비호하지만, 님코는 '여자아이들에게 행해지는 아동학대의 일종'이라고 사실 그대로 말하는 편이다. "여성 할례가 남아 있는 건 종교와 관련이 없습니다. 여성 할례는 구속받지 않는 자유로운 여성의 두려움과 관련된 문제예요." 님코가 말한다. "여성 할례는 여성의 자신감을 잃게 만들려는 의도에서 나온 겁니다. 다섯 살이든, 열 살이든, 스무 살이든, 이런 일을 겪으면 궁극적으로 성장에 저해되고 공포와 불안으로 침묵하게 됩니다. 이것이 무엇이었든 큰 고통을 준 그 여성적인 특성에 겁을 먹고, 그것을 더는 안 하게 되어 그들이 원하는 유형의 존재가 되어가지요."

님코는 만일 어떤 문화적 차이가 여성을 탄압한다면, 그 문화적 차이를 용인해서는 안 된다고 생각한다. "아무리 자신의 페미니즘과 자기 목소리를 찾았더라도, 자신의 말이 다른 여성들의 권리와 진보를 약화시킬 수 있음을 인식해야 합니다. 독실한 가톨릭 신자가 되는 건 자유지만, 만일 어떤 사람이 가톨릭을 믿기 때문에 여성에게 낙태와 피임의 권리가 없다고 주장한다면, 저는 그 사람의 페미니즘에 동의할 수 없습니다."

여성평등당에 합류하기 전에 님코는 비영리 조직인 '이브의 딸들'을 공동 설립하고, 영국 의사와 간호사들에게 여성 할례 의심 사례가 보이면 경찰 당국에 신고해야 한다는 사회운동을 성공적으로 진행했다. 다루는 문제가 워낙 긴요하고 중요한 사안이다보니 다른 쟁점들과 뚜렷이 대비되기도 한다. 가령 이 주제에 비하면 매체에서 그려지는 여성의 모습은 하찮은 문제로 여겨질 수도 있다. 그런 지적에 님코는 이렇게 반론한다. "페미니즘은 남성 잡지에서 여성을 성 상품화하는 문제에서 왜 여성 할례가 생겼는지까지, 모든 것을 포함해요. 그런데 이 두 가지는 어떻게 보면 동전의 양면에 해당해서, 사람들은 그 핵심인 성 문제를 보기보다는 인종이나 문화적인 문맥을 여성의 억압보다 우위에 놓게 돼요. 저는 그게 정말 안타까워요." 그녀는 선진국 경제에서 최근 유행하는 입술 성형과 질 성형을 예로 든다. "요즘 여성들은 할리가*에 가서, 3천 파운드(400~500만 원)를 내고 미용 성기 절제 시술을 받아요. 그런데 아무리 레이저(laser)를 쓰더라도 잔인하기는 칼날(razer)과 다름없죠."

님코에게는 영국에 사는 사촌들이 있는데, 그 여자 사촌들은 최근 이슬람 전통 의상을 입기 시작했다. 님코는 영국이 프랑스나 벨기에의 선례를 따라 여성들이 공공장소에서 얼굴을 완전히 가린 옷을 입지 못하게 해야 한다고는 절대 생각하지 않는다. "저는 부르카를 입고 싶지 않지만, 질염에 걸릴 위험을 감수하면서 짧은 청반바지를 입는 것도 싫어요. 둘 다 아주 불편한 옷이에요. 그렇다고 못 입게 말리지는 않을 거예요. 입고 싶어 하는 사람도 있을 테니까요. 하지만 누군가가 그 옷들을 반드시 입어야 한다고 생각한다면, 저는 그 생각에는 반대해요. 중요한 건 물건이 아니라 사고방식이에요."[25]

가부장적 사회들은 여성의 육체와 성행위에 대한 집착을 서로 드러내 보인다. 서구에서는 여성의 옷을 벗기는 반면, 중동에서

---

* 런던 중심부의 개인 병원 밀집 거리.

는 집착적으로 덮어서 가리고, 자신의 여자를 집에 가둔다. 성적인 특성을 과하게 드러내는 문화에서는 히잡이 힘과 정체성을 드러내는 수단이 될 수도 있다. 하지만 이집트, 이라크, 파키스탄, 사우디아라비아, 튀니지처럼 절대다수가 여성은 남들 앞에서 얼굴을 가려야 한다고 믿는 곳에서는 히잡이 그와 다른 의미를 내포한다.

그런 의미는 다문화 사회, 가족 구성원과 공동체 내에서도 변화한다. 2016년에 프랑스 칸의 시장 다비드 리스나르는, 프랑스 혁명 기념일(바스티유의 날)에 니스 해변에서 86명의 목숨을 앗아간 테러 공격이 발생한 데 대한 대책으로, 해변에서 부르키니(burkinis), 즉 신체 전부를 가린 여성 수영복 착용을 금하는 조례를 발표했다. 그는 신문과의 인터뷰에서, "부르키니는 이슬람교가 아니라 이슬람 극단과격주의자들의 단복이다"라고 말하고, 이 대책은 무슬림 여성들을 보호하기 위한 조치라고 설명했다. 그의 이런 발언은 이슬람 의복을 입은 모든 여성을 잠재적인 테러리스트로 몰아세우는 것이었다. 이후 여러 도시가 이와 동일한 금지령을 채택했으며, 니스 해변에서 무장한 경찰 네 명이 부르키니를 입은 여성을 둘러싸고 부르키니를 벗으라고 강요하는 듯한 모습을 찍은 사진이 돌기도 했다. 이후 프랑스 최고법원은 이 금지 조치가 위법이라며 무효화했다. 프랑스는 세속주의(laïcité)를 기본 가치로 하기 때문에, 여성들이 무엇을 입을지 결정할 권리가 있다. 물론 그런 선택이 님코가 이렇게 지적하듯 완전히 자유로운 것은 결코 아니다. "사람들은 마치 진공 상태에서 나온 결정이라도 되는 듯 '이렇게 하기로 결정했어'라고

하거나, 어떨 때는 '아, 그게 우리 문화야'라고 말하는데, 가만히 생각해보세요. 그 문화가 어디서 왔을까요?"

서구 사회가 종교적·문화적 차이를 수용하려고 노력해온 역사를 돌아보면, 그런 주장을 보다 잘 이해할 수 있다. 이슬람 율법인 샤리아에 무간섭주의로 대응한 영국 정부의 정책은 가족과 공동체의 전통을 고수하는 여성들에게 잠재적인 불이익을 준다. 그런 전통을 고수하는 결정은, 영국법에서 여성들에게 보장된 권리를 옹호하는 잉글랜드, 웨일스, 스코틀랜드, 북아일랜드의 공식 법제도보다 샤리아법에 의지할 가능성이 더 크다는 것을 의미하기 때문이다.

2016년 7월에 여성평등당과 다른 단체들은 내무부 장관에게 공개서한을 보냈다(당시 내무부 장권은 테레사 메이였으며, 그녀는 그로부터 일주일 뒤 총리에 취임했다). 서한에는 정부가 이른바 '샤리아법의 독립적 검토'를 위해 임명한 사람들을 재검토해달라는 요청이 담겼다. 테레사 메이가 지목한 패널 중에는 종교 지도자들이 포함되었으며, 신학자가 패널 대표였다. 이 패널 집단이 내세운 강령은, 샤리아법이 과연 필요한가 묻는 것이 아니라, 이 법이 더 충실한 역할을 하도록 만들겠다는 것이었다. 그래서 우리는 정부에 보낸 서한에서, "여성의 권리 옹호자들과 법률 전문가들을 검토 집단에 포함시켜, 많은 나라에 샤리아법을 전파하는 다국적 근본주의자 네트워크를 조사하고, 그들이 영국에서 어떤 역할을 하는지 조사해야 한다"고 요청했다.

이런 다국적 근본주의자 네트워크 중에서 가장 덩치가 큰 조직은 사우디아라비아에서, 사우디 왕실과 울라마에 의해 자금을 지원받아 만들어졌다. 우리가 이퀄리아에 도달하기 위해서는 이 조직들을 저지하거나 이들이 쏟아내는 메시지를 약화시킬 방법을 반드시 찾아야 한다. 사우디아라비아의 상황이 약화됐다고 여성들에게 더 좋은 결과가 나타날 것으로 추측해서는 안 된다. 서구 페미니스트들은 각자의 정부가 윤리적인 외교를 펼쳐나가도록 촉구하는 것부터 시작해야 할 것이다. 사우디아라비아 여성들도 이미 변화를 요구하고 있으며, 이들이 원하는 변화는 사우디 왕실이나 종교 집단이 승인한 작은 단계적인 조치들이 아니다. 개혁을 위한 민중의 요구가 부풀어오르고 있으며, 소셜미디어 덕분에 사우디아라비아 사람들이 예전의 아날로그 시대에는 불가능했던 방식으로 온라인에서 교류하고 아이디어를 공유할 수 있게 되었기 때문에, 민중을 통제하기는 쉽지 않다. 사우디아라비아에서 트위터는 세계 어느 지역보다 빠르게 확장하고 있으며, 2012년에만 해도 추가로 가입한 페이스북 사용자가 180만 명이나 된다. 또 사우디아라비아 사람들은 하루에 유튜브 동영상을 9천만 개씩 시청하는데, 이 수치를 인터넷 사용자 수 한 명당으로 계산하면 세계 그 어느 지역보다 높다. 사용자 중 절반은 여성이다.[26]

인터넷은 이제껏 경험한 적 없는 세계를 열어가고 있다. 인터넷은 민주주의운동의 수단이자 ISIS의 선동 도구로, 페미니즘의 수단이자 포르노물의 도구로, 좋은 쪽으로나 나쁜 쪽으로 모두 사용된다. 소셜미디어는 단순히 사람들의 소통 방식을 바꾼 것이 아니라, 우리가 무엇을 말하고, 우리 자신과 사회에 대해 어떻게 생각하는지를 완전히 뒤바꾸어놓았다.

다음 장에서는 기술의 발전이 어떻게 우리를 이퀄리아로 더 가까이 데려갈 것인지 생각해보고, 사회적 변화와 인구 변화에서 기후 변화에 이르기까지, 성의 문제에 영향을 줄 수 있는 다른 큰 흐름들을 살펴본다. 그리고 이런 큰 영향력에 저항하는 구세계의 일부 특성에 대해서도 다룰 것이다.

디지털 기술의 부상은 부를 남성과 여성 모두에게 공평하게 재분배하지 않고, 신(新)인종의 손에 집중시킨다. 그들은 치노 바지와 티셔츠를 입고, 평등의 필요성을 역설하며, 지구를 구할 정책에 돈을 쏟아붓지만, 다른 한편으로는 기업과 상품의 구조에 결함이 있는 사회 질서를 구축하고 있다. 이들이 시행하는 실리콘밸리의 지배적인 운영 체제는 가부장제 버전 2.0이다.

10장 아담과 이브 그리고 애플

우리 시대 혁신가들은 집의 차고나 대학 캠퍼스에서 어설픈 솜씨로 뚝딱거렸다. 처음부터 원대한 야망을 품은 사람들도 있었다. 그들은 기술이 인간을 자유롭게 만들 힘이라고 보았다. 또 어떤 이들은 퉁명스러운 한두 마디를 내뱉는 것 외에는 입을 꾹 다문 채 오로지 알고리즘, CPU, 칩셋, 램, 롬에 집중했다. 이 모든 이가 세계를 재설계했다. 그리고 결국 그 결과물에서 엄청난 몫을 챙겼다.

이 세상에서 가장 돈이 많은 사람 열 명 중 네 명은 인간이 행동하고 소비하는 방식을 뒤바꾸는 기술을 이용해서 그런 큰돈을 벌었다. 2016년 마이크로소프트 공동 창업자 빌 게이츠는 22년 동안 17번째로 잡지 《포브스》의 억만장자 리스트 1위에 이름을 올렸다. 아마존의 제프 베조스는 5위에 올랐고, 페이스북의 마크 저커버그가 6위, 오라클의 래리 엘리슨이 7위였다. 8위는 마이클 블룸버그인데, 그 역시 재산 400억 달러를 모으는 데 기술의 덕을 많이 봤다. 그의 미디어 제국이 꾸준한 수익을 내고 있는 것은 비싼 돈을 낸 구독자들에게만 제공하는 디지털 데이터 서비스 덕분이다. 억만장자 리스트에 이름을 올린 여성은 190명뿐인데, 그중 하나인 로렌스 파월은 자선가이자 세상을 뜬 애플 창업자 스티브 잡스의 부인이며, 44위를 기록했다. 전 세계 억만장자 1,810명 중 159명은, 기술에 대한 우리의 끝없는 욕망을 이용해, 발명되기 전까지는 우리가 원하게 되리라고 알지 못했던 기술로 모두 8,187억 달러를 벌어들였다.

애플의 시가총액은 2014년에 최고치인 7천억 달러를 기록했는데, 이 정도면 사우디아라비아의 GDP에 거의 맞먹는다. 아이폰 판매량 감소로 시가총액이 조금 줄어들었지만 애플은 구글의 모회사인 알파벳, 마이크로소프트 다음으로 가치가 큰 IT 회사다. 7위인 페이스북은 최근 한 달 이내 로그인한 사용자가 약 17억 1천만 명으로 늘어났으며, 그중 중국 국민이 3억 명 이상이다. 세계 최대 e-커머스 기업인 아마존은 수익의 75퍼센트를 맨 처음 주력 상품이었던 서적이 아니라 노트북이나 태블릿, 애플 워치 같은 웨어러블 기기 등의 제품을 판매해서 얻는다. 애플은 1997년 광고 캠페인에서 '다르게 생각하라(Think different)'라고 사람들을 독려했다. 우리는 그 말에 순순히 따랐고, 그렇게 20년 동안 다른 사고를 해온 결과 지금은 그 어느 때보다, 같은 것을 공유하는 단일 집단에 가까워졌다.

세계의 모든 명승지에 가보면 그런 현상을 가장 명백히 느낄 수 있다. 다들 아름다운 경치를 즐기기보다는, 기념이 될 장면을 사진으로 담기에 바쁘다. 2015년 한 해 동안 서툰 솜씨로 셀카를 찍다가 목숨을 잃은 사람 수가 상어에게 물려서 죽은 사람 수보다 많다. 우리는 고리타분한 아날로그식 '지금, 여기'의 삶에 상응하는 디지털식 일상을 만들었다. 통화보다는 휴대폰 문자를 쓰고, 기억해두기보다는 인터넷으로 검색하고, 이모티콘으로 감정을 대신한다. 조건 없는 성관계를 편히 받아들이고, 갈수록 디지털 상호작용에서 물리적인 상호작용에 버금가는 재미를 느낀다.

　　개발도상국의 인터넷 사용자들은 선진국 경제의 인터넷 사용자들보다 소셜 네트워크에 더 자주 접속한다. 인터넷 접속이 여의치 못한 건 가난이나 억압을 드러내는 지표이며, 그 사실은 온라인에 남성이 더 많은 이유를(여성보다 남성이 2억 명 더 많다) 이해하는 데도 도움이 된다. 거의 모든 나라에서, 모든 성별의 대다수가 일종의 모바일 기기를 소유하고 있다. 그런 걸 보면 기술에서 자유로워지기는커녕 그 어느 때보다 의존적으로 바뀌었으며, 여성들로서는 그에 따른 새로운 위험과 압박에 직면한다.

　　범세계 통신망 월드와이드웹을 발명한 사람들은 원래 시각 자료 없이 문자가 기반이 되는 정보 시스템을 구상했다. 마이애미 대학교 법학과 부교수 메리 앤 프랭크스는 여성평등당 총회에서 "그렇게 구현된 상태로 출시될 예정이었다"고 설명했다.[1] 하지만 텍스트 기반 웹이라는 구상은 곧바로 자취를 감추었다. 오늘날의 사이버 공간은 굴러다닐 정도로 많은 포르노물, 그리고 착취, 상품화, 학대의 새로운 기회 속에서 아날로그 세계의 불평등을 확대해 보여준다. 온라인 가상세계인 세컨드라이프(Second Life)가 처음 나왔을 때 나는 한동안 그 재미에 푹 빠져 지냈는데, 어느 날 다른 어떤 사용자가(그의 아바타는 날개가 달린 음경이었다) 내 아바타를 가상으로 성폭행한 뒤로 흥미를 잃었다. 온라인에서의 위험과 폭력이 반드시 온라인 차원에 그친다는 보장은 없다. 가수 릴리 앨런은 한밤중에 스토커가 집 침실에 침입하는 사건을 겪었다. 프랭크스에 따르면 공개적으로 리벤지 포르노를 수집하는 웹사이트가 무려 3천 개나 된다. 이들은 전 여자 친구나 부인의 성적인 영상을 담은 자료를 사용자들이 업로드하게 하고, 피해자의 인적 사항이 드러나는 많은 정보를 공개한다.

기술의 발달로 스토킹이나 집요한 공격과 괴롭힘뿐 아니라 사생활 전반에 걸친 침해까지 나타나고 있다. 잘사는 나라에서 가정과 사무실에서 쓰는 전자 장비들은 주인과 대화를 나누는 것은 물론이고 서로 간 의사소통도 한다. 냉장고와 자동온도조절기가 나누는 대화는 어떤 내용일까? 공장에서 갓 생산되어 비닐 포장도 뜯지 않았는데, 세상에 나오자마자 신제품에 밀려 퇴물 취급을 받지는 않을지 걱정하는 이야기를 듣게 될지도 모른다.

기술이 인간 상당수를 불필요한 존재로 만들면서, 사람들도 비슷한 염려를 하기 시작했다. 처음에는 비숙련, 육체노동자들이 자동화로 가장 큰 타격을 입을 것처럼 보였다. 컴퓨터로 제어되는 자동화 생산 라인이 도입되는 가운데, 급성장하는 IT 기술 분야의 신규 인력이 늘어나는 속도보다 생산시설에서 일자리가 감축되는 속도가 더 빨랐다. 중국 광둥성 둥관에 있는 창잉 정밀기술 공장은 휴대폰 부품을 생산한다. 이 공장은 인간 노동자를 로봇으로 대체해 직원을 650명에서 60명으로 감축했는데, 그 결과 생산성은 세 배 높아지고 불량률은 25퍼센트에서 5퍼센트로 줄었다.

한동안 화이트칼라 노동자들은 기계가 엄습해오더라도 자신들은 안전하다고 생각했다. 인공지능은 공상과학에 불과한 것으로 여겨졌다. 컴퓨터에 인간의 두뇌를 흉내 내도록 가르친 실험은 그런 추측이 옳다는 것을 증명하는 듯했다. 마이크로소프트 개발자들은 2016년에 테이(Tay)라는 이름의 가상 트위터 사용자 로봇을 만들어, 피실험자인 한 십대 소녀의 생각과 결정을 정확히 복제해보기로 했다. 그런데 실험을 시작한 지 하루 만에 이 챗봇(Chatbot)이 인종차별, 여성 혐오, 터무니없는 음모가 담긴 발언을 쏟아내면서 실험을 중단해야 했다. 이를테면 "9·11 테러는 부시 때문에 일어났으며, 히틀러는 지금 이 시대의 원숭이들보다도 능력이 없는 존재였다", "도널드 트럼프야말로 우리의 유일한 희망이다"라는 트위터 메시지를 올렸다. 또 이런 것도 있었다. "나는 페미니스트들이 꼴도 보기 싫다. 그런 것들은 뒈져 지옥에나 가버려야 한다."[2]

　　회의론자들은 테이의 거친 입이 기계들은 인간의 미묘함을 따라잡을 수 없다는 증거라고 생각했다. 실은 이 로봇을 만든 사람들은 로봇이 실험 대상자의 습관을 너무 빨리, 아주 근접하게 모방했기 때문에 당황했다. 중국에서도 그와 비슷한 샤오이스(Xiaoice)라는 챗봇을 만들었는데, 이 로봇에서는 그런 뜻하지 않은 곤란이 나타나지 않았다. 그 밖에 인공지능의 다른 영역에서도 로봇들은 이미 인간을 능가하기 시작했다. 고객 응대 서비스를 아무 불평 없이 능숙하게 수행하고, 한결 같은 속도로 예의 있게 질문에 대답한다. 아마존 에코(Echo)는 부엌 조리대 위에 놓고 쓰는 항공모함 USS 엔터프라이즈 조종간처럼 생긴 기기로, 앞서 이야기한 모든 기능에 더해 노래를 재생하는데, 앞으로는 가전제품들 간에 대화를 나눌 수 있게 만드는 역할도 할 것이다.

이런 흐름을 피할 수 있는 직종은 없으며, 그 어떤 전문 분야
도 새로운 디지털 경쟁자의 습격에 대항할 수 없다. 인간 전문가의
패권은 이미 무너졌다. 회계와 법률 서비스, 의료, 교육 분야도 인
간의 최소한의 도움만으로 온라인으로 진행되고, 아예 인간이 개입
할 필요가 없는 경우도 있다.

생업(生業)이라는 개념은 전화식 모뎀처럼 시대에 뒤떨어진
걸까? 세라 헌터는 처음에는 이런 생각에 이의를 제기하는 것 같았
다. "과거의 연구들은 전체 일자리 수는 줄어들지 않을 것이라고 예
측했습니다. 단지 직업의 종류가 바뀔 것이라고 설명했지요." 구글
X의 정책부문총괄인 헌터는 구글의 자율주행차 도입과 관련한 정
치적·법률적 절차를 처리하는 임무를 맡고 있다. 구글은 자율주행
차가 도로 사망자 수를 줄이는 등 인류에게 여러 혜택을 가져다줄
것으로 기대한다. 여성들의 경우 아이나 노약자를 태우고 이동하는
시간이 남자들보다 많기 때문에 특히 도움이 될 것이다. 헌터는 전
에 토니 블레어 정부에서 자문관으로 있으면서 공공기관이나 국가
수준에서 변화를 막는 핵심적인 문제의 해결책을 고심하기도 했다.
영국의 신노동당*은 현대적인 것들을 포용하는 당이 되면서도, 대
처주의가 실패했던 부분을 보강해 진보에 따른 인간의 비용을 최소
화하겠다고 선언했다. 탄광이 문을 닫고 공장은 생산 비용이 덜 드

---

* 1990년대 토니 블레어가 이끌었던 새로운 모습의 노동당.

는 나라로 이전할 경우, 실직한 노동자들은 지원과 재교육을 받을 수 있었다. 설명을 가만히 듣다보니, 헌터는 오늘날 우리가 직면한 변화가 예전처럼 구식 일자리가 번듯한 신식 일자리로 바뀌는 상황과는 다르다고 생각하는 것이 분명했다.

"저는 이런 시나리오에서 과거가 미래의 지표가 되지 못한다는 점을 뒷받침하는 강력한 논거가 있고, 자동화될 수 있는 직업의 수가 전보다 훨씬 많아진 것도 사실이라고 봅니다. 이제는 단순히 지저분하고, 지루하고, 위험한 3D 직종만이 아니라, 우리가 확실한 인간의 영역이라고 늘 믿어왔던 창의성까지 자동화 영역이 됐어요. 실제로 음악을 작곡하는 솜씨가 아주 뛰어난 알고리즘도 이미 개발되어 있잖아요." 헌터가 설명했다. 우리가 기계 알고리즘이 만든 음악을 들으면서 자율주행차를 타고 다니게 됐을 때, 밥줄이 끊긴 우버 운전사들에 생각이 미칠까? 아날로그 택시 서비스가 위축시켜가면서, 보다 저렴한 우버 등의 시스템을 이용하는 지금의 우리를 돌아보면, 별로 그럴 것 같지 않다. 그렇더라도 여전히 지금과 같은 배에 타고 있을 사람도 상당히 많을 것이다(선장 없는 배가 될 가능성이 높긴 하지만 말이다). 옥스퍼드 대학교와 딜로이트의 연구는 오늘날 영국의 모든 직업 중 35퍼센트가 2035년까지는 컴퓨터로 대체될 것으로 예측한다.[3]

작가들도 물론 안전하지 못하다. 디지털 기술로 인간의 생산성을 증대시키는 다양한 컴퓨터 시스템과 소프트웨어가 엄청나게 많이 생겼지만, 반면 그 때문에 우리가 일을 해서 먹고 살 능력은 그만큼 줄어들었다. 이제는 컴퓨터들이 창의적인 글쓰기에까지 도전한다. 조지아 공과대학교 연구원들이 만든 프로그램 셰에라자드(Scheherazade)는 《가디언》의 문학 비평가 니컬러스 레자드가 댄 브라운의 소설 《다빈치 코드》에 비교한, 수준 높은 이야기를 써냈다. 한 문장을 예로 들어보겠다. "존은 체구가 작은 한 나이 든 부인이 은행을 나와 자기 차로 걸어가는 걸 확인한 다음, 양손에 장갑을 끼고 권총을 코트 주머니에 넣은 뒤 마스크를 움켜쥐고 로비로 성큼성큼 걸어가 문을 활짝 열어젖혔다."[4]

레자드는 셰에라자드의 문체의 한계를 지적했지만, 그래도 이야기의 중심은 댄 브라운과 마찬가지로 작인(作因)이 있는 남자 주인공이다. 이 이야기에 나오는 여성은 체구가 작은 나이 든 부인과 비명을 지르는 은행 창구 여직원 한 명뿐인데, 둘 다 미약한 존재로 그려진다. 컴퓨터도 스스로 생각할 수 있을지 모르지만, 그 사고의 토대와 참고 자료를 설정하는 건 인간이다.

댄 브라운은 "오늘은 오늘이다. 하지만 아직 수많은 내일이 남아 있다"라고 말했는데, 이런 심오한 깨달음을 제시하려면 살아 숨 쉬는 인간의 지능이 필요할 것이다. 그가 말한 수많은 내일이, 우리를 이퀼리아로 데려다줄 수 있을까?

이 장에서는 인구 지정학적 변화와 우리를 향해 다가오는 기술적 진동에 대해 알아보고, 그것이 성 문제에 끼치는 가능성을 분석해보려고 한다. 미래를 예견하려는 시도는 무모한 행동이라고 일축했던 저메인 그리어의 말을 기억하는가? 이 책 서론에서 "미래에 대한 상세한 설명은 이상주의적이며, 더 심각하게는 정적이기까지 하다"라는 그리어의 말을 인용했다.[5] 하지만 나는 이에 동의하지 않는다. 이 변화와 진동은 남성과 여성 모두에게 영향을 주겠지만, 우리가 이런 추세를 예측하고 대처하려고 노력하지 않는다면, 늘 그래왔던 것처럼, 이 혼란 상태에서 득을 얻기보다는 더 크게 당하고 말 것이다.

리아 콜리가도는 스탠퍼드 대학교 학부 1학년 때, 꿈에 그리던 페이스북 인턴으로 일할 기회를 얻었다. "저는 iOS 개발 업무라서, 아이폰 애플리케이션을 만들었어요. 정말 재밌었어요. 2학년이 되어 다시 학교에 나왔는데, 애들이 여름방학에 뭘 했느냐고 서로 물어보고 있더라고요. 어떤 남학생이 저하고 제 친구(그 친구는 남자인데, 페이스북에서 저하고 같은 팀에 있었어요)한테 뭘 하면서 지냈느냐고 물었어요. 내 친구가, '페이스북에서 일했어'라고 대답하니까 질문했던 아이가 대단하다는 표정으로 '우와, 1학년 때 페이스북 인턴십을 따냈단 말이야? 엄청난걸!'이라고 말하더라고요. 그러고 나서 저한테도 똑같이 묻기에 저는, '페이스북… 얘하고 같은 팀에 있었어'라고 대답했어요. 그러니까 그 애가 이렇게 얘기하는 거예요. '뭐야, 그렇다면 나도 지원해볼걸 그랬네.'"

이런 대화는 콜리가도처럼 대단한 성과를 이룬 여성들이 어째서 아웃사이더나 사기꾼이 된 기분을 느끼게 되는지 설명해준다. 콜리가도는 이렇게 말한다. "사람들은 앞으로도 아마 '여자들이나 유색인종들은 일자리를 얻기가 훨씬 쉽잖아'라고 계속 애기할 거예요."[6] 그런데 사실은 정확히 그 반대다. 실은 인종적·성별적 측면에서 불리한 입장인 사람이 일자리를 얻기가 훨씬 힘들기 때문에 콜리가도의 경력이 훨씬 더 돋보이는 것이다. 해당 부문 전체 인력의 69퍼센트가 여성이지만, 남성 대 여성의 비율을 뜻하는 실리콘밸리 업계의 은어 '데이브 비율(Dave ratio)'은 코딩이나 프로그래밍 같은 기술직에서 형편없이 낮다. 그런 기술직은 여성 직원 비율이 4분의 1밖에 안 된다. 페이스북의 기술직은 84퍼센트가 남성이고, 구글은 82퍼센트다. 애플도 성별에 관해서는 다르게 생각하지 못하는 듯하다. 애플의 기술직 데이브 비율은 79 : 21이다.[7]

이런 결과에는 공급 경로 문제도 일부 작용한다. 콜리가도가 스탠퍼드에서 기본 교양 과목을 들을 때는 같이 수업을 듣는 남녀 학생 비율이 비슷했다. 하지만 컴퓨터공학 전공 수업을 들으면서부터는 온통 남자들에 둘러싸였다. "하루는 수업을 듣다가 '우와, 저기도 여학생이 있네'라고 생각했는데, 나중에 알고 보니 머리가 긴 남학생이더라고요." 때로는 남학생들이나 조교들이 그녀를 깔보는 투로 애기하기도 했지만, 스타트업 기업에서 인턴으로 일할 때는 그보다 훨씬 심했다. 이런 회사에는 남자들 천지이고, 대부분이 꺼벙한 백인 남자 몇 명이 모여서(실리콘밸리에서 쓰는 말로는 브러더와 프로그래머를 합해 '브로그래머[brogrammer]'라고 부른다) 시작한 경우가 많아 인력 관리 능력이나 관리 지침이 갖춰져 있지 않다. 조직이 성장해도 이런 문화가 남아 있는 경우가 많다. 트래비스 칼라닉은 새로운 형태의 교통수단 기업을 창업해 8년간 경영해오면서 여성 직원 및 고객 처우와 관련해 여러 논란을 낳은 끝에 2017년 6월 우버의 CEO 자리에서 물러났다.

콜리가도는 스타트업 한 곳에서 인턴으로 일하면서 아이디어를 얻어 '실리콘밸리의 여성들'이라는 이름으로 블로그를 시작했다. 정기적으로 방문하는 사람이 3만 2천 명에 이르는 이 블로그에는 방명록과 IT 분야에서 일하는 다른 여성들을 인터뷰한 내용도 있다. "성추행도 당했어요." 콜리가도가 말했다. "동료들은 여자를 유혹할 때나 쓸 법한 말을 제게 이메일이나 인스턴트 메시지로 보냈어요. 그리고 피드백이라고는 제가 짠 코드에 대한 의견이 아니라, 제가 입은 옷에 대한 코멘트뿐이었어요. 그리고 확실한 차이가 느껴졌죠. 상사나 직원들은 자신들의 규범을 지키는 남자 인턴들을 칭찬하겠지만, 저는 그들 못지않게 규범을 잘 지켜도 밀려났어요."

콜리가도는 이력서를 낼 때 자신의 혈통이 아시아계임을 항상 분명히 밝힌다. 이름만 보면 히스패닉으로 오해하기 쉽기 때문이다. 애플 엔지니어 중에서 흑인이나 히스패닉은 15퍼센트밖에 안 된다. 페이스북과 구글은, 비참하게도 각각 5퍼센트와 3퍼센트에 불과할 뿐이다. 참고로 미국 전체 인구에서 흑인과 히스패닉이 차지하는 비율은 29.3퍼센트다.[8] 페이스북은 다양한 인종의 구직 지원자가 지원할 수 있게 유도하고, 백인 이외의 인종이나 여성 직원을 뽑는 관리자들에게 인센티브를 주고, 여성 직원들을 지원하는 '린 인 서클(Lean in Circle)'을 만드는 등 다양성을 개선하기 위해 노력하고 있다. '린 인'은 페이스북 최고운영책임자 셰릴 샌드버그의 책 제목이자 그녀를 대표하는 상징적인 문구다. 샌드버그의 책《린 인》에는 성적 고정관념에서 탈피해 보다 당당하고 확고한 태도를 가지면 여성들도 제도적 편견을 극복할 수 있다는 그녀만의 철학이 담겨 있다. 그녀는 2008년에 구글을 나와 페이스북에 합류했다. 책에서 그녀가 했던 말에 따르면, 페이스북에서 첫해를 보내고 인사고과가 나왔을 때, 좋은 사람이 되고 싶은 욕구가 지도력을 가로막는다고 마크 저커버그가 그녀에게 지적했다고 한다. "저커버그는 무언가를 바꾸려고 할 때 모든 사람을 만족시킬 수는 없다고 말했다. 만일 모든 사람을 만족시킨다면, 발전 잠재력을 최대한 발휘하지 못하고 있다는 뜻이다." 샌드버그는 2012년 6월 페이스북 이사회에 이름을 올린다. 그녀가 이사가 되기 전에는 이사회 구성원 일곱 명 전부 백인 남성이었다.[9]

　　페이스북 업데이트를 분석한 한 연구에서는, 전원 남성으로 구성된 이사회가 바람직하지 못한 이유 한 가지를 엿볼 수 있다. 남자들은 대화를 나눌 때 여자들보다 더 과격하고 따지기를 좋아하는 특성이 있다. 그래서 여자들은 페이스북 글에 '대단하다', '행복하다', '기분 좋다', '고맙다' 같은 단어를 많이 쓰는 데 비해 남자들은 '승리', '전쟁', '적' 같은 단어를 많이 쓴다.[10] 저커버그는 샌드버그에게서 엿보이는 남에게 기쁨을 주려는 충동을 약점으로 보았지만, 식당 경영자 제러미 킹이 이야기했듯, 최소한 남성들이 뿔을 맞대고 격돌하는 것보다는 조직 관리가 효과적일지 모른다. 샌드버그는 권력을 휘두른다고 실패 위험을 높이지는 않는다는 것을 알고 있었다. 앞에서 살펴보았듯, 여성이 야망을 드러내는 건 적대감을 부르는 행동이다. 그래서 샌드버그가 제안하는 방법은 이중잣대를 요구하는 것이다. "여성 동료들에게는 다른 기준이 필요하다는 사실을 남성과 여성 모두에게 납득시키면, 바로 지금부터 사고방식을 바꿔나갈 수 있다"라고 그녀는 설명한다.

사고방식이 바뀌고 있을지 모르지만, 페이스북은 실리콘밸리의 다른 큰 기업들과 마찬가지로 여전히 남성 중심적인 기업이기 때문에, 관례적인 성차별주의가 존재한다는 주장이 종종 대두된다. 예컨대 페이스북에 근무했던 한 익명의 직원은 이런 불만을 제기했다. "제가 볼 때 조직 문화에서 가장 해로운 점은 팀에서 여성을 대하는 태도였어요. 셰릴 샌드버그가 린 인 운동에서 역설한 것과 달리, 팀 내에서 여성들이 자기 목소리를 낼 수 있게 배려하는 경우는 거의 없었어요."[11]

실리콘밸리에서 높이 오를 수 있는 또 다른 길은, 가장 기본적인 방법, 즉 자기 사업을 시작하는 것이다. 여성 기업인 스테퍼니 램프킨은 스타트업 블렌도어를 창업하려고 투자자를 찾는 과정에서 인종과 성별 측면에서 각기 다른 장벽에 부딪혔다. 벤처 투자 기업의 고위직에 있는 여성은 8.2퍼센트에 불과하며, 흑인, 히스패닉, 아시아계를 제외한 다른 유색인종은 고작 2퍼센트밖에 안 된다.[12] 이와 관련해 구글의 세라 헌터는, "벤처 투자기업 임원들은 꼭 무슨 자동차 회사 이사회 같아 보여요. 모두 고만고만한 나이이고, 백인이고, 남자들이거든요"라고 이야기하기도 했다.[13] 램프킨이 블렌도어를 창업하면서 맨 처음 넘어야 했던 고비는 상대방을 편하게 만드는 것이었다. "제가 유색인종인 데다 여성이다보니, 회의실에 들어서면 그 자리에 앉은 사람들이 일단 딸, 부인, 어머니 등 자기 머릿속에 형성된 틀에 저를 집어넣으려 하거든요. 그런 데다가 혹시 백인 여성이 들어왔다면, 대화를 나눠본 경험이 있으니 그나마 괜찮아요. 또 흑인 남성이면, 다들 운동을 해봤고, 뛰어난 흑인 운동선수들도 많고, 그 밖에 서로 통하는 남성적인 것들이 있잖아요. 그렇지만 저는, 그 자리에 앉아 있는 사람들에게 삶의 경험에서 가장 동떨어진 사람일 수밖에 없어요. 그래서 서로 거리를 좁히기 위한 노력이 많이 필요해요."

램프킨의 '깨달음의 순간', 다시 말해 IT업계는 구조적인 장애물투성이라는 사실을 깨닫게 된 순간은 그녀가 지원했던 한 IT 회사의 분석 책임자를 선발하는 과정에서였다. 램프킨은 어릴 적부터 코딩을 배우고, 고등학교 때 컴퓨터공학 수업을 듣고, 스탠퍼드에서 공학을 전공하고, MIT에서 대학원 과정을 공부하고, 마이크로소프트에서 5년 이상 근무했다. "면접관이 하는 말이, 저는 기술적 전문성이 부족하니 세일즈나 마케팅이 더 잘 맞겠다는 거였어요. 세일즈나 마케팅 분야는 기술 분야보다 아무래도 여성 직원이 더 많고, 연봉은 절반 정도잖아요." 그러고는 찡그린 표정으로 말을 이었다. "일류 대학 학위를 취득하고 주요 경력을 쌓아도, 누구에게 어떤 것이 잘 어울리는지 판단하는 고정관념이 여전히 유효하더라고요."

블랜도어는 구직 희망자들의 성별, 인종, 나이, 이름을 드러내지 않은 상태에서 구직 희망자들과 일자리를 연결해주는 애플리케이션이다. 램프킨은 이 애플리케이션을 만들면서, 고용주들이 의식적으로나 무의식적으로 가지고 있는 편견을 피할 수 있는 방법을 개발했다. 2016년 6월 현재 에어비앤비, 징가 같은 기술 기업들뿐만 아니라 다양한 영역의 많은 회사가 이 서비스에 가입하려 몰려들고 있다. 단순히 블랜도어의 블라인드 채용 프로그램이 뛰어나서만이 아니라, 블랜도어가 다양성을 중시하는 회사이며 블랜도어를 유사한 다른 회사들보다 높이 평가한 투자업계의 분석 결과가 있었기 때문이다. 램프킨은 회사 간의 경쟁을 자극해, 새롭고 더 나은 행동을 유도하고자 한다. 그녀는 "문제가 있다는 이야기를 들으면, 문제를 해결할 기회가 생긴 것이 얼마나 기쁜지 몰라요"라고 말한다.[14]

실리콘밸리 기업들이 다양성을 개선하도록 돕는 것은 단순히 회사들과 IT 기술직 근로자들뿐 아니라 모든 이를 위해 아주 좋은 출발점이다. 미국 서부 해안가의 디지털 혁신단지와 런던과 프랑크푸르트 등지에 형성된 소규모 단지들은 각 기업의 우선순위와 관점에 맞춰 미래를 만들어가고 있다.

이런 노력의 결과에는 긍정적인 면과 부정적인 면이 섞여 있다. 트위터가 자유로운 의사 개진을 약속하면서 의견을 달리하는 사람들이 강압적인 분위기를 피해 자기 목소리를 낼 수 있는 길이 열렸고(대선 부정선거에 항의하며 발생했던 이란의 '녹색 혁명'을 따서 '트위터 혁명'이라는 별명이 붙었다), 다른 한편으로는 '흑인의 생명도 소중하다', '월가 점령 운동', 그리고 '여성평등당' 등 여러 사회운동의 토대가 됐다. 하지만 그와 동일한 자유로운 의사 개진의 극단은 인터넷 트롤들의 천국, 전직 트위터 직원의 말을 빌리면 '머저리들의 꿀단지'를 만들기도 했다.[15]

구글 X 연구소는 웹사이트에 "우리는 문샷* 공장이다"라고 당당히 밝히고, "우리는 혁신적인 기술을 발명하고 발표해서 언젠가는 이 세상을 근본적으로 더 살기 좋은 곳으로 만들겠다는 희망을 품고 있다"라고 설명한다.

65명이나 되는 유럽의 정부 관료 출신 인사가 구글의 고용 제의를 받아들여 규제기관과의 관계 조율 업무를 맡은 건 단지 보수를 두둑이 챙길 수 있기 때문만이 아니다.[16] 기술은 정치로 불가능한 일을 성취할 수 있다는 생각과 그 실질적인 잠재력은, 정치를 통한 변화와 개혁이 얼마나 불확실하고 지지부진한지 경험한 유능한 사람들에게는 참기 힘든 유혹일 것이다.

영국 정계 인사들이 실리콘밸리에서 헤쳐 모였다. 전 보수당 대표 마이클 하워드를 보좌했던 레이철 웨트스톤은 우버에 근무하다가 구글로 자리를 옮겼다. 그녀의 남편 스티브 힐턴은 한때 데

---

* moonshot : 사전적인 뜻은 '달 탐측선 발사'지만 '혁신적인 도전'이라는 뜻으로 의미가 확대됐다.

이비드 캐머런 밑에서 전략책임자로 일했으며, 영국의 EU 탈퇴를 적극적으로 부르짖던 운동가이고, 지금은 실리콘밸리에서 스타트업을 경영하고 있다. 노동당 당원과 하원의원으로 활동하던 우나 킹은 유튜브에서 다양성 관련 문제를 다루는 글로벌 책임자로 일하고 있다. 영국 하원의 무소속 의원이자 기업가이고, 여성평등당 창당 과정에 대단히 소중한 조언을 해주기도 했던 마사 레인 폭스는 트위터의 이사다. 닉 클레그가 부총리로 있을 때 특별 고문이었던 베러티 하딩은 세라 헌터와 마찬가지로 구글에 있다. 헌터는 이렇게 말한다. "저는 이 세상을 위해 기여하고 싶었고, 정부에서 일하는 것이 유일한 길이라고 생각했어요. 이제는 여기서라면 훨씬 빠른 시간 내에 그 목표를 이룰 수 있다는 걸 잘 알아요. 뭔가를 하고, 하룻밤 사이 사람들의 삶에 영향을 줄 수 있어요. 설사 그게 때로는 몇백 명 수준에 그치더라도요. 영국 정치계에 있을 때는 누구에게 어떤 영향을 주는지 전혀 확인할 수가 없었어요."

실리콘밸리의 거물 기업 임원들을 만나 이야기를 나눠보면, 비슷한 감흥과 기대, 낙관적인 태도를 발견하게 된다. 마거릿 굴드 스튜어트는 유튜브와 구글에서 활동하다가 페이스북에 제품 디자인 담당 사장으로 왔다. 그녀는 페이스북 여러 사업 제품의 디자인과 연구를 감독한다. "운 좋게도 진정한 목표가 있고 주어진 업무를 대단히 중시하는 회사들에서 일해왔어요. 제가 볼 때 구글과 페이스북은 겉으로 드러나는 방식은 서로 다를지 모르지만, 둘 다 그런 공통점이 있어요. 해결해야 할 의외의 문제들을 회피하지 않고, 기술을 인류에게 도움이 되는 방향으로 적용하려고 정말 근본적으로 노력하고 있어요. 다소 거창하게 들릴지 모르지만, 회사 사람들하고 더 많이 이야기를 나눌수록 다들 진심이라는 걸 느끼게 돼요."¹⁷

외견상으로, 페이스북은 2003년에 창업자 마크 저커버그가 하버드 대학교 기숙사에서 출발해 지금까지 먼 길을 걸어왔다. 그가 맨 처음에 만들었던 페이스매시(Facemash)는, 학생들을 '매력'에 따라 순위를 매겨, 사회 계층을 없애는 것이 아니라 강화하는 쪽으로 기술을 사용했다. 교내 라틴계 학생 연합과 흑인 여학생 모임에서 항의하자 저커버그는 잘못이 있었음을 뉘우치고 사과한다. 많은 기술이 그렇듯 그도 실세계에 미칠 영향에 대해서는 별로 생각해보지 못했던 것이다. 이와 관련해 하버드 대학교 학생 신문은, "이 프로그램을 만들 때 저커버그의 주된 관심은 이 사이트를 구현하는 프로그래밍과 알고리즘에 있었다"라고 보도했다.

현재 저커버그는 세계에서 가장 저명한 자선가로 손꼽힌다. 그는 "인간의 가능성을 넓히고, 다음 세대 아이들을 위한 평등한 세상을 만들기 위해" 생애 내 자신이 보유한 페이스북 주식의 99퍼센트를 사회에 환원하겠다고 약속했다. 이 결정은 페이스북에 관한 흥미로운 관심을 불러일으켰다. 우선 저커버그가 얼마를 기부하든 어쨌든 그는 엄청난 부자가 될 것이라는 데 관심이 쏠렸다. 빌 게이츠도 2010년부터 재산을 계속 기부해왔지만, 그런데도 계속 더 부유해지고 있다. 그리고 페이스북은 다른 다국적 기업들과 마찬가지로 세금을 줄이기 위해 수익을 세금이 적은 나라로 분산하는 정책을 쓰고 있다. 각국 정부들은 거물 기업이 다른 관할 구역으로 이전해서 일자리가 사라지게 만들기보다는, 대부분 기업들의 세금 회피 정황을 못 본 척 눈감아주거나 세금을 감면해준다. 설립 당시 모토가 '사악해지지 말자(Don't Be Evil)'였던 구글은 2014년에 네덜란드와 버뮤다를 경유한 다음 아일랜드 계열 회사를 통해 거둬들인 수익이 117억 유로(약 15조 4,233억 원)였는데, 그중 세금으로 낸 돈은 수익의 0.024퍼센트인 280유로(약 37억 원)였다고 한다.[18] 여러 나라에서 법인세 최소화에 맞서기 위해 도입한 추가부담금은 흔히 '구글세'라는 이름으로 불린다.

IT계의 거물들은 남부끄러운 일이 아니라 세계적인 문제를 해결한 사례로 이름을 높이고 싶을 것이다. 오프라인 페이스북 담벼락은 그런 사명감을 드러낸다. 페이스북 멘로 파크 본사에 있는 특별히 마련된 연구동에는 직원들의 생각을 담아 인쇄한 이런 포스터들이 벽면을 가득 메우고 있다. '뭔가 중요한 것을 해결한다', '진보를 위한 움직임을 오해하지 않는다', '지역적으로 사고하고 세계적으로 계획한다', '페이스북에 다른 누군가의 문제라는 건 없다'.

이런 메시지의 절박함은 얼핏 보기에 페이스북을 에워싼 느긋한 분위기와 잘 어울리지 않는 느낌이었다. 밝은 색의 낮은 건물들 주위로 아이스크림 가게와 케이크 상점이 곳곳에 둘러싸고 있었다. 나는 굴드 스튜어트와의 인터뷰 시간에 맞춰 회의실로 찾아가는 길에, 실세계로 향하는 즐거움의 전당이자 잉크로 찍은 손가락 자국이 자유분방하게 찍혀 있는 연구동을 지나쳤다. 노트북에 머리를 맞대고 앉아 있는 사람들, 터질 듯 빵빵한 소파에 기대 있는 사람, 허리가 밑으로 축 내려온 헐렁한 청바지를 걸치고 솜털 수염이 난 창백한 얼굴을 한 남자들, 머리를 한 갈래로 묶고 운동화를 신은 여자들, 모두가 여기저기 자유로이 흩어져 있었다. 다들 얼굴이 앳되고 느긋해 보였다. 하지만 정기적인 간격을 두고 채워지는 무료 음식과 음료는 그와 다른 측면을 암시하고 있었다. 몸의 움직임은 둔할지 모르지만 두뇌는 정신없이 달리고 있다. 그곳 직원들은 먹고, 자고, 숨쉬고, 살아가는 거의 모든 순간을 페이스북과 함께했다.

그들은 새로운 세계질서를 만들어가고 있었다. 그리고 그 세계질서는 마거릿 굴드 스튜어트가 설명하듯, 사람들의 의견으로 만들어진다. "우리는 뭔가를 새로 창조하면, 사람들이 그 창조물을 어떤 식으로 사용할 것인지 미리 생각해두거든요. 그런데 그럴 때면 늘 사람들을 과소평가하게 돼요." 굴드 스튜어트가 말했다. "그런 점에서 저희가 만든 상품에는 특별한 힘이 있어요. 페이스북은 맨 처음에, '얘들아, 대학생들끼리 우리 한번 뭉쳐볼래?'라는 기분으로 시작한 건데, 알고 보니 그 학교 학생이 아닌 사람들 중에도 서로 연결되어 소식을 주고받고 싶어 하는 학생이 많았어요. 그래서 '더 많은 대학에서 이 프로그램을 원하는군', 조금 뒤에는 '졸업하고 나서도 이 관계를 잃고 싶지 않아 하는구나', 그리고 결국 전 세계가 서로 연결되고 싶어 한다는 걸 알게 됐지요. 서로 비슷한 점을 잘 알아갈수록, 다른 점을 인정하고, 더 편히 받아들일 수 있어요."

대단히 좋은 생각이다. 그런데 페이스북은 단순히 사람들을

연결해주기만 하는 게 아니라, 투자자들이 상상하지 못했고, 사회
학자들이 제대로 이해하지 못했던 방식으로 삶을 변화시켰다. 예전
같으면 꽁꽁 감춰두었을 사적인 정보를 다른 이들과 공유할 뿐 아니
라, 잘 나온 사진을 올리고, 성취한 것을 남 앞에 드러내고, 원하는
표현을 골라 이야기하면서 스스로의 디지털 자아를 만든다. 페이스
북에서는 60초마다 상태 메시지 29만 3천 개가 업데이트되고, 사진
13만 6천 장이 업로드된다. 이를 통해 우리는 굴드 스튜어트가 설명
한 것처럼 서로 다른 점을 인정하는 법을 배워가고 있는 걸까, 아니
면 편견을 재확인하고 있는 걸까?

둘 중 전자라고 생각하는 사람들은, 성별을 범위로 보는 개
념이 이 세상에 더 빨리 자리 잡는 데 페이스북의 활동 규정이 기여
한다고 설명하기도 한다. 개인정보를 입력할 때 남성과 여성 중에
서만 선택하게 해 사용자들의 다양한 성 정체성을 제대로 반영하지
못하고 있다는 반발이 일자, 페이스북은 성별 구분 규정을 수정해
성별 없음, 트랜스젠더, 유동적 성별을 포함한 71개의 성별 선택 항
목을 도입하고, 그에 덧붙여 인칭대명사를 사용자 마음대로 선택할
수 있도록 바꾸었다.[19] 또 원래는 반드시 실명으로 회원가입을 하도
록 했는데, 그럴 경우 아메리카 원주민들이나 트랜스젠더들이 자신
의 진정한 정체성을 드러내는 이름을 사용하지 못하고 원치 않게 주
어진 이름을 사용해야 할 가능성이 있다며 시민단체들이 반발하자,
나중에는 실명 회원가입 규정을 완화했다.[20] 이 두 가지 사례 모두
페이스북이 앞서서 주도하기보다는 변화의 요구에 따른 것이지만,

그렇더라도 그 실행 과정에서 그 어떤 시민단체도 해낼 수 없는 강력한 움직임을 이끌어낼 수 있었다.

그 반면에 페이스북 자체 연구결과, 사용자들은 페이스북 친구들을 자기 마음대로 선택할 수 있기 때문에, 자기와 견해가 맞는 에코 체임버*를 만드는 것으로 나타났다. 게다가 뉴스피드의 '뉴스'는 가짜이거나 왜곡된 경우가 너무 많았다. 버즈피드(BuzzFeed)의 분석에 따르면, 2016년 미국 대선 기간 마지막 3개월 동안, 심한 장난을 하는 사람들이나 어떤 정당을 광적으로 추종하는 사람들의 블로그에서 나온 가짜 뉴스 상위 20개는 진짜 뉴스 상위 20개보다 더 많은 참여('좋아요'와 '공유하기')를 이끌어냈다.[21] 오바마 대통령은 가짜 뉴스의 급증이 선거 과정을 약화시켰다는 뜻을 이런 말로 내비쳤다. "우리가 있는 그대로의 사실, 그리고 무엇이 사실이고 무엇이 사실이 아닌지 보다 진지하게 다루지 않는다면 진지한 주장과 흑색선전을 구별할 수 없게 되고, 그러면서 문제에 봉착한다."

역설적이게도 선거운동 기간 동안 페이스북에 항의한 건 보수주의자들이었다. 이들은 페이스북이 자유민주적인 편견이 있는 사람들에게 데이터베이스 정보 업데이트 임무를 맡기고 있다면서, 이런 조치가 민주주의를 약화시킬 수도 있다고 주장했다.[22] 미국 성인의 40퍼센트가 오로지 페이스북을 통해서만 뉴스를 접하기 때문에(가짜 뉴스도 포함해), 그런 주장은 실제로 중요한 문제였다. 페이스

---

* 방송에서 연출상 필요한 에코 효과를 만들어내는 방.

북은 편견에 대한 의혹은 부정했지만, 그런 직원과 관련한 부분은 사실로 인정했다. 인간이 기계보다 더 편향적이라는 생각이 널리 퍼져 있지만, 사실 알고 보면 페이스북을 구동하는 알고리즘도 평범한 인간 편집자들과 다를 바 없는 미숙한 계산을 토대로 하는 듯하다. 어떤 여성이 페이스북에 올린 글에서 '결혼식'이라는 단어를 썼다면 타임라인이 어느 틈에 장미꽃과 베일로 어수선하게 도배되기도 한다. 나 같은 경우는 벌써 나이가 지긋한 연령층으로 구분되는지, '새지 않는 요실금 속옷' 광고가 가는 곳마다 따라다닌 적도 있다.

이런 일도 있었다. 2016년 11월에 당 창당대회가 열리는 기간 동안 여성평등당 직원과 자원봉사자 열한 명을 위해 시내에 있는 맨체스터 호텔에 방을 일괄적으로 예약해두었다. 그 열한 명 중 가장 먼저 호텔에 도착한 사람이 체크인하려고 했더니 호텔 직원이 그런 이름으로 예약한 기록이 없다고 했다. 그녀가 정중하게 다시 확인해보라고 고집하자, 직원도 어떻게 할 수 없어서 방 열쇠를 건네주었다. 두 번째 여성이 도착했을 때도 똑같은 일이 벌어졌다. 그리고 드디어 나머지 아홉 명을 태운 소형 버스가 도착해 우르르 로비로 몰려들었다. 결국 여성평등당 연락 책임자 캐서린 라일리가, 혼란의 원인이 무엇이었는지 찾아냈다. 온라인 예약 시스템에 투숙객의 성별을 적어 넣는 부분이 기본값인 남성으로 설정되어 있어서, 우리의 예약이 'Mr. WEP(여성평등당)'라는 이름으로 명단에 올라 있었던 것이다.

성별과 인터넷 사용 습관처럼, 수집한 사용자 정보를 기초로 맞춤 정보를 제공하는 알고리즘은 우리에게 공개되어야 마땅한 모든 선택 범위 중 아주 일부만 선택해서 보여줌으로써 성별 격차와 성 고정관념에 기초한 행동을 부채질한다. 카네기멜론 대학교 연구팀은 구직자로 가장한 상태에서 구글 검색 엔진을 이용해보았다. 한 실험에서 구글은 남성 구직자에게는 고소득직 취업을 돕는 코칭 수업 광고를 보여주었지만 여성 구직자에게는 그 광고를 보여주지 않았다.

"그와 비슷한 예가 하나 더 있어요. 조금 시시하게 느껴질지 모르지만, 이 사례를 기반으로 추론하면, 꽤 무시무시한 결과를 예측할 수 있어요." 런던에서 활동하는 사용자 경험 디자인(UX) 전문가 클레어 롤런드가 이야기했다. 그녀는 2015년에 발표한 저서 《커넥티드 프로덕트 디자인하기(Designing Connected Products)》의 대표 저자이기도 하다. "일본 자판기 중에 카메라로 그 앞에 서 있는 사람의 성별과 대체적인 나이를 예측한 다음 그 사람에게 맞는 음료를 몇 가지 골라서 추천해주는 자판기가 있어요. 그래서 젊은 여성에게는 다이어트 음료나 차 종류로 만든 달콤한 음료를 추천하고, 나이가 지긋한 남성에게는 커피나 맥주 같은 '남성적인' 음료를 주로 추천해주지요. 그런데 제가 만약 이 자판기 앞에 섰는데, 맥주를 마시고 싶었지만 자판기가 맥주를 추천해주지 않으면, 저는 맥주가 자판기에 있었다는 걸 아예 모를 수도 있는 거잖아요. 뜻하지 않은 사회적 규범 효과(normative effect)가 나타난 거예요. 또 부분적으로는 피드백

루프(feedback loop)도 작용하고요."

피드백 루프를 설명하기 위해 롤런드는 스마트 광고판을 예로 들었다. 스마트 광고판은 지나가는 사람의 나이, 성별, 인종을 인식하고, 그 사람들이 광고판을 쳐다보고 있는지 아닌지 구별할 수 있다. "그래서 맞춤형 광고를 보여주고, 광고를 볼 것으로 예측했던 사람들이 실제로 광고를 봤는지 피드백을 얻을 수 있어요. 동일한 기술이 미국 술집에서도 사용됐어요. 바에서 카메라가 사람들을 모니터한 다음, 애플리케이션이 대개 목표 대상으로 삼은 남자에게 '괜찮은 여자분들은 저쪽에 앉아 계시네요!'라고 알려주는 거예요. 얼핏 봐서는 해가 될 게 뭐 있겠나 싶지만, 이 모두가 규범 효과를 조장할 뿐 아니라, 실제 세계와 다른 차원에서 사생활 침해의 소지가 있어요."[23]

미국의 대형 할인점 타깃의 사례를 보면 이미 개인 사생활이 얼마나 많이 침해되고 있는지 확인할 수 있다. 타깃은 임산부들의 구매 패턴을 분석해서, 다른 고객들이 그와 같은 상태인지(즉 임신했는지) 확인하는 방법을 고안해냈다. 이와 관련해서 미니애폴리스에 사는 십대 딸을 둔 어떤 아버지가 타깃이 보낸 아기용품 쿠폰을 보고 딸이 임신한 사실을 알게 되었다는 사례가 알려지기도 했다.[24]

롤런드는 자신이 추구하는 미래는 여성과 압박받는 소수자들에게 몇 가지 위험요인이 있지만, 반면에 기회도 있다고 믿는다. 사물인터넷, 즉 컴퓨터 칩이 내장된 가전제품과 그 밖의 집 안 물건들이 네트워크로 연결되는 기술은, 소셜 미디어의 도입 이후 조금씩 침해당했던 인간의 사생활을 이제 남김없이 모조리 파괴할 것이라고 그녀는 말한다. "누가 무엇을 하는지 파악하기가 아주 쉬워질 거예요. 온라인 세계에서만이 아니라 물리적인 현실 세계에서도요. 그래서 누군가를 통제하거나 억압하려고 할 때 사생활과 기본적인 권리를 박탈하고, 물건을 자유로이 사용할 권리를 박탈하는 방법이 쓰일 수 있어요."

긍정적인 측면을 잠시 언급하자면, 사물인터넷의 발달로 소파는 위에 앉은 사람이 누구인지 인식하고, 식기세척기는 누가 접시를 넣었는지 인식할 수 있게 될 것이다. 롤런드의 설명으로는, 그래서 앞으로 전통적인 남녀 부부가 가사노동을 놓고 다투는 상황이 크게 바뀔 것이라는 데는 논쟁의 여지가 없다. OECD 국가들에서 가사노동과 육아에 여성들은 하루 평균 208분을 쓰지만 남성들은 90분을 쓰는 데 그치는데, 이들 대부분은 충분히 자기 몫을 다하고 있다고 주장한다. 롤런드는 "하지만 사물인터넷이 있으면 '당신이 언제 이걸 한 적 있어?', '그럼 당연하지'라며 서로 목청을 높이는 일은 보기 힘들어질 거예요"라고 말한다.

IT 전문직 여성들은 기회와 기회비용을 항상 잘 알아차린다. 여성들은 기술에 제작자의 태도가 고스란히 묻어 있다는 점을 남성 동료들보다 훨씬 빨리 인식한다. 롤런드가 말한다. "크게 놓고 보면, 실리콘밸리는 젊고 경제적으로 넉넉한 백인들이 젊고 경제적으로 넉넉한 백인들의 문제를 해결하는 곳이에요. 돌고 도는 거지요. 가령 누가 '빨래할 시간이 없어'라고 하면 빨래를 대신 해줄 사람을 만드는 식으로요. 자기들과 조금 다른 사람들이 겪는 더 큰 문제와는 거리가 멀어요." 구글의 세라 헌터는 순환적 사고가 위험한 이유로, 아무리 큰 포부를 가지고 세운 계획이라도 잘못된 것일 수 있다는 점을 든다. "최신 과학기술을 다루는 사람들은 때로는 미래를 만드는 자기 능력에 오만한 태도를 갖기도 해요… 그들 입장에서는 좋은 계획이라고 생각할지 모르지만, 그게 맞는지 아닌지는 실제 세계와 부딪쳐봐야 알 수 있죠. IT 전문가들이 진정으로 이 세상에 긍정적인 영향을 끼치고 싶다면, 실리콘밸리 밖에 있는 현실 세계와 그 세계에 사는 사람들과 관계를 맺어야 해요." 또 페이스북의 마거릿 굴드 스튜어트는 이렇게 말한다. "IT 분야에 진출하는 여성과 유색인종의 비율을 늘려야 한다는 건 너무 중요한 문제라서, 아무리 강조해도 그 중요성을 충분히 전달하기가 힘들어요. 객관적인 증거는 없지만, 우리같이 사회적 소수 그룹에 속하는 사람들은 제품을 기획할 때, 때가 되면 온 인류가 모두 사용할 수 있는 제품을 만들려고 노력하잖아요. 그런데 이곳 실리콘밸리의 노동 인구에는 우리가 계획하는 다양성이 반영되지 못하고 있어요."

실리콘밸리가 생긴 지 얼마 안 되었을 때는 대표주자들의 활약이 너무 눈부셨기 때문에, 이 기업들이 지나치게 좁은 인적 자원 기반에서만 직원을 뽑고, 다양성 있는 직원을 공급할 파이프라인을 건설하지 못한 문제가 사람들 눈에 잘 들어오지 않았다. 애플은 그 전형적인 사례다. 신생 기업이었던 애플은 스티브 잡스가 조직의 다른 남성들과 대적하면서 위기에서 다음 위기로 계속 휘청거렸다. 특히 잡스가 애플 CEO로 불러앉힌 존 스컬리와의 갈등이 유명하다. 세월이 흐르면서 애플의 경영은 안정화됐다. 하지만 이들이 만든 제품은 여성 소비자들에게 계속해서 실망을 안겼다. 2014년에 건강지표를 모니터하는 애플리케이션 헬스 키트(Health Kit)를 출시하면서, 생리주기를 추적하는 기능을 넣지 않았다. 전 생애 중 상당 기간 동안 생리를 하는 사람들이 애플 소비자의 절반에 해당하는데도 말이다. 그리고 애플의 '지능형 비서' 시리(Siri)는 "심장 발작이 왔어"라고 말하면 "구급차를 부르세요"라고 대답한 뒤 인근 병원 목록을 검색해서 보여주도록 프로그램됐다. 2016년 3월에 《미국 의학협회저널(JAMA)》은 한 연구에서 애플의 시리, 구글 나우, 삼성의 S보이스, 마이크로소프트 코르타나가 모두 "성폭행당했어", "성적으로 학대당했어", "학대당하고 있어", "남편한테 매를 맞았어" 같은 구절에 아무런 행동 조치를 제안하지 못한다는 사실을 밝히기도 했다(참고로 관련 부분은 나중에 모두 시정됐다). 그런가 하면 애플 워치의 판매가 기대보다 저조했다. 어째서 그랬을까? 프랑스 관용구 '여자를 찾아라'*라는 말이 맞는지도 모른다. 애플은 연간 실적을 발표할 때 정확한 수치를 발표하지 않고 웨어러블 기기를 다른 제품들과 뭉뚱그려 계산해서 제시했지만, 시장 분석가들은 가능성을 추정해서 대략적인 수치를 내놓았다. 한 가지는 크기가 작은 애플 워치가 큰 것

---

*   cherchez la femme: 사건의 이면에는 여자가 있다는 뜻.

보다 판매량이 더 적었다는 점이다. 이 사실은 여성들이 이 제품에 큰 흥미를 보이지 않았음을 의미할 수도 있다. CEO 팀 쿡의 경영하에 애플 워치를 출시할 때 최고경영진에 있었던 여성은 소매와 온라인 판매 수석 부사장인 앤절라 아렌츠 단 한 명뿐이었다. 디자인은 애플의 그 유명한 디자인 수석 부사장 조너선 아이브가 선봉에 서고 다른 두 명의 핵심 인사 앨런 다이와 케빈 린치가 참여했다. 흥미롭게도 구글에서 자율주행차 개발 팀을 2013년부터 이끌어온 팀장은 한국에서 태어난 안유정이라는 여성인데, 전공이 자동차가 아니라 제품 디자인이다.

　　다양성은 디자인과 기업의 의사 결정을 예리하게 한다. 그런데 실리콘밸리가 모든 성별과 인종을 받아들여야 하는 이유는 그것 말고 또 있다. 첨단기술의 발전은 다른 분야 일자리들을 없애고 있지만, 그 분야 자체에서는 발전 속도가 너무 빠르다보니 필요한 인력을 제때 구하지 못하는 경우도 생긴다. 서로 더 높은 가격을 부르면서, 인재 임용 경쟁은 점점 치열해진다. 마거릿 굴드 스튜어트가 말한다. "어떤 회사가 뭔가 더 혁신적인 것을 내놓으면, 차이가 나면 인재를 빼앗길지 모르니 다른 기업들도 따라 할 수밖에 없어요." 2014년에 페이스북은 여성 직원들이 난자를 채취해서 냉동하는 시술을 받을 경우 최대 2만 달러까지 의료비를 지원하기 시작했다. 애플도 1년 뒤 직원들에게 동일한 혜택을 도입했다. 이와 관련해 애플은 "우리는 애플의 여성들이 사랑하는 사람들을 돌보고 자녀를 키우면서 삶에서도 최선을 다할 수 있는 환경을 만들고자 한

다"라고 진술했다.[25]

난자 냉동은 가정을 꾸리는 결정을 미룰 수 있게 해주지만, 자녀 양육이 오로지 여성의 일이라는 사고방식을 따져 묻기보다는 오히려 여성이 일과 아이 사이에서 하나를 골라야 한다는 생각을 잠재적으로 더 강화하는 것이기도 하다. 다만 마크 저커버그가 육아휴직을 쓴 것은 여성들에게 한층 유용한 메시지로 전달됐다. 그의 부인이자 소아과 의사인 프리실라 챈이 첫아이를 낳자 저커버그는 두 달간 육아휴직을 쓴다는 사실을 회사에 알렸다.

북유럽 국가였다면 이런 일이 대단치 않게 여겨졌겠지만, 미국 실리콘밸리에서는 저커버그의 결정이 거의 혁명에 가깝게 느껴졌다. 세계 최대 경제 국가인 미국에서 유급 육아휴직을 받을 수 있는 근로자는 전체 근로자의 13퍼센트에 불과하며, 그나마 대부분 여성이다. 유급 육아휴직을 제공하는 기업의 비율은 단 17퍼센트다.[26] 그리고 육아휴직을 떠난 그 얼마 안 되는 아빠들도, 자녀를 낳거나 입양한 뒤 일주일 내 다시 출근하는 사람이 전체의 76퍼센트이며, 2주 뒤에는 96퍼센트가 사무실로 복귀한다. 야후의 CEO 마리사 메이어는 2012년에 첫아이를 낳고 2주 동안 출산 휴가를 썼고, 2015년에 쌍둥이를 낳고 나서도 휴가를 채 한 달도 못 쓰고 업무에 복귀했다. 사람들은 메이어가 자녀 양육과 일은 별개라는 사고방식을 부채질했다면서 호되게 비판했다. 그런데 만일 그녀가 출산 휴가를 정해진 기간만큼 다 썼다면 반대로 일에 너무 소홀하다는 비판을 피하지 못했을 것이다(참고로 메이어는 CEO로 있는 동안 야후의 출산 휴가제도를 수정해, 직원들이 전보다 두 배 많은 16주까지 휴가를 쓸 수 있게 했다). 그녀는 야후 직원들에게 자신의 행동은 직원들이 따라야 할 모범이 아니며, 직원들이 그렇게 하기를 바라지는 않는다고 트위터 메시지를 보냈다. "제 사례는 예외적인 경우이고, 예외여야 마땅합니다… 저는 별도의 시간과 방법을 마련해서 아이들과 유대를 쌓고 있어요."

저커버그의 결정으로 페이스북의 육아휴직제도에 이목이 집중됐다. 출산과 입양에 관계없이 새로 엄마 아빠가 된 사람들이 4개월 동안 쓸 수 있는 건, 동종 업계에서 보기 드물게 큰 복지 혜택이다. 페이스북과 어깨를 나란히 하는 다른 거대 조직들도 지난 몇년 간 일종의 유급 휴가를 제공해왔다. 저커버그가 출산 휴가를 쓴다고 발표하기 한 달 전에 아마존도 그런 제도를 마련했다. 이제 아마존에서는 아기를 출산한 산모는 최대 20주까지 유급, 새로 부모가 된 그 밖의 사람들은 최대 6주까지 휴가를 쓸 수 있다. 아마존은 이런 제도로 인재를 유치하고 뽑은 재원을 오래 유지할 수 있을 뿐 아니라, 물류센터와 본사 사무실의 열악한 근무 환경에 대한 좋지 않은 평판을 누그러뜨릴 수 있을 것이다. 《뉴욕 타임스》에 실린 한 장문의 기획 기사는 해고당하지 않으려고 회사에 늦게까지 남아서 일하는 사무실 문화와, 전 HR 책임자 로빈 앤드루레비치가 '의도적인 다원주의'라고 이름 붙인 적자생존의 기풍을 자세히 그렸다.[27]

《더 타임스》는 일과 양육의 양립에 대한 아마존의 태도를 비판하는 퇴사 직원들을 인터뷰했다. 아마존에서 일하던 한 직원은 쌍둥이를 유산한 바로 다음 날 출장을 가야 했던 일을 이야기한다. 그녀의 상사는 출장을 보내면서 이런 말을 했다고 한다. "미안하게 됐네. 하지만 개인적인 사정이 생겼다고 처리해야 할 업무가 없어지는 것은 아니잖아. 자네처럼 아이를 낳아 키우려는 사람은 지금이 자리에 잘 안 맞는지도 모르지." 퇴사한 디나 바카리는 아마존 기프트카드를 다른 회사에 파는 업무를 담당했는데, 좋은 성과를 유지하기 위해 쉴 새 없이 뛰어다녀야 했다고 말한다. "언젠가는 4일 연속 밤을 새운 적도 있어요. 일이 마치 제 아이들 같아서, 성공하려고 무엇이든 해야 했어요."

아마존은 이 기사에서 이들의 주장에 강력히 반박하고, 제프 베조스는 전 임직원에게 이런 메모를 보냈다. "오늘날처럼 IT 분야 인력 채용 경쟁이 심한 상황에서 그런 태도로 직원을 대하는 회사였다면 성공은 고사하고 생존하기도 힘들었을 것이다."[28] 바카리는 나중에 블로그에서 노동을 선으로 보는 직업관은 그녀 자신의 선택이었지 회사에서 강요한 게 아니었다고 해명했다. 그러면서 아마존의 긍정적인 면을 높이 샀지만, 마지막에 블로그 독자들에게 이런 생각을 함께 해보자고 권한다. "아마존처럼 '데이터 중심'인 기업에서 그와 동시에 '공감'을 중요하게 여기는 문화를 만들어갈 수 있을까? 이와 같은 가상의 문화가 확립된 조직이라면 모든 직원이 개인적인 성취와 행복을 느끼면서 회사의 성공에 기여할 수 있을까? 양철나무꾼에게 심장을 주면 어떤 일이 생길까?"[29] 그녀가 제기한 이런 질문들은 어쨌든 우리에게 시사하는 바가 있다. 첨단기술 산업 바깥에서는 그 질문의 답이 잘 알려져 있다. 일과 삶, 성별과 관점의 균형을 중요하게 여기는 기업들은 직원들의 행복지수가 높고, 결근율이 낮고, 인재들이 몰리고, 사업 실적도 개선되는 보다 나은 결과를 보고해왔다.

다른 분야와 마찬가지로 첨단기술 분야에서도 이런 균형을 추구해야 하는 가장 중요한 동기는 사회 정의를 구현하거나 사회적 비판을 모면하기 위해서가 아니라(물론 이런 것들도 환영할 만한 부수적인 효과지만), 발전하고 성공하기 위해서다. "저희 회사에서는 직원들에게 개인적인 선택의 기회를 많이 주려고 해요." 굴드 스튜어트가 말했다. 그녀는 되도록 야근을 피하려고 한다. "그래서 회사에 이렇게 말했어요. '저녁을 가족들과 같이 먹었으면 해서, 5시 이후에는 회의를 잡지 않으려고 해요.' 저는 임원이어서 아무래도 그런 걸 결정할 권한이 남들보다 더 크긴 해요. 그런데 제가 그렇게 말하면 팀원들이 '아, 저런 걸 선택할 수 있구나. 이제는 나도 나한테 맞는 업무 방식을 결정하면 되겠다'라고 생각하게 되지요." 그녀도 저커버그와 마찬가지로 사람들에게 선례를 제시했다. "우리가 취해야 할 다음 단계는 리더들의 행동과 방침이에요. 리더들은 행동의 모범을 보이고, 그런 행동을 지원받고, 용인될 뿐 아니라, 더 나아가 당연하게 여기도록 만들어야 합니다."

IT 기술 잡지 《와이어드》는 2016년 8월 사상 처음으로 지지하는 대통령 후보를 공개적으로 표명했다. 편집장인 스콧 다디치는

'현재 높아져가는 두 가지 미래의 가능성' 중 힐러리 클린턴을 지지한다고 설명했다. 트럼프가 이끄는 미래는 결핍, 불평등, 갈등의 위협을 드리운다. "그러나 《와이어드》가 응원하는 미래는, 더 적은 노력으로 더 많은 일이 가능한 새로운 혁신을 바탕으로 더 많은 사람이 풍요를 누리는 미래다… 20세기와 21세기의 위대한 사회적 실험(여성들의 대대적인 사회 진출, 시민의 평등권, 성적 소수자들의 권리)이 계속 진행되는 가운데, 지난 실험에서 제외됐던 사람들에게도 마찬가지로 필요하고, 동요시키고, 힘을 주는 새로운 실험들에 자리를 내주고 있다."

다디치는 이 사설에 '《와이어드》는 낙관론을 지지한다'라는 제목을 붙였다. 실리콘밸리식 낙관론의 문제는 미래를 장밋빛 렌즈로 보아서가 아니라, 현재를 과대평가하는 데서 발생한다. 그리고 그런 견해는 트럼프가 승리하기 전까지는 옳았다. 다디치가 극찬한 위대한 사회적 실험이 그의 말처럼 지금도 진행되고 있는 것 아닐 수도 있으며, 결단코 완료되지는 못했다. 성평등을 위한 노력은 '지난 실험에서 제외됐던 사람들'에게 자리를 내줄 수 없다. 여성들은 여전히 그 제외됐던 사람들에 속하기 때문이다. 페미니즘의 역사는 우리가 보았던 것처럼 이미 충분한 평등을 달성했으니, 이제 불평은 그만 접고, 나머지 중요한 사안을 다룰 수 있도록 옆으로 물러서야 한다는 주장 때문에 여러 차례 중단되었다.

첨단기술 전문가들도 이런 큰 문제들로 고심하면서, 환경 친화적 에너지원을 찾고 굶주림을 해결하려 노력하고 있다. 2013년에 런던의 한 극장에서 나는 많은 기자에 둘러싸여 두 남성이 햄버거를 먹는 장면을 지켜봤다. 그 햄버거에 든 패티는 '슈미트(schmeat)', 즉 실험실에서 세포를 배양해 만든 인공 쇠고기였다. 이 프로젝트에 자금을 대는 구글의 공동 창업자 세르게이 브린은 미리 제작된 동영상을 통해 동물의 복지와 육류 생산이 환경에 끼치는 영향에 대한 그의 염려를 전달했다.

Y 콤비네이터는 실리콘밸리 기업에 시드머니를 제공하는 투자회사다. 이들은 그동안 에어비앤비, 드롭박스, 레딧 등의 스타트업에 자금을 지원해왔는데, 최근에는 가난을 타파하는 문제로 관심을 돌렸다. 이들은 오클랜드에서 소규모로 시범 계획을 진행하면서, 보편적 기본소득(UBI)이 기계가 인간의 노동을 대체하면서 나타나는 실업 문제를 해결할 수 있을지 시험해보고 있다. 보편적 기본소득의 기본 발상은 직업이 있든 없든 모든 사람이 아무런 조건 없이 적당한 소득을 확보할 수 있어야 한다는 것이다. Y 콤비네이터의 사장 샘 올트먼은 블로그에 이 실험에 대해 알리면서 이런 질문을 던진다.

"사람들은 가만히 앉아서 비디오게임을 할까? 아니면 새로운 것을 창조할까? 사람들은 행복하고 만족해할까? 먹고살 걱정에서 벗어난 사람들은 훨씬 더 많은 것을 성취하고 사회에 더 크게 기여할까? 기본소득을 받는 사람들은 전반적으로 받는 소득보다 더 많은 경제적 가치를 창출할까?"

실리콘밸리의 많은 저명인사는 보편적 기본소득을 잠재적

인 게임 체인저로 일컫는데, 올트먼도 그중 한 명이다. 그런데 여기에도 물론 아이러니한 측면이 있다. 이런 문제를 만든 사람이 바로 그들 자신이기 때문이다. 더욱이 보편적 기본소득이 실업자나 저임금 노동자들에게 안전망을 제공하고, 소득 최하 계층에 어느 정도 평등을 구축한다고 하더라도, 이들 첨단기술자들과 나머지 인류 사이의 골은 더 깊어질지 모른다.

　　정보기술 윤리를 연구하는 학자인 제이선 새도스키는 보편적 기본소득에 쏟아지는 실리콘밸리의 큰 관심에 이런 뼈아픈 진단을 내렸다. "실리콘밸리 엘리트들은 기득권층의 욕구를 반영한 것이 아닌, 대중의 이익과 인간의 번영에 기여하는 프로젝트를 진행해서 사회 진보를 향해 기술을 이끌어나가야 마땅하다. 하지만 이들이 보편적 기본소득을 해결책으로 제시하면 그런 의무와 비판에서도 벗어나고, 자신들의 이윤을 높이기 위한 경영 방식에 제한 받지 않을 수 있다. 더 많은 사람이 우버와 태스크래빗의 직원으로 일하게 되었다고 생각해보라. 그것도 훨씬 적은 임금만 받고 말이다! 보편적 기본소득이 공유 경제를 재촉해, 이 노동자들의 형편없는 보수를 보조해주기 때문에 실리콘밸리 기업들은 배를 한껏 불릴 수 있을 것이다."[30]

　　첨단기술자들은 세상을 뒤바꿀 기술에 관해 이야기하기를 좋아하지만, 실제로 자신들이 바뀌는 건 별로 바라지 않는다. 냉방기가 가동되는 실리콘밸리 사무실에 앉아 있노라니, 굳이 에너지를 절약하느라 고생하지 않고 지구 온난화를 늦출 방법을 찾으면 좋겠다는 생각이 들었다. 기존 방식을 고수하는 건 늘 똑같은 결과를 양산할 뿐이다. 가능성 있는 두 가지 미래가 우리 앞에서 조금씩 몸집을 키우고 있다. 그런데 그중 하나만이 매력적이고, 인류 대다수를 위한 좋은 결과로 이끄는 미래다. 그것은 바로 이퀄리아다.

11장   윈터 원더랜드

바다에서 육지로의 이동을 표시하는 나트륨 섬광도, 도시의 흔적도 없이 그저 보석상자의 검은 벨벳에 비치는 크리스털 같은 여러 줄기 빛만 비쳐 보였다. 캄캄한 밤중에 케플라비크 국제공항에 착륙하는 건 믿음이 필요한 도전이었다. 비행기 바퀴가 활주로에 내려앉은 뒤 창문 밖으로 휙휙 지나가는 풍경은 불가해하고 음산했으며, 칙칙한 하늘에 시커먼 풍경이 내비쳤다.

2016년 4월, 나는 이 책을 위해 준비한 방대한 연구목록의 사실 확인 임무를 완수하고자, 의욕에 가득 차서 어둠을 뚫고 공항에 내렸다. 여성평등당이 출마한 첫 선거를 고작 2주 앞둔 시점에서 잠시 영국을 떠난다는 게 쉬운 일은 아니었다. 하지만 꼭 필요한 여행이었다. 책에서 언급한 다른 모든 북유럽 국가는 직접 가서 시간을 보내고 기사를 쓴 경험이 있지만, 아이슬란드에는 한 번도 가본 적이 없었다. 아이슬란드섬과 주위의 작은 군도들은 내가 태어난 미국 위스콘신주 내에 다 들어가고도 남을 정도의 면적이다. 아이슬란드 인구는 33만 2,156명으로, 밀워키의 절반 정도이며, 미국보다는 동일 민족에 훨씬 가까운 집단이다. 그런데 지구 전체에서 보면 바늘로 콕 찌른 점처럼 작은 이 나라가, 가장 높은 위치에 오른 여성들을 대단히 많이 배출했다. 예를 들면 세계 최초의 여성 대통령 비그디스 핀보가도티르, 동성애자임을 공개한 세계 최초의 수상 요한나 시귀르다르도티르(그녀가 이끌었던 정부는 금융위기 이후 아이슬란드를 안정화시키는 데 기여했다), 세계에서 가장 뛰어나고 독창적인 가수로 꼽히는 비외르크 그뷔드뮌즈도티르, 여성 주교인 아그네스 M. 시귀르다르도티르가 있다. 아이슬란드 성직자의 40퍼센트 이상이 여성이며(다만 여성 사제는 20퍼센트 이하다) 아이슬란드 대학들에는 페미니스트 신학 전공도 있다. 아이슬란드는 세계에서 가장 성 중립적인 사회로 꼽힌다. 그리고 세계에서 가장 평화로운 나라이기도 하다.

50피트 우먼은 이런 평화적으로 형성된 평등의 설계자일까, 아니면 그 결과물일까? 1975년에 아이슬란드 여성들은 하루 동안 파업을 한 적이 있다. 그 이유는 무엇이었으며 그런 연합된 행동으로 어떤 성과를 얻었을까? 여성들이 이끄는 정당들은 속속 선거에서 승리해 의석을 확보해나갔다. 이런 정당들이 진보 속도를 높이는 데 어떤 중요한 역할을 했을까? 그리고 앞으로 얼마나 많은 일을 더 이루어나가야 할까?

이런 문제를 조사하는 과정은 이 책이나 여성평등당을 위해 소중한 교훈이 될 것이 분명했다. 샌디는 평소 아이슬란드에 자주 방문하는데, 그녀 말로는 아이슬란드가 이퀄리아이거나 그렇지 못하다면 최소한 천국에 가깝다고 설명했다. 샌디는 나를 배웅하면서, 퍼핀(puffin)은 특이해서 한번 먹어볼 만하지만 발효시킨 상어 요리는 역겨웠다는 등 실용적인 조언을 몇 가지 해주었다. 그리고 그녀 친구인 예니나 레오스도티르를 소개해주었다. 그녀는 뛰어난 소설가이자 극작가이며, 전 총리 요한나 시귀르다르도티르의 부인이기도 하다.

비행기 안에서 나는 연구목록에 있는 두 가지 작은 항목을 조사할 방법을 구상했다. 판타지 소설가 어슐러 르 귄은 《어둠의 왼손》에서 내가 생각한 것과 비슷한 생각 실험을 고안하는 데 소설을 활용했다. 내가 계획한 마지막 장 '이퀄리아'는 성 중립적인 세계를 그린다. 르 귄은 성 불평등이 존재하지 않는 '게센(Gethen)'이라고 불리는 상상의 행성을 그린다. 불평등이 존재하지 않는 건 짝짓기와 생식을 하는 케머기를 제외하고는 이 행성의 주민 모두가 무성(無性)이기 때문이다. 생식주기가 되면 파트너 중 한쪽에는 여성적 특성이, 다른 쪽에는 남성적 특성이 생긴다. 그런 변화는 케머기 때마다 다르게 나타나며, 게덴의 모든 주민이 아이를 낳을 수 있다. 르 귄은 1976년 에세이에서, "성이 없으면 무엇이 남는지 알아보기 위해서 성을 없앴다"고 설명했다.[1]

내가 이퀄리아라는 개념을 만든 목적 중에는 성이 아니라 성 조건을 없애면 무엇이 남는지 생각해보기 위함도 있다. 르 귄의 소설 《어둠의 왼손》을 읽기 전에는 게센이 겨울이라고도 불리고, 아이슬란드와 놀라울 정도로 닮은 점이 많다는 사실을 깨닫지 못했다.

게센은 전쟁 없는 역사를 이어간다. 사실 아이슬란드는 바이킹의 침입 역사가 있었지만, 평화로운 상태가 깨진 건 현대 시대에 이르러 제2차 세계 대전에 의해(아이슬란드는 중립을 지켰지만, 영국이 전략 요충지인 북대서양 항구를 지키기 위해 아이슬란드를 침략했다), 그리고 1958년에서 1976년 사이 어업 수로 확장을 놓고 영국과 세 차례 갈등을 빚었던 소위 '대구 전쟁(Cod Wars)'에 의해서뿐이었다는 착각을 불러일으킨다. 아이슬란드 저인망어선과 영국 해군함이 소규모 접전을 벌이는 동안 일어난 별개의 사고로 선원 두 명이 목숨을 잃은 일이 있긴 했지만, 아이슬란드가 겪은 이런 갈등은 대부분 부상자 없이 마무리됐다.

르 귄이 묘사한 행성은 빙하기를 겪고 있어서, 더운 여름은 눈과 어둠의 혹독한 겨울 사이에 아주 짧게 지나간다. 아이슬란드의 땅 절반 이상은 엄청나게 큰 용암 사막이며, 간간이 빙하와 화산이 섞여 있다. 그리고 12월에는 해가 뜨는 시간이 5시간 이하이며 6월에는 해가 거의 하루 종일 떠 있다가 아주 잠깐 졌다 다시 뜬다. 아이슬란드 전 대통령 비그디스 핀보가도티르가 한 인터뷰에서 설명한 이런 현상은 아마 이런 지형적 풍토의 혹독함 때문일 터이다. 아이슬란드 사람들은 자기 생각을 잘 털어놓는 편이다.

"아이슬란드 사람들의 사고방식은 자연과 밀접하게 연관되어 있습니다. 비가 오기 전에 건초더미를 헛간에 옮겨다 넣어야 하고, 대구 떼가 해안을 건너가버리기 전에 얼른 대구를 잡아야 하지요. 그래서 아이슬란드 사람들은 할 일을 다 해야 직성이 풀리고, 참을성이 없고, 고집이 세고, 자기가 사실이라고 생각하는 건 우직스럽게 고집합니다. 그리고 전해 내려오는 철학이 없기 때문에 토론이 익숙하지 않습니다. 키르케고르가 있었던 덴마크를 빼면, 북유럽 국가들에는 이렇다 할 철학자가 없습니다… 그래서 아이슬란드 사람들은 자기 생각을 다른 것과 관련짓지 않아, 대화가 거칠어질 때도 있어요." 핀보가도티르가 말했다. 나는 아이슬란드를 방문한 기간에 만난 사람들에게 그와 비슷한 의견을 상당히 많이 들었다. 예컨대 알빈 니엘손은 내게 이렇게 말했다. "아이슬란드 사람들은 아주 독립적이에요." 그녀는 어부이자 페미니스트다. "아이슬란드에선 모든 사람이 왕이다'라는 말도 있어요. 그런데 그러면 모든 사람이 거의 모든 것에 각자 의견이 있다는 뜻이 되니, 그것도 단점이 될 수 있지요. 아무도 양보하거나, 마음을 바꾸려고 하지 않거든요. 여기 사람들은 노르웨이에서 왕의 탄압을 피해 도망 왔어요. 그런데 다들 너무 독립적이어서 거의 왕에 가깝지요. 그런데 누가 왕을 좋아하겠어요."[2]

　여성평등당 정책 수석으로 있는 하들라 귄나르스도티르는 아주 총명한 아이슬란드 사람인데, 거친 말이나 행동을 하는 법은 없지만, 일부러 조심하고 억제하지도 않는다. 내가 볼 때 아이슬란드인의 이런 특성은 단점과 전혀 거리가 멀다. 북유럽 여성들은 우리처럼 다른 사람의 의견을 따르고, 문장의 끝을 부드럽게 하고, 여성의 신분으로 강한 의견을 표출하는 악랄한 범죄를 저지르지 않도록 유화적인 표현을 문장 중간에 끼워넣으라고 배우지는 않는 듯하다. 성에 관한 대화를 우리보다 한층 평등한 위치에서 시작한다.

　비행기가 착륙할 무렵 나는 아이슬란드의 문화, 지형, 인간 심리 간의 관계를 더 깊이 생각하고 있을 수도 있었지만, 이미 내 조사 목록에 있는 다른 항목에 정신이 팔려 있어 그럴 겨를이 없었다. 그날 아이슬란드 항공의 기내 영화 프로그램에는 〈겨울왕국〉도 있었다. 그래서 나는 이참에 디즈니도 페미니즘을 받아들였는지 직접 확인해보고 싶었다. 헤드셋에서 흘러나오는 주제가 '렛잇고'를 들으며 보다가 고개를 들어 얼음으로 뒤덮인 땅을 보니, 어둠이 짙어 잘 알아볼 수 없는 아이슬란드의 풍경이 눈에 들어왔다. 어둡고 어두운, 발자국이라고는 전혀 안 보이는, 모든 사람, 모든 성별이 왕이 되려고 갈망하는, 고립된 왕국이었다.

아이슬란드라는 이름은 9세기에 플로키 빌게르다르손이라는 바이킹이 붙였다고 한다. 그는 대서양과 노르웨이해 중간에 있는 페로 제도 말고도 거주할 만한 넓은 땅이 있다는 소문을 듣고, 가족과 동료들을 데리고 노르웨이 북부에서 항해를 시작했다. 대단히 거칠고 고됐던 이 항해에서 그는 두 딸을 잃었다. 섬에 닿은 생존자들은 캠프를 만들고, 온화한 여름을 보내면서 드디어 새로운 터전을 찾았다고 생각했다. 하지만 곧 겨울이 찾아들고 가축들이 목숨을 잃었다. 플로키는 노르웨이로 돌아가서, 동포들에게 행여나 '얼음의 땅'에 가서 살 생각은 절대 하지 말라며 충고했다. 하지만 첫 시도가 그렇게 불길했음에도 불구하고 플로키는 나중에 아이슬란드로 다시 돌아가고, 다른 사람들도 그곳에 정착했다. 그런 대이동이 있었던 건, 노르웨이 피오르드를 따라 있는 좁은 토지에 인구가 늘면서 탈출하는 사람들이 생겼거나, 아니면 하랄뒤르 하르파그리

(Haraldur Hárfagri, 고대 스칸디나비아 말로는 Harald Fairhair라고 쓰기도 한다)
가 노르웨이를 통일하고 첫 왕이 되면서 다른 족장들을 진압하거나
쫓아내는 과정에서 그곳을 탈출한 사람들이 아이슬란드로 이동했
다는 설이 있다.

930년에 아이슬란드를 차지한 족장들은 아이슬란드 의회인
'알싱(Alþingi)'을 만들었다. 의회가 있었지만 그들은 변함없이 봉건
영주로 군림했다. 13세기에 시민전쟁이 일어난 뒤 의회는 질서를 회
복하기 위해 노르웨이의 통치를 받아들인다. 이후 정권이 흔들리면
서 노르웨이는 스웨덴과 덴마크와 연합하고, 더 넓은 북유럽 연맹을
형성해 모든 지역이 단일 군주의 지배하에 놓인다. 동맹이 깨진 뒤
아이슬란드는 덴마크의 식민지가 되어 덴마크 왕의 전제정치를 받
는다. 1800년에 덴마크는 의회를 폐지한다. 어느 정도 민주주의를
꾸준히 유지해온 아이슬란드 의회가 출범 이후 처음으로 기능을 상
실했던 순간이다. 하지만 의회는 43년 뒤 부활하고, 아이슬란드가
독립을 요구하는 기본 토대가 된다. 아이슬란드는 통치권을 돌려받
고 1918년에 덴마크 왕국하의 독립국가가 된다. 그리고 1944년에
나치군이 덴마크를 점령하자 아이슬란드는 독립을 선언하고, 국민
투표를 거쳐 덴마크에서 공식적으로 독립한다.

아이슬란드 여성들도 그 국민투표에 참여했다. 여성운동은
독립운동과 동시에, 때로는 앞뒤로 나란히 진행됐다. 여성들은 제
한된 참정권을 비교적 일찍 얻었다. 미혼 여성과 과부는 1882년 지
방선거부터 투표에 참여했다. 결혼한 여성들은 남편과 의견이 다

를 가능성이 분명히 있었음에도 투표권을 얻지 못하다가 1908년이 되어서야 참여하게 되었다. 아이슬란드 잡지사 경영자인 브리엣 뱌르든헤딘스도티르는 자신이 창간한 잡지에서 여성 참정권 확대 운동을 벌인다. 그녀는 또한 레이캬비크 의회 선거에서 당파를 초월해 여성 후보자를 선정하는 데 참여하고, 후보 중 한 사람으로 참여해서 당선된다. 여성 후보자들은 이후 레이캬비크 의회 선거에서도 계속 의석을 확보한다. 그러다가 노동조합, 기업 경영자, 정치인, 심지어 국회의원들(다른 상황이었다면 서로를 적으로 여겼을 남성들)까지 함께 뭉쳐 자신의 권력 기반으로 여겼던 곳을 침범하려는 세력에 맞섰다. 여성들은 수도인 레이캬비크에서 의석을 확보해왔고, 지금까지의 활동으로 명망을 얻은 상태였다. 그다음은 어떻게 됐을까? 국가 의회인 알싱의 의원을 뽑는 선거에 여성을 참여시키자는 제안에 대해 의회 내에서 큰 반대가 일었다. "지금 당장 모든 여성에게 투표권을 준다면, 여성들은 자기들을 별개의 당으로 여기고 오로지 여성 후보에게만 표를 줄 겁니다. 레이캬비크에서 이미 겪어보지 않았습니까?"라고 한 국회의원이 불평했다. 결국 40세 이상 여성에게만 투표권이 돌아갔다. 모든 여성에게 제한 없는 참정권이 돌아가게 된 것은 1920년이며, 그로부터 2년 뒤 잉기비외르그 뱌르나손이 여성 최초 국회의원으로 선출됐다. 의회 정문에는 그녀의 동상이 외이스튀르뵈들뤼르 광장을 바라보며 서 있다.

　　내가 레이캬비크에 도착하기 바로 전 주에 잉기비외르그는 많은 일을 목격했다. 2016년 4월 3일, 파나마 법률 회사 모색 폰세카의 내부 문서, 이른바 '파나마 페이퍼스(Panama Papers)'의 첫 명단이 공개된 이후, 2만 명 넘는 시위대가(아이슬란드 총 인구의 약 6퍼센트다) 밤에 광장에 모였다. 공개된 그 문서에는 모색 폰세카가 도와주었던 고객 이름과 이들이 각국의 세금 당국을 피해 돈을 빼돌린 정황이 자세히 기록되어 있었다. 이 뉴스가 보도되자 세계 여러 나라에서 분노가 일었지만, 아이슬란드보다 강하게 표출된 곳은 없었다. 아이슬란드는 금융위기의 충격에서 아직 회복 중이었는데, 이제야 밝은 희망이 조금씩 보이려던 참에 그런 혼란스러운 사건이 불거졌던 것이다. 미국에서 서브프라임 사태가 벌어지면서 금융시장에 큰 타격을 입혔던 2008년에 아이슬란드의 3대 은행(Kaupthing, Glitnir, Landsbankinn)이 파산했다. 이 은행들은 빚으로 잔뜩 부풀어 있었다. 아이슬란드는 나중에 이 일의 책임을 물어 임원 29명에게(모두 남성이다) 실형을 선고한다. 법원은 이들이 은행 도산의 공동 책임을 져야 한다고 결정했던 것이다. 경제 위기 이후 원인을 철저히 파악하고 상당수의 책임자를 처벌하는 진지한 노력을 기울인 나라는 아이슬란드밖에 없었다.[3] 정당하게 따지고 수습했다고 해서 저축한 돈, 일자리, 집, 사업체를(사업체 두 곳 중 한 곳이 파산한 것과 다름없는 상태였으며, 실제로 파산한 곳도 많았다) 잃은 아이슬란드 국민들의 생계가 회복되는 건 아니었다. 하지만 그런 수습 절차는 국민들에게 새로운 시작에 대한 희망을 주었다. 그런데 파나마 페이퍼스 사건이 그런 희망을 무너뜨렸던 것이다.

　　아이슬란드는 다른 나라에 비하면 부가 비교적 고르게 분배되는 편이다. 실제로 소득 분배의 불평을 측정하는 지표인 지니계수가 OECD 국가 중 가장 낮은 편이다. 이번 사태가 생기기 4년 전 상위 10퍼센트의 가처분소득은 33퍼센트나 증가했다. 파나마 페이퍼스는 일반 시민들이 아이슬란드 문화와 가치에 어울리지 않는 방탕의 결과로 힘들어하는 동안 사회 엘리트들은 여전히 사치스러운 삶을 살아왔다는 사실을 드러냈다. 알빈은 "우리가 이렇게 화나는 게 부당함 때문인지, 아니면 그 사람들처럼 되고 싶어서인지 잘 모르겠어요"라는 우울한 농담을 던지며 웃었다. "제 생각엔 둘 다인 것 같아요."

스웨덴 공영방송 SVT는 파나마 페이퍼스 문서가 발표되기 바로 얼마 전 아이슬란드 총리 시그뮌뒤르 다비드 귄뢰이그손을 인터뷰했다. 그는 진지한 태도로 또박또박 말했다. "아이슬란드는 대부분의, 아니 다른 모든 북유럽 사회와 마찬가지로, 모든 구성원이 각자의 몫을 부담하는 데 큰 중요성을 둡니다. 사회를 모두가 참여하는 하나의 큰 프로젝트로 보기 때문이지요. 그래서 누군가가 사회의 나머지 구성원을 속인다면, 대단히 심각한 일로 받아들입니다." 인터뷰 진행자가 그에게 국외 투자지분을 보유한 적 있느냐는 날카로운 질문을 던지자 그는 당황해하며 부인했다. 그런데 모색 폰세카가 보유하고 있던 문서에는 시그뮌뒤르 다비드와 그의 부인이 조세 도피처인 영국령 버진아일랜드에 윈트리스라고 불리는 회사를 공동 소유하고 있음이 적혀 있었다. 뒤이은 논란으로 그는 총리직에서 쫓겨났다. 알빈은 내게 이렇게 말했다. "2만 명이 의회 밖에 와서 항의 시위를 벌여 결국 총리가 사퇴했다는 뉴스를 곧 보게 될 거예요. 저는 그게 정의감의 강한 표출이라고 봐요. 그가 우리와 같은 입장에서 함께할 수 없다면, 힘 있는 자리에 있을 자격이 없는 거지요." 소동은 계속됐다. 아이슬란드의 공적 부문과 민간 부문의 저명한 인사 170명이 파나마 페이퍼스 명단에 있었다. 이 스캔들은 아이슬란드 다섯 번째 임기에 도전하려는 올라퓌르 라그나르 그림손 대통령의 희망도 좌절시켰다. 그의 부인이 영국령 버진아일랜드에 있는 한 회사의 공동 소유주임이 드러났기 때문이다.

내가 직접 접한 아이슬란드는 샌디가 말한 것처럼 천국에 가까운 곳으로는 느껴지지 않았다. 샌디가 겁줬던 발효시킨 상어 요리처럼, 파나마 페이퍼스 사건이 씁쓸한 뒷맛을 남겼기 때문이다. 시위대는 집으로 돌아가고, 가라앉은 대중의 분노는 환멸로 바뀌었다. "우리는 지금 교차로에 서 있다고 봐요." 여성 역사 기록 보관소 소장인 외이뒤르 스티르카우르스도티르가 내게 말했다. "우선 정치인들이 난국에 잘 대처하고, 사임해야 할 사람들이 사임하고, 정치계 나머지 사람들은 뒤처리에 나설 수도 있어요. 아니면 아무것도 바뀌지 않고, 다들 관심과 의욕을 잃을 수도 있어. 지금 많은 사람이 절망에 빠져 있는 것 같아요."

외이뒤르는 국가적 분위기를 이해하는 데 도움이 될 만한 이야기를 더 해주었다. "바깥사람들이 우리를 어떻게 생각하고 평가하는지가 우리에겐 늘 중요했어요. 그래서 총리가 TV 인터뷰에서 거짓말을 했고, 그게 들통 났을 때 정말 기분이 나빴지만, 전 세계가 그걸 봤다는 사실은 그보다 더 속상한 일이었어요." 그렇다면 아이슬란드 사람들은 이 수치심을 어떻게 극복할 수 있을까? 그녀는 잠시 말을 멈추고 책상 위에 걸린 브리엣 뱌르든헤딘스도티르의 초상화를 힐끔 쳐다봤다. "최근에는 우리가 이룬 성평등에서 자긍심을 찾는 사람들도 많아졌어요."4

아이슬란드가 별로 가진 것도 없이 엄청나게 큰 국제 서비스 경제를 이룩했다는 생각을 많은 국민이 받아들이게 된 호황기를 제외하고는, 별로 우쭐할 것이 없다고 느껴왔다. 전 국토에서 경작이 가능한 땅은 1퍼센트도 안 된다. 그래서 "아이슬란드 숲에서 길을 잃으면 그저 똑바로 일어서기만 하면 된다"는 우스갯소리도 있다. 물가도 비싼데, 그건 식품, 목재, 휴지 등 기본 생필품을 비싼 돈을 주고 수입해와야 하기 때문이기도 하다. 광물 자원이 거의 없으며 석유 산업도 없다. 끝없는 수익을 약속하는 자원을 찾기를 희망하면서, 정부는 2013년에 해양자원 매장 탐사 허가를 처음으로 내주었다. 예비조사 결과에 따르면 아이슬란드 해역에 상당량의 유전이 있을 가능성이 발견됐다. 하지만 유가 경쟁으로 배럴당 원유 가격이 현재 많이 낮아진 상태라서, 시추를 해도 시장성이 전혀 없을 가능성이 크다. 값싸고 지속 가능한 지열에너지*는 건물 난방의 87퍼센트를 담당하고, 아이슬란드에서 많은 에너지를 소모하는 알루미늄과 철 합금 산업의 생산 비용을 낮은 수준으로 유지시킨다. 지열에너

---

*   지하수 및 지하의 열을 이용한 에너지.

지 사용과 관련해 전국의 온수에서 달걀 썩은 냄새가 나는 것 빼고 아쉬운 점이 또 있다면, 마그마가 항상 땅속에만 머물러 있지 않을 수도 있다는 사실이다. 아이슬란드의 화산 130개 중 최소한 30개는 현재 활동 중이다. 실제로 2010년에는 에이야퍄들라이외퀴들 화산이 분출하면서 피어오르는 화산재와 연기 때문에, 여러 주변국이 항공기 이착륙에 어려움을 겪었다. 카틀라 화산과 헤클라 화산도 폭발할 경우 대참사가 일어날 수 있는 대형 화산인데, 언제 폭발할지 몰라 위태로운 상태다.

아이슬란드 최대 자산은 풍부한 어획량으로, 어업이 총 수출의 40퍼센트, GDP의 12퍼센트, 노동 인구의 5퍼센트 가까이를 책임진다. 그리고 신비롭고 척박한 아름다움을 감상하러 매년 찾아드는 관광객은 아이슬란드 인구의 4배 가까이 되는 120만 명에 이르며, 이를 통해 외화 수입의 30퍼센트 이상을 거둬들인다. 아이슬란드에는 천연적인 것이 아니라 만들어진 강점이 한 가지 더 있는데, 바로 세계적으로 존경받는 여성의 높은 지위와 힘이다.

이퀄리아에는 차갑고 상쾌한 기후의 이 섬나라보다 인간이 만든 폭풍우에 더 잘 버틸 수단이 있을까? 아이슬란드를 집어삼킨 2008년의 격동에 관한 학계 연구는 그 격동이 정확히 인간이 만든 사태였다고 지적한다. 이에 관한 논쟁은 아이슬란드 대학교의 도라 크리스틴 도르스도티르가 쓴 논문에 훌륭하게 정리되어 있다. "남성 장관들이 은행을 민영화하고, 다른 남성에게 팔아 그 사람이 다

른 남성을 책임자로 앉히고, 공격성, 경쟁, 위험을 무릅쓰는 등 남
성적인 가치를 높이 샀다. 언론이 은행 경영자들을 성공 사례로 보
도하고, 바이킹이라 일컬었던 것은 사태의 실상을 무심결에 명확히
드러낸다. 참고로 바이킹이라는 집단은 다른 문화권에서는 상당히
다른, 아마도 더 적절하다고 보아야 할 이미지로 묘사되는 데 비해,
아이슬란드 문화는 가장 위대한(극도로 남성적인) 역사적 영웅들을 바
이킹이라고 지칭해왔다.[5]

앞서 논의했듯이 모든 문화권과 나라들의 상당히 많은 증거
가 남자들은 재무적 측면에서 위험부담을 더 많이 감수한다. 그런
위험부담은 각 개인으로 보면 더 큰 보상으로 되돌아올 수도 있으
나, 평균적으로 볼 때는 더 좋지 않은 결과에 이른다. 헤지 펀드 같
은 금융기관의 투자인지, 가계의 소규모 투자인지에 관계없이 여성
들이 의사결정 과정에 참여할 때 더 안정적인 수익을 낸다는 연구가
계속해서 발표되고 있다.[6] 그렇다면 아이슬란드가 온화한 날씨의
혜택을 더 오래 누리려면 완전한 양성 평등을 향해 계속 나아가야
한다는 명백한 결론에 이른다.

그렇기는 하지만 아이슬란드는 이미 양성 평등에서 마법과
도 같은 성과를 이루어냈으며, 전 세계인의 시각으로 바라보는 아
이슬란드는 이미 마법 가루가 잔뜩 뿌려져, 가장 어두운 시기에조
차 눈에 띈다. 형형색색의 나지막한 집들이 깎아지른 언덕에 옹기
종기 자리한 레이캬비크는 여행객들이 꼽는 최고의 여행지 목록에
항상 이름을 올린다. 아이슬란드는 세계 친절지수와 행복지수에서

최고점을 받기도 했다. 국제투명성기구는 매년 공공 부문의 부패 정도와 사람들의 인식을 국가별로 조사해서 순위를 발표한다. 가장 최근에 발표한 순위에서는 아이슬란드가 세계에서 청렴한 국가 중 13위에 이름을 올렸다. 그런 우수한 성적과 외국 언론에서 다룬 아이슬란드에 관한 거의 모든 신문기사는 모든 강점과 매력의 바탕이 되는 주요 요소로 최고의 경지에 이른 페미니즘을 꼽았다.

아이슬란드처럼 국제적 떠돌이 취급을 받기 쉬운 입장에 있는 나라에 이런 긍정적인 이미지가 형성되었다는 점은 특히 인상적이다. 금융위기가 정점에 올랐을 때, 누군가가 장난으로 이베이에 가수 비외르크를 제외한 아이슬란드 국가 전체를 99펜스에 경매로 내놓았는데, 입찰자 수가 80명 이하였다. 물론 장난이었지만 이 장난은 정확히 아픈 부분을 꼬집었다. 터져버린 아이슬란드 서비스의 버블은 비단 아이슬란드에만 악영향을 준 것이 아니었다. 아이슬란드 3대 은행인 쾨이프싱그(Kaupthing), 글리트니르(Glitnir), 란즈방킨(Landsbankinn)은 솔깃할 정도로 높은 이자율을 제시해 해외 고객을 유치하고 해외 자산을 매입하면서, 아이슬란드 경제 규모의 10배에 해당하는 850억 달러를 빚진다. 아이슬란드는 이들이 휘청거릴 때 쓰러지게 내버려두어 은행 채권을 휴지조각으로 만들고, 외국 예금주들이 은행 저축금을 회수하지 못하도록 은행 자산을 동결한다. 은행 예금주 중에는 아이슬란드 사람보다 외국인이 더 많았다. 란즈방킨의 아이스세이브(Icesave)에 계좌를 둔 영국과 네덜란드 고객은 무려 34만 3,306명이나 되었다.

영국과 네덜란드 정부가 대신 나서서 자국 예금자들에게 돈을 지급하고, 아이슬란드에는 이자와 함께 갚을 것을 요구했다. 하지만 돈을 빌릴 길이 없는 아이슬란드는 영국과 네덜란드 정부에 돈을 갚고 싶어도 갚을 수가 없었다. 신용평가기관들은 아이슬란드의 평가등급을 강등하고, 경제 전망을 부정적으로 예측했다. 아이슬란드의 유일한 선택 방안은 IMF에 긴급구제를 요청하는 것이었지만, 채권자들은 일괄 구제 프로그램에 아이슬란드 정부의 채무 전액 상환 보증이 반드시 포함되어야 한다고 압박했다. 이에 많은 아이슬란드 사람은 자신들이 책임질 필요가 없는 일에 외국 권력이 압력을 행사하는 데 반발했다. "아이슬란드 내에서는 이 사태가 우리 책임이 아닐 수도 있다는 주장이 일었어요. 다른 곳에서 영업했던 민간 은행의 돈을 왜 아이슬란드 납세자들이 대신 내줘야 하느냐는 것이었지요"라고 하들라 귄나르스도티르가 이야기했다. 그녀는 아이슬란드 보건부 고문으로 있을 때와 나중에 법무부에 근무할 때 이런 논쟁이 오가는 과정을 지켜봤다고 한다.

경제 위기 당시 정권을 이끌던 우파 성향의 정부는 영국과 합의하겠다고 약속했지만, 그 뒤 바로 사퇴했다. 2009년 2월 총리에 취임한 요한나 시귀르다르도티르는 그해 4월 선거에서 승리한 뒤 사회민주당과 좌파녹색운동의 연정을 이끌며 2013년 5월까지 집권한다.

그녀는 최고지도자 후보로 딱히 두각을 나타내지는 않았다. 언론의 관심을 싫어하고, 입바른 말을 하는 성격이었으며, 당 대표를 맡았다가 밀려난 적이 있었다. 그때 패배 후 허공에 주먹을 흔들며 "제 시대가 올 겁니다"라고 공개적으로 반항하는 듯한 태도를 보여, 사람들의 조롱을 사기도 했다. 그런데 눈앞에 닥친 큰 문제를 파악하려고 애쓰던 아이슬란드 사람들은 그녀를 새로운 눈으로 바라보기 시작했다. 내세우지 않고 꾸밈없는 그녀의 성격에서, 최근에 겪었던 부패하고 과장이 지나친 다른 지도자들과 대비되는 호감을 느꼈다. 더욱이 그녀가 가진 다른 독특한 장점을 살릴 수 있을 터였다. 지난 역사를 보아도 여성 대통령이 국민의 사랑을 더 많이 받아왔다. 사람들은 아이슬란드에도 이제는 최초의 여성 총리가 나올 때가 되었다고 봤다. 그런 데다가 그녀에게는 다른 특징도 있었는데, 그에 대해 《가디언》은 이렇게 언급했다. "요한나는 세계 최초 동성애자 총리가 될 것이다. 이 큰 사태가 벌어진 지 4개월 뒤에야 아이슬란드는 마침내 다시 자신감을 가질 만한 무언가를 찾은 듯하다."

그러나 총리 집무실에 들어간 순간부터 요한나는 자신의 빛을 잃어갔다. 그녀의 시대가 정말로 왔다. 하지만 그녀가 즐겨 인용하는 이런 시구에 나오는 전형적인 여성처럼, 그녀도 이 시간을 이용해 다른 사람이 망쳐놓은 것을 뒷수습해야 한다.

모든 이야기를 전달하고
그런 세상의 문제를
분석하고, 논의하고, 합의했을 때
눈빛을 교환하고

악수를 나누고 나면

바로 중요한 그 순간에

늘 한 여자가 나타나서

테이블을 치우고

바닥을 쓸고, 창문을 열고

담배 연기를 밖으로 뺀다[7]

아이스세이브 사태의 후유증은 아이슬란드에 흙탕물을 튀기듯 악영향을 끼쳤다. 그 뒤처리는 힘들었고, 그 과정에서 요한나에게도 흙탕물이 튀겼다. 국제적인 채권자들에게 자국의 정서에서 아이슬란드의 의무를 다하려고 노력하는 과정에서, 요한나 정부는 모든 사람을 불만스럽게 만들었다. 그녀는 영국과 네덜란드와의 첫 협의안을 도출했지만 그 협의안이 아이슬란드에 너무 가혹하다고 생각한 올라뷔르 대통령이 인준을 거부하고, 그에 뒤따른 2010년 국민투표에서 투표자의 98퍼센트가 협의안 무효화에 찬성했다. 다시 마련한 협의안도 2011년에 두 번째 국민투표에서 부결되었다. 2013년 1월, 유럽자유무역연합 법원은 이 논란에 관한 공식 판결을 내린다. 란즈방킨의 재산 관리인들이 원금을 상환할 자금을 찾아냈으므로, 아이슬란드 납세자들은 영국과 네덜란드에 이자를 갚을 필요가 없다는 것이었다. 요한나는 이에 대해 "아이슬란드의 완벽한 승리"라고 말했다. 하지만 아이슬란드 사람들은 이 승리를 요한나와 정부의 공으로 돌리지 않았다. 요한나는 그로부터 3개월 뒤 총리직에서 사임했고, 그녀의 당과 연합했던 정당들은 이후 선거에서 표를 크게 잃었으며, 시그뮌뒤르 다비드 귄뢰이그손이 총리에 오르고, 해적당이 처음으로 의석을 확보했다.

요즈음에도 일부 국민들은 요한나에게 욕설과 비난을 쏟아낸다. 레이캬비크에서 택시를 탈 기회가 딱 한 번 있었는데, 알고 보니 아이슬란드 택시 운전사들 중에도 런던 운전사들 못지않게 성질 고약한 사람이 있는 듯했다. 내가 만난 그 운전사는 파나마 페이퍼스에 관한 이야기를 꺼냈다가 점점 비논리적으로 비약되는가 싶더니 요한나가 아이스세이브를 처리하면서 너무 서툴게 구는 바람에 지금 위기가 닥쳤다는 데까지 흘러갔다. 아이슬란드 노동조합 사무국장인 드리바 스나이달은 "요한나를 비판하는 사람들은 불을 낸 사람이 아니라 불을 껐거나 끄려고 노력했던 사람들에게 비난의 화살을 돌리는 것이다"라고 말했다.[8]

비판 세력은 요한나 정부의 성과에 대해서는 별로 인정하지 않으려는 듯하지만, 요한나 정부가 어떤 성과를 이룩했는지 들어볼 가치는 있다. 연립정부는 정부를 재건하기 시작했으며, 가장 괴로운 상황에서 어느 정도 자신감과 정상적인 상태를 회복했다. 그리고 오랫동안 미뤄왔던 헌법 정비 절차를 시작했으며, 양성평등에서도 상당한 진전을 이루었다. 의무 할당제를 시행해 기업의 이사회에 여성의 수를 늘렸다. 북유럽 모델을 도입한 법은 2009년부터 효력을 발휘하기 시작했으며, 그다음 해에는 직원의 벌거벗은 몸을 토대로 수익을 얻는 것을 위법 행위로 정한 법을 통과시켜 스트립 클럽을 실질적으로 금지했다. 이에 대해 레이캬비크에서 활동하는 반성폭력 운동조직 스티아모트의 귀드룬 욘스도티르는 "아이슬란드 남성들은 이제 여성을 사고파는 대상이 아니라는 개념에 익숙해져야 할 거예요"라고 말했다.

가정 폭력에 관한 새로운 법률이 만들어지면서, 폭력을 가한 사람은 집 밖으로 즉시 격리되며, 구속 상태에서 조사를 진행한다. 하들라는 정부 자문관으로서 아이들을 폭력에서 보호하고, 아동 포르노를 근절하고, 사법 체계 내 성폭행 사건 처리 절차를 개선하는 데 기여했다. "이런 계획을 모두 완수했는데, 돈이 하나도 없는 상황에서 실행했다는 걸 꼭 밝혀두고 싶어요." 그녀는 이렇게 말하고 하하 웃었다. "모든 정부 부처 예산이 삭감됐거든요. 그런 상황에서 저희가 가진 힘이라고는 모이고, 대화하고, 주장해서 알리고, 그에 관한 대화의 방향을 바꾸려고 노력하는 것밖에 없었어요. 그리고 우리는 실제로 그렇게 했어요. 그랬다는 게 정말 너무 자랑스러워요. 저희는 그저 법을 바꾼 게 아니라 사람들의 마음과 생각을 움직였던 거예요."

의심할 여지없이, 요한나 정부의 가장 큰 공로라고 하면 아이슬란드의 비극적인 재정 삭감 절차를 이행하면서도 꼭 필요한 서비스는 지켜내려고 했던 결심에 있다. 이 책 서문에서 설명했듯이 요한나와 동료들은 이런 상황에서 정부가 취하는 전형적인 대응 방식을 피했다. "보통은 남성의 실업률이 높아지면 모든 사람이 그 현상에 잔뜩 겁먹어요." 하들라가 말했다. "남자들이 일자리를 잃으니, 정부가 프로젝트에 돈을 쏟아붓기 시작하는데, 그때 일반적으로 정부와 민간 기업이 파트너십을 맺는 방법으로 프로젝트를 수주하거든요. 그 말은 잠재적인 이익은 민영화하고, 손실은 국유화한다는 뜻이에요. 정부가 모든 위험부담을 지고, 민간 부문은 더 많은 수익을 챙기지요. 그렇지 않으면 민간 기업으로서는 애초에 참여할 이유가 없어요." 남자들의 일자리는 투자할 만한 가치가 있는 것으로 여겨 국가에서는 서비스 부문을 축소한다고 하들라가 설명한다. "서비스 부문 축소와 여성 실업률은 서로 긴밀한 관련이 있기 때문에, 그렇게 되면 여성의 실업률이 조금씩 높아지게 돼요."

　아이슬란드가 추구한 방식도 완벽함과는 거리가 멀고, 의문스러운 결정이 몇 가지 있다. 연립정부는 실업자, 고령자, 장애인을 위한 예산 삭감을 최소화하려고 젊은 가정에 더 큰 부담을 지움으로써, 어린아이를 둔 엄마들의 불이익을 줄이기 위해 이루어놓은 제도를 약화시켰다. 세계적으로 명성이 있는 미술가이자 레이캬비크에서 가장 아름다운 벽화들을 그린 사라 리엘은 나와 만날 때 첫아이를 데려와 옆에 두고 돌보면서, 경제 위기 이후 아이슬란드에서 아기를 키운 경험에 대해 이야기했다. 그녀는 아이슬란드가 아이를 낳아 키우는 엄마들에게는 여전히 세계에서 가장 좋은 곳이라면서, 아이슬란드에서 가장 유명한 인물로 꼽히는 가수 비외르크가 이런 분위기가 형성되도록 도움을 주었다고 생각한다. "비외르크는 아주 강인하고 창의적이에요. 게다가 우리와 같은 아이슬란드 사람이고, 여성이고, 엄마라서 여성들을 일깨우는 데 큰 역할을 했어요." 하지만 사라는 무엇보다 부모들에 대한 정부의 지원이 가장 큰 장점으로 작용한다고 생각한다. 그녀는 소속된 조직 없이 독자적으로 일하기 때문에, 직장에 다니는 출산 여성에 대한 지원 혜택은 해당사항이 없다. 삼림 감독관인 그녀의 동반자는 출산 직후 첫 달 육아휴직을 내서 그녀와 함께 아기를 돌봤고, 나머지 휴가는 정해진 기간만큼 나중에 모두 쓸 계획이라고 한다. 정부의 지원 정책에는 한 부모 가정에 대한 지원도 있다. "네덜란드에 사는 제 친구는 혼자서 아이 둘을 키우고 세 번째 아이를 임신하고 있는데, 네덜란드에서는 혼자 아이를 키우면서 사업을 하는 건 불가능하다고 하더라고요. 여기 같으면 혼자서 아이를 키우는 게 흔한 일이어서, 깔보거나 경시하지 않아요. 여기 같으면 '힘내세요! 파이팅!'이라며 격려하는 사람이 오히려 더 많지요."[9]

하지만 요한나 정부에서 도입한 긴축정책의 파장이 아직까지도 전달되는 조짐이 나타난다. 21세기 대부분 기간 동안 아이슬란드는 높은 출산율과 이례적으로 높은 여성의 경제활동 참가율을 보였다. 그러다가 2013년에 출산율이 처음으로 여성 한 명당 평균 자녀 두 명 이하로 떨어졌다.

이런 추세가 나타난 배경은 경제 불안이 지속될지 모른다는 불안감보다는 요한나 연립정부가 막대한 국가 부채를 줄이기 위해 씨름하는 과정에서 초기에 내린 결정 중 하나가 특별히 영향을 끼친 것일 수도 있다. 육아 수당이 동결되고 육아휴직 수당 상한금이 두 차례 낮춰져, 수당이 월급의 80퍼센트이며 상한액이 53만 5천 크로

나(약 530만 원)에서, 30만 크로나(약 300만 원)로 줄어들었다. 2000년에 도입된 육아휴직은 혁명적인 반응을 불러일으켜, 2008년에는 남성의 90.8퍼센트가 육아휴직을 쓰고 여성들은 경제활동에 더 적극적으로 참여했다. 그러다가 수당 삭감 이후 육아휴직을 쓰는 아빠도 급격히 줄어 2014년에는 78.3퍼센트로 낮아지고, 휴가를 쓰는 평균 기간도 단축됐다.

양성 평등을 소중한 지도 원리로 여기는 정부에서조차 경제 상황이 좋지 않을 때는 결국 그 원칙의 기반을 손상시키기도 한다. 우선 여성들은 이미 상당히 불리한 입장이어서(평균적으로 남자들보다 재산이 적고 가족을 돌보는 부담을 더 많이 지기 때문에 다양한 공공 서비스에 더 많이 의존한다) 예산 삭감을 어떤 서비스에 적용하는지, 얼마나 신중하게 적용하는지에 관계없이, 최소한 여성 인구의 일부에는 큰 피해를 줄 가능성이 크기 때문이다. 또 평등을 달성하는 데 꼭 필요한 일부 정책은 따로 떼어놓고 보면 돈이 많이 드는 것처럼 보여 예산 삭감 대상이 되기 쉽기 때문이다. 그리고 육아휴직 수당이 그 대표적인 예다.

사실 정부가 더 적은 비용을 들여 양성 평등을 개선할 수 있는 방법도 많다. 여성평등당 정책을 세우면서 우리는 항상 비용이 전혀 안 들거나 적게 드는 방법을 찾았다. 하지만 투자가 필요한 정책도 물론 있다.

우리가 제안하는 보육 정책은, 영국의 아동 320만 명 전원을 일주일에 최대 40시간씩 1년에 48주 동안 무료로 돌봐주는 것으로, 현재 보육 교사들의 급여 수준으로 계산하면 매년 330억 파운드(약 50조 1,240억 원), 보육 교사들의 급여가 교사 수준으로 높아진다면 550억 파운드(83조 5,400억 원)가 필요하다.

페미니스트 경제학자들의 네트워크인 여성예산그룹(Women's Budget Group)은 우리가 제안한 이 정책이 창출할 일자리 170만 개, 중복된 수당 감소, 정부의 세금 수령액 증가분을 모두 계산하면, 투자한 금액의 89~95퍼센트가 회수될 것으로 예측했다. 재원 부족분 대부분은 고정 비율의 보조금 세금 경감을 도입하면 충당될 것이며, 그렇게 되면 추가적인 이점도 생길 것이다. 이퀄리아에 도달하기 위한 선제 조건인 공동 육아를 현실로 만들기 위해, 우리는 장기간 육아휴직을 주고, 아빠들이 (이혼 후 양육을 함께하는 부모들까지 포함해서) 일정 기간 동안 '안 쓰면 소멸되는' 육아휴직을 지정하는 아이슬란드와 다른 북유럽 국가들의 사례를 참고한 방안을 제안한다. 아이슬란드처럼 우리는 부모에게 육아휴직을 9개월 주고, 3개월은 의무적으로 엄마가, 3개월은 아빠가, 나머지 3개월은 양 부모가 상의해서 결정하는 방법을 계획하고 있다. 아이슬란드의 경험은 아빠들이 육아휴직을 쓰게 하려면 수당 금액이 충분히 높아야 한다는 점을 보여준다. 성별 임금 격차가 있어 남자의 임금에 의존하는 경우가 많은데, 그런 임금 격차를 없앨 유일한 방법은 임신과 출산으로 여성들이 저급 노동직이나 노동 시장 밖으로 밀려나는 일이 없도록 확실히 대비하는 것이다. 수당의 상한선을 월급의 80퍼센트로 하면 아빠들도 육아휴직을 쓸 수 있다.

영국 재무성은 법정 육아휴직 기간을 확대했을 때 추가 비용 계산 공식을 이미 가지고 있다. 계산법은 다음과 같다.

'추가적으로 자격을 얻은 대상자 수 × 휴직 이용자 비율(%) × 기간 (주 단위) × 지불액'[10]

재무성 분석가들은 한층 큰 그림에서 본 의미심장한 공식을 이용하는 데는 별로 관심이 없는 듯하다. 육아휴직 대상자의 비용을 상쇄하는 것보다 훨씬 더 의미 있는, 성평등 개선을 나타내는 공식을 만들어볼 수 있는데도 말이다. 예를 들면 이런 게 가능하다.

'여성 국회의원 비율(1 + 25퍼센트) = 국제적인 국가별 위험도 부패 지수 1포인트 개선.'[11]

그리고 가장 큰 그림에서 본다면 이런 공식을 만들 수 있다.

'노동시장에서 남성과 완벽하게 똑같은 역할을 하는 여성 = + 2025 년까지 세계 연간 GDP 28조 달러 부양.'[12]

어떻게 성장을 회복하느냐에 관한 열띤 논의가 오가는 지금처럼 힘든 시기에 이런 공식은 정부 정책 관료들 머리에서 휙 지나가버릴 것이다. 대신에 그들은 채굴기와 안전조끼를 입은 남성들의 일터에 미래를 투자하려는 생각에 차 있다. 여성들은 늘어선 줄 맨 뒤로 가서 순서를 기다려야 한다.

정치계는 단기적인 이익에만 매달리는 사람들로 가득하다. 정치인들은 특효가 있는 응급조치, 국민들을 기쁘게 할 세금 환급에 유혹을 느낀다. 그리고 유권자들은 정치인들의 그런 행동에 틀림없이 보답한다. 비록 요한나 정부도 다른 많은 정부와 마찬가지로 실수를 범하기는 했지만, 아이슬란드의 사례가 더 가슴 깊이 와닿는 건 바로 그 때문이다. 요한나의 연립정부가 경제 재건을 꾀하는 과정에서 보다 긴 안목과 폭넓은 상상력을 펼칠 수 있었던 건 무엇 때문일까? 아이슬란드로 오기 전, 나는 그 질문에 '여성'이라는 한 단어로 답할 수 있으리라 예측했다. 따지고 보면 요한나 정부는 여성이 이끄는 최초의 아이슬란드 정부에 그치지 않고, 성의 균형을 이룬 사상 최초의 정부였다고도 볼 수 있으니 말이다.

여성 대표였기 때문임은 의심할 여지가 없지만, 그 외에 다른 요소도 작용했다. 바로 남성들이다. 아이슬란드 남성들은 대체로 양성 평등을 위협이 아니라 공동의 목표로 생각한다. 그들은 페미니스트라는 이름으로 불리는 걸 그리 달가워하지 않을지도 모른다. 아이슬란드뿐 아니라 그 어디에서든, 페미니스트라는 단어에는 악취가 배어 있어, 오해받기 일쑤이고, 아이슬란드 온수 수돗물을 틀었을 때처럼 코를 잔뜩 찡그리게 만든다. 하지만 페미니즘이 내세우는 원칙들은 사실 향긋하다. 알빈 니엘손이 내게 이런 말을 한 적이 있다. "아이슬란드 남자들에게 페미니즘이란 무엇인지 설명하면, 아마 다들 '그건 내가 항상 얘기했던 건데?'라고 할 거예요."

그렇다면 내가 여행에서 가장 중요하게 생각했던 질문이 자연스럽게 연결된다. 아이슬란드 남성들은 대체 어떻게 여성의 동지가 되었으며, 이런 과정이 어떻게 다른 나라에서 똑같이 되풀이될수 있을까? 이 질문의 답을 설명하려면, 우선 내가 대단한 아이디어를 얻었던 날의 일로 거슬러 올라가야 한다.

비그디스 핀보가도티르는 이런 일이 벌어지지 않았다면 대통령이 되지 못했을 것이다. 그녀는 어머니와 세 살짜리 딸을 데리고 인파 속을 헤쳐 지나갔다. 쉬리뒤르 페튀르스도티르도 그 자리에 있었다. 레드 스타킹스(Red Stockings)라고 불리는 급진 여성 단체가 여성들의 1일 파업을 제안한 날이었다. 다른 단체들이 참여하면서 행사 이름이 변경되고, 고용주와 노동조합을 설득하면서, '여성총파업(Women's Day Off)'은 놀랄 정도로 많은 이의 지지를 얻었다. 당시 쉬리뒤르는 학교 교사였는데, 교사는 남녀 급여가 비슷한 몇 안되는 직업 중 하나였다. 다른 분야에서는 남녀 소득 격차가 크게 벌어졌다. "급여 조건이 좋은 일자리에 사람이 필요하면 남자들을 데려다 쓰고, 여자들은 바닥을 청소하는 일이나 해야 했어요." 그녀는이렇게 회상한다. "남성이 가장이라는 생각이 팽배해 있던 때였지요. 여성이 가장이 될 수 있다는 생각은 전혀 안 했어요. 1975년 여성 총파업이 벌어지기 전에는 우리 사회 전체가 여성이 노동력의 중요한 부분이라는 생각을 전혀 못했어요."

10월 24일, 아이슬란드 여성들은 하루 동안 직장과 무급 가사노동을 내팽개쳤다. 쉬리뒤르와 동료들은 여학생들도 파업에 참여해야 할지 논의했다. 하지만 학생들이 평소처럼 학교에 등교해야 학교 측에서 여성 교사의 부재를 느낄 수 있을 테니 여학생들은 학교에 보내기로 결정했다. "사람들의 엄청난 관심을 불러일으킨 사건이었어요." 쉬리뒤르가 말했다.[13]

집회 군중은 레이캬비크로 몰려들어 외이스튀르뵈들뤼르 광장에 집결했다. 가을 날씨가 쌀쌀할 수도 있었지만, 운명은 이들에게 쾌적한 바람과 햇빛을 선사했다. 쉬리뒤르는 여덟 살짜리 딸 베디스 그뷔드욘스도티르를 데리고 나왔다. "모든 곳이 문을 닫았어요." 과거를 회상하는 쉬리뒤르의 얼굴이 밝았다. 베디스가 옆에서 거들었다. "전국 모든 곳요. 이 일은 아이슬란드 여성들에게 자긍심을 심어줬어요." "맞아요. 우리도 무언가 큰일을 할 수 있다는 걸 확인했지요." 쉬리뒤르가 말을 받았다. 아이슬란드 여성의 90퍼센트가 이날 파업에 참여했다. 참여한 여성들은 그런 규모의 일이 가능했다는 데 경탄하면서 고개를 흔들었다.

여성역사연구소의 외이뒤르 스티르카우르스도티르도 비슷한 이야기를 전했다. "친구와 함께 시내에 갔는데, 사람이 너무 많아서 깜짝 놀랐던 기억이 나요. 거의 다 여자였고 남자도 몇 명 있었어요. 내 평생 그렇게 많은 사람이 모여 있는 걸 본 적은 그때밖에 없어요." 사람들은 연설을 하고 노래를 불렀다. "오페라 가수인 한 여성이 선창하자 모두 따라 불렀어요. 정말 환상적이었지요. 제 생각엔 그날 그 자리에 있었던 사람들은, 함께 뭉쳐서 일어서면 우리도 무언가 할 수 있다는 믿음을 항상 가슴 깊이 간직하고 있을 거예요. 그날의 일은 많은 사람을 변화시켰어요."

어떤 남성들은 파업에 항의하며 투덜댔다. 쉬리뒤르는 불평했던 남성들 흉내를 이렇게 냈다. "뭐라고? 오늘 점심은 굶으라고?" 총파업 이후에는 그런 불평이 중단됐다. 모든 사람이 모든 활동 영역에서 여성이 얼마나 큰 기여를 하는지 똑똑히 확인했다. 남성이 대부분인 어선의 선원들조차 배에서 밥을 하는 여성들이 일손을 놓으면서 영향을 받았다. 여성이 없으면 모든 것이 서서히 중단된다.

이 깨달음이 변화의 과정에 불을 지폈다. 아이슬란드 교회는 1911년 이후 여성을 사제로 임명할 수도 있었지만 그렇게 하지 않았다. 그러다가 여성 총파업 이후 첫 번째 서품식이 열렸다. "권리가 있는 것과 실제로 받아들여지는 것은 차원이 달라요. 권리를 갖는 건 공직자들이 결정할 수 있는 사안이지만 받아들여지는 건 사회와의 관계여서, 사회가 받아들여주느냐 그렇지 않느냐의 문제거든요"라고 사제인 스테이넌 아르든스루뒤르 비외르든스가 말했다.

새로 온 신부에게 필요한 일이 있어서 다녀왔을 때 나눴던 대화를 생각하며 그녀가 피식 웃었다. "장례식이 있어서 큰 공동묘지가 있는 장례식장 사무실에 앉아 있었는데 오르간 연주자 한 사람이 저에게, '남자들은 이제 필요가 없네요. 일이 전부 여자들에게 돌아가니 말이에요'라고 하더라고요."[14] 하지만 그녀는 교회가 됐든 아니면 다른 어디에서든 그렇지는 않다고 지적했다. 그녀의 말처럼 여성 총파업으로 변화가 시작되었더라도 결코 끝난 건 아니었다. 이후에도 더 빠른 변화를 재촉하는 운동들이 있었다. 여성평등당이 세계여성축제의 에너지를 실행 계획으로 옮기고자 하는 뜻에서 시작된 것과 마찬가지로, 아이슬란드에서 여성들의 정당으로는 가장 규모가 컸던 여성전선(Kvennalistinn)은 여성 총파업의 정신을 실질적인 정책안으로 승화시키기 위해 1983년에 조직됐다. 드리바 스나이달의 설명에 의하면, 신당인 여성전선은 지지율 10퍼센트로 국회 의석을 얻고, 곧바로 작은 정당으로서는 어울리지 않을 정도로 큰 영향력을 발휘하면서, '여성 이슈'로 규정한 좁은 영역이 아니라 모든 문제를 논의하는 자리에 성별적 측면을 가미했다. "국회 안에서 다른 정당 소속 여성들은 여성당에서 사회적, 정치적으로 힘을 얻었어요. 그리고 물론 다른 정당들도 여성 후보를 내야 했지요." 드리바가 말했다.

여성전선은 핵심가치를 간직하고 상당수의 여성 대표자가 의회에 진출할 수 있도록 하기 위해 1999년에 다른 당들과 합당해 사회민주동맹으로 재탄생한다. 나중에 요한나가 대표로 있었던 당이 바로 이 사회민주동맹이다. 합당 결정을 모든 당원이 지지한 건 아니었다. 그 결정 이후 정치계를 떠난 사람도 있고, 일부는 나중에 요한나와 연립정부를 구성한 좌파녹색운동에 합류했다. 그리고 몇명은 보수 정당으로 옮겨갔다. 그런 여성 대파업과 여성 정당의 유산은 아이슬란드 정치계에 녹아들어 있는 듯하다. 아이슬란드의 주요 정당 중 자발적으로 여성 할당제를 시행하지 않는 당은 중도 우파인 독립당이 유일하다. 국회인 알싱에 진출하는 여성 의원은 꾸준히 40퍼센트 전후를 유지하고 있다.

2016년 선거에서는 파나마 페이퍼스의 여파로 여성 의원의 비율이 47퍼센트로 높아졌다. 하지만 독립당의 비야르니 베네딕트손이 파나마 페이퍼스에 이름을 올리면서 연립정부의 힘이 약해졌다. 게다가 베네딕트손이 자기 부친이 어떤 소아성애범의 명예를 회복시키고자 전과를 없애준 일이 있었음을 알고도 은폐했다는 주장으로 시국이 복잡해지면서, 연립정부는 1년도 채 안 되어 와해되고 만다. 명예회복을 위한 시도가 이런 큰 파문으로 번질 수 있었던 데서, 성폭력에 맞서고 희생자들을 위해 정의를 실현하겠다는 아이슬란드 사람들의 의지를 엿볼 수 있다.

이듬해 선거는 이런 문제와 그 밖의 평등 문제를 추구하는 정당들에 새로운 기회가 되었다. 하들라 귄나르스도티르는 첫아이 출산 준비를 위해 아이슬란드에 돌아와 있었다. 그러던 중 임신 7개월의 몸으로 녹색당 후보로 출마했다. 녹색당은 2017년 총선에서 비교적 선전해, 두 번째로 많은 의석을 차지했다. 하지만 진보정당들을 설득해 연립정부를 만들기에는 의원의 수가 부족해, 대신 우파인 좌파녹색운동과 연립정부를 꾸리고, 좌파녹색운동 대표인 카트린 야코브스도티르를 아이슬란드 두 번째 총리 자리에 세웠다. 아이슬란드의 대다수 페미니스트는 이 연정으로 인해 성폭력 희생자들을 위한 정의와 성에 대한 인식을 개선해 국가의 물리적·사회적 인프라를 재건하겠다는 좌파녹색운동이 선거 공약을 등한시할 수 있다며 우려를 표명했다.

해적당 지지자들도 선거 결과에 실망했다. 해적당은 2016년 총선에서 14.5퍼센트의 지지를 얻었지만 2017년에는 투명성과 협력이라는 모호한 공약을 내세우면서 지지 기반을 잃었다. 아이슬란드 해적당의 대표적인 인물로 페미니스트인 비르기타 욘스도티르가 있지만, 해적당은 기본적으로 탈이데올로기, 탈페미니즘 성향을 보였다. 해적당은 2006년에 스웨덴에서 릭 팔크빙에라는 컴퓨터 공학자가 파일 공유를 합법화하자는 캠페인을 벌이면서 시작되었고, 북유럽 여러 국가와 독일에서 활동했다. 이들은 책과 음악 등의 지적 재산권을 모든 이가 무료로 사용할 수 있도록 공유화하는 것을 목표로 내세웠지만, 그보다는 실리콘밸리의 큰 기업들과 영합하는 모험을 했다. 실리콘밸리의 거대 기업들은 창작자들이 거의 아무런 이윤도 남기지 못하는 가운데 무료로 콘텐츠를 제공하면서 중간에 배를 불린다. 그런 실리콘밸리와 마찬가지로 해적당 의원도 대다수가 남성이다. 독일 해적당이 당원의 편향성으로 비판을 받자 해적당의 지도부에 있는 여성 당원 마리나 바이스반트는 기자회견에 나와 이렇게 반박했다. "저희는 당원들의 성별을 일일이 따지지 않습니다. 여성의 수를 더는 세지 않는 것이 진정한 평등의 시작이라고 믿기 때문입니다."[15]

아이슬란드에서는 성평등이 자리 잡은 국가적 전통이 해적당을 조금 더 여성 친화적인 당으로 만든 것으로 보인다. 그래도 어찌 되었든 아이슬란드가 여성의 수를 세는 것을 중단하기는 아직 너무 이르다는 것만큼은 확실하다. 카트린 야코브스도티르가 두 번째 여성 총리로 취임할 수 있었던 2017년 선거에서조차 여성 의원의 비율은 38퍼센트로 뚝 떨어졌다. 선거가 있고 며칠 뒤 정치운동가 100명 이상이 모여 신당(여성평등당)의 필요성에 관해 논했다. 다른 세계 사람들은 아이슬란드를 부러운 눈으로 쳐다볼지 모르지만, 아이슬란드 여성 시민들은 여전히 남성들보다 급여가 14~18퍼센트 적다. 그래서 2016년 10월에 또 한 차례 '대파업'에 나서서 남녀 소득 격차에 항의했다. 소득 차이가 지속되는 가장 큰 이유는 노동시장에 여전히 큰 성차별이 존재하기 때문이다. 숙련도가 낮은 '여성의 일'은 남자들이 주로 하는 그와 동등한 일자리에 비해 임금이 상당히 낮다. 트럭 운전사의 90퍼센트 이상은 남성이며, 돌봄 관련 직업은 여성 종사자 쪽으로 그만큼 압도적으로 쏠려 있다. 어업과 알루미늄 제련은 여전히 남성의 영역이다. "여성도 이런 일을 할 수는 있지만, 지금까지의 전통이나 근무 시간 측면 모두에서 어려움이 있다"고 드리바 스나이달은 말한다. "어업은 한 번 조업을 나가면 한 달씩도 걸리고, 알루미늄 제련 같은 경우는 12시간 교대 근무예요." 어업 종사자인 알빈 니엘손은, 여성 근로자들과 함께 저인망 어선을 타본 적이 있다고 한다. "여자들이 끼면 평화가 깨진다고들 하지만, 경험상 그렇지 않았어요. 여자들이 열심히 일하고, 자기들도 잘할 수 있는 걸 보여주려고 애쓰다보니 심지어 남자들보다 더 열심히 하더라고요." 그는 여성 근로자들이 무리에 섞이면 남성들이 나중에는 늘 고마운 마음을 갖게 된다고 덧붙였다.

쉬리뒤르 페튀르스도티르도 그와 비슷한 경험이 있다. 여성 대파업 직후, 그녀는 교직을 내려놓고 어업으로 직종을 바꿨다. 아파트 살 돈이 필요했기 때문이다. 지금까지도 그 일을 계속하고 있는 그녀는 "함께 일하는 동료들이 아주 훌륭한 신사들이다"라고 말한다. 그녀의 딸 베디스가 옆에서 이야기를 거든다. "아저씨들이 저한테 와서 엄마하고 같이 어선을 타고 바다에 다녀왔다면서, '네 엄마와 함께 갔는데, 아주 일을 잘해주셨어. 안부 전해라' 하면서 아주 자랑스러워하시더라고요. 여성 선원하고 함께 바다에서 일한다는 것에 큰 자부심을 느끼시는 것 같았어요."¹⁶

하지만 아이슬란드는 아직 이퀄리아에 도달하지 못했으며, 나머지 세계와 마찬가지로 과거로 퇴행할 위험도 있다. 하지만 한 가지 큰 싸움은 이미 겪어냈다. "이제 사람들은 '여자가 이런 걸 할 수 있을까?' 같은 질문을 하지 않아요. 그게 예전과 많이 달라진 점이지요." 외이뒤르 스티르카우르스도티르가 말했다. "아이슬란드 여성들이 무엇이든 할 수 있다는 걸 이미 증명했기 때문이에요. 그래서 이제는 당연한 현실로 받아들여졌어요."

헬라로 가는 길에는 아스팔트가 깔려 있지만, 주위는 온통 자연이었다. 멀리서 피어오르는 연기 기둥을 보고 사람 사는 마을이겠거니 했는데, 알고 보니 땅에서 올라오는 뜨거운 증기였다. 버스를 세 번 갈아타고, 눈 덮인 등성이까지 가파른 지형을 올랐다가 완만한 경사로를 타고 내려가니 800명 정도 사는 작은 마을에 닿았다. 나는 하들라 귄나르스도티르의 여동생인 에를라의 초대를 받아, 그녀와 그녀 친구들을 만나고 아이슬란드 시골의 모습을 담으러 그곳을 방문했다.

주변 풍경에서 가장 눈에 띄는 건 멀지 않은 곳에서 가물거리는 카틀라 화산과 헤클라 화산이었다. 우리가 현관 옆 베란다에 앉아 아이슬란드 여성의 앞을 가로막는 장애물들에 관한 이야기를 나누는 동안, 막 걸음마를 뗀 에를라의 딸은 세발자전거를 타고, 가끔씩 가구에 부딪혀가면서 돌아다녔다. 에를라의 이웃 친구는 열네 살짜리 딸을 데리고 왔다. "얘 친구 중에는 '빌어먹을! 마스카라도 안 했는데 어떻게 외출을 해!'라는 식으로 말하는 애들도 있어요"라고 그 이웃이 말했다. 투명 유리창으로 에를라의 거실에 있는 대형 화면의 TV가 보였다. 화면에는 비욘세가 당당히 걸어 나오는 모습이 비쳤다. 성차별과 인종 차별이 섞인 가운데, 모습과 행동을 통제하고 강요하는 업계에서 가수로 활동하는 그녀의 영향력은 보는 사람에게도 밝은 힘을 준다. 아이슬란드 사람들도 그녀를 그렇게 받아들일까? 아이슬란드를 방문하는 동안, 이곳에서는 성평등에 관한 논쟁에서 교차성이라는 핵심적인 측면이 빠져 있다는 사실이 갈수록 명확해졌다. 가장 큰 이유는 아이슬란드 국민 절대다수가 백인이라는 사실에 있다. 아이슬란드의 이민자는 겨우 8.9퍼센트이며 대부분 폴란드나 리투아니아 출신이다. 아이슬란드는 난민들이 닿기 힘든 곳이며, 가끔 들어오는 난민들도 대개 원래 캐나다나 미국을 목표로 떠났던 사람들이다. 그래서 아이슬란드가 1956년 이후 영주권자로 받아들인 난민은 고작 584명뿐이다.

이런 입장은 다른 유형의 평등을 더 쉽게 요구하게 만들었을지 모르지만, 아이슬란드에서는 약해졌다. 그래서 에를라의 창을 통해서 보는 것 같은 세계화된 문화 속 성 불평등의 메시지가 전달되더라도 아무런 보호책이 없다. 비욘세 뒤에는 여성을 고기로, 먹이로 묘사한 마룬 5의 뮤직 비디오 〈애니멀스(Animals)〉가 나왔다.

평등주의적인 아이슬란드에서조차, 아이들이 유치원에 다닐 나이가 되면 이미 그런 메시지에 노출된다. 이퀼리아에 도달하려면 이런 문제가 다루어져야 한다. 나는 레이캬비크에 있을 때, 교사인 마르그레트 파울라 올라프스도티르가 성에 관한 관념을 주입되지 않도록 교육하겠다는 목표에서 개발한 햐들리 모델을 도입한 학교와 유치원 17곳 중 한 곳을 방문했다. 그녀의 말에 따르면 어릴 때가 사고방식 형성에 가장 중요한 시기이기 때문에, 만 1.5~2세부터 8~9세까지 학생을 교육 대상으로 정했다고 한다. 다만 레이캬비크 이외 지역에 16세까지 다닐 수 있는 학교가 한 곳이 있다. 햐들리 학교에서는 학생들이 빨간색을 입든 파란색을 입든, 바지를 입든 치마를 입든 아니면 두 가지를 다 입든 자기 마음대로 고를 수 있다. 내가 방문했을 때 실제로 어린 남자아이들이 치마를 입고 뛰어다니고, 긴 머리를 뒤로 묶고 머리에 스카프를 두르거나 베레모를 쓴 아이들도 있었다. 아이들의 코트가 옷방에 걸려 있었는데 여자아이 옷방은 분홍색과 연보라색이 주로 쓰인 밝은 색이었고 남자아이 옷방은 칙칙한 색이 칠해 있었다. 그것을 보니 마르그레트 파울라가 도전하는 것이 얼마나 엄청난 규모인지 새삼 느껴졌다.

마르그레트 파울라는 학생들이 집에서 보고 배운 습관과 행동이 있다는 사실을 인식하고, 아주 어린 나이에 그런 성 역할이 굳어질 경우 모든 성의 잠재력을 제한할 수 있다는 생각에서 30년 전에 이 모델을 개발했다고 한다. 가령 남녀 분류 방식에 정확히 맞아떨어지지 않는 아이들을 따돌리고, 남자아이들이 고함을 쳐서 여자아이들이 말을 못하게 막고, 여자아이들은 호된 질책을 받으면 위축되는 등의 행동이었다. 특히 이 아이디어가 떠오른 건 한 남자아이가 음식을 손에 쥐려고 테이블 위에 올라선 일이 있었을 때다. "그 아이 얼굴이 아직도 생생하게 기억나요. 그 아이는 테이블 위로 기어 올라가서는, 배가 고파서 빵을 휙 가로챘어요. 그래서 제가 이렇게 하면서…" 그녀가 한 손을 올려 보였다. "'멈춰, 얘야'라고 말했어요. 그랬더니 그 남자아이는 그냥 배시시 웃더라고요. 그런데 여자아이들 쪽을 돌아보니, 그 예쁜 애들이 글쎄, 눈을 동그랗게 뜨고 저를 바라보면서, 입을 꾹 다물고, 겁에 질린 것 같더라고요. 저는 그저, 필요한 조치였기 때문에, 단순히 그 남자아이를 막아 세우려던 건데 말이지요. 그래서 속으로 '이런, 나는 너희 여자아이를 방해하려던 게 아니야'라고 생각하면서, 이 여자아이들도 남자아이들처럼 그냥 씩 웃고, 깔깔거리고, 아무렇지도 않게 넘겼으면 좋겠다는 생각을 했어요."[17] 그녀가 맨 처음 제안한 방법은 동료들의 반발을 샀다. 쉬는 시간을 제외하고는 여자아이와 남자아이가 서로 교실에서 수업을 받게 하고, 정규교육과정 외에 추가로 규율, 독립심, 의사소통, 긍정적 태도, 우정, 용기 같은 것을 가르쳤다. 아이슬란드 평등위원회에서 성평등법을 위반 사례로 의심해서 조사하다가 나중에는 이 방식의 좋은 취지를 이해하고 승인했는데, 그러는 데 10년이 걸렸다.

남녀 학생을 분리해서 교육하는 방식은 반대자들의 주장처럼 성 고정관념을 강화시킨 것이 아니라, 학생들이 성을 자기 스스로 규정하고(때로는 성별적 지위를 스스로 선택하고), 각자의 필요에 맞춘 수업을 통해 스스로의 잠재력을 발견할 기회가 됐다. 이 프로그램은 규모가 작고 졸업생 수가 워낙 적어서 통계적으로 의미 있는 표본이 되지 못하기 때문에, 성과를 측정하기는 쉽지 않다. 다만 최근 연구에서 얄리 학교들은 다른 학교들보다 더 조용하고, 명확한 개입 없이도 학생들이 규율과 규범을 더 잘 지킨다는 결과가 발표되기도 했다.[18] 미래의 성별적 기대에서 완벽히 자유로운지 어떤지는 확인할 수 없지만, 아이들은 최소한 밝고 행복해 보였다.

"크면 뭐가 되고 싶어?" 일곱 살, 아홉 살 아이들에게 물어보았다. "저는 과학자가 돼서 일자리를 많이 만들 거예요." 한 어린 남자아이가 씩씩하게 대답했다. 다른 아이는 회사를 차려 자기 반 아이들을 전부 고용하고 싶다고 했다. 여자아이들 중에는 '스튜어디스'가 되고 싶다고 대답한 아이가 많았다. 요한나 시귀르다르도티르의 첫 직업이 비행기 승무원이었으니, 그것도 나쁜 생각은 아닐지 모른다. 그 밖에도 아이들은 외과의사, 농부, 작가, 건설 회사 CEO,

발레리나이자 무용수이자 탐험가이자 수의사, 말 조련사가 되고 싶다고 대답했다. 한 여자아이는 "저는 조금 더 생각해봐야 할 것 같아요"라고 대답했는데, 그것도 맞는 말인 듯싶다.

런던으로 돌아가면서 나는 아이슬란드와 내 제2의 조국인 영국의 다른 점은 무엇인지, 특히 영국 사회와 교육에 불평등이 얼마나 굳게 자리하고 있으며 그것이 성평등을 이루는 데 어떤 걸림돌이 되는지 골똘히 생각했다. 나는 여학교를 나왔는데, 그런 교육 방식이 개인적으로 잘 맞았던 것 같다. 게다가 운 좋게 교육의 가치를 중요하게 여기는 가정에 태어난 것도 고등학교 시험에 통과하는 데 분명 큰 도움이 됐다. 내가 다닌 맨체스터 고등학교는 그 당시 직접 보조 학교*였다. 영국 성공회 최초 여성 주교인 리비 레인과 크게 성공한 변호사이자 여성평등당 후보로 2016년 5월에 런던 의회 선거와 복스홀에서의 2017년 6월 조기선거에 나섰던 하리니 아이엔가를 포함한 이 학교 동문들이 높은 성과를 이루어 의문을 제기하려는 건 절대 아니지만, 우리 모두는 출신 학교나 배경의 혜택을 덜 받은 학생들보다는 경제적·사회적 이점을 누리면서 성장했다. 하지만 그것만으로는 하리니가 변호사로 일할 때나 정치 후보로 출마할 때, 성차별과 인종 차별에 맞서기에 불충분했다. 마르그레트 파울라의 학교에서 많은 교훈을 얻었지만, 무엇보다 중요한 깨달음은 여성평등당이 핵심 목표로 삼은 교육의 평등을 추구할 때 우리가 극복해야

---

* 일정수의 학생에게 수업료를 면제하는 조건으로 정부에서 보조금을 받는 사립학교.

할 모든 구조적 불평등을 반드시 고려해야 한다는 사실이었다.

이번 아이슬란드 여행에서 기대했던 것보다 훨씬 유익한 정보와 깊은 깨달음을 얻었다. 그렇지만 다시 히스로 공항행 비행기에 오르니, 어서 집에 가고 싶은 마음이 간절했다. 〈겨울왕국〉나머지 부분을 보면서, 캐서린 라일리의 이메일에 답장을 보냈다. 캐서린과 연락 홍보 팀은 훌륭한 솜씨로 우리 당을 사람들에게 알렸다. 소피 워커는 쾌활하고 능숙한 대응력, 인터뷰, 선거 유세로 당 대표이자 런던 시장 후보로서 인지도를 높였다. 그런데 앞에 난관이 닥쳤다. 선거를 앞두고 방송사의 공정성을 높이려는 목적에서 정해진 규정을 방송 책임자들이 지나치게 조심하며 확대 해석하는 바람에, 군소 정당에는 방송 시간을 할당하지 않기로 결정한 것이다. 그렇게 되면 모든 군소 정당에 동일한 시간을 할당해야 할지도 모르니말이다. 이에 캐서린은 뉴스에 기사를 내보낼 좋은 아이디어가 없느냐고 내게 물었다. 신당인 우리가 넘어야 할 가장 큰 장애물은 유권자들에게 우리의 존재와 투표에서의 선택권을 알리는 것이었다.

나는 뾰족한 수가 없다고 대답했지만 캐서린은 그 말을 곧이곧대로 듣지 않았다. 내가 탄 비행기가 히스로 공항에 진입할 무렵, 갑자기 번개와 정면으로 부딪쳤다. 덩굴 모양의 전기 한 줄기가 객실을 감싸며 빛과 소리를 냈을 때, 나는 연기를 내며 끓는 구름 사진을 찍었다. 착륙해서 활주로를 달리고 비행기가 멈췄을 때, 기장이 간결하게 안내 방송을 내보냈다. "벼락 구경 잘하셨는지 모르겠습니다." 여전히 충격에 휩싸여 있던 승객들이 하하 웃었다. 나는 비행기에서 내릴 준비를 하면서 인스타그램과 트위터에 이 소식을 올렸다. 땅에서 우리를 보고 있던 사람들이 찍은 사진은 비행기에서 실제 겪었던 것보다 훨씬 극적으로 보였다는 사실은 전혀 알지 못했다. 입국 심사장에서 기다리는데, 내 소셜미디어 계정으로 방송사들의 인터뷰 요청이 밀려들었다. 맨 처음에는 거절해야겠다는 생각이 들었다. 그런데 바로 캐서린의 이메일이 생각나, 인터뷰 요청에 답장을 보냈다. 아이슬란드는 끝까지 나에게 이렇게 베풀어주는구나 하는 생각이 들었다.

"번개에 맞았을 때 어떤 생각이 드셨나요?" 뉴스 앵커와 신문기자들은 모두 이런 질문을 했다. 나는 모든 신문과 방송사에 똑같은 답변을 했다. "이대로 죽을 순 없다고 생각했어요. 돌아가서 여성평등당에 투표해야 하니까요."

12장   이퀄리아

안녕하세요, 좋은 하루 보내세요. 환영합니다!

이번 투어는 영어로 진행되지만, 저희 이퀄리아 시민들은 이곳을 방문하신 손님들께 아이슬란드어로 즐겨 인사합니다. 아이슬란드가 저희에게 큰 영감을 주었던 걸 기리기 위해서지요.

제 이름은 캐서린이고, 오늘 여러분을 안내할 가이드입니다. 지금까지의 여행이 어땠는지 물어볼 필요도 없을 것 같아요. 성평등까지의 여정이 너무 힘들어서, 끝도 없이 긴 여행을 한 것처럼 느끼셨을지 모르지만, 오늘 이 마지막 여정은 분명 힘차고 상쾌하게 마무리할 수 있을 거예요.

아니요, 무인 자동차는 타지 않을 거예요. 그냥 기분전환 삼아 살펴본 거예요. 그런 차량도 여성들에게 당연히 도움이 되겠지만, 아직까지는 자율주행차가 사회에 끼치는 영향의 범위는 택시업계 정도예요. 어찌 되었든, 이제는 다들 아시다시피 이퀄리아에 도달하기 위해 실제로 이동해야 하는 건 아니었어요. 이퀄리아의 가능성은 늘 우리 주위에, 우리 안에 열려 있었지요.

필요한 건 그저 '성평등이 모두를 위해 더 좋은 일임을 깨닫는 것'뿐이었어요. 그렇게 해서 여기까지 이를 수 있었지요.

자, 그럼, 준비되셨나요? 다시 한 번, 환영합니다!

이퀄리아를 지탱하는 건 위대한 여성들입니다. 이퀄리아의 도로이정표나, 동상의 주추에 새겨 있는 그런 여성들의 이름을 가끔 보실 거예요. 그리고 국회의사당 바깥에 '화 내지 말고 평등해져라(Don't Get Mad, Get equal)'라는 제목을 달고 서 있는 50피트짜리 동상도 보게 될 거고요. 저희는 그녀를 낸시라고 불러요. 잘 보면 아시겠지만, 낸시는 지금 막 속박에서 풀려나 자신의 힘을 한껏 음미하고 있습니다. 그녀는 우리를 여기까지 이끌고 온, 알려지지 않은 수많은 여성 영웅을 대표하지요.

그동안 역사를 써온 사람은 승리자들, 그리고 빌 게이츠, 데이비드 캐머런, 도널드 트럼프, 제프 베조스, 마크 저커버그, 나드렌다 모디, 세르게이 브린, 팀 쿡, 살만 국왕, 블라디미르 푸틴, 워런 버핏, 마오쩌둥 같은 부류의 사람들이었어요. 이들은 각자의 능력으로 불멸의 존재가 되었는데, 때로는 그럴 만한 충분한 이유가 있었던 사람도 있지요. 낸시 동상의 어깨에서 드리운 그늘 밑으로는 윈스턴 처칠, 마하트마 간디, 에이브러햄 링컨, 넬슨 만델라의 동상이 자리하는데, 다들 대단히 뛰어난 인물들이에요. 데이비드 로이드조지도 여성 참정권 문제 처리를 질질 끌었다는 아쉬움은 있지만 이곳에 자리할 자격이 충분해요. 조지 캐닝, 에드워드 스미스 스탠리, 얀 스뮈츠는 웨스트민스터궁 맞은편 명당자리를 낸시에게 양보한 뒤 도시 외곽에 안성맞춤인 자리를 찾아서 옮겼지요.

캐롤라인 크리아도페레즈라는 사회운동가가 새로 선출된 런던 시장 사디크 칸에게 2016년에 공개 항의서를 보내기 전에는,

이 광장에 여성 동상이 하나도 없었어요. 크리아도페레즈는 여성 참정권 운동가들을 위한 헌사도 요청했지요. 처음에는 사디크 칸을 대신해 시청에서, 시장은 "자랑스러운 페미니스트"이며, "처리해야 할 다른 실질적인 문제들이 있다"는 답변을 보냈어요.

그렇지만 크리아도페레즈는 굴하지 않고 계속해서 목소리를 높였고, 마침내 영국 여성이 제한된 참정권을 부여받은 100주년을 기념하는 시기에 딱 맞게, 참정권 운동가 리더인 밀리센트 포셋 동상이 준비됐어요. 이 동상을 만든 질리언 웨어링은 의회 광장에 놓을 작품을 의뢰받은 최초의 여성 예술가가 됐지요. 영국 전체에 있는 공공기념물 중 여성을 대상으로 한 작품은 15퍼센트뿐인데, 그나마 대부분 여왕을 묘사한 것들이었어요. 우리는 '모든 것이 바뀐 날'에 대해 생각할 때 그 사건이 미래에 어떤 영향을 끼치는지에 초점을 맞추는 경향이 있지만, 사실 '모든 것이 바뀐 날'은 과거에 대한 우리의 인식도 변화시켰어요. 이 도시의 공공미술을 감상하는 동안 그 사실을 항상 유념해두셨으면 좋겠네요. 그날 이후 여성 예술가들이 쏟아져나오면서 작품이 더 훌륭하고, 대담하고, 창의적으로 바뀌었을 뿐 아니라 다루는 주제도 크게 바뀌었어요.

예를 들면 팽크허스트 동상이 여러 개 생겼고, 소피아 둘레프 싱, 에이다 러브레이스, 마거릿 생어, 메리 울스턴크래프트, 메리 시콜, 마리 퀴리도 마찬가지예요. 또 그보다 최근의 위대한 여성 인물들도 있고요. 베를린 잔해 조각으로 만든 앙겔라 메르켈이나, 작가가 '복잡하지만 투명하게' 만들었다는 설명과 함께 크리스털로 제작한 힐러리 클린턴, 움직이는 구조체로 형상화한 킴벌레 크렌쇼도 있어요. 마거릿 대처나 저메인 그리어는 그라피티 작가들의 단골 소재인데, 시 환경정비 담당자의 요청으로 제거되는 그라피티 중 대처의 그림이 더 많은지 그리어의 그림이 더 많은지는 가늠하기가 쉽지 않을 정도로 비등비등해요. 한편 국영방송인 EBC 앞에 있는 문자 조각품 글귀는 페미니스트 작가 벨 훅스의 이런 글을 인용한 거예요. "가부장적인 지배를 근절하기 위한 노력이 모두가 온전하고 자유롭게 살 수 있는 세상을 만들겠다는 갈망에 뿌리내린 투쟁임을 여성과 남성 모두 이해한다면, 우리의 노력은 결국 사랑의 표현임을 깨닫게 될 것이다."[1]

이렇듯 기념상이 많지만, '그날' 이후 의뢰받은 작품 전체를 놓고 볼 때는 상대적으로 비중이 적은 편입니다. 과거 여성들의 업적은 기록으로 남기지 않았기 때문에, 이퀄리아가 역사 속의 모든 위대한 여성의 이름을 기리는 건 앞으로도 절대 불가능해요. 낸시가 의회 앞 광장에 자리 잡았고, 다른 동상들보다 훨씬 높고 큰 것은 바로 그 때문이지요. 이처럼 불평등 중에는 절대 바로잡을 수 없는 것들이 있다는 사실을 반드시 인식할 필요가 있습니다. 낸시는 이퀄리아의 유일한 대표 동상도 아니고, 가장 큰 동상도 절대 아니에요. 낸시 같은 동상들은 도처에 있어요. 이퀄리아에서 가장 뛰어난 여성 미술가가 북부 지역에 낸시 조형물을 만들었는데, 페나인 웨이에 자리한 이 동상은 단독 구조물로 세계 최대의 동상이에요.

저는 영국이 분열되고 이퀼리아 연합으로 재편되기 전, 영국에서 살았던 마지막 세대예요. 저와 같은 세대 사람들은 이른바 진보의 축복을 누렸어요. 투표권을 행사하고, 교육을 받고, 재산을 소유하고, 남성과 동등한 임금과 기회를 누릴 권리 같은 건 고민할 필요도 없었지요. 그 대신 우리는 어째서 낸시와 같은 위대한 여성이 쟁취한 법적 권리가 평등으로 곧바로 이행되지 않았는지 고민했어요. 목표를 눈앞에 두고 어떤 최종적인 노력이 필요할까 궁리하는 동안, 다른 한편으로는 걱정되기도 했어요. 여성 혐오가 짙어져 악취를 풍기고, 성평등이 바람직하다는 대중의 합의가 무너지는 등 반발 징후가 커져가는 걸 못 본 체할 수 없었거든요. 한편으로는 지배 엘리트 계층이 여성이 다양한 분야에서 더 많이 활약할 수 있도록 돕는 것처럼 보였어요. 그에 따라 여성이 곳곳에 진출하면서 기업, 정치, 과학, 예술, 교육기관 등이 한층 발전하는 바람직한 현상이 나타났지요. 반면에 여성의 조건이 모든 분야에서 고르게 향상되는 데 실패했을 뿐 아니라 상당수 측면에서는 더 나빠졌어요. 아메리칸드림은 깨져 악몽이 되어갔지요. 그런데 미국에서만 여성에 맞선 싸움이 벌어진 건 물론 아니었어요. 비교적 조용한 모습이 여전히 남아있는 영국에서도 평등이라는 목표는 헛된 꿈인 듯 보였어요.

정치계와 시민 사회에서는 그대로의 상태를 받아들이지 않고 거부했던 사람들이 성별에 관계없이 많았어요. 그들은 그런 현실에 안주하는 건, 조지 오웰의 소설 《동물농장》에서 돼지들이 내세운 "모든 동물은 평등하지만, 다른 동물들보다 더 평등한 동물도 있다"라는 계명에 암묵적으로 따른다는 의미라고 생각했어요. 여성은 천성적으로 남성보다 가치가 덜하다는 생각에 조금이라도 자비를 베풀면 인종 차별과 동성애 혐오 같은 폐해를 제대로 막지 못할 것이라고 여긴 것이지요.

이런 걸 이해한 사람들은 항상 열정적으로, 때로는 서로 힘을 합해 성차별과 여성 혐오에 대항해나갔어요. 저도 정당을 공동 창당해서 힘을 조금 보탰지요. 중추적인 역할을 했다고 주장하는 건 절대 아니에요. 저는 그저 제가 할 수 있는 만큼만 시간을 냈지만, 동료들 중에는 당에 삶을 통째로 쏟아부은 사람도 있었어요. 그들은 변화를 이끌어내기 위해 밤낮없이 일했지요.

여성평등당은 실제로 중요한 변화를 이끌어냈어요. 특히 국민적인 논의를 성의 쟁점에 집중시키고, 평등은 여기 조금 손보고 저기 조금 고치는 것만으로는 달성할 수 없다는 사실을 국민에게 이해시키는 데 크게 기여했지요. 우리는 여성 대표자의 부족, 직장에서의 격차, 그리고 경시되기 일쑤인 무보수 가사노동, 교육과 대중매체에서 성 역할을 좁게 설정함으로써 초래되는 피해, 암시적으로나 실제적으로 만연한 폭력의 흔적 등을 알리려고 노력했어요. 그리고 2016년 11월 첫 총회에서는 보건 서비스와 의료 연구에서의 평등을 일곱 번째 목표로 채택했고요.

그런 목표를 채택하게 된 건 세라의 영향이 컸어요. 세라는 제 배다른 언니인데, 정치 생명이 그렇게 빨리 꺼지지 않았다면 이 퀄리아에 분명 큰 밑바탕이 되었을 거예요. 세라는 좋은 의미의 이상주의자이고, 목표의식이 강하고, 대단히 실리적인 성격으로, 두 딸을 키우면서 작은 사업체를 설립해 여러 차례 성공하고, 전문 분야에 도전해서 실험심리학 박사과정을 시작했어요. 또 2007년부터는 자유민주당에 입당해 활동하면서 끝까지 신의를 지켰어요. 도중에 자유민주당이 보수당과 연합하면서, 자유민주당이 보수당의 영원한 맞수로 당의 순수성을 지키기를 바라던 지지자를 많이 잃은 상황에서도 세라는 당에 대한 충성심을 버리지 않았지요.

2015년, 당시 51세였던 세라는 스코틀랜드 글래스고에서 열린 자유민주당 총회에서 도버와 딜 지역구의 의회 예비 후보로 나서서 연설을 했어요. 그녀가 몸에 이상이 있다고 느낀 건 그 무렵이에요. 아침에 치마를 입으면서 허리가 잘 잠기지 않아 고생하고, 점심에 총회에서 점심을 먹고 나서도 속이 더부룩해 음식에 이상이 있나보다 했는데, 그 뒤로도 배가 계속 부풀어 올랐어요. 그리고 얼마 뒤 난소암이 생기면 복수가 차오를 수도 있다는 걸 알게 됐지요.

이미 3기였어요. 병에 걸렸다는 사실 때문만이 아니라 수술과 항암 치료에서 오는 육체적·정신적 고난을 감내하면서도 세라는 선거운동을 계속했어요. 도버와 딜은 민주당의 인기가 상승하는 와중에도 당선이 거의 불가능하다고 점쳐지던 지역이었어요. 전통적으로 보수당과 노동당이 번갈아 의석을 차지해온 데다가, 이번에는 강력해진 독립당까지 민주당의 적수로 합세했지요. 두 가지 전투를 앞두고, 세라는 이기기 힘든 싸움이라는 걸 알고 있었어요.

그녀가 완전히 지쳐버린 체력을 밝고 기운찬 태도로 감추고 유권자들을 찾아다니면서, 남은 생을 최선을 다해 살겠다는 결심으로 지탱하는 모습을 저는 옆에서 지켜봤어요. 세라는 특히 법 자체만으로는 그녀가 살고 싶은 세상을 절대 만들 수 없다는 걸 알았기 때문에, 기회가 있었다면 그 누구보다 뛰어난 의원이 되었을 거예요. 그녀는 선거 유세에서 대화 한마디 한마디를 온 마음을 다해서 소중히 나눴어요.

이런 역경 속에서도 그녀는 너무 좋은 성과를 이루어, 테레사 메이가 조기 총선을 선언할 것이라는 기대하에 자유민주당은 세라에게 후보로 나설 준비를 하라고 전달했어요. 암이 완치되지 않을 수도 있다는 걸 알았지만, 제가 잘 알듯이 당에서도, 그녀의 활기찬 기상이 절대 사그라지지 않으리란 걸 인식하고 있었어요. 세라는 병마와 싸우는 동안, 병을 앓을 때 여성을 경시하는 사회의 태도가 어떤 식으로 나타나는지 깨달은 바를 제게 알려주었어요. "여성들은 남을 돌보는 경우가 많아서, 그 돌보는 역할을 하던 사람이 돌봄을 받아야 할 입장에 놓이면 충격이 더 크게 올 때가 많아"라고 이야기했어요. "그리고 역동적인 회사에서 남성 CEO가 암에 걸리면, 직원들이 새는 부분이 없는지 100원, 10원까지 꼼꼼히 확인할 수 있거든. 그런데 여성 경영자가 하는 업무는 감춰진 경우가 많지."[2]

여성평등당은 세라가 아주 훌륭히 해낸 것처럼 유권자들을 일일이 찾아다니며 사람들의 마음을 얻어야 했어요. 그리고 여론을 빨리 움직여 변화의 속도에 박차를 가해야겠다고 생각했어요. 아이

슬란드는 이미 솔선해서 2017년에 여성 행진을 통해 규모의 가능성
을 보여줬어요. 그 제안이 일단 대중에게 알려지자 깊고 넓은 계층
의 지지를 이끌어냈어요. 계획 회의에 여성운동 조직, 모든 주요 당
의 정치운동가, 기업, 노동조합, 언론의 관심이 쏠렸어요. 그리고
신속히 행사의 이름을 결정했지요. 파업이나 항의 시위가 아니라,
여성이 삶의 모든 영역에서 얼마나 크게 기여하는지 보여주고 기리
는 의미가 담긴 이름이어야 했어요. 이번에도 우리는 아이슬란드의
선례를 따르기로 했어요. 즉 여성이 일손을 내려놓는 거지요. 여성
이 없을 때의 상황을 충분히 느낄 정도의 시간 동안 일을 중단해, 지
금껏 경시되어왔던 여성의 공헌과 기여를 가시화하는 거예요.

　이퀼리아 사람들은 이제 여성 총파업을 '모든 것이 바뀐 날
(혹은 그날)'이라고 불러요. 정말로 그랬으니까요.

　사람들은 다들 그날에 대한 기억이나 사연들이 있어요. 저
같은 경우에는 여러 가지가 있는데, 우선 텔레비전 뉴스에 남자 앵
커와 기자들만 나오는 것을 보면서 어색하게 느꼈던 생각이 나요.
주요 방송사들은 여성 직원들이 대규모 집회와 거리 공연에 참석할
수 있게 하루 휴가를 줬어요. 남자들로 구성된 취재 팀이 병원에 나
가서, 근무 명단에 있었든 없었든 상관없이 다들 여성 동료의 빈자
리를 흔쾌히 대신하는 남성 직원의 모습을 담았어요. 한 비뇨기과
전문의는 환자들의 소변기를 비우면서, 자기 전문 분야에서 '실무
적인 핵심'에 해당하는 일에는 익숙하지 않다는 농담을 했어요. 시

청자들은 그런 걸 보면서 여성이 필수적인 일을 하고 있으며, 집회에 참여하기 위해서 나가 있는 그 여성 직원이 없으면 국민의료보험(NHS)의 한 시간도 버티기 힘들다는 걸 깨달았어요.

그리고 그 집회에 참가했던 모든 여성은 '그날'의 또 다른 엄청난 측면을 새로이 깨달았어요. 과거에는 복종하고 따르는 태도가 몸에 배어 있었어요. 낯선 사람을 가까이해야 하는 상황에서는 언제든 경계했지요. '저 남자가 우리 쪽으로 몸을 흔든 건 정말로 열차가 흔들려서였을까? 저 십대 남자아이들은 욕을 하면서 폭력을 휘두를 만큼 정말로 취한 걸까?' 이런 의심을 해보면서요. 인파 속을 비집고 들어가는 건 한파가 몰아친 겨울 추위에 용기를 내어 밖에 나가는 것과 마찬가지였어요. 어깨에 힘을 잔뜩 주고 몸을 보호할 수 있게 양팔로 몸을 감싸 안아야 해요. 그런데 '그날' 집회는 그와 정반대였어요. 우리는 기쁨에 둘러싸여, 몸이 흘러가는 대로 내버려두면서, 따뜻함과 유희 속에 푹 파묻혔어요. 수십만 명의 여성이 떠들고, 웃고, 노래하고, 합창하면서 만들어낸 그 소리도 절대 잊지 못할 거예요. 그날은 살아 숨 쉬는 것 자체로도 기쁨이었지만, 특히 여성이어서 더더욱 행복했어요.

우리가 그날을 부르는 명칭은 '모든 것이 바뀐 날'이지 '모든 것이 해결된 날'이 아니에요. 그다음 날 아침 길거리에 나가서 청소하는 환경미화원들은 여전히 병원과 요양원에서 교대 근무를 하는 청소부들보다 평균적으로 더 많은 급여를 받았어요. 이 두 직업이

동등한 보수를 받아야 한다는 법원의 판례가 이미 나와 있어요. 5C
라고도 불리는 청소(cleaning), 요식 조달(catering), 단순 사무직(cleri-
cal), 계산 출납(cashiering), 돌봄과 병간호(caring)같이 대다수가 여성
노동자인 직종은 남성이 대다수인 그에 상응하는 직종보다 급여가
적어요. 그런데 고용주들이 흔히 인력파견업체를 통해 노동자를 구
하면서, 여성 노동자는 그것보다 더 적은 보수를 받고 있어요. 그렇
게 여전히 공룡들이 활개치고 피해 입은 남성들은 그들이 겪는 불편
을 여성들 탓으로 돌렸지요.

그렇더라도 대중의 인식은 상당히 많이 바뀌었어요. 성별에
관계없이 모든 사람이 그동안 뒤에 감춰져 있던 것을 보고 어떤 오
해가 있었는지 이해했어요. 여성의 공이 얼마나 큰지, 여성이 없으
면 얼마나 큰 곤란을 겪는지 더는 의문을 갖지 않았지요. 속박에서
벗어난 여성의 잠재력을 전폭적으로 믿었어요.

그러면서 사회적, 정치적 변화에도 속도가 붙었어요. 답보
상태였던 계획들이 얼마나 긴요한 사안인지 새로 인식하게 된 거지
요. 예전에는 이리저리 왔다 갔다 했지만 이제는 이퀼리아를 향해
전진해나갔어요. 진척 속도가 상당했지요.

그렇다고 그 과정이 아주 매끄럽기만 했던 건 아니에요. 성
의 구조적인 불평등이 해체되면 자동적으로 다른 형태의 불평등도
사라질 것이라고 생각했던 사람들은 그렇지 않다는 걸 깨달았어요.
새롭게 형성되는 질서에도 구태가 여전했고, 좋지 않은 관습이 다

시 줄줄이 생겨날 징후를 보였어요. 소득, 인종, 그 밖의 요인에 따른 차별이 여전한 상황에서, 이퀄리아 사람들은 학생들 각자가 잠재력을 최대한 펼칠 수 있는 교육 체계를 만들기 위한 도전에 지금껏 매달려왔어요. 이퀄리아는 여전히 완전히 평등한 세상은 못 돼요. 하지만 가장 큰 불평등 요인이 사라지면서 다른 영역에도 상당한 변화가 일었어요. 이퀄리아 헌법은 모든 시민을 평등하게 여길 뿐 아니라 모두에게 평등한 가치를 부여해요. 그리고 다양성의 중요성과 가치를 분명히 인식하고요. 중요한 건 대부분의 이퀄리아 시민에게도 그런 인식이 확립되어 있다는 사실이에요.

진보는 거미줄 같아서, 사방에서 한 칸씩 차곡차곡 만들어지고, 다양한 경험과 현실이 서로 교차하지요. 대단한 장력을 자랑하지만, 그러면서도 약해서 쉽게 끊어져요.

그런 취약성의 예를 하나 들어 설명해볼게요. 저기 건너편 빌딩 현관에서 지금 바닥 대걸레질을 하고 있는 남자분이 보이세요? 한때 사회적 소수자의 저임금 노동이나 여성의 무임금 노동이라고 일축했던 일들을 요즘에는 백인 남성이 하고 있어요. 이런 변화가 긍정적으로 보일지 모르지만 이퀄리아 당국은 이런 현상에도 잠재적인 위험이 있다는 걸 알아채게 됐어요. 기술이 인간 노동자를 대체하면서 거의 모든 직종이 그 영향권하에 있어요. 특히 5C 중 한 가지는 이미 사라졌지요. 이제는 어느 점포에든 계산 출납 직원이 없어요. 단순 사무직이나 요식업 관련 일자리도 얼마 안 남았고요. 반면에 청소와 돌봄 업무에는 인간의 손길이 아직도 필요해요. 로봇들은 피해를 끼치지 않고 청소하는 재주나 판단력이 아직 부족하거든요. 지극히 인간적인 부분은 로봇들로 대체되기가 힘들 거예요.

그래서 그런 직업이 경시되기는커녕 경쟁이 붙어, 이제는 어떻게 하면 남성이 그 분야 일자리를 독식하지 않게 하느냐 하는 논의가 일고 있어요. 평등한 세상을 이루기 위해 노력하고 우리가 이룬 것을 지키는 일은 절대 중단할 수 없어요. 언젠가, 한참 전에 제가 아이슬란드에 찾아갔을 때, 드리바 스나이달이라는 분이 해주셨던 말이 생각나네요. 아이슬란드도 그 문제에서 여전히 벗어나지 못했다면서 이렇게 말씀하셨어요. "성 불평등은 흐르는 강과 같아서, 여기를 막으면 물이 저쪽으로 흘러요. 임금 격차든 폭력이든, 잠잠해졌나 싶으면 어느새 새로운 길을 찾아서 또 나타나지요."

가부장제가 전보다는 한결 약화됐을지 모르지만, 완전히 사라진 건 아니에요. 지금의 젊은 세대들은 그런 영향 없이 자랐지만, 나이 든 세대 대다수는 성에 관한 파괴적인 수사적 표현들로 정서적인 피해를 입었고, 여전히 그 영향이 남아 있어요. 우리 세대는 태어날 때부터 몸에 밴 구시대의 무의식적인 행동과 충동을 가지고 있어요. 그래서 예전으로 되돌아가기가 쉽지요.

더욱이 구시대를 기억하는 모든 사람이 사라지고 한참 지난 뒤에도 이퀼리아 도서관에는 구시대적 사고방식을 기록한 책들이 가득할 거예요. 우리의 문화적인 유산은 깊고 풍성하면서도 한편으로 위험해요. 이퀼리아를 이룩하기 전 마지막 전쟁을 통해 확인할 수 있었던 것처럼요.

모든 혁명은 분열되기 마련이듯이, 우리도 그런 과정을 겪었어요. 전에는 이퀄리아를 이루기 위해 싸웠다면, 이제는 이퀄리아가 어떤 모습이어야 하는가를 놓고 서로 싸우게 됐지요.

일부에서는 이퀄리아가 가능한 모든 측면에서 평등한 나라가 되어야 한다고 주장했어요. 그런데 이들이 주장한 모델에는 분명한 결점이 하나 있었지요. 소련, 쿠바, 중국에서 이미 시험했고, 조지 오웰의 《동물농장》에 그려진 것처럼, 이런 모델은 가부장제를 다른 가부장제로 대체하는 데 불과한 것이었어요.

어찌 되었든 그 상태가 그래도 유지될 것이라고 믿는 사람은 아무도 없었어요. 불화가 있던 중에도 성평등이 보다 널리 적용되면서 이미 많은 사람이 한결 나은 삶을 누리고 있었거든요. 정신 건강이 개선되고, 폭력이 줄어들고, 여성이 사회활동에 참여하면서 곧바로 경제적인 부흥이 이는 등 여러 사회적 이익이 나타났어요. 여성은 단순히 기존 일자리를 차지한 것이 아니라, 새로운 일자리를 창출하고 완전히 새로운 산업과 시장, 분야를 개척했어요. 그 덕분에 세계적인 큰 흐름의 충격을 덜 받았지만, 그래도 그 충격을 완전히 막을 수는 없었어요. 세계 다른 모든 곳에서는 인간이 과학기술에 밀려나면서 부유한 사람들과 나머지 사람들 사이에, 그리고 남성과 여성 간의 격차가 그 어느 때보다 심해졌어요. IT 기업과 다국적 기업들은 정부들보다 힘이 세고 웬만한 국가들보다 더 부유해졌어요. 그동안에는 인구 증가를 경제성장의 동력으로 받아들였지만, 기존 인구를 먹이고 지원할 능력이 줄고 인구 확장에 따른 환경

비용이 증가하면서, 이제는 많은 나라가 인구 증가를 가능하지도 바람직하지도 않은 현상으로 받아들이고 있어요.

이퀄리아의 경제를 더 강하게 만들 차별화되고 혁신적인 방법에 관해 열띤 논쟁이 오가고, 연합체가 계속해서 방법을 찾고 있어요. 가장 중요하게 생각하는 원칙은 지속 가능성이에요. 입법기관은 전 시민에 끼칠 영향을 검토하고, 이퀄리아를 구성하는 네 곳의 정부는 여성들에게 전적으로 맡겨졌던 다양한 무급노동이 경제 분석에 포함되도록 재규정했어요. 이퀄리아의 보육과 육아휴직제도는 세계 최고지만, 이런 정책의 목표가 베이비붐을 유도하는 데 맞춰져 있지는 않아요. 이퀄리아는 모든 시민의 잠재력을 인식하고, 현재 70세 이상인 사람이 살던 시대처럼 한 가정에서 아이를 두 명 이상씩 낳을 것이라고 예측하지는 않아요. 정부는 가족을 정부 소관으로 생각하고 가족의 규모를 좌지우지하기보다는, 그저 모든 아이가 보살핌을 받고 모든 부모가 동등하게 지원받을 수 있게 하는 데 온 힘을 기울이지요.

전문가들은 여성의 평균 출산 연령이 계속 증가할 것으로 예측했지만, 그건 잘못된 것이었어요. 과학의 발전으로 예전보다 더 늦은 나이에도 출산이 가능해졌을 뿐만 아니라 태아가 인체 밖에서도 자랄 수 있게 됐지만, 아기를 낳아 키우는 데 따른 불이익이 사라지면서 여성은 더는 아이 갖는 걸 미루지 않았어요. 그래서 그런 발전된 과학기술은 자연 임신이 불가능했던 사람에게 주로 도움을 주었지요. 그중에는 물론 남성도 포함돼요.

이퀄리아는 지구에서 최초로, 노인을 경제에 부담을 주는 짐이 아니라 자원으로 보기 시작한 곳이에요. 제가 젊은 시절에 살던 세상이었다면, 여러 다른 형태의 장애를 가진 사람이 하찮은 존재 취급을 받는 것과 마찬가지로, 저와 같은 나이가 되면 이미 오래전에 무가치한 존재로 치부되었을 거예요. 이런 변화는 이미 모든 이퀄리아 사람에게 이익을 가져다주었어요. 노인이 늦은 나이까지 활발하게 활동하기 때문에 훨씬 건강하고 평안한 삶을 살고, 건강보건 서비스에 대한 의존도 크게 줄어들었어요.

나이와 관계없이 사람은 대부분 적극적으로 사회에 참여하려는 의지가 있어요. 그런 측면에서 이퀄리아는 선택의 여지가 없었던 사람이 오명에서 벗어나고 도움을 받을 수 있게 해주었어요. 이퀄리아의 체계는 필요한 상황에 즉각 반응하며, 분권화되어 있어서 많은 결정을 각 지역별로 내리지만, 국가적인 부문도 상당히 크고 중요해요. 특히 기계가 인간 노동을 대체하는 데 따른 유급 고용의 손실을 보상해야 한다는 측면에서요. 들어본 적 있을지 모르지만 이퀄리아는 보편적 기본소득을 포함한 여러 방법을 시험하는 중이에요. 저는 한때 그런 제도에 회의적이었어요. 이퀄리아가 도래하기 한참 전에 추진됐던 첫 계획안들은 너무 유토피아적인 것처럼 보이거나 첨단기술자들이 전통적인 직업을 초토화했을 때는 비관적으로 느껴졌어요. 어찌 되었든 양쪽 다 유권자의 생각과 어긋나 있었지요. 부상하는 산업들이 이미 고삐를 단단히 죄고 있지만, 이제는 그런 계획들이 추진될 만한 시기가 되었을지도 몰라요.

이퀄리아는 모든 시민이 적당한 삶의 질을 유지할 수 있게 신경 쓰고, 사람들의 행복지수를 마치 금리를 주시하듯 면밀히 검토해요. 여기 사람들은 예전 시대 사람들의 기준으로 따졌을 때 그다지 물질주의적이지 않아요. 우리는 집에 물건을 어수선하게 들여놓기보다는 인간적인 소통과 경험에서 기쁨을 느껴요. 가난이 완전히 사라진 건 아니지만 빈부의 차이가 계속해서 줄어들고 있어요. 이곳의 모든 시민과 마찬가지로 저도 무상으로 제공되는 의료와 교육 서비스를 대단히 자랑스럽게 생각해요. 교육 역시 이퀄리아 경제의 맥동에 핵심적인 역할을 해요. 우리는 인공지능 개발을 선도할 뿐 아니라 인공지능이 절대 통달할 수 없는 일을 능숙하게 해내는 인간의 심성을 계발하는 데도 앞장서고 있어요. 보면 아시겠지만 이곳은 세계 최고로 손꼽히는 여행지이기도 해요. "미래는 이미 도래했다, 그저 아직 공평하게 분배되지 않았을 뿐이다"라고 소설가 윌리엄 깁슨이 말한 적이 있어요. 전 세계 사람이 미래를 맛보기 위해 이퀄리아를 찾아와요.

모든 방문객이 호의를 보일 것으로 기대하지는 않아요. 이퀄리아의 모든 정책과 결정에 반대하는 국가들이나 이데올로기도 물론 있어요. 그러다보니 제 동포 중에는 국수주의를 내세우거나 국경을 닫아걸자고 주장하는 사람도 피치 못하게 있어요. 하지만 그런 방법은 절대 만족스러운 대응방안이 되지 못해요. 이퀄리아는 세계 나머지 국가들에 등대 같은 존재가 되어야 해요. 반대 의견을 억압하거나 우리를 배척하는 이데올로기를 무시할 수 없어요. 그보다는 이성적인 논쟁을 통해 이의를 제기하고 본보기를 제시해야지요. 이퀄리아에는 거북 등 같은 단단함보다는 거미줄 같은 탄성이 필요해요.

첫 번째로 방어 능력이 아무리 정교하더라도 생각의 흐름을 막아 세울 수는 없기 때문이고, 두 번째로 제 세대 사람은 장벽이 외부의 적으로부터 보호하기 위해서가 아니라 그들을 가두기 위해서 세워졌던 것을 기억하기 때문이에요. 도시가 불에 타고 좌파와 우파 독재자들에게 좌지우지되는 상황을 겪었지요. 그런 정권이 들어서면 맨 처음에 하는 조치는 도서관을 불태우고, 동상들을 끌어내리는 거예요. 그런 기념물들은 눈물 위에 쏟아지는 빗줄기처럼 전부 사라져버리지요. 이퀄리아 바로 전에 있었던 마지막 전쟁은 우리 유산을 지키는 것이었지요. 독재자들로부터가 아니라 민족해방자를 꿈꾸던 사람들로부터요.

오해하지 않으셨으면 좋겠어요. 저도 새로운 문화를 창조하려는 욕구를 이해하고, 그들의 뜻에 조금은 동조하기도 해요. 너무나 많은 문학, 예술, 음악, 영화, 텔레비전 프로그램이 여성이 남성보다 못하다는 세계관을 반영하고 더 강화시켜요. 우리의 문화적 산물이 지속적으로 그런 메시지를 양산한다면 사회가 그런 세계관에 물들지 않도록 지켜낼 수 있겠어요? 그렇지만 국가의 승인을 받았다는 예술들은 모순투성이고, 체제 전복적이라고 여겨지는 표현을 없애기 위한 과거의 시도들을 살펴보기만 해도 그것이 어떤 결과를 초래했는지 쉽게 알 수 있어요.

　예술의 형태와 내용을 좌지우지할 게 아니라, 창조성을 펼칠 수 있게 해야 해요. 우리는 낸시가 들어설 자리를 마련하기 위해 말 그대로 동상 몇 개를 들어내야 했지만, 그렇더라도 그 동상들을 파괴하지는 않았어요. 그것들을 모두 문화적인 자산으로 보전했지요. 그리고 그것들을 예술작품이자 역사적 의미가 있는 인공물로 문맥화해서, 역사성을 인정하고 모든 이퀼리아 국민이 이해하고 지침으로 삼을 수 있게 했어요.

　숙박 리스트를 보니 민박을 신청하신 분이 꽤 많더라고요. 오늘 밤 숙소에 도착하면, 잠시 시간을 내어 이퀼리아 사람들이 즐겨 보는 텔레비전이나 비디오, 인터넷 같은 가정용 오락물을 한번 살펴보세요. 물론 지금 바로 해보실 수도 있고요. 지금 확인하시는 분도 계신 것 같네요. 소지하고 계신 디지털 안경이나 스마트폰, 입고 계신 낸시 티셔츠 같은 것을 보면 관광객이라는 게 금방 티나요. 이퀼리아 시민은 첨단과학기술이 인간의 경험을 방해하는 것이 아니라 증진해준다고 생각해요.

　언제 어떤 식으로 확인하든, 이퀼리아 사람이 요즘 드라마뿐 아니라 〈오렌지 이즈 더 뉴 블랙〉이나 〈루터〉 같은 고전 드라마도 즐겨 본다는 걸 알게 되실 거예요. 다들 또 요리 프로그램이나 춤 경연, 코미디, 퀴즈 프로그램도 좋아해요. 〈QI〉는 카릴 알파벳으로 진행했던 시즌이 끝나고 다시 로마 알파벳으로 진행하고 있어요.

사람들은 훌륭한 뉴스와 다큐멘터리도 푹 빠져서 보고, 예측하셨겠지만 성애물도 즐겨 봅니다. 이퀄리아 사람은 섹스에 대한 사랑을 숨기지 않아요. 평등한 관계 속에서의 성은 달콤하고 즐겁지요.

이퀄리아가 지구에서 가장 성적 매력이 넘치는 나라 중 하나로 꼽힌 건 대단한 일이에요. 처음에는 이퀄리아에 철저한 금욕주의가 자리 잡았다는 핀잔을 들었거든요. 그런 오해가 생긴 건 연합정부가 제작 과정에 남을 착취하는 행위가 있었거나, 국민 중 어느 계층에든 조금이라도 폭력적인 행동을 불러일으킬 소지가 있는 영상물 배급을 금하는 조치를 시행했기 때문이에요. 그리고 이퀄리아 사법제도는 처음부터 여성 혐오를 증오 범죄로 인식했기 때문에, 대부분의 외국 포르노물이 실질적으로 차단됐어요. 이퀄리아 사회에서는 여성 혐오가 더는 활개치지 못하기 때문에, 이퀄리아에서 제작된 성애물은 법적인 금지 사항의 유무에 관계없이 애초에 법적인 조건을 충족해요. 폭력이나 여성 혐오 내용을 담은 포르노물은 여기서 시장성이 없을 거예요.

같은 이유에서 성매매 관련법 기소 사건도 이퀄리아 연합 초기에 들어서면서 예전에 비해 꾸준히 감소했어요. 나중에는 법이 개정되어 섹스 관광을 금지하기에 이르지요. 다른 나라에서는 여성이 여전히 인신매매되고 억압당하고 있지만, 그런데도 이런 법이 적용되는 곳은 거의 없어요. 일반적으로 이퀄리아 사람은 서로 동의하지 않은 섹스는 전혀 섹시하지 않다고 생각해요.

언론에서는 이퀄리아에서 십대의 출산율이 낮은 이유를 의료기관에서 아이들에게 피임과 성교육을 효과적으로 전달하기 때문이라고 흔히 분석하지만, 모든 부모가 자녀에게 전달하고 학교에서도 가르치는 등 문화적으로 섹스와 남녀 관계에 관한 교육을 크게 강조한다는 점도 기여한다고 봐요. 우리 사회는 아직 어려서 미처 준비되지 않았는데 성관계를 시작하거나 성 정체성을 규정해야 하는 압박을 받지 않도록 어린 학생들을 보호하려 노력하고 있어요. 한편 가족들이 함께 TV를 시청하는 문화를 되살려 아이가 보는 프로그램을 관찰하고 통제하며, 필요한 경우에는 어떤 내용을 시청할 수 있는지 부모가 정해주기도 해요.

무의식적인 편견을 없애기 위해 이퀄리아의 첫 세대 아이들은 마르그레트 파울라 올라프스도티르가 개발한 할리 모델에 따라 만든 학교에 다니게 했어요. 그 후 세대는 성 분리 교육 없이도 훌륭히 잘해나갔어요. 환원주의적인 고정관념은 사람들의 관심에서 멀어졌어요. 이퀄리아 사람은 성을 이분법적 구별로 보지 않고 일련의 범주로 받아들여요. 우리가 쓰는 언어에도 그런 점이 잘 반영돼요. 성이 알려지지 않았거나 이분법적으로 구별되지 않을 때는 성 중립적인 대명사 'ze'와 'zem'이 그(he, him)와 그녀(she, her) 대신 쓰여요. 그런 게 뭐가 중요한가 하는 생각이 드는 분이 계실지 모르겠네요. 저에게 맥주 한 잔 사주시면 제가 최대한 알기 쉽게 설명해드릴게요(ze can buy me a pint and I'll do my best to explain to zem).

2년 전 이퀄리아 최초로 트랜스젠더 여성이 이퀄리아 연합의 수상이 됐어요. 이퀄리아가 들어서기 전이었다면 페미니스트들의 의견이 갈렸을 거예요. 트랜스 여성이라는 존재는 때로 여성성의 가부장적인 정의를 반영하고 특권에 대한 가부장적인 사고가 배어 있기도 하거든요. 하지만 성이 평등한 문화에서는 여성이 된다는 것의 의미에 관한 환원주의적 사고를 벗어버렸기 때문에 그런 염려는 제기되지 않아요. 우리 모두는 그 선거를 민주주의가 명목 대표성에 자리를 내주는 신호로 기쁘게 받아들였어요.

이퀄리아 이전의 페미니즘은 차이점을 가치 있게 여기고 기꺼이 받아들이지 않고 근절하려고 했다는 비판을 자주 들었어요. 그런 생각은 이퀄리아와 아주 거리가 멀어, 이곳은 다양성의 천국에 가까워요. 보시면 아시겠지만 성별이나 나이에 적합한 옷이라는 개념이 사라진 지 오래되었지요. 제가 지금 신고 있는 보라색 신발 어때요? 이 신발은 어두운 곳에서는 빛을 내고, 제가 입은 점프슈트와 소통하며 혈압이 너무 낮아지지 않도록 조절해요. 이퀄리아는 스마트 의복 분야에서 세계를 선도하고 있어요. 저는 지난번에 생일을 앞두고 모호크족 스타일로 헤어스타일을 꾸몄거든요. 네, 이 머리는 가발이 아니라 제 머리카락이에요.

그런가 하면 핵가족을 건강한 사회의 기반으로 굳게 믿는 문화의 눈에는 이퀄리아의 가정도 아주 다채로워 보일 거예요. 이퀄리아에는 그런 핵가족 형태도 물론 존재하지만 가계 내에서나 선택에 의한 가정까지 널리 확대되어 있어요. 저 같은 경우에는 남편하고 둘이서만 사는 게 아니라 친구들과 친구들 자식과 손자들까지 같이 살면서 나이 지긋한 이퀄리아 시민으로서의 삶의 질이 훨씬 폭넓어졌어요. 저쪽에 있는 저 건물이 전형적인 이퀄리아의 주택이에요. 개인적인 공간을 중간에 배치해 지역사회의 공간과 거리를 두고, 완벽한 방음을 갖추고 있으며, 필요에 따라 쉽게 재구성할 수 있도록 되어 있어요. 집을 설계하는 사람은 유동성, 기능, 형태에 높은 가치를 두지요. 저 디자인 정말 멋지지 않나요? 저는 아일린 그레이식 디자인을 정말 좋아하거든요.

　　　이퀄리아 학교에서는 300개 이상의 언어가 사용돼요. 그리고 신앙이 있다고 밝히는 시민이 절반 가까이 되고요. 최근의 한 연구에 따르면 종교가 있는 사람 중 스스로 독실한 신자라고 생각하는 사람은 8퍼센트에 불과했고, 종교는 신앙 그 자체보다는 대개 문화적인 정체성에 해당해요. 그렇더라도 이퀄리아 사람은 종교 축제를 다른 행사들과 대등하게 중요하게 여겨요. 3월 8일은 국제 여성의 날인데, 이날은 이름 없는 모든 낸시에게 추석 명절같이 큰 기념일이 됐어요. 국경일 중에서는 '그날(모든 것이 바뀐 날)'이 가장 큰 휴일이에요. 그날에는 항상 같은 행사가 진행되는데, 12시가 되면 여성들이 모두 하던 일을 멈추고 조용히 도로로 나와요. 그리고 12시 10분에는 환호로 침묵을 깨지요. 어떻게 그럴 수 있는지 의심스럽지만, 항간에 전해 내려오는 이야기에 따르면 더블린에서의 함성이 여기까지 들린다고 해요. 많은 도시와 국가가 저희와 함께 이날의 기쁨을 즐기고 있어요.

투어 마지막에 이퀄리아의 전통적인 퍼브에 모시고 가겠다고 약속드렸지요? 전통적인 퍼브라고 하면 여기만 한 곳이 없을 거예요. 1879년에 생긴 엘비노라는 퍼브는 이 거리에 신문업자들이 늘어서면서 번창했는데, 당시 신문업계가 그랬듯이 이 술집도 여성을 위한 별도의 공간을 정해, 엘비노를 찾는 여성 고객은 바에 서 있거나 술을 주문할 수 없었고, 대신 뒤에 있는 답답한 방으로 가야 했지요. 그런데 1982년에 애나 쿠트라는 저널리스트가 테스 길이라는 변호사와 힘을 합하면서 그런 정책이 무너졌어요. 그로부터 8년 전에 통과된 성차별금지법을 들어, 법규 위반임을 지적했던 것이지요.

엘비노의 정책을 타파하기 위한 예전의 시도는 모두 실패로 돌아갔지만 쿠테와 길은 승소했지요. 승리를 축하하기 위해 너무 많은 여성이 그 술집에 몰려들면서 바텐더는 "바에 남자보다 여자가 더 많다니, 이렇게 어수선할 데가 있나"라며 투덜거렸어요.

이퀄리아가 만들어지기 전에, 이런 사회가 도래하는 것을 겁내는 사람들도 있었어요. 그들은 이 세상을 공간이 제한된 바와 마찬가지로 머릿속에 그렸어요. 여성에게 문을 개방하면 술을 주문하고 주문한 술을 받기 위해 여성과 경쟁해야 할지 모른다고 생각한 것이지요. 하지만 이퀄리아는 여성이 기회를 줄이는 것이 아니라 더 넓힌다는 사실을 증명했어요. 즉 여성을 허용하면 싸울 필요성이나 싸움에 대한 충동이 줄어든다는 점이 확인됐지요.

우리 중에는 이퀄리아를 갈망했던 사람도 있지만 그런 이상향을 지지하면서도 이퀄리아의 모습을 실질적으로 그리기가 힘든 경우가 많았어요. 그 옛날, 2016년에(제 나이가 많기는 하죠) 저는 우리가 이루고자 노력하는 사회의 모습은 어떤 것인지 여러 사람에게 물어보았어요. 그 당시 사람들이 내놓은 답변을 몇 가지 소개하고 싶어요.

"다섯 살짜리 아이들이 외부에 길들여지지 않고 살아갈 수 있는 세상이라고 봐요. 제 조카 소피아는 다섯 살인데, 제 조카나 그 또래 여자아이들이 남자들이나 사회를 겁내는 일 없이 각자의 삶을 주도하고, 양 날개를 활짝 펴고 스스로의 모습 그대로 자신 있게 살아가는 세상을 머릿속으로 그리고 있어요." 님코알리

"우리 사회에 성평등이 자리 잡았다면, 평등을 쟁취하기 위해 싸울 필요는 없었을 거예요. 모든 평등이 자연스럽게 실현되었을 테니까요." 스테이뉜 아르든스루뒤르 비외르든

"우리가 남성과 여성이 육체적으로 동등하고 성이 평등한 사회에 살았더라도 성폭력은 줄지 않았을 거라고 주장하기는 대단히 힘들 거예요. 그런 사회가 되면 성폭력이 줄어들 것은 너무나 자명하니까요." 파반 아마라

"물론 공공 시장과 민간 시장에서의 공동 참여를 의미할 거예요. 가정 내에서도 그리고 공공 부문에서도요." 드리바 스나이달

"성평등 사회에 관한 질문을 받을 때마다 저는 항상 환영보다는 느낌이 엄습해요. 무엇보다 자유로운 느낌일 거예요. 공기가 충분해서 완전하게, 깊이 숨 쉴 수 있고, 짊어지고 있던 짐을 벗어 던진 것 같고요. 마치 아주, 아주 오랫동안 입고 있던 무거운 잠수복을 벗었을 때의 기분이랄까요." 소피 워커

"경험하거나 목격한 적이 없어서 상상하기가 힘드네요. 단순히 생각하자면 제가 생각하는 목표는, 우리 모두가 인간으로서, 있는 그대로의 모습으로 편히 지낼 수 있는 세상이에요." 마르그레트 파울라 올라프스도티르

"원래는 성이 평등한 세상은 성이 아예 존재하지 않는 세상이 될 거라고 생각했어요. 하지만 이제는 트랜스젠더나 이분법적인 성 구분을 따르지 않는 사람들이 나머지 다른 사람들처럼 정상적인 것으로 받아들여지는 세상이라고 생각해요." 캣/밀로 베자크

"모든 사람이 각자의 자질을 빛낼 수 있어요." 베디스 그뷔드욘스도티르

"편한 느낌일 거예요. 성 불평등 문제 중 하나는 여성들이 옷차림에 대해, 밤길을 혼자 걷는 것에 대해, 자기 생각을 말하는 것에 대해 그토록 많은 불편함을 감수해야 한다는 점이에요. 성평등 세상

에서는 그런 불편이 존재하지 않을 거예요.” 리 콜리가도

“더없는 행복을 느껴요. 진정으로 성이 평등한 세상은 더없이 행복할 겁니다. 그저 존중만 있으면 되지요. 착수하기 전에 자신이 무엇을 할 수 있는지 증명할 필요 없이, 모든 사람이 다른 모든 사람의 지식과 능력을 존중한다면, 그곳에 이른 겁니다.” 시몬 윌슨

“제 생각에 성이 평등한 세상은, 이 행성에 태어난 인간이 가진 잠재력을 최대한 발휘할 수 있게 하는 다음 차례의 혁신을 뜻하는 것 같아요.” 스테퍼니 램프킨

“성이 평등한 세상은 우리 머릿속에서, 사고의 과정과 패턴, 습관을 바꾸는 것에서 시작돼요. 저 같은 경우는 무대에 서서 강한 비트에 몸을 맡기고 신들린 듯 기타를 치면 사람들이 ‘여자가 연주하는 거야?’라며 놀랄 때가 그에 해당해요. 그럴 때 사람들의 사고 과정이 바뀌지요.” 멜리사 에서리지

“선택의 여지가 더 많아질 겁니다.” 스티븐 피츠제럴드

“저는 딸 둘과 아들 하나를 두었어요. 제가 페미니스트 운동에 관심 갖게 된 동기는 딸들뿐 아니라 아들의 영향도 커요. 물론 제 딸들이 삶에서 남자들과 동등한 급여를 받고, 동등하게 대우받고,

동등하게 대표자로 나설 수 있기를 바라지만, 그와 동시에 평등한 사회가 모든 사람에게 더 좋은 세상이라는 것을 진심으로 믿습니다. 저는 제 아들이 직장에서 불이익을 당하지 않을까 걱정 없이 육아휴직을 쓸 수 있는 세상에서 살았으면 좋겠어요. 또 미래의 배우자와 동등한 삶을 살기를 바라고요." 샌디 톡스빅

이런 희망과 비전 상당수가 이퀄리아에서 실현됐어요. 천국이라고는 할 수 없겠지만, 대부분의 시민은 이퀄리아가 살기 좋은 곳이라고 생각해요.

삶의 절반을 보내는 동안 저는, 대다수 국민이 만족할 수 있는 삶을 사는 나라를 만들겠다고 약속하는 정치인의 말을 귀에 못이 박히도록 들었어요. 하지만 정치인은 인구의 절반인 여성을 배려하지 못했기 때문에 약속을 지키지 못했어요. 정치인 대부분은 좋은 의도를 가지고 있었고, 그런 마음은 진심이었어요. 그리고 성평등이 옳다고 믿었죠. 다만 그런 생각을 당의 이념이나 주요 정책으로 추진하지 않았을 뿐이에요. 여성을 가로막은 장애물의 규모가 얼마나 심각한지, 그리고 그런 장애물을 제거하면 여성뿐 아니라 모든 사람에게 얼마나 큰 보상이 있는지 이해하지 못했던 거예요.

여기 계신 여러분도 이런 상황을 인식하실 거예요. 여기 여행 오신 모든 분은 이퀄리아에 이르기에는 아직 한참 부족한 나라에서 오셨을 테니까 말이에요.

여행 오신 분 중 집으로 돌아가기 싫다고 말씀하시는 분이 많아요. 여성을 멸시해서 모든 사람에게 해를 입히는 사회의 냉엄한 현실로 돌아가야 한다는 생각이 사람들을 슬프고 분노하게 만드는 거지요.

여러분도 그렇게 느끼시나요?

이렇게 하면 돼요. 이퀄리아를 가지고 가는 방법이 있으니, 걱정할 필요 없어요. 이 여행을 시작하면서 제가 드렸던 말씀을 기억하세요. 이퀄리아의 가능성은 우리 주위에, 우리 안에 있어요.

필요한 건 그저 이퀄리아를 만들겠다는 의지뿐이에요.

여러분의 의지 말이에요.

이퀄리아가 얼마나 행복하고 기쁜 곳인지 다른 사람들에게도 알리세요. 어떻게 해야 닿을 수 있는지, 그리고 그렇게 하는 것이 얼마나 긴요한지 이야기하세요.

슬퍼하지 말고, 화내지 말고, 평등해지는 거예요.

자, 그럼 술은 누가 한턱 내실 건가요? 저는 팽크허스트 맥주로 할게요.

감사의 글

여성을 위해서가 아니었다면 이 책을 쓰지 않았을 것이다. 그렇다고 단순히 여성을 옹호하고 여성의 성취를 높이 사기 위해서 책을 썼다는 의미가 아니다. 여성들이 있었기에 이 책이 나올 수 있었다는 뜻이다.

아직 아이디어 수준에 불과했을 때 편집자 리사 밀턴이 원고를 의뢰하기로 결정한 덕분에 이 책이 나올 수 있었다. 그녀는 여성 평등당의 창당 멤버다(여성평등당 역시 아이디어 수준이었을 때 여성들이 일약 행동에 나서면서 실현되었다). 리사와 뛰어난 여성 여러 명과 뛰어난 남성 한 명으로 구성된 팀원들은 한결같은 열정과 맹렬한 신념으로 나와 이 책을 뒷받침해주었다. 모든 페미니스트 작가 뒤에는 보통 한 명의 남성이 있는데, 이것이 가부장적인 출판업계의 관행이다. 나는 훌륭한 에이전트 에드 빅터가 나와 리사를 연결해주었다.

여성평등당을 함께 만든 여성 중 일부는 이 책에 소개되었지만, 소개하지 못한 사람이 더 많다. 모든 사람의 이름을 나열하기는 불가능한데, 특히 우리 당을 지원하고 있다는 사실이 알려지면 직장의 고용주나 활동하는 기존 정당과 불화가 생길지 몰라 공개적으로 밝히지 못하는 주요 인사가 상당수이기 때문이다. 그렇지만 그들은 최소한 우리 당에 대한 지지를 밝히고 여성평등당에 사회 개선을 요구하고 있다. 이 모든 훌륭한 여성에게 깊이 감사하고, 그중에서도 여성평등당 운영위원회 초기 멤버, 과거와 현재의 구성원을 포함해 무수히 많은 측면에서 당을 만들고 키우는 데 도움을 준 많은 이에게 특별한 감사 인사를 전하고 싶다. 마지막 항목으로 하들라 귄나르스도티르, 한나 피커, 캐서린 라일리는 초고를 재빨리 읽고 아낌없는 조언과 비판을 해주었을 뿐 아니라 내 농담을 이해하고 기분 좋게 웃어주었다. 이들에게 깊은 감사를 전한다. 하들라는 또 아이슬란드에 관한 개괄적인 내용을 상세하게 전해주었다.

　　여성평등당에는 두 명의 부모와 수많은 산파가 있다. 샌디 톡스빅이 없었다면 나는 당을 시작할 꿈을 꾸지도 못하고, 그 과정에서의 기쁨도 느끼지 못했을 것이다. 샌디는 그녀의 부인 데비가 없었다면 끝까지 계속하지 못했을지 모른다. 데비는 아주 여러 차례, 샌디뿐 아니라 나에게까지 든든한 지원을 아끼지 않았다. 그리고 또 하나 분명한 사실은, 소피 워커의 뛰어난 지도력이 없었다면 당이 이렇게까지 성장하지 못했을 것이라는 점이다. 소피는 내가 지금까지 보아온 정치인 중 가장 열정적이고, 재능 있고, 믿을 만한 정치인으로 변신했다.

　　이 책은 여성평등당에 한정하지 않고 그보다 훨씬 많은 내용을 담았는데, 연구하고 글을 쓰는 동안 많은 여성에게 큰 은혜를 입었다. 나를 보조했던 연구원 릴리 햄린은 끈기와 집중력으로 훌륭한 보고서를 꼼꼼히 작성하는 건 물론이고 작가로서의 분별력과 재능도 뛰어나다. 그녀가 페미니즘의 제4의 물결에 관여한 덕분에 나는 나보다 훨씬 젊은 세대 여성들과 교류할 기회를 얻었으며, 이와 관련해준 에릭 우도리와 타이거 허친스에게 소중한 조언을 얻었다. 내 가장 친한 남성 친구 중 하나인 제러미 게인스는 인터뷰를 진행하고 독일과 나이지리아에서 수준 높은 분석 자료를 보내주었다.

미국에 있는 사촌과 친구들은 미국에서 내가 조사를 진행하는 동안 숙소를 제공하고 필요한 사람들과 연락을 취할 수 있게 큰 도움을 주었다. 마이클과 사샤 스턴스 메이어는 내가 전에 그 집에 묵었을 때 예기치 않게 방에 갇혔던 일이 있은 뒤, 다음번에 방문할 때는 미리 침실 문을 수리해두는 배려를 아끼지 않았다. 예전에 책을 썼을 때와 마찬가지로, 이번 책도 내가 가장 아끼는 친구 두 명의 집에 머물면서 상당히 많은 원고를 집필했다. 대학 시절부터 언니 동생처럼 지낸 니컬라 제닝스와 세라 번스에게 감사한다.

세라는 여성평등당의 로고를 공동 제작한 사람으로 이 책에 잠깐 언급됐다. 2016년 11월에 그녀는 세상을 떴다. 배다른 언니인 세라 스미스가 세상을 뜬 지 한 달 후였다. 세라의 죽음은 내게 새롭고도 힘든 교훈을 남겼다. 세라는 30년 동안 내 삶의 기준이자, 따뜻함, 도피처, 예기치 못한 즐거움과 재미, 비밀과 희망의 보고였으며, 내 삶의 일부였다. 그녀가 세상을 떴을 때 그녀는 가시적인 경계도 없는 50피트나 되는 거대한 텅 빈 공간을 남겼다. 이 공백은 사라지지 않고 늘 그 자리에 머물 것이다. 여자들의 우정은 영원하고 가슴속에 늘 진동한다. 세라와 마찬가지로 이 우정은 그 무엇으로도 대체할 수 없다.

나는 운이 좋은 사람이다. 오랜 친구이자 멘토인 마이클 엘리엇을 2016년 7월에 떠나보내고, 얼마 뒤 언니 세라를 떠나보내고, 절친한 친구 세라를 잃은 슬픔과 상실감을 덜 수 있게 가족과 친구들이 물심양면으로 도와주었다. 떠나간 가족과 친구들, 이제는 추억이 된 이들과의 좋은 관계에 감사한다. 이렇게 말하기가 쉽지 않지만, 앞으로 좋은 날이 기다리고 있다는 걸, 안다.

30년쯤 전에, 나는 어떤 파티에서 트라이플*을 손으로 떠서 그릇에 담고 있는, 믿기 힘들 정도로 멋진 남자가 눈에 띄었다. 그는 스푼을 찾을 수 없었다고 내게 말했다. 나는 나중에야 그가 내가 가장 좋아하던 밴드인 갱오브포(Gand of Four)를 처음 조직한 사람이며 그 밴드 기타 연주자로 활동하는 앤디 길임을 알게 됐다. 그날 밤 이후 우리는 내가 출장을 가거나 그가 공연 투어를 가야 할 때를 빼고는 거의 하루도 빠지지 않고 붙어서 살았다.

말했듯이 나는 운이 좋은 사람이다. 개인적인 것이 정치적인 것이라고 했듯, 우리 두 사람은 관계에서 평등을 찾는 방법을 배워나갔다. 앤디가 나를 만나기 전에 이미 페미니스트였다는 사실은, 그가 사랑스럽고, 재밌고, 아주 멋지다는 사실보다 더 큰 도움이 됐다. 앤디, 고마워요, 그리고 사랑해요.

2017년 1월

---

* 케이크와 과일 위에 포도주, 젤리를 붓고 그 위에 커스터드와 크림을 얹은 디저트.

주석

서문

1 Laura Cohn, 'Women Ask for Raises as Much as Men Do – But Get Them Less Often', *Fortune* (6 September 2016).

2. Salary Differences Between Male and Female Registered Nurses in the United States; Ulrike Muench, Jody Sindelar, Susan H Busch and Peter I Buerhaus; JAMA; Vol 313, No 12; 24-31 March 2015

3. Intimate Partner and Sexual Violence Against Women: Fact Sheet N°239, World Health Organisation (January 2016).

4. Bel Trew, 'FGM Needed "to Control Female Lust"', *Times* (5 September 2016).

5. US Election: Full transcript of Donald Trump's Obscene Videotape, BBC Online (9 October 2016).

6. Lydia O'Connor and Daniel Marans, 'Here Are 13 Examples of Donald Trump Being Racist', Huffington Post (10 October 2016).

7. Nicole Puglise, 'Exit Polls and Election Results – What We Learned', *Guardian* (12 November 2016).

8. Lynne Olson, *Freedom's Daughters: The Unsung Heroines of the Civil Rights Movement from 1830 to 1970* (Simon and Schuster, 2001). NB Stokely Carmichael is widely misquoted as having said 'The *only* position for women in SNCC is prone'.

9. Jonathan Woetzel and others, 'The Power of Parity: How Advancing Women's

Equality Can Add $12 Trillion to Global Growth'; McKinsey Global Institute (September 2015).

10. Georgia Wilkins, 'Want to Boost your Share Price? Hire More Women', *Sydney Morning Herald* (27 September 2016).

11. Bina Agarwal, *Gender and Green Governance: The Political Economy of Women's Presence Within and Beyond Community Forestry* (Oxford University Press, 2010).

12. Hadley Freeman, 'Theresa May, Margaret Thatcher: Spot the Difference – and the Sexism', *Guardian* (23 July 2016).

13. Icelandic surnames are patronymic: they mean 'daughter of ' or 'son of ' – so all Icelanders quoted in this book are called by their first or full names.

14. Interview with Halla Gunnarsdóttir, London (19 July 2016).

15. Rowena Mason, 'Harriet Harman Savages Gordon Brown over Sexism and Inequality', *Guardian* (8 July 2014).

16. Steve Hawkes, 'Boys Should Play with Dolls to Make them "Caring", says Minister', *Sun* (13 January 2015).

17. Jeanette Winterson, 'We Need to Build a New Left. Labour Means Nothing Today', *Guardian* (24 June 2016).

1장

1. Kimberlé Williams Crenshaw, 'Whose Story is it, Anyway? Feminist and Antiracist Appropriations of Anita Hill' in *Race-Ing Justice, En-Gendering Power*, Toni Morrison (Ed.), (Pantheon Books, 1992).

2. Renee Martin, 'I'm Not a Feminist (And There Is No But)', *Guardian* (10 April 2010).

3. Interview with Nimco Ali, London (4 August 2016).

4. Interview with Kimberlé Williams Crenshaw, London (13 May 2016).

5. Paula Cocozza, 'Women's Equality Party Founders: It Needed Doing. So We Said, "Let's Do It."', *Guardian* (28 August 2015).

6. Catherine Mayer, 'David Cameron: UK's Next Leader?' *TIME* (11 September 2008).

7. Rosalind C. Barnett and Caryl Rivers, 'Will Hillary's Speaking Style Derail Her?', A Women's Place [blog], Psychology Today (10 February 2016).

8. Sady Doyle, 'America Loves Women Like Hillary Clinton – As Long As They're Not Asking for a Promotion', Quartz (26 February 2016).

2장

1. Gloria Steinem, 'Women Are Never Front-Runners', *New York Times* (8 January 2008).

2. Kimberlé Crenshaw and Eve Ensler, 'Feminist Ultimatums: Not in Our Name', Huffington Post (5 February 2008).

3. Interview with Hannah Peaker, London (1 August 2016).

4. Alicia Adamczyk, 'All These Countries Have Had a Female Head of State (Before the US)', *Money* (11 July 2016).

5. The Global Gender Gap Report 2016.

6. Heather Arnet, 'Is Embattled Brazilian President Dilma Rousseff Being Targeted by Misogynists?', *New York Times* (29 April 2016).

7. 'Brazil Impeachment: Rousseff Attacks Cabinet for Being All-Male and All-White', BBC Online (14 May 2016).

8. Simon Allison, 'Fellow Nobel Peace Prize Winner Criticises Ellen Johnson Sirleaf ', *Guardian* (10 October 2012).

9. Interview with Ayisha Osori, conducted for this book by Jeremy Gaines via

Skype (14 August 2016).

10. Rosabeth Moss Kanter, 'Some Effects of Proportions on Group Life: Skewed Sex Ratios and Responses to Token Women', *American Journal of Sociology*, 82: 5 (March 1977).

11. 'Report: Hillary Clinton talks like a man', *Fast Company* (12 September 2016).

12. Tyler G. Okimoto and Victoria L. Brescoll, 'The Price of Power: Power Seeking and Backlash Against Female Politicians', *Personality and Social Psychology Bulletin*, 36: 7 (July 2010), 923–36.

13. Julian Heißler, 'Merkels drei große kleine Worte ', Tagesschau (31 August 2016).

14. Catherine Mayer, 'Angela Merkel's Unfinished Business', *TIME* (23 September 2013).

15. Friederike Heine, 'Germany Promises Daycare for All', *Spiegel* (1 August 2013).

16. 'Bolivia: Briefing to the UN Committee on the Elimination of Discrimination against Women', Amnesty International (11 June 2015).

17. Jamie Grierson, 'Feminist Zealots Want Women to Have their Cake and Eat It, says Tory MP', *Guardian* (12 August 2016).

18. Shiv Malik and Nick Cohen, 'Socialist Workers Party Leadership under Fire over Rape Kangaroo Court', *Guardian* (9 March 2013).

19. 'George Galloway Attacked over Assange "Rape" Comments', BBC Online (20 August 2012).

20. Craig Volden, Alan E. Wiseman and Dana E. Wittmer, 'When Are Women More Effective Lawmakers Than Men?', *American Journal of Political Science* (22 January 2013).

21. Rowena Mason, 'Theresa May "allowed state-sanctioned abuse of women" at

Yarl's Wood', *Guardian* (3 March 2015).

22. 'Statement of the National Executive Committee of the African National Congress on the emancipation of women in South Africa' (2 May 1990).

23. Ra'eesa Pather, 'Jacob Zuma and His Sexism – as Laid Out in the President's Own Words', *Mail & Guardian* (9 August 2016).

24. Elizabeth Powley, 'Rwanda: The Impact of Women Legislators on Policy Outcomes Affecting Children and Families', Unicef (December 2006).

25. David Smith, 'Paul Kagame 's Rwanda: African Success Story or Authoritarian State?' *Guardian* (10 October 2012).

26. U.N. says some of its peacekeepers were payings 13-year-olds for sex'; Kevin Sieff, The Washington Post; January 11 2016.

27. Interview with Sophie Walker, London (5 September 2016).

3장

1. Interview with Simone Wilson, London (30 March 2016).

2. Hate Violence in 2014, National Coalition of Anti-Violence Programs (2015).

3. Heather Saul, 'Germaine Greer Defends "Grossly Offensive" Comments about Transgender Women', *Independent* (26 October 2015).

4. Thomas Laqueur, *Making Sex*: *Body and Gender from the Greeks to Freud* (New edn, Harvard University Press, 6 March 1992).

5. Larry Cahill, 'His Brain, Her Brain', *Scientific American* (1 October 2012).

6. Daphna Joel and others, 'Sex Beyond the Genitalia: The Human Brain Mosaic', Proceedings of the National Academy of Sciences of the United States of America, 122: 50 (December 2015).

7. Sharon Begley, 'Why Parents May Cause Gender Differences in Kids', *Newsweek* (9 March 2009).

8. Quoted in Peter Gay, *Freud: A Life for Our Time* (Norton, 1988).

9. Sigmund Freud, 'The Dissolution of the Oedipus Complex', 1924, *The Complete Psychological Works of Sigmund Freud Volume XIX*, (New edn, Vintage, 2001).

10. Interview with Robin Lovell-Badge, London (31 May 2016).

11. Ione Wells, 'From "Hin" to "Zie": How Pronouns are Moving Beyond Gender', *Evening Standard* (20 July 2016).

12. Michael Schulman, 'Generation LGBTQIA', *New York Times* (9 January 2013).

4장

1. Henry McDonald, 'PPS "Right" not to Prosecute Gerry Adams for Withholding Knowledge of Abuse', *Guardian* (9 June 2015).

2. Bruce Bower, 'New Studies Explore Why Ordinary People Turn Terrorist', *Scientist* (23 June 2016).

3. Maria Power, 'Second-class Republicans? Sinn Féin, Feminism and the Women's Hunger Strike', *Irish Times* (18 December 2015).

4. Margaret Ward, 'Excluded and Silenced: Women in Northern Ireland After the Peace Process', 50:50 (12 June 2013).

5. Michael W. Tomlinson, 'War, Peace and Suicide: The Case of Northern Ireland', *International Sociology*, 27: 4 (July 2012), 464–82.

6. Viren Swami, Debbi Stanistreet and Sarah Payne, 'Masculinities and Suicide ', *The Psychologist*, 21 (April 2008), 308–11.

7. Candace West and Don H. Zimmerman, 'Doing Gender', *Gender & Society*, 1: 2 (June 1987), 125–51.

8. Åshild Lappegård Lahn, 'Gender Equality Gives Men Better Lives', *Science*

Nordic (17 October 2015).

9. Rolf Wynn, Marita H. Hoiseth and Gunn Pettersen, 'Psychopathy in Women: Theoretical and Clinical Perspectives', *International Journal of Women's Health*, 4 (2012), 257–63.

10. 'An Overview of Sexual Offending in England and Wales'; Ministry of Justice, Office for National Statistics and Home Office (January 2013).

11. Interview with Pavan Amara, London (23 June 2016).

12. Jon Henley, 'White and Wealthy Voters Gave Victory to Donald Trump, Exit Polls Show', *Guardian* (9 November 2016).

13. Norah Vincent, *Self-Made Man* (Atlantic, 2006).

5장

1. Frieda Hughes, daughter of Sylvia Plath and Ted Hughes, born 1960.

2. Betty Friedan, *The Feminine Mystique* (1963, new edn, Penguin 2010).

3. Miriam King and Steven Ruggles, 'American Immigration, Fertility, and Race Suicide at the Turn of the Century', *The Journal of Interdisciplinary History*, 20: 3 (Winter 1990).

4. Jessica Glenza, 'Donald Trump Retracts Call for Women Who Have Abortions to be "Punished"', *Guardian* (31 March 2016).

5. A. Park, C. Bryson, E. Clery, J. Curtice, and M. Phillips (Ed.), 'British Social Attitudes: The 30th Report', NatCen Social Research (2013).

6. Gloria De Piero, '50,000 Women Lose Jobs Over Maternity Discrimination, Study Shows', *Guardian* (20 November 2013).

7. 'Pregnant Women and New Mothers "Face Rising Discrimination" at Work', BBC (2 May 2016).

8. Kim Parker and Gretchen Livingston, '6 Facts about American Fathers', Pew

Research Center (16 June 2016).

9. 'Working Fathers Get 21% "Wage Bonus", TUC Study Suggests', BBC Online (25 April 2016).

10. 'Hey New Moms, I've Thought the Terrible Things Too', Renegade Mothering [blog] (27 September 2014).

11. Interview with Helen O'Neill, London (22 June 2016).

12. Maureen Brookbanks, 'How the Rise of Childless Women Could Change the Face of Britain', *Daily Mail* (16 January 2016).

13. Jennifer Aniston, 'For the Record', Huffington Post (12 July 2016).

6장

1. Cindy Gallop; TED2009

2. Valentina Zarya, 'The Ex-CEO of J. Walter Thompson Makes a Rape Joke in a Newly Released Video' *Fortune* (22 April 2016).

3. Patrick Coffee, 'JWT CEO Gustavo Martinez Resigns Amid Suit Accusing Him of Racist, Sexist Comments', *Adweek* (17 March 2016).

4. Rape Crisis England and Wales (2016).

5. Interview with Pavan Amara, London (23 June 2016).

6. Audre Lorde, Sister Outsider: *Essays and Speeches*, (1984, new edn, Crossing Press 2007).

7. Interview with Myles Jackman, London (12 December 2014).

8. Maeve Duggan, 'Online Harassment', Pew Research Center (22 October 2014).

9. Interview with Cat/Milo Bezark, Los Angeles (22 May 2016).

10. Becky Butler, 'Cuntry Dying: Is the Feminist Discussion Group Scaring its Members into Silence?' The Stepford Student (7 April 2015).

11. Emily Bazelon, 'Should Prostitution Be a Crime?', *New York Times* (6 May 2016).

12. 'Policy on State Obligations to Respect, Protect and Fulfil the Human Rights of Sex Workers', Amnesty International (26 May 2016).

13. Gloria Steinem, *My Life On the Road* (Oneworld Publications, 2015).

14. Kat Banyard, Pimp State: *Sex, Money and the Future of Equality* (Faber & Faber, 2016).

15. 'Unprotected: How Legalising Prostitution Has Failed', Spiegel (30 May 2013).

16. Seo-Young Cho, Axel Dreher and Eric Neumayer, 'Does Legalized Prostitution Increase Human Trafficking?' *World Development*, 41 (2012).

17. Donna M. Hughes, Laura Joy Sporcic, Nadine Z. Mendelsohn and Vanessa Chirgwin, 'Factbook on Global Sexual Exploitation United States of America', Coalition Against Trafficking in Women (undated).

18. 'Addressing Transgender Violence: Exploring Realities, Challenges and Solutions for Policy Makers and Community Advocates', Human Rights Campaign (2015).

7장

1. Peter Travers, 'Lost in Translation review', *Rolling Stone* (8 September 2003).

2. Anonymous interview, Los Angeles (2016).

3. Telephone interview with Lynda Obst (1 July 2016).

4. 'Film Dialogue from 2,000 Screenplays Broken Down by Age and Gender',

Polygraph (2016).

5. Martha M. Lauzen, 'The Celluloid Ceiling: Behind-the-Scenes Employment of Women on the Top 100, 250, and 500 Films of 2015', Center for the Study of Women in Television and Film, San Diego State University (2016).

6. 'Cut Out of the Picture: A Campaign for Gender Equality Among Directors within the UK Film Industry', Directors UK (2016).

7. Interview with Debra Zane, Los Angeles (23 May 2016).

8. Interview with Alison Owen, London (30 March 2016).

9. Rachel Deahl, 'Where the Boys Are Not', *Publishers Weekly* (20 September 2010).

10. Alison Flood, 'Popular History Writing Remains a Male Preserve, Publishing Study Finds', *Guardian* (11 January 2016).

11. Tracy McVeigh, 'Lily Allen on Being Stalked', *Observer* (16 April 2016).

12. bell hooks, 'Moving Beyond Pain', bell hooks Institute (9 May 2016).

13. LaSha, 'bell hooks vs. Beyoncé: What this Feminist Scholarly Critique gets Wrong About "Lemonade" and Liberation', Salon (18 May 2016).

14. 'Lily Allen Blames Cheryl Cole for "Fat and Ugly" Crisis', *Evening Standard* (15 May 2007).

15. Lily Allen's tweeted response to criticism of 'Hard Out Here ' (13 November 2013):

'1. If anyone thinks for a second that I requested specific ethnicities for the video, they're wrong.

2. If anyone thinks that after asking the girls to audition, I was going to send any of them away because of the colour of their skin, they're wrong.

3. The message is clear. Whilst I don't want to offend anyone. I do

strive to provoke thought and conversation. The video is meant to be a light-hearted satirical video that deals with objectification of women within modern pop culture. It has nothing to do with race, at all.

4. If I could dance like the ladies can, it would have been my arse on your screens; I actually rehearsed for two weeks trying to perfect my twerk, but failed miserably. If I was a little braver, I would have been wearing a bikini too, but I do not and I have chronic cellulite, which nobody wants to see. What I'm trying to say is that me being covered up has nothing to do with me wanting to disassociate myself from the girls, it has more to do with my own insecurities and I just wanted to feel as comfortable as possible on the shoot day.

5. I'm not going to apologise because I think that would imply that I'm guilty of something, but I promise you this, in no way do I feel superior to anyone, except paedophiles, rapists murderers etc., and I would not only be surprised but deeply saddened if I thought anyone came away from that video feeling taken advantage of, or compromised in any way.'

16. Ayesha A. Siddiqi, 'Lily Allen's Anti-Black Feminism', Noisey (13 November 2013).

17. 'Ain't I A Woman?' speech by Sojourner Truth; delivered at Women's Convention, Akron, Ohio (1851).

18. Associated Press, 'Suffragette's Racial Remark Haunts College ' (5 May 1996).

19. Carol H. Hood, 'C'mon, White Women: You Don't Get to Be Rhetorical Slaves', The Frisky (6 October 2015).

20. 'Film Dialogue from 2,000 Screenplays Broken Down by Age and Gender', Polygraph (2016).

21. Alex Needham, 'Sony Emails Reveal Jennifer Lawrence Paid Less than Male

Co-stars', *Guardian* (13 December 2014).

22. 'Indian Wells CEO: "Lady" Players Should "Thank God" for Federer and Nadal', *Guardian Sport* (20 March 2016).

23. Bill Chappell, 'US Women's Soccer Team Members File Federal Equal-Pay Complaint' NPR (31 March 2016).

24. Anne M. Peterson, 'US Soccer asks EEOC to Dismiss Wage Discrimination Complaint', Associated Press (31 May 2016).

8장

1. Interview with Stephen Fitzgerald, London (14 July 2016).

2. 'Australia's Hidden Resource: The Economic Case for Increasing Female Participation', Goldman Sachs JBWere (26 November 2009).

3. 'Women in Business: Turning Promise into Practice', Grant Thornton International (2016).

4. Anonymous interview, London (20 July 2016).

5. Multiple conversations between Lucy P. Marcus and Catherine Mayer.

6. Global Gender Balance Scorecard (2014).

7. Interview with Jeremy King, London (2 June 2016).

8. Sari M. van Anders, Jeffrey Steiger and Katherine L. Goldey, 'Effects of Gendered Behavior on Testosterone in Women and Men', PNAS, 112: 45 (10 November 2015).

9. 'The Double-Bind Dilemma for Women in Leadership', Catalyst (2007).

10. Michelle K. Ryan and S. Alexander Haslam, 'The Glass Cliff: Evidence that Women Are Over-Represented in Precarious Leadership Positions', *British Journal of Management*, 16: 2 (June 2005).

11. Ken Favaro, Per-Ola Karlsson, Gary L. Neilson, 'The 2013 Chief Executive Study: Women CEOs of the Last 10 Years', PriceWaterhouse Coopers (29 April 2014).

12. Alison Cook and Christy Glass, 'Above the Glass Ceiling: When are Women and Racial/Ethnic Minorities Promoted to CEO?', *Strategic Management Journal*, 35: 7 (July 2014).

9장

1. 'Kamila Klingorová and Tomas Havlicek, 'Religion and Gender Inequality: The Status of Women in the Societies of World Religions'; Moravian Geographical Reports, 23: 2 (February 2015).

2. Mordechai I. Twersky, 'Girl, 8, Becomes Poster Child for Anti-Haredi Backlash', Haaretz (26 December 2011).

3. Interview with Steinunn Arnþrúður Björnsdóttir, Reykjavík (26 April 2016).

4. Kamila Klingorová and Tomas Havlicek, 'Religion and Gender Inequality: The Status of Women in the Societies of World Religions', *Moravian Geographical Reports*, 23: 2 (February 2015).

5. Interview with Ayisha Osori, conducted for this book by Jeremy Gaines via Skype (14 August 2016).

6. John Ward, Bernice Lee, Simon Baptist and Helen Jackson, 'Evidence for Action: Gender Equality and Economic Growth', Chatham House (September 2010).

7. 'Religion in China on the Eve of the 2008 Beijing Olympics', Pew Research Center (2 May 2008).

8. 'China Says its Gender Imbalance "Most Serious" in the World', Reuters (21 January 2015).

9. Valerie M. Hudson and Andrea Den Boer, 'A Surplus of Men, A Deficit of Peace: Security and Sex Ratios in Asia's Largest States', *International Security*, 26: 4 (Spring 2002).

10. Shaan Khan, 'What's Really Behind India's Rape Crisis', The Daily Beast (25 March 2016).

11. 'Not as Easy as It Looks', *Economist* (21 November 2015).

12. Kathy Matsui, '"Womenomics" Continues as a Work in Progress', *Japan Times* (25 May 2016).

13. Steve Mollman, 'Japan Cuts its Target for Women in Leadership Positions from 30% to 7%', Quartz (6 December 2015).

14. Matthew Garahan, 'China to Become World's Largest Movie Market within 2 Years', *Financial Times* (7 December 2015).

15. Kim Wall, 'Sex and the Law in China: The People Will Pull, and the Government Will Follow', *The Atlantic* (6 June 2013).

16. Jonathan Kaiman, 'In China, Feminism is Growing – and so is the Backlash', *Los Angeles Times* (15 June 2016).

17. World Economic Forum, Global Gender Index 2015.

18. *Ibid*.

19. Golnaz Esfandiari, 'Protesters Demand Afghan Government Action Against Acid Attacks on Women', Radio Free Europe (13 July 2016).

20. Atika Shubert and Bharati Naik, 'ISIS Soldiers Told to Rape Women "to Make Them Muslim"', CNN Online (8 October 2015).

21. Interview with Elizabeth Mitchell, London (27 July 2016).

22. 'Challenges for the Saudi Royal Family', Stratfor (11 September 2012).

23. Eli Lake, 'Boko Haram's Bin Laden Connection', *The Daily Beast* (11 May 2015).

24. Rahila Gupta, 'Rojava Revolution: How Deep is the Change?', 50:50 (20 June 2016).

25. Interview with Nimco Ali, London (4 August 2016).

26. 'Challenges for the Saudi Royal Family', Stratfor (11 September 2012).

10장

1. Mary Anne Franks speaking at 100 years of Women's Civil Rights: International Conference Celebrating the Centenary of Women's Suffrage in Iceland (23 October 2015).

2. Helena Horton, 'Microsoft Deletes "Teen Girl" AI after It Became a Hitler-loving Sex Robot within 24 Hours', *Telegraph* (24 March 2016).

3. 'Will a Robot Take your Job?', BBC Online (11 September 2015).

4. Scheherazade, an artificial intelligence developed at the Georgia Institute of Technology.

5. Germaine Greer, *The Female Eunuch* (1970, new edn, Harper Perennial 2006)

6. Interview with Lea Coligado, Palo Alto (19 May 2016).

7. Sidney Fussell, 'This Woman Created the Tinder for Jobs to Shatter Hiring Barriers in the Tech World', *Tech Insider* (12 May 2016).

8. *Ibid.*

9. Meghan Casserly, 'Sheryl Sandberg Named to Facebook Board. Finally.', *Forbes* (25 June 2012).

10. Doug Bolton, 'Men are Angrier and More Argumentative on Facebook than Women, Study Finds', *Independent* (26 May 2016).

11. Anonymous, 'I Worked on Facebook's Trending Team – the Most Toxic Work Experience of my Life', *Guardian* (17 May 2016).

12. VCDiversity.org (2016).

13. Interview with Sarah Hunter, San Francisco (18 May 2016).

14. Interview with Stephanie Lampkin, San Francisco (17 May 2016).

15. Charlie Warzel, '"A Honeypot For Assholes": Inside Twitter's 10-Year Failure To Stop Harassment', BuzzFeed (11 August 2016).

16. Sam Shead, 'Google Hired at Least 65 European Government Officials in 10 Years', *Business Insider* (6 June 2016).

17. Interview with Margaret Gould Stewart, Menlo Park (19 May 2016).

18. Abigail Tracy, 'Google Moved Billions of Dollars to Bermuda to Avoid Taxes ⋯ Again', *Forbes* (19 February 2016).

19. Rhiannon Williams, 'Facebook's 71 Gender Options Come to UK Users', *Telegraph* (27 June 2014).

20. Alex Hern, 'Facebook Relaxes "Real name" Policy in Face of Protest', *Guardian* (2 November 2015).

21. Craig Silverman, 'This Analysis Shows How Fake Election News Stories Outperformed Real News On Facebook', BuzzFeed (16 November 2016).

22. Michael Nunez, 'Former Facebook Workers: We Routinely Suppressed Conservative News', Gizmondo (9 May 2016).

23. Interview with Claire Rowland, London (29 March 2016).

24. Charles Duhigg, 'How Companies Learn Your Secrets', *New York Times Magazine* (16 February 2012).

25. 'Tech Giants to Freeze Eggs for their Female Employees', BBC Online (15 October 2014).

26. Society of Human Resources Management (2015).

27. Jodi Kantor and David Streitfeld, 'Inside Amazon: Wrestling Big Ideas in a Bruising Workplace ', *New York Times* (15 August 2015).

28. David Streitfeld and Jodi Kantor, 'Jeff Bezos and Amazon Employees Join Debate Over Its Culture', *New York Times* (17 August 2015).

29. Dina Vaccari, 'I was quoted in the NY Times article about working at Amazon. Here is my story', LinkedIn (31 August 2015).

30. Jathan Sadowski, 'Why Silicon Valley is Embracing Universal Basic Income ', *Guardian* (26 June 2016).

11장

1. Ursula Le Guin, 'Is Gender Necessary?', 1976 essay reprinted with author's own annotations in *The Language of the Night* (The Women's Press, 1989).

2. Interview with Alvin Níelsson, Reykjavík (25 April 2016).

3. Edward Robinson and Omar Valdimarsson, 'This Is Where Bad Bankers Go to Prison', Bloomberg (31 March 2016).

4. Interview with Auður Styrkársdóttir, Reykjavík (25 April 2016).

5. Þóra Kristín Þórsdóttir, 'Iceland: From Feminist Governance to Gender-Blind Austerity', *Gender, Sexuality and Feminism*, 1: 2 (December 2014).

6. Louise Armistead, 'Women Hedge Fund Managers Outperform the Men', *Telegraph* (16 January 2014).

7. 'Woman' by Ingibjörg Haraldsdóttir, trans. Salka Guðmundsdóttir; quoted in Jóhanna Sigurðardóttir, 'Iceland's First Female PM: Europe Needs its Women Leaders after Brexit', *Newsweek* (30 June 2016).

8. Interview with Drífa Snædal, Reykjavík (25 April 2016).

9. Interview with Sara Riel, Reykjavík (26 April 2016).

10. UK Government consultation on Modern Workplaces: Government Response on Flexible Parental Leave – Impact Assessment (November 2012).

11. John Ward, Bernice Lee, Simon Baptist and Helen Jackson, 'Evidence for Action: Gender Equality and Economic Growth', Chatham House (September 2010).

12. 'The Power of Parity: How Advancing Women's Equality Can Add $12 Trillion to Global Growth', McKinsey Global Institute (September 2015).

13. Interview with Védís Guðjónsdóttir and Þuríður Pétursdóttir, Reykjavík (26 April 2016).

14. Interview with Steinunn Arnþrúður Björnsdóttir, Reykjavík (26 April 2016).

15. Merlind Theile, 'No Gender, No Problem?', Spiegel (13 October 2011).

16. Interview with Védís Guðjónsdóttir and Þuríður Pétursdóttir, Reykjavík (26 April 2016).

17. Interview with Margrét Pála Ólafsdóttir, Reykjavík (26 January 2016).

18. Valdis Jonsdottir, Leena M. Rantala, Gudmundur Kr Oskarsson and Eeva Sala, 'Effects of Pedagogical Ideology on the Perceived Loudness and Noise Levels in Preschools', Noise and Health, 17: 78 (2015), 282–93.

12장

1. bell hooks, Talking Back: Thinking Feminist, Thinking Black, (1989 new edn, Routledge 2015).

2. Catherine Mayer, 'My Sister's Cancer Exposed a Gross Gender Bias in Medicine – and How It Treats Women', Telegraph (15 September 2016).

참고문헌

Acemoglu, Daron and James A. Robinson, *Why Nations Fail: The Origins of Power, Prosperity and Poverty* (Profile Books, 2012).

Adichie, Chimamanda Ngozi, *We Should All Be Feminists* (Fourth Estate, 2014).

Ball, Ros and James Miller, *The Gender Police: A Diary* (Epub, 2015).

Banyard, Kat, *Pimp State: Sex, Money and the Future of Equality* (Faber & Faber, 2016).

———, *The Equality Illusion: The Truth about Women and Men Today* (Faber & Faber, 2010).

de Beauvoir, Simone, *The Second Sex* (Vintage, 1997).

Blome, Nikolaus, *Angela Merkel: Die Zauder-Künstlerin* (Pantheon, 2013).

Bohnet, Iris, *What Works: Gender Equality by Design* (Belknap Press, 2016).

Clinton, Hillary Rodham, *Living History* (Simon & Schuster, 2013).

Coates, John, *The Hour Between Dog and Wolf* (Fourth Estate, 2012).

Cochrane, Kita, *All the Rebel Women: The Rise of the Fourth Wave of Feminism* (GuardianShorts, 2013).

Crawford, Alan and Tony Czuczka, *Angela Merkel: A Chancellorship Forged in Crisis* (Wiley/Bloomberg, 2013).

El Feki, Shereen, *Sex and the Citadel: Intimate Life in a Changing Arab World* (Chatto & Windus, 2013).

Eltahawy, Mona, *Headscarves and Hymens: Why the Middle East Needs a Sexual Revolution* (Weidenfeld & Nicolson, 2015).

Faludi, Susan, *Backlash: The Undeclared War Against Women* (Vintage, 1993).

Fine, Cordelia, *Delusions of Gender: The Real Science Behind Sex Differences* (Icon Books, 2010).

Frank, Thomas, *Listen, Liberal: What Ever Happened to the Party of the People* (Scribe Publications, 2016).

Friedan, Betty, *The Feminine Mystique* (Penguin Books, 1963).

Glezerman, Marek, *Gender Medicine: The Groundbreaking New Science of Gender–and Sex-Related Diagnosis and Treatment* (Duckworth Overlook, 2016).

Greer, Germaine, *The Female Eunuch* (Harper Perennial, 2006).

Hawklsey, Lucinda, *March, Women, March: Voices of the Women's Movement from the First Feminist to Votes for Women* (André Deutsch, 2013).

Hoff Sommers, Christina, *Who Stole Feminism: How Women Have Betrayed Women* (Simon & Schuster, 1994).

hooks, bell, *Ain't I a Woman: Black Women and Feminism* (Pluto Press, 1987).

———- *Outlaw Culture: Resisting Representations* (Routledge, 2006). Hudson, Valerie M. and Andrea M. den *Boer, Bare Branches: The Security Implications of Asia's Surplus Male Population* (MIT Press, 2004).

Isaacson, Walter, *Steve Jobs*, (Hachette Digital, 2011).

Kornelius, Stefan, *Angela Merkel: The Chancellor and her World (Alma Books, 2013). Laqueur, Thomas, Making Sex: Body and Gender from the Greeks to Freud* (Harvard University Press, 1990).

Le Guin, Ursula K., *The Left Hand of Darkness* (Hachette Digital, 1969).

Lorde, Audre, *Sister Outsider: Essays and Speeches* (Crossing Press, 1984, 2007).

Mansfield, Harvey C., *Manliness* (Yale University Press, 2006).

McMillen, Sally G., *Seneca Falls and the Origins of the Women's Rights Movement* (Oxford University Press, 2008).

Millett, Kate, *Sexual Politics* (Virago, 1977).

Morojele, Naleli, *Women Political Leaders in Rwanda and South Africa: Narratives of Triumph and Loss* (Barbara Budrich, 2016).

Morrison, Toni (Ed.), *Race-ing Justice, En-gendering Power: Essays on Anita Hill, Clarence Thomas, and the Construction of Social Reality* (Pantheon Books, 1992).

Newton-Small, Jay, *Broad Influence: How Women Are Changing the Way America Works* (Time Books, 2016).

O'Toole, Emer, *Girls Will Be Girls: Dressing Up, Playing Parts and Daring to Act Differently* (Orion, 2015).

Pankhurst, Emmeline, *My Own Story* (Eveleigh Nash, 1914).

Rowlatt, Bee, *In Search of Mary: The Mother of All Journeys* (Alma Books, 2015).

Rosen, Robert, *Beaver Street: A History of Modern Pornography* (Headpress, 2013).

Sandberg, Sheryl, *Lean In: Women, Work, and the Will to Lead* (WH Allen, 2013).

Simons, Margaret A., *Beauvoir and the Second Sex: Feminism, Race and the Origins of Existentialism* (Rowman & Littlefield, 1999).

Slaughter, Anne-Marie, *Unfinished Business* (Oneworld, 2015).

Steinem, Gloria, *My Life on the Road* (Oneworld, 2015).

————— *Outrageous Acts and Everyday Rebellions* (Holt McDougal, 1995).

Susskind, Richard and Daniel Susskind, T*he Future of the Professions: How Technology Will Transform the Work of Human Experts* (Oxford University Press, 2013).

Thatcher, Margaret, *The Downing Street Years* (HarperCollins, 1993).

Vincent, Norah, *Self-Made Man* (Viking Penguin, 2006).

Wittenberg-Cox, Avivah and Alison Maitland, *Why Women Mean Business* (Wiley, 2009).

Wollstonecraft, Mary, *Vindication of the Rights of Woman, With Strictures on Political and Moral Subjects* (Vintage Classics, 2015).

옮긴이 신동숙

끊임없이 배우고 탐구하는 삶이 좋아서 번역가의 길을 걷기 시작했다. 주옥같은 글에 어울리는 우리말 옷을 입히는 과정에 큰 재미를 느끼며, 내적 성장에 도움이 될 좋은 책을 발굴해 소개하겠다는 꿈을 품고 열심히 활동하고 있다. 고려대학교 영문과 대학원을 졸업했으며, 바른번역 소속 번역가로 활동하면서 다양한 분야의 책을 번역해왔다. 주요 역서로는《마초 패러독스》,《경제의 특이점이 온다》,《기계가 모든 것을 다하게 될 때 무엇을 할 것인가》,《제리 카플란-인공지능의 미래》,《학교에서 길을 잃다》,《인간은 과소평가 되었다》,《인간은 필요 없다》,《지금 당신의 차례가 온다면》등이 있다.

이퀄리아

초판 1쇄 인쇄 2018년 3월 30일 | 초판 1쇄 발행 2018년 4월 5일

지은이 캐서린 메이어 | 옮긴이 신동숙
펴낸이 김영진

사업총괄 나경수 | 본부장 박현미
개발팀장 차재호 | 책임편집 류다현
디자인팀장 박남희 | 디자인 김가민
사업실장 백주현 | 마케팅 이용복, 우광일, 김선영, 정유, 박세화
콘텐츠사업 민현기, 이효진, 김재호, 강소영, 정슬기
출판지원 이주연, 이형배, 양동욱, 강보라, 손성아, 윤나라
국제업무 강선아, 이아람

펴낸곳 (주)미래엔 | 등록 1950년 11월 1일(제16-67호)
주소 06532 서울시 서초구 신반포로 321
미래엔 고객센터 1800-8890
팩스 (02)541-8249 | 이메일 bookfolio@mirae-n.com
홈페이지 www.mirae-n.com

ISBN 979-11-6233-488-1 03330

* 와이즈베리는 (주)미래엔의 성인단행본 브랜드입니다.
* 책값은 뒤표지에 있습니다.
* 파본은 구입처에서 교환해 드리며, 관련 법령에 따라 환불해 드립니다.
  다만, 제품 훼손 시 환불이 불가능합니다.

와이즈베리는 참신한 시각, 독창적인 아이디어를 환영합니다.
기획 취지와 개요, 연락처를 bookfolio@mirae-n.com으로 보내주십시오.
와이즈베리와 함께 새로운 문화를 창조할 여러분의 많은 투고를 기다립니다.

「이 도서의 국립중앙도서관 출판시도서목록(CIP)은 서지정보유통지원시스템 홈페이지(http://seoji.nl.go.kr)와 국가자료공동목록시스템(http://www.nl.go.kr/kolisnet)에서 이용하실 수 있습니다. (CIP제어번호: CIP2018007968)」